JN437856

다원주의 시대와 대안적 가치

—한 인간론의 여성주의적 기초

다원주의 시대와 대안적 가치

—한 인간론의 여성주의적 기초

정대현 지음

이화여자대학교출판부

다원주의 시대와 대안적 가치
– 한 인간론의 여성주의적 기초

펴낸날 1판 1쇄 2006년 2월 10일
지은이 정대현
펴낸이 김용숙
펴낸곳 이화여자대학교출판부
주소 서울특별시 서대문구 대현동 11-1(우 120-750)
등록 1954년 7월 6일 제9-61호
전화 02) 3277-3163, 3242(편집부)
02) 3277-3164, 362-6076(영업부)
팩스 02) 312-4312
e-mail press@ewha.ac.kr
인터넷서점 www.ewhapress.com
편집 책임 정경임
디자인 정혜진
찍은곳 한영문화사

ISBN 89-7300-673-8 93100

값 28,000원

머리말

사람들은 유일 체계의 절대주의 사회 속에 살다가 20세기에 들어 다원주의 시대로 들어왔다. 과거의 진리 · 학문 · 가족 · 사회 · 국가 · 종교 등의 절대 구조는 '안정'을 부여했지만, 절대주의에 수반되는 힘의 '부당', 특히 약자 · 소수자에게 자행되는 '폭력'이 있었다. 등소평과 고르바초프의 등장 이후 다원주의는 다름에 대한 '똘레랑스'의 모습으로 밀물처럼 들어왔다. 차이란 이제 관용 속에 묻히고 이해의 합리적 계산의 대상이 되었지만, 그러나 다원주의는 20세기 출발에서부터 세기 내내 '절대의 해체'로 지성의 과제가 되었다. 신의 죽음에서부터 진리 · 인식 · 철학 · 역사 · 저자의 종말까지 19세기적 개념들은 다원주의 지성 안에 설 자리를 잃은 것이다. 그렇다면 가치도 21세기엔 같은 운명이 아닐까?

안다는 것은 무엇인가? 필자의 경우 인식의 물음은 최초의 지성적 화두였다. 인식은 개념적이지만 보편적이라는 믿음으로 학문의 삶을 시작하였다. 그러한 인식은 어떻게 가능한가에 대한 물음을 추구하였다. 그러나 그러한 개념은 체계의 다원성 앞에서 동요하게 되었다. 진리가 언어 의존적이라면 인식은 어떤 의미가 있는가? 회의적 물음은 오래 지속되었고 유일 체계적 인간 경험에 대한 믿음의 조정은 긴 시간을 필요로 하였다. 인간의 많은 일상적 언어 믿음은 유일 체계적 세계관의 반영('알린다 inform'의 어원은 '형상을 불어넣는다'라는 플라톤적 형이상학을 전제한다)이면서도 지성 작업의 언어는 일상 언어의 적합성 기준을 만족(진리론은 '참말'의 적합성 조건에 도달해야 한다)시켜야 했기 때문이다. 가치의 일상 언어는 과거의 유일 체계적 인간 경험을 구조적으로 반영하면서 어떻게 또한 새로운 생활 양식을 나타낼 수 있을 것인가?

언어철학 전공자로서 필자는 언어와 관련된 주제들에 대해 생각하고 말하고 글을 써야 한다. 이 작업은 주로 이론적이거나 담론적이었다. 그러나 이 작업은 또한 실천적 태도를 내보이지 않을 수 없었다. 이 태도는 특정한 가치 · 윤리 · 인간론의 관점을 논의 없이 나타냈었다. 그러나 원칙적으로는 체계적 반성이 요청되는 태도임이 분명하다. 이러한 체계적 반성은 일종의 인간론이다. 모든 학문이 기본적으로 인간학이라면 인문학도, 철학도 예외가 아니다. 같은 논리로, 인간의 모든 행위가 인간적이라면 책임의 의미를 가질 것이다. 그렇다면 모든 인간은 가치의 존재자이고 자기 특정의 인간론의 표현자일 것이다.

그러면 어떤 인간론일까? 어떤 가치론일까? 가치론의 선택이 가능하다면 그 기준은 다음의 두 조건이 설득력 있는 후보로 보인다. 첫째, 아름다운 사람의 조건은 제시할 수 있다. 일상의 광장에서는 아름다운 사람을 지적하기가 어렵지만 영안실을 방문할 때는 지적하기가 상대적으로 용이하다. '아름답다'라고 말해지는 사람들의 삶은 수렴점을 보인다고 생각한다: 어려운 사람을 돌보는 사람이다. 둘째, 과학 탐구의 논리가 가설 반박을 통한 더 나은 가설을 향한 전진이라면 사회공학이나 인간 관계의 논리도 이웃의 고통 제거를 통한 더 나은 삶으로의 전진일 수 있다. 두 조건은 모든 조건은 아니지만 성기성물(成己成物: 나의 이룸과 다른 만물의 이룸은 맞물려 있다)의 지향을 나타내는, 약자나 소수자 관점의 윤리를 담지하고 있다고 생각한다.

성기성물의 개념은 유학 전통에서 비롯된 것이지만 그 의미가 모성 양식에서 나타난다고 필자는 믿는다. '성기성물'이라는 단어의 의미 부여자는 모성 양식 이외에 어떤 것일 수 있는가? 이러한 의미의 가치론을 가장 일관되게 유지해 온 인간론은 여성주의에서 찾을 수 있다고 생각한다. 인간론이 약자 배려의 인간 연대적 체계이어야 한다면 윤리학은 다수보다는 소수자 관점적이어야 하기 때문이다. 여러 기관과 단체, 많은 공동체와 대학들이 있지만, 얼마나 이러한 구조의 가치 관점을 지향하고 있는 것일까? 이러한 가치의 지성 공동체는 얼마나 있을까?

이 책은 이론적이기보다는 고백적이고 객관적이기보다는 자전적이다. 그만큼 이 책의 발상 · 발전 · 전개에 오랜 시간이 투입되었다. 이 책이 완성되기까지 영향을 준 분들이 많지만 불가피하게 몇 사람만 예시하겠다. 이 책의 철학적 국면에 대해서는 한국 철학계의 '자기 목소리' 학문 문화에 의해 격려되고 발전되었다. 특히 분석철학계의 동료들과의 '끝장내는 토론'으로 계속된 비판과 명료화 작업이 있었다. 이대 캠퍼스의 소흥렬 · 신옥희 · 현영학 · 서광선 · 김홍호 · 박이문 선배 교수들, 남경희 · 이상화 · 이규성 · 김혜숙 · 한자경 · 이지애 · 허라금 · 정현경 · 김선희 · 김예숙 · 서정신 · 최순옥 · 이주향 · 김애령 · 우순옥 · 고인석 · 김효근 · 양승태 · 구대열 · 송준만 · 김치수 동료 교수들과는 헤아릴 수 없는 토론 · 자문 · 배려의 긴 시간이 있었고 철학과 대학원생들과의 세미나를 통해 정교해졌다. 이 책의 가치적 국면에 대해서는 한국여성연구원의 김영정 · 정세화 · 조형 · 장필화 교수 그리고 여성학과 초기 대학원생들과의 작업을 통해 소수자 관점의 윤리적 설득력을 볼 수 있었다.

지금까지 학교의 배려로 연구할 수 있는 시간과 공간을 확보하고, 김용숙 부장, 정경임 · 이혜지 선생의 출판부 지원으로 책의 출판이 가능했다. 또한 조혜자 선생, 종민 · 녹인 · 소린의 인내와 격려가 있었다. 도움을 주신 모든 분들에게 감사를 드린다.

2005년 12월

정대현

차례

제3부 여성 언어와 억압의 언어성

제4부 성기성물(成己成物): 여성주의적 가치

서론

다원주의 시대에 가치가 필요한가?

(가) 진리도 없다는데 어떻게 가치를

지금 같은 다원주의 시대에 '대안적 가치'가 웬 말인가? 가치라는 것은 개념 그 자체가 모더니즘적 특징을 전제하는 것이 아닐까? '가치'라는 단어는 다원주의 시대엔 혹시 홍미 없는 것이 아닐까? 지루한 것, 시대착오적인 것, '충효' 같은 것, 멀리하고 싶은 것, 억압적인 것을 뜻하는 것은 아닐까? 그렇다면 다원주의 시대에 '가치'라는 단어는 제쳐놓고 '무가치'를 선언하는 것은 어떨까? 차라리 무가치의 관점이 논쟁이나 분쟁을 피할 뿐만 아니라 관용을 취할 수 있는 지혜로운 태도가 아닐까?

이 의문들은 달리 표현될 수도 있을 것이다: 진리도 없다는데 어떻게 가치를 말하겠다는 것인가? 이 의문의 추적은 유의미하다. 19세기가 절대주의(K. Marx, C. Darwin, S. Freud) 시대였다면 20세기는 '해체 시대'라고 할 만하다. 20세기는 '신의 죽음'(F. W. Nietzsche)이라는 신화적 선포로 시작하여 '역사의 종언'(F. Fukuyama)이라는 정치적 해석으로 마무리됐기 때문이다. 그 사이에 여러 가지 이론적 개벽이 있었다. 언어 다원성(G. Frege, L. Wittgenstein), 관찰의 관찰자 의존성(A. Einstein), 진리의 체계 의존성(A. Tarski), 체계 불완전성(K. Goedel), 이론 미결정성(W. Quine), 통약 불가능성(T. Kuhn) 등이다. 이들을 기초로 인식론의 죽음(P. Feyerabend), 철학의 종말(R. Rorty) 같은 선언들이 뒤따랐다. 이러한 문맥에서 가치는 '상황'으로 말해지거나 도매금으로 동반 매도되었을 것이다.

진리도 없다는데 어떻게 가치를 말하겠다는 것인가? 이 물음은 해석에 따라 정당하기도 하고 부당하기도 하다. 이 물음이 정당할 수 있는 것은 그 물음의 단어들을 19세기 절대주의의 의미로 고정하고 21세기의 문맥에서 물을 때 20세기의 성과로서 부정적으로 답하게 되는 구조의 물음이다. 그러나 이 물음이 부당한 것은 이 물음을 21세기에 물으면서 그 물음의 단어들의 의미는 19세기 절대주의의 의미로 고정하여 그 단어들에 대해 새로운 의미 부여를 봉쇄하는 데 있다. 그렇다면 이 물음에 대한 두 가지 해석 중 어떤 해석을 취한다고 할지라도 단어들의 일방적 의미 고착은 옹호되기 어려울 것이다.

로티(R. Rorty)와 파이어아벤드(P. Feyerabend)가 20세기의 철학적 성과를 수용하여 이를 근거로 인식론의 죽음이나 철학의 종언을 결론짓는 것은 성급한 추론이라고 생각한다. 로티의 해석학에 따르면 "관찰자에 의존하는 관찰은 더 이상 관찰이 아니다", "전통의 실체적 신분 관계가 유지되지 않는다면 더 이상 부자(父子), 사제(師弟)는 없다"라고 해야 한다. 혹시 이들 때문에 "없다"라는 유행가가 퍼진 것이 아닐까? 로티류의 의미론은 진리, 인식, 가치, 인간 관계와 같은 단어들을 전통의 실체적 의미론의 유파에 한정하면서, 전통 속에서도 해방적이고 기능적인 의미론을 변방에서 폈던 소수 의미론을 간과하였다고 보인다. 20세기의 지성적 성취는 기능적이고 해방적인 소수 의미론을 이론적으로 확립한 데 있다. 그리하여 진리, 인식, 가치, 인간 관계 등을 상대화하여 보다 충실한 세계 표상에 이를 수 있도록 하였다. "사람들은 동물들과 달리 유행병보다 다름(차이)에 의해 더 많이 죽었다"라는 버트런드 러셀(B. Russell)의 관찰은 20세기 3분기까지만 유효하다. 사람들이 20세기 4분기부터 갑자기 선해졌는가? 20세기 첫 3분기에 성취한 지성적 결과 때문이 아닐까?

포스트모더니즘을 세 가지로 분류할 수 있을 것이다. 공동체 언어 다원주의를 주장하면서도 진리, 인식, 존재 같은 핵심 단어들을 19세기적으로 사용하는 '어떤 것도 된다(anything goes)'의 포스트모더니즘 1(R. Rorty, P. Feyerabend), 단일 언어 중심주의를 부정하면서도 의미의 공동체 독립성을 선호하는 '과학으로서의 철학'의 포스트모더니즘 2(W. Quine, T. Kuhn), 공동체 언어 다원주의에 주목하면서 언어와 존재의 안정적 개방성을 옹호하는 '생활 양식으로서의 언어'의 포스트모더니즘 3(L. Wittgensein)이다. 포스트모더니즘을 편의상 좌 · 우 · 중으로 나눈 셈이다. 세 입장은 '해체'에 대해서 각기 다른 해석을 할 것이다. 좌파는 모든 것이 해체되어야 하고 또한 그렇게 되어가고 있으며 어떠한 구성도 또 하나의 억압 형식이라 할 것이다. 우파는 일원주의가 해체되었고 실재에 대한 다원적 구성을 하다 보면 실재에 참인 하나의 구성으로 수렴한다고 할 것이다. 그러나 중도파는 하나만의 실재론의 세계관은 현대 사회에서 수용하기 어렵고 어떤 인간 경험도 공동체적 생활 양식에 의하여 구성되어 왔고 또 그렇게 되어가고 있다고 할 것이다. 중도파는 포스트모더니즘이 특정한 시대의 사조가 아니라 정당화될 수 있는 본연의 인간 조건이라고 지적할 것이다.

가치가 공동체에 따라 상대화된다면 공동체들은 어떤 가치를 선택할 것인가? 공동체들은 무엇을 소망하여야 하는가? 가치가 상대화된다고 하여 가치는 무의미할 것인가? 상대화된 소망은 소망이 아닌가? 가치나 소망의 절실함이나 실재성을 어떻게 표상할 수 있을 것인가? 그 소망의 선택에 기준이 있다면 그것은 무엇일 것인가?

다원주의와 다원주의 시대는 구분할 만하다. '다원주의'가 세계나 진리에 대한 일원주의적 관점에 대한 이론적 지성의 대안적 구성물을 지칭한다면, '다원주의 시대'는 세계나 진리를 공동체들이 비일원적으로 살아가는 시대를 나타낸다. 전자는 공동체가 전제되지 않는 이론이고 후자는 공동체가 전제된 담론이다. 그렇다면 다원주의의 대안적 가치는 또 하나의 당위일 뿐이지만, 다원주의 시대의 대안적 가치는 당위성(ought)과 우선성(must)의 논리를 동시에 제시할 수 있어야 한다. 이 책은 그러한 물음들이 제기하는 과제들에 대한 하나의 모색이다.

(나) 인간론과 가치: 사랑, 준법 정신, 성기성물

현대인은 한 세기 전, 한 세대 전의 인간과 다른 조건하에 살고 있다. 다원주의가 한 조건이라면 정보, 과학, 학문, 환경, 지구촌의 정치, 경제, 예술은 다른 조건들이다. 옛날 사람이 현대인을 이해하기 어려워할 만큼 현대인은 새로운 조건에 맞추어 가기가 어려운 것이다. 30년마다, 10년마다 인간 조건이 이렇게 달라지고 있다면 인간론은 어떤 모습이어야 할 것인가? 옛날 의미에 따르면 '인간은 없다'와 같은 해체적 말이 나옴직하다. 그러나 변화의 속도를 고려하지 않아도 되었던 시대와 지금의 시대는 다르다. 여기서는 다원주의 시대라는 인간 조건의 문맥에서 대안적 가치를 탐구하고자 한다.

그러나 어떤 가치를 선택할 것인가? 가치의 선택은 인간론을 반영하고 인간 이해에 따라 가치는 달리 선택될 것이다. 가치가 공동체에 따라 상대화된다는 것을 허용한다면 가치의 다원성이 전제되는 것이다. 공동체마다 그 공동체를 위한 가치의 선택이 이루어져야 한다. 사회의 구성 원리를 자유에서 찾건 평등에서 찾건 또는 그 중간 지점 어디에서 찾건 간에 논의는 활발하게 이루어져야 하고 대부분이 동의할 수 있는 지점에 도달할 수 있어야 할 것이다. 그렇다면 그러한 지점에 동의할 수 있는 어떤 구조를 상상할 수 있을 것이다.

전통적으로 가치는 진리와 더불어 실재적인 것으로 간주되었다. 군신과 부자가 개인으로 실재하는 것처럼 그들의 관계의 질서로서의 충(忠)이나 효(孝)도 실재한다고 믿었다. 인간 개인은 하고 싶은 일을 할 수 있는 자유라는 것을 가지고 태어난다고도 하였고 인간은 근본적으로 관계적 존재라고 하여 평등의 가치가 자유의 가치보다 우선한다고도 하였다. 가치에 대한 이러한 실재론적 믿음 때문에 많은 사회는 가족주의 · 자유주의 · 사회주의 등을 사회나 경제 질서 구성의 기본적 가치의 관점으로 채택하곤 하였다. 아직도 지속되고 있는 동양적 가치, 신자유주의, 공동체주의 등의 담론들은 그러한 거대 담론적 가치 관점의 시각을 드러내고 있다고 믿는다. '차이', '인정' 등은 그러한 거대 담론 안에서 불가피하게 야기되는 혼란의 속도를 완화하기 위한 노란색 교통 신호등 정도가 아닐까?

그러나 20세기의 지성사적 전환은 진리뿐만 아니라 가치에 대해서도 그러한 실재론적 접근에 어려움이 있다는 것을 시사한다. 진리를 상대적으로 이해해야 하는 것처럼 가치도 문맥에 맞추어 인식적인 기능으로 파악할 수 있어야 한다고 믿는다. 거대 담론이 아니라 문맥적 담론(S. Peirce, K. Popper, M. L. King, R. Tong)이라야 하는 것이다. 노동(임금 인상), 여성(여권 신장), 흑인(고정 관념 극복)의 이슈에 대한 일부 사회의 문맥적 접근은 유의미하다. 그러나 문맥적 접근은 목전의 사안에 대해 집중적이고 강력한 방법론일 수 있지만 그 자체가 가치의 내용이 되기는 어렵다. 목전의 문제가 공동체적으로 해소되어 가면서 그 주제의 사회적 관심의 강도는 희미해지고 사회 전체나 역사에 일반화할 수 있는 계기는 약화된다. 문맥론은 과학의 탐구론에서 차용된 하나의 강력한 사회공학적 단편주의(piecemeal) 방법론이다.

그렇다면 실재적이 아니면서 보편적이고, 형식적이 아니면서 문맥적인 구체적 가치는 탐구할 만하다. 이러한 조건을 만족하는 가치를 '통합적'이라고 하자. 그러한 통합적 가치는 무엇일까? 초견적 설득력을 가진 후보들은 무엇일까? 여기서는 사랑, 준법 정신, 성기성물의 세 가지 후보를 관찰할 수 있을 것이다.

사랑이 인간의 제1조건이라고 믿는다. 사랑을 받아 본 적도 없고 주어 본 적도 없는 사람은 다른 사람은 물론 자기 자신도 온전한 인간으로 인식하기 어렵기 때문이다. 기독교가 사랑을 제1계명으로 선포한 것이나 불교가 자비의 종교로 발전한 것은 사랑과 인격의 그러한 논리적 관계에 주목하였기 때문이라고 본다. 많은 윤리학자들이 최근에 배려 · 돌봄을 이야기하고 가족의 중요성을 강조하는 것도 온전한 인격 형성에서 사랑이 갖는 인간 관계의 구성성에 기인한다고 믿는다. 그리고 이 점은 아무리 강조하여도 지나치지 않을 것이다.

그러나 이러한 사랑이 여기에서 추구하는 그러한 통합적 가치일 수 있는가? 아니라고 생각한다. 사랑이 인간의 제1조건임에도 불구하고 사랑은 너무 개인적이다. 대부분의 사람은 열 사람 이상을 사랑하기 어렵다. 인간들은 사랑의 능력의 한계를 가지며 이러한 한계는 자연스럽기 때문이다. 이러한 것을 부인하는 것은 현실을 무시하거나 위선에 빠질 위험을 안는 것으로 보인다. 사랑의 개념을 새롭게 규정하지 않는다면, 모든 사람을 사랑한다는 것은 불가능하다. "너는 너의 뒷집 사람을 좋아하라"라는 말이 명령될 수 없듯이 "너는 너의 앞집 사람을 사랑하라"라는 말도 명령될 수 없다. 좋아함이나 사랑함은 발생하는 경험이지 의지(意志)하는 경험이 아니기 때문이다. 수행할 수 없는 것이 명령될 수 없듯이 의지할 수 없는 것도 명령될 수 없다.

준법 정신도 통합적 가치의 후보일 수 있다. 현대인은 공동체의 규칙을 준수하는 것으로 충분하지 않을까? 공동체가 필요하고 정당하다고 합의한 규칙들은 공동체 구성적이고 공동체 유지적이기 때문이다. 그렇다면 공동체 규칙을 충분한 가치로 인정하는 데 어떤 문제가 있는가? 이것이 최소 가치라고 할지라도 이 이상 요구하는 것은 과다한 것이 아닐까? 최대 가치는 그것이 아무리 선의적이라고 할지라도 위험하지 않았는가? 가치 인플레이션론자들이 위험이나 고통을 초래하였음을 역사로부터 배우지 않았는가? 공동체 규칙의 준법 정신은 통합적 가치의 미니멀리즘이라 할 수 있지 않을까?

그러나 준법 정신의 가치 통합성은 공동체 내부적일 뿐이다. 그 규칙에 의해 구성된 공동체의 패러다임을 따른다는 것은 현상 유지적이고 '정상 과학적'이기만 하다. 만일 공동체 규칙이 온전하여 미래의 수정에 열려 있을 필요가 없다면 그 가치 통합성은 나무랄 데가 없을 것이다. 그러나 누가 그러한 공동체 규칙의 온전성을 장담할 수 있을 것인가? 미래 수정에 폐쇄적인 어떠한 체계도 의심스럽지 않는가? 그렇다면 가치 통합성은 공동체 외부적일 필요가 있고 그러한 가치는 이념 제시적일 것이다. 공동체의 삶의 방향성을 나타내는 것이라야 한다.

성기성물은 통합적 가치의 후보일 수 있는가? 성기성물(成己成物: 나의 이룸과 다른 만물의 이룸은 맞물려 있다)이란 무엇인가? 첫째, 성기성물은 자아와 타자를 구분하면서도 연결한다. 서구의 주객합일론(主客合一論)과 대조할 수 있다. 주객합일은 개념적으로 분석할 때 논리적으로 가능하지도 않고 윤리적으로 바람직하지도 않다. 주객합일은 관념적으로 구성되었을 뿐이라고 믿는다. 그러나 성기성물은 자아와 타자를 존재 차원에서 구분하면서 완성 차원에서 연결시킨다. 그러나 이 연결도 양자의 합일이 아니고 양자의 완성의 동시성일 뿐이다. 보살 · 간디 · 테레사는 이러한 성기성물의 도상의 모범이 아닐까?

둘째, 성기성물은 동북아 전통의 수행(修行) · 수기(修己)적 인간론의 표현이다. 성기성물의 개념은 공자의 인(仁)을 가장 잘 설명하는 중용(中庸)의 사상이라고 믿는다. '수신제가치국평천하(修身齊家治國平天下)'라는 명제를 예로 들 수 있을 것이다. 이 명제는 수신, 제가, 치국, 평천하의 네 단계의 점진적 분리적 운동으로 흔히 해석된다. 그러나 이 명제는 성기성물의 관점에서 볼 때 네 단계의 맞물림의 구조로 이해된다. 네 단계는 서로로부터 독립된 것이 아니라 서로 연결되어 있는 것이다. 이것은 서구의 지기지물(知己知物: 나를 아는 것과 다른 만물을 아는 것은 맞물려 있다)의 전통과 대조될 수 있다. 지기지물은 인간 이해에 대한 주지(主知), 이성(理性)주의적 관점을 드러낸다고 보인다. 지기지물은 이성 중심으로 인간을 이해하는 동안 인간 독립성, 원자성뿐만 아니라 심신 이원론에 도달하게 한다. 서구의 주지주의 전통은 인간 연대성 명제를 도입하기 위해서는 인간 이외의 다른 주제를 필요로 했고 심신의 통합을 위해 오랜 세월을 기다려야 했다.

성기성물의 가치는 어떻게 통합적인가? 성기성물은 구체적 행위를 명령하는 도덕 명제가 아니고 어떤 체계의 내부적 통합 명제도 아니다. 성기성물은 오히려 자아와 타자, 인간과 세계의 관계에 대한 조망의 관점을 제시한다. 주객합일이나 지기지물의 명제가 제시하는 세계관과는 구분되는 세계관을 지시한다. 세계관이 달라질 때 수반되는 가치는 달라지게 마련이다. 나의 삶을 기획하고 세계의 미래를 꿈꿀 때 그 내용이 달라지는 것은 분명하다. 다원주의 시대의 대안적 가치를 성기성물이라는 명제로 제안하고자 한다.

(다) 책의 논제와 전략

이 책의 논제를 성기성물 명제로 제안한다면 이를 위한 전략은 단순하지 않다. 그러나 감당할 수 있는 작업의 규모로 한정하기 위해 다음과 같은 방식을 취하고자 한다. 제1부는 다원주의는 무엇인가를 묻고 있다. 이미 이룩된 많은 지성사적 성취들을 읽고 이해하고 정리한 결과이다. 하나의 관점으로부터 일관된 그림을 그린 것이다. 다원주의와 혼동되는 유사 개념들도 있고, 다원주의 자체가 애매하기도 하다. 종교 다원주의는 다원주의의 어려움을 구체적으로 보이는 사례일 것이다. 그러나 체계의 선택이 어떻게 가능한가를 보이고자 했다.

제2부는 가치란 무엇인가를 다룬다. 자유나 평등은 인간 역사의 특정 단계에서 그 왜곡 치유에 기여하였다. 그러나 인간 역사의 지금과 같은 발전 단계에서 이들이 궁극적 가치라 할 수 있을까? 자유나 평등은 1980년대 이전엔 인간 존재가 원자적인가 공동체적인가의 관점 차이로 대립을 하였고, 그 이후엔 어느 것이 더 기본적이고 궁극적 가치인가의 차이로 대립하고 있다. 그러나 인간 사회의 궁극적 가치는 사람의 삶의 방식에서 솟아나는 것이 아닐까? 인간의 감동 · 감사 · 보람의 경험들이 인간 윤리의 구성적 자료로 개입되어야 하지 않을까? 감동 · 감사 · 보람은 약자를 세움에서 경험되는 것이 아닌가?

약자 관점의 윤리는 민중 개념을 통해 정당화되고 인간의 정서나 윤리가 이러한 삶의 양식에 기반한 합리성을 나타낸다고 생각한다.

제3부는 약자 관점의 언어를 찾는다. 약자 관점을 나타내는 소중한 자료는 억압의 언어이고 이 언어는 여성 언어에 가장 잘 드러나 있다고 믿는다. 여성 언어는 인류의 가장 큰 소수자 관점을 나타내고 또한 언어에 의한 억압성이 가장 체계적이고 포괄적이기 때문이다. 한국의 전통적 여성이 다음과 같은 질문을 받았다고 하자: "양이 밝고 지배하고 이끌고 비칠 때 음은 어둡고 순종하고 따르고 반사한다면, 그리고 해와 낮과 남자가 양이고 달과 밤과 여자가 음이라면, 나는 남편이고 당신은 여자이니 당신은 어떻게 하여야 하오?" 여성은 남성의 어떤 불합리한 언행에 대해서도 천륜으로 간주된 음양법에 저항할 수 없는 것이다. 여성은 이렇듯 체계적 억압의 언어 안에서 태어난 후 그 언어 밖으로 나갈 수 없었던 것이다. 성의 개념이 그렇고 사랑이나 가족의 구조가 그러했다. 이제 문화 방향은 달라져야 하고 사회 제도의 언어는 보다 인문적일 수 있어야 한다.

제4부는 성기성물 논제를 구체화한다. 이 명제의 개념은 무엇인가? 그리고 이 명제는 어떻게 의미 부여를 받는가? 공산주의가 다수의 생활 양식을 통해 살고 있었을 때 의미 있었지만 다수의 생활 양식으로 살고 있지 않는 지금은 의미가 없어진 것이다. 성기성물 명제는 모성 생활 양식을 통해 의미를 부여받는다고 믿는다. 그리고 이 명제는 여성주의가 지향하는 가치의 리더십의 내용일 수 있다고 제안한다. 성기성물의 지성적 논리를 위해 음양론과 지향성 개념을 개발하고 실천적 전략을 위해 여성주의적 가치의 지성 공동체의 역할을 제안한다.

성기성물의 가치가 기본적이라는 관점은 몇 가지 가설에 기초한 것이다: 자유나 평등이 기본적 가치라 주장될 때 사회는 통합되기 어렵다; 성기성물은 기본적 가치 언어로 나와 환경을 포함한 다른 모든 것의 이름이 맞물려 있다는 것이고 자유와 평등을 수단적 가치로 하위에 포섭한다; 성기성물은 모성적 양식에서 그 의미가 부여되며 약자 관점의 윤리를 구성한다; 성기성물은 실현 방법으로 여성주의적 가치의 리더십을 표시한다; 성기성물은 다원주의 시대 인간론의 한 국면을 나타낸다.

제1부
다원주의와 선택의 유의미성

제1장

패러다임, 포스트모더니즘, 상대주의

(가) 다원주의의 유사 개념들

19세기까지가 절대주의 시대였고 20세기가 절대의 해체 시대라면 21세기는 '다원주의' 시대라 할 만하다. 그러나 다원주의란 무엇인가? '다원주의'는 단순히 여러 가지 관점이나 하나 이상의 체계를 뜻하는 것인가? 다원주의는 절대주의에서는 가능하지 않았던 다른 관점에 대한 관용 · 인정 · 열림을 어떻게 도입하는가? 사람들이 21세기에 들어 갑자기 선해졌는가? 유행적으로 너그러워졌는가? 더 구체적으로, 다원주의는 관점들간의 관계에 대해서는 무엇이라고 하는가? 여러 체계들 중에서 한 체계의 선택은 어떻게 이루어진다고 하는가? 다원주의가 절대주의에 대한 대안적 시대 정신이기 위해서는 선택의 유의미성이 보여야 하지 않을까? 인간 역사는 2500년의 절대주의에서 100년 미만의 해체를 거쳐 다원주의로 가고 있다는 것을 어떻게 설명할 수 있는가? 이 장에서는 우선 절대주의에서 다원주의로 어떻게 전환되었는가를 보기 위해 다원주의와 그 유사 개념인 패러다임, 포스트모더니즘, 상대주의를 대조해 보고자 한다. 그 전환은 도덕이나 유행이 아니라 논리 때문이라는 가설을 제안한다.

19세기까지는 절대주의 시대였다고 생각한다. 노장은 절대주의가 제시하는 바의 언어의 상대성을 말하고 프로타고라스는 인간이 만물의 척도라는 점을 주장하여 절대주의에 반대하였지만 그 시대에서 매우 소수적인 관점을 나타내었다. 당대의 절대주의는 "태양이 하나이듯 진리도 하나"라는 믿음으로 제시되었다. 마땅한 인륜과 하늘이 낸 천륜은 동일한 것이어야 했다. 내외법이나 칠거지악이 성현들이 제시한 인륜 질서의 규정이라면 이 또한 천륜의 질서라고 믿었던 것이다. 천륜이 천륜이라면 이것은 하나밖에 있을 수 없는 질서이고 그 이외의 체계나 사상들은 사설(邪說)일 뿐이다. 천륜에 반하는 사설은 어떤 방식으로건 밀어내거나 제거되어야 한다. 능지처참(陵遲處斬)은 낯설지 않은 방식이었다.

"인간 역사에서 의견 차이로 죽은 사람이 전쟁으로 죽은 사람보다 많다"고 한다. 절대주의 시대에서 인간이 일관성에 따라 얼마나 진지하게 사유하였는가를 보여주는 증거이다. 진리가 하나라면 논리가 하나이고 참 이론은 그러한 논리와 진리와 동일하다고 생각했던 것이다. 역사의 현상들은 잡다하지만 그 유일한 진리에로의 역사 발전 과정은 필연적일 것이고 이에 대한 어떠한 유예나 이견은 그러한 필연적 진리에 대한 반동(反動)으로 보였다. 얼마나 많은 사람들이 '진리의 이름'으로 화형(火刑)의 연기 속에 사라졌던가?

20세기는 절대의 해체 시대라 할 만하다. 세기가 시작될 무렵 니체(F. W. Nietzsche)는 "신이 죽었다"고 선포하였다. 니체는 절대자 신앙이 인식론적으로 더 이상 정당하지 않고 절대자 신앙에 근거한 전통적 윤리는 효력이 없어졌다고 하여 절대자 관념을 해체한 것이다. 비트겐슈타인(L. Wittgenstein)은 '언어는 놀이'라고 하였다. 지상의 언어가 모방하여야 하는 천상의 논리는 없고 지상의 언어는 인간 공동체의 생활 양식에서 비롯되는 것이라고 하여 천상 논리와 지상 언어 간의 이분법을 해체하였다. 타르스키(A. Tarski)는 '진리의 언어 의존성'을 지적하였다. 진리는 문장의 수식어이기 때문에 특정 언어가 제시되지 않으면 제시된 문장의 진리치는 평가될 수 없다고 하여 실체의 이름으로서의 진리를 해체하였다.

절대적 객관성과 논리, 언어와 진리 같은 기본 개념이 20세기 전반부에 해체된 후 그 후반부의 해체 확산은 자연스러운 귀결이었을 것이다. 해체 확산은 하나의 도식에 따른 것이었다. "논의하는 단어를 절대주의 시대의 의미에 따라 사용하면서 그러한 단어의 지시체는 없다라고 하라"라는 일반적 형식인 것이다. "인식은 없다", "역사의 종언", "철학은 죽었다", "문학은 없다", "저자의 죽음", "미술은 없다" 등의 구호들이 제시되었다. 물론 구호 제안자들이 그러한 일반 형식을 미리 알고 있었다고 생각하지는 않는다. 일반 형식은 사후에 추상된 가설적 제안이기 때문이다. 그러나 이러한 다양한 구호들을 동시에 정당화할 수 있는 구조를 찾는다면 위의 일반적 형식일 것이다. 그리고 그 일반적 형식에 따라 이해했을 때 이들은 정당할 뿐 아니라 당연한 명제가 된다.

패러다임, 포스트모더니즘, 상대주의는 절대적 객관성의 믿음이 해체되는 과정에 기여하였다고 믿는다. 패러다임은 어떠한 두 이론도 비교 불가능하다는 논제를 주장하고, 포스트모더니즘은 언어를 인간 공동체의 사회성으로 설명하고, 상대주의는 관점의 비절대성을 확인한다. 이에 비해 다원주의는 '이론 연결성'을 설명의 과제로 취한다고 생각한다. 임의의 두 언어나 두 이론은 어떻게 연결될 수 있는가? 이론들간의 관계는 이러한 구체적 물음을 통하여 접근되고 조명할 수 있어야 한다고 생각한다. 그렇기 때문에 패러다임, 포스트모더니즘, 상대주의는 다원주의가 표출하는 내용을 부분적으로만 나타내고 있기 때문에 다원주의와 동일시될 수 없다. 또한 다원주의의 풍부성에 미치지 못하고 있다고 믿는다. 세 개념의 내용에 간략하게 주목할 수 있을 것이다.

(나) 패러다임

상대주의가 역사적으로 다원주의의 원류를 이루고, 포스트모더니즘이 현대에 들어 다원주의의 성립을 도왔다면, 패러다임은 학문 사회에서 다원주의의 확장에 가장 기여했다고 생각한다. 그러나 패러다임이란 무엇인가?

패러다임이란 "어떠한 두 이론도 비교될 수 없다"라는 관점으로부터 이루어진 이론의 해석론이다. 토마스 쿤(T. Kuhn)이 과학의 역사를 설명하기 위해 제안한 이러한 이론관은 많은 분야에 영향을 주었다.[1] 과학은 어떻게 발전하는가? 과학의 역사는 어떻게 구성되는가? 과학 활동의 한 시기의 단계와 다음 시기의 단계는 어떤 관계에 있는가? 칼 포퍼(K. Popper)는 이러한 물음들에 대해 가설과 반박(conjectures-refutations)의 과정 개념으로 대답하고 있지만, 쿤은 패러다임론으로 그러한 물음들을 조명하고자 한다. 그의 패러다임론이 절대주의에 대해 어떤 의미에서 개념적 대안이 되는가를 쿤적인 논변을 따라 바라볼 수 있을 것이다.

패러다임은 논리적으로 통사 체계와 의미 체계로 구성된다. 통사 체계는 기호, 적형식 기준, 공리들이 규칙들에 의해 구성하는 기호 나열의 체계이다. 문장, 의미, 진리의 요소들은 없지만 연역이나 타당의 조건에 따라 구성된다. 의미 체계는 통사 체계의 기호들이 세계의 부분과 연결되는 규칙에 의해 문장이 되고 의미를 가지면 참이나 거짓이 된다. 통사 체계의 정리는 의미 체계의 참이고 그 역도 성립한다. 패러다임은 이러한 논리적 단위성을 언어, 이론, 체계, 구조, 틀, 이데올로기, 세계관, 관점과 공유한다. 이들은 동일한 논리적 단위들이고, 따라서 많은 경우 교환적으로 사용된다.

'언어'는 한국어 · 중국어 · 영어 같은 자연적 단위의 구조물을 지칭한다. '이론'은 아인슈타인의 상대성론, 다윈의 진화론, 프로이트의 정신분석학, 마르크스의 공산주의처럼 목전의 문제를 해석하는 틀이지만, 이들이 성공적일 경우 인간의 모든 경험을 조명하도록 확장되고 엄밀하게 될 때 '체계'라 불린다. '구조', '형식', '틀'은 그러한 언어나 체계에 있어서 지엽적 정보나 규칙

1 토마스 쿤 지음, 조형 옮김, 『과학혁명의 구조』, 이화여대출판부, 1980; 송상용 · 이정민 · 정대현의 쿤의 패러다임에 관한 글들, 『세계의 문학』, 1980 겨울; 조인래 편, 『쿤의 주제들: 비판과 대응』, 이화여자대학교출판부, 1997.

보다는 중심적 원리나 이들이 드러내는 관계를 나타낸다. '세계관'이나 '관점'은 세계 경험을 구성하는 중심적 명제들의 집합이나 그 대표적 명제를 나타낸다. '이데올로기'는 첫째, 가치중립적이라고 간주하였던 문맥에서 특정한 가치가 도입된 체계이거나 둘째, 완성되었다고 간주되고 따라서 비판에 열려 있을 수 없다고 믿어지는 폐쇄성의 체계를 표시한다. 그러나 '패러다임'이란 어떠한 두 이론도 비교 불가능하다는 믿음이 부착된 이론을 지칭한다. 그러므로 패러다임은 그렇게 믿는 사람을 가지거나 그 이론 안에 그러한 믿음을 표시하여야 한다.

그러한 믿음이 표시된 패러다임은 어떻게 구성되어 기능하는가? 패러다임은 먼저 무엇이 문제인가를 규정한다. 뉴턴의 물리학과 아인슈타인의 물리학은 문제를 달리 규정하고, 아담 스미스와 칼 마르크스는 경제 현상의 문제를 다른 관점에서 바라본다. 불교는 욕심을 모든 문제의 근본으로 이해하고 기독교는 하나님을 모르는 것을 원초적 문제로 해석한다. 패러다임은 그러한 문제들에 대해 문제의 해결, 설명의 표준을 제시하고; 그러한 해결이나 설명에 이르는 과정을 마련하며; 그러한 과정에서 가치나 중요성의 우선 순위를 제시한다. 특정 패러다임의 이러한 기능을 따르는 사람은 그 패러다임이 인도하는 특정한 세계관에 도달할 것이다.

쿤은 이러한 패러다임들이 비교 불가능하다고 한다. 패러다임들은 비통약(非通約性, incommensurability)적이라는 것이다. 패러다임들은 공유하는 약정이나 규칙을 가지고 있지 않기 때문에 서로 대화가 되지 않을 뿐 아니라 무슨 말을 하는지 서로 이해할 수 없는 것이다. 이러한 비통약성에 대한 논변은 무엇인가? 쿤의 정신에 입각하여 소위 '대한민국 여왕'이라는 사유 실험을 다음과 같이 구성할 수 있을 것이다.[2]

(나가) 신문사와 (나나) 신문사가 경쟁적으로 '대한민국 여왕'을 뽑기로 하였다. 이들은 자체 신문사의 전통과 특징에 따라 '대한민국 여왕' 선발 기준을 달리 정하였다. (나가)는 신장과 체격을 각기 155센티미터와 30-25-30인치

를 요구하고, 막걸리 반 말 주량, 소리 창(唱)력, 한복 맵시, 국어 작문 실력, 효행(孝行)을 기대하고 동학교도일 것을 소망하였다. 그러나 (나나) 신문사는 신장과 체격을 각기 164센티미터와 36-18-36인치를 요구하고, 맥주 반 다스 주량, 팝송 창력, 수영복 맵시, 영어 회화력, 경영 마인드를 기대하고 기독교 교인을 선호하였다. 두 신문사는 각기 이 기준에 따라 '대한민국 여왕'을 선정하였다. 이때 (나다) 신문사 편집국은 문화부에 "두 신문사의 대한민국 여왕 중 누가 더 여왕다운가?"를 취재하라고 하였다.

그러나 (나다) 신문사의 문화부는 취재가 불가능하다는 이유를 다음과 같이 대답하였다: 누가 더 여왕다운가를 취재하기 위해서 특정한 기준을 필요로 한다; 두 여왕에게 (나다) 신문사의 기준으로 취재하겠다고 제안하였을 때 두 여왕은 자신의 왕국의 독립성과 자율성을 손상하지 않고서는 (나다) 신문사의 기준에 따른 취재에 응할 수 없다; (나가) 신문사나 (나나) 신문사의 한 기준으로는 상대방의 반대로 더욱 불가능하다; 세 신문사와 독립적이고 중립적인 기준 (나라)를 상정할 수 있지만 이것도 각 왕국의 기준의 진실성을 손상시키는 것은 마찬가지이다; 고로 두 여왕 중 누가 더 여왕다운가는 비교될 수 없다.

쿤의 패러다임 비통약성 논변을 수용한다면 다음의 물음은 자명하다: 어떻게 과학이 발전하는가? 어떠한 두 이론도 비교 불가능하다면 뒷단계의 과학 이론이 앞단계의 과학 이론보다 '발전하였다'라고 어떻게 말할 수 있는가? 쿤은 이 물음을 정면으로 묻고 대답한다고 생각한다. 이 물음을 조명하기 전에 먼저 쿤의 정상과학과 혁명과학의 구분을 주목할 수 있을 것이다. 정상과학은 과학 공동체가 수용하는 특정한 패러다임 안에서 구성된다. 정상과학은 패러다임이 제시하는 문제 규정, 해결 방법, 평가 방법, 경험 확장의 기준에 따라

2 패러다임 비통약성은 "어떠한 두 이론도 동일한 대상이나 동일한 성질을 공유할 수 없다"라는 기술론적 논변(정대현, 『필연성의 문맥적 이해』, 이화여대출판부, 1994, pp. 254-78)이나 콰인의 원초적 번역론(정대현, 『맞음의 철학』, 철학과현실사, 1997, pp. 179-80)에 의해 자세하게 지지될 수 있을 것이다.

수행되는 활동의 총칭이다. 그러나 혁명과학은 어떻게 이루어지는가? 정상과학에 대한 예외 · 변칙 등이 발생할 수 있다; 그러면 정상과학의 신뢰가 떨어진다; 과학자들은 새로운 패러다임을 찾는다; 그러면 과거의 정상과학을 대치하는 혁명과학이 찾아진다.

쿤은 발전(progress)의 개념을 진보와 혁명으로 구별한다. 진보(development)는 연구의 단계들이 연속적 · 점진적 · 축적적이지만, 혁명(revolution)은 연구의 단계들이 단절적 · 창조적 · 혁신적이다. 그렇다면 쿤은 패러다임론에 따라, 과학은 진보가 아니라 혁명으로 발전한다고 하여야 한다. 그러나 '과학 발전'은 혁명적이면서 어떻게 발전일 수 있는가?

쿤은 이를 위해 진화 개념을 들여온다. 진화 과정에서의 임의의 두 단계, 예를 들면, 원숭이 단계와 인간 단계 간에는 비교가 없었다고 상정된다. 원숭이 단계의 원숭이들이 두 단계간의 비교를 하고 선택하여 인간 단계로 진화한 것이 아니라는 것이다. 비교 없이 두 단계의 단계적 전환이 이루어진 것이다. 앞 단계에서 뒷 단계로의 전환은 혁명적인 것이다. 중요한 것은 이 전환이 그러나 '발전'으로 해석된다는 점이다. 이 '발전'은 사후(事後) 해석적(hindsight)이다. 그렇다면 '진화'가 혁명적이면서 동시에 발전으로 해석되는 것처럼 '과학 발전'도 그러한 의미에서 발전이라는 것이다.

토마스 쿤의 패러다임론이 "어떠한 두 이론도 비교될 수 없다"라는 명제로 요약될 때 이것은 절대주의의 유일 체계적 관점과 선명하게 대조되는 입장을 나타낸다. "태양이 하나이듯 진리도 하나"라는 형이상학적 일원적 태도를 취할 것인가, 아니면 이론들 각각의 독립성과 자율성이 존중되는 패러다임론적 관점을 선택할 것인가? 절대주의에서 다원주의로의 전환에는 '사람이 이론의 주인'이라는 의식이 깊이 작동하고 있다고 생각한다.

패러다임론과 다원주의는 간단히 대조될 수 있을 것이다. 패러다임론은 체계들의 복수성을 인정하는 점에서 다원적이다. 그러나 다원주의는 동일한 문제에 대해 다른 설명의 체계들이 하나 이상 가능하다고 주장한다. 그러나 패러다임론은 다원주의의 이 주장에 대해 동의하기 어렵다. 체계들의 문제의 공유 여부가 패러다임과 다원주의를 가르는 지점이라고 생각한다.

(다) 포스트모더니즘

다원주의를 논의할 때 주목하는 하나의 주제는 모더니즘과 포스트모더니즘의 구분이다. 이 구분은 시대적으로만이 아니라 개념적으로도 의미 있는 것이라 생각한다. '포스트모더니즘'은 불란서 철학자들이 먼저 통찰 · 주조 · 제안하여 널리 수용되고 있다. 그러한 통찰에서 출발하여 모더니즘과 대조되는 포스트모더니즘의 개념적 지도를 각기 그려 볼 수 있을 것이다.

포스트모더니즘은 "언어는 공동체적이다"라는 명제로 요약하여 "언어란 유일한 이성 논리이다"라는 모더니즘의 명제와 대조될 수 있다. 두 이론은 인간 · 인식 · 문화 등 여러 가지 주제의 다양한 관점으로부터 요약되거나 해석될 수 있을 것이다. 그러나 이 문맥에서 두 이론은 언어론의 차이로 대조하는 것이 좋을 것이다. 절대주의에서 다원주의로의 전환의 논리를 조명하고자 하는 문맥에서 이만큼 적절한 주제가 더 있을지는 의문이다. 그렇다면 모더니즘과 포스트모더니즘의 두 언어관을 대조하여 그 전환의 이해에 다가갈 수 있을 것이다.

모더니즘은 데카르트의 경우 이성 논리로서의 언어를 전제했을 뿐 주장하거나 설명하지 않았다. 그렇다면 모더니즘의 언어론은 데카르트가 전개한 인식론의 구조를 통해 전제된 언어론을 추리해 낼 수 있을 것이다. 몽테뉴의 "인간은 지식에 도달할 수 없다"라는 회의주의에 대한 처방으로 데카르트는 합리주의라는 인식론을 제안한다. 모든 것(나의 집에 있는 가장 연로한 여성은 나의 모친이다; 대전은 서울의 남쪽에 있다; 나는 지금 나무 의자에 앉아 있다; 2+3=5; 'S & -S'는 거짓이다)을 의심할 수 있다고 하였다. 위의 문장들은 지각이나 기억에 의존하지만 지각이나 기억은 나를 속인 적이 있고 지금의 상황이 그 경우가 아니라고 할 근거가 없다는 것이다. 또한 나는 꿈을 꾼 적이 있고 생시 경험과 꿈 경험을 구분할 수 없는 경우가 적어도 한 번 있었지만 지금의 상황이 그 경우가 아니라고 할 근거가 없다는 것이다. 마지막으로 전지전능한 마귀가 존재한다는 것을 상상할 수 있고 이 마귀가 실은 그렇지 않은데 위의 문장들로 나를 속일 수 있다는 것이다.

그러나 데카르트는 "나는 존재한다"라는 명제는 의심할 수 없다고 하였다. 첫째, 이 명제를 내가 의심할 때 의심하는 자가 있어야 하고 그 의심자는 바로 나인 것이다. 둘째, 나는 존재한다라고 꿈꿀 수 있지만 그러기 위해서는 꿈꾸는 자가 있어야 한다. 마지막으로 전지전능한 마귀가 실은 그렇지 않은데 내가 존재한다라고 나를 속이는 경우를 상상할 수 있지만 이때에도 그렇게 속는 자가 있어야 한다. 결국 "나는 존재한다"라는 명제를 의심하는 것은 이 명제-자기-파멸적 의심인 것이다. 내가 존재한다는 것을 의심하고, 꿈꾸고, 속을 때 나는 존재한다는 것이다. 의심 · 꿈 · 속음은 데카르트에게서 모두 생각이므로 데카르트는 "나는 생각한다 고로 나는 존재한다(Cogito Ergo Sum)"라고 결론지었다.

데카르트의 이 모더니즘 명제는 그의 언어관을 시사한다. 그 명제는 내 존재는 확실하다(원자 개인주의, 개인의 탄생)는 것과 공간은 유클리드적(단일 공간론)이라는 것을 함의하지만 또한 지식의 합리성(논리 중심주의)과 체계의 유일성(단일 중심주의)을 뜻한다. 데카르트는 모더니즘 명제에 도달하기 위해서 세계나 인간들의 경험적 탐구도 학회 토론도 하지 않고 자신의 체계 안에서 논리적 모든 가능성을 계산하였다. 그 계산은 지각-기억 논변, 꿈 논변, 마귀 논변이라는 논리에만 호소하는 이성적 사유로 구성되어 있다. 그리고 데카르트는 시대적 한계가 있지만 자신이 처해 있는 논리 체계 이외의 체계를 상상하지 않았다. 그가 수용한 논리 체계가 유일하다고 생각한 것이다. 그렇다면 데카르트는 더 나아가 세계에 대한 유일하게 참인 이론이 있다는 것을 믿고 유일하게 참인 이론과 이성의 논리 언어는 동일하여야 하고 참인 명제는 이에 일대일 대응 관계의 사실을 갖는다는 것을 수용해야 한다.

데카르트의 심리적 언어관은 더욱 중요하고 특이하다. "내 마음 내가 모를 수 없다"라는 입장을 유지한다고 생각한다. 데카르트의 원자 개인주의는 다원주의로 인도하지 않고 단일 체계의 논리 중심주의로 가기 때문이다. 데카르트의 개인은 이성 능력의 개인이므로 무수한 개인들이 이성적으로 사유만 하면 모두가 단일 논리 체계에 도달한다고 생각한 것이다. 이 구도를 유지하기 위해서 데카르트에게서 "내 마음 내가 모를 수 없다"라는 심리적 언어관은 핵심적인 것이다.

모더니즘이 "나는 생각한다 고로 나는 존재한다"라는 명제에 도달하는 방법, 과정, 그리고 이 명제의 결과, 함축들은 다음과 같은 문장들로 요약될 수 있을 것이다: 존재의 형이상학을 지배하고 그리고 이 세계는 그 반영인 논리 체계는 유일하다; 세계에 대해 참인 진술의 체계는 하나밖에 없다; 인간은 이성으로써 그 논리 체계의 지식에 접근할 수 있다; 인간만이 원자적 개인의 확실성을 갖는다; 나는 내가 생각하는 것을 모를 수 없다; 만일 논리가 존재의 중심이라면 인간 현상(조직, 권력)에도 중심은 하나이고, 시간(뉴턴)도 공간(유클리드)도 하나의 참 체계에서만 이해된다.

포스트모더니즘의 공동체적 언어론은 모더니즘의 진리론적 의미론 또는 유일 체계적 언어론에 대안적인 언어론이고 보다 설득력 있는 언어론으로 수용된다. 포스트모더니즘을 상대론이나 회의주의의 한 형태로 이해하는 단순한 접근보다는 언어론적 설명이 더 총체적이라고 생각한다. 진리나 이론에 의한 의미 조명은 많은 문제에 봉착하였고 공동체의 생활 양식으로만 언어 의미가 고정된다는 관점이 설득력을 얻고 있기 때문이다.[3]

공동체적 언어론은 언어 의미의 사회성; 개인들의 연대성; 다원적 중심주

3 진리 이론적 의미론의 문제에 대해 참조: 정대현, 『맞음의 철학-진리와 의미를 위하여』, 철학과 현실사.

의; 논리 중심주의의 극복; 이성과 감성의 통합; 공간 구성의 다원성 등을 함축하지만 이 문맥에서 중요한 것은 "내 마음 내가 모를 수 있다"는 것이다. 이것은 모더니즘의 "내 마음 내가 모를 수 없다"와 대조된다. 공동체적 언어론은 심리 언어의 경우도 그 심리 언어의 의미가 자신의 심리 상태에 의해 구성되는 것이 아니라 공동체의 생활 양식에 의해 규정된다고 하는 것이다. 예를 들어, 김씨는 "이씨가 박씨를 질투한다"라고 말하는 경우가 있다. 이씨는 박씨를 질투하지 않는다고 (정색을 하고, 진지하고, 진실되게) 말할 수 있다. 그러나 두 사람이 속한 공동체는 이씨보다 김씨의 편을 들 수 있다. 질투와 같은 심리 언어의 의미는 개인의 심성 상태라는 세계의 사실이 아니라 공동체의 생활 양식에 의해 구성되는 것이다. 그렇다면 나의 마음만이 아니라 세계를 기술하여 맞는 체계들은 공동체의 생활 양식에 따라 여럿이다.

모더니즘과 포스트모더니즘의 대조는 절대주의와 다원주의의 관계를 조명한다. 절대주의는 "태양도 하나, 천륜도 하나"라는 자명하게 보이는 명제에 따라 인류 역사를 지배하여 왔다. 인간이 언어에 의해 제약되고 있다는 것을 알게 된 것은 20세기에 들어와서다. 신은 언어가 필요 없고 동물은 언어가 없다. 언어는 인간에게 축복인가 저주인가? 인간은 언어를 통해 세계의 총체적 실체보다는 대상의 국면에만 접근하는 것이다. 모더니즘을 극복하고서만 가능해진 관점인 것이다. 그래서 과학자들은 수용하는 모든 명제들을 언제나 '가설'의 위치에 남겨 두고, '진리'는 탐구의 역사가 완성되었을 때 나타날 것으로 믿는 것이다. 언어 없는 동물적 지각은 지식으로 인도하지 못하고 언어가 개입된 과학자의 대상 지각은 언제나 국면적이기 때문에 본질의 발견이 아니라 대상 이해의 고안이 되는 것이다.

모더니즘과 포스트모더니즘을 대조할 수 있는 또 하나의 사안은 실체관이다. 세계를 구성하고 있는 실체는 물질(유물론)이나 관념(관념론)이라는 일원론이 있지만, 모더니즘은 사물의 근원은 물질과 마음이라는 이원론을 수용한다. 모든 사물은 물질이지만 인간의 마음은 그러한 사물로 환원될 수 없는 생각의 주체이고 생각은 이성을 방법으로 하여 이성을 지향하고 이성으로 규제받고 이성으로 도달한 것만을 참다운 내용으로 간주하는 것이다. 다원론(多元論)은 이원론의 확장 개념으로 『한국어대사전』은 "사물의 근원이 다수라고 보는 세계관"이라고 풀이한다. 그러나 포스트모더니즘은 모더니즘의 그러한 이원론적 실체관을 부정한다. 물리주의로 기우는 학자도 있지만 언어주의(lingualism)가 보다 지배적인 것으로 간주한다. 마음이나 대상으로서의 어떤 사물도 언어 기술 의존적이라는 것이다.

(라) 상대주의

상대주의는 일반적으로 "생활 풍속은 문화에 따라 다르다", "가치는 문화마다 다를 수 있다"라는 현상 기술식으로 이해되기도 하고, 인식론적으로 "여희(麗姬)는 사람에게는 미인으로 고기에게는 미인이 아닌 것으로 지각된다"에서처럼 구조화되었다. 그러나 이러한 이해 방식은 체계 개념이 도입되기 전의 상대주의 구성이라고 해야 한다. 이 방식은 '선체계적 상대주의'라 부를 수 있을 것이다.

체계 개념을 도입하면 사정은 달라진다. 어떤 대상도 체계 없이 말해질 수 없다. 대상에 대한 지칭이나 술어 사용은 특정한 체계 언어를 전제하는 것으로 파악된다. 그러므로 체계가 적용되기 전의 대상의 현시(現示, presentation)나 동인(同認, identification)은 불가능한 것이 되고 만다. 예를 들어,

(1) "빛은 직진한다"와 "빛은 곡진한다"는 두 문장 중 어느 것이 참인가?

라는 물음에는 대답할 수 없다. 물음이 물어지는, 또는 이 문장들이 발생하는 그 체계 언어가 제시되지 않았기 때문이다. 따라서 '뉴턴 체계에서' 또는 '아인슈타인 체계에서'라는 구절을 이 물음 문장에 첨가하면 그 질문에는 대답할

수 있는 것이다. 그렇다면 "'빛은 직진한다'는 뉴턴 체계에 상대적으로 참이다"라고 말할 수 있고, 이를 일반화하여,

(2) 어떤 문장의 진리치도 그 문장 발생의 체계에 상대적이다.

라고 말할 수 있을 것이다. 상대주의란 명제 (2)로 표현되는 세계 이해의 관점으로 규정할 만하다. 상대주의는 문장 단위의 평가 방식에 대한 입장으로 보인다. 이 상대주의를 '대조 상대주의'라 부를 수 있을 것이다. 그러나 다음과 같은 문장들은 문제를 제기한다.

(3) "빛은 직진한다"는 뉴턴 체계에서 참이다.
(4) "빛은 직진한다"는 아인슈타인 체계에서 거짓이다.

위의 (3)과 (4)에서 언급된 문장들 "빛은 직진한다"는 동일한 문장인가? 이들이 동일한 문장이 아닌 것은 자명하다. 그 문장들의 통사적 단위는 동일하다고 할지라도 다른 체계들이 그 통사 단위들에 다른 의미 내용을 부여하기 때문이다. 두 문장은 동명이실(同名異實)인 것이다. 그렇다면 상대주의 명제 (2)는 동어 반복문이거나 세계 이해 방식에 대해 내용 있는 관점을 표출하는 것이 아니다. 이 상대주의를 '자폐 상대주의'라 할 수 있을 것이다.

그러나 명제 (2)의 유의미성은 옹호될 수 있을 것이다. "빛은 직진한다"라는 문장들에서, '직진한다'라는 술어는 두 체계가 공유하는 방식으로 의미 부여가 가능할 것이다. 문제는 '빛'이라는 명사이다. '빛'은 두 체계에서 뜻(sense)이 다르기 때문에 다른 단어이다. 그러나 '빛'이라는 명사는 두 체계에서 공지칭(co-reference)적으로 사용될 수 있다. '카를 마르크스'라는 이름은 사회주의와 자유주의 체계에서 다른 뜻을 가지고 있지만 동일한 대상을 지칭할 수 있는 것과 같다. 이것을 '공유 상대주의'라 부르고자 한다.

상대주의와 다원주의는 연결되는 지점도 있지만 이 문맥에서는 차이의 조건들을 제시하고자 한다. 첫째, 다원주의와 상대주의는 '다원적이다'와 '상대적이다'라는 술어 사용 방식에 의하여 개념화된다.

(1) 문제 Q를 참으로 설명하는 체계 Si들은 다원적이다;

(2) 문제 Q를 설명하는 문장 T는 체계 Si들에 상대적이다;

(2′) 문제 Q를 설명하는 문장 T는 체계 Si들에 상대적으로 참 또는 거짓이다;

위의 두 문맥을 두 술어가 전형적으로 나타나는 경우라고 한다면, 다원주의는 여럿이 있다는 인정(認定)의 한(Si) 자리 술어이고, 상대주의는 참이나 거짓이라는 평가(評價) 양식의 두(T, S) 자리 술어이다. 이 두 문맥에서 두 술어는 온전성을 잃지 않고 교환 · 대치될 수 없기 때문이다.

(3) 체계 U는 상대적이다;

라는 문장은 올바르지 않다. '상대적'은 이 문장에서 불완전한 술어이다. 이것이 상대적인 바의 체계가 제시되어야 온전해지기 때문이다. "체계 Si들에 상대적이다"라는 술어는 온전하고, 이 술어가 수식할 수 있는 것은 자기 자신이 아니라 그 체계 안의 문장, 문단 같은 언어 단위들이다.

둘째, 문장 T는 두 체계에서 진위가 다르다 할지라도 동일한 문장이다. 패러다임론에 의하면 체계가 달라지면 모든 대상과 모든 성질이 달라지므로 공유하는 문장은 있을 수 없다. 그러나 상대주의는 동일한 문장이 체계에 따라 진위가 달라진다는 관점이다. 그렇다면 어떻게 다른 체계에 의해서 해석되는 문장들인데도 '동일한 문장'이라고 할 수 있는가? "빛은 직진한다"라는 문장이 뉴턴 체계에서는 참이고 아인슈타인 체계에서는 거짓인데도 이것을 두 체계에서 '동일한 문장'이라고 할 수 있는 근거는 무엇인가? 두 체계에서 '빛'이나 '직진한다'의 의미가 달라진다면, 이것은 그 표현들이 다른 문장을 표현한다고 해야 하지 않는가? 상대주의가 유지되기 위한 하나의 답변은 이 표현들이 각기의 체계에서 '동일한 역할'을 가지고 있다는 뜻에서 동일한 의미를 가지고 있다는 것이다. 이러한 이해에 의하여 우리는 두 체계에서의 그 표현의 진위를 물을 수 있는 것이다. 역할 의미론이 아니라면 상대주의는 제시조차 될 수 없는 것이다. 그러나 우리는 상대주의의 제시를 이해하는 데 어려움이 없다. 고로 역할 의미론은 위의 물음에 대한 대답이 된다.

셋째, 상대주의에서는 어떠한 체계도 그 체계에만 고유한 문장을 설정할 수 없다. 특정한 체계에서만 이해되고 다른 체계에서는 이해되지 않는 배타적인 문장은 배제된다. 상대주의는 이 점에서 투명한 관점이다. 이 투명성은 어떤 종류의 것일까?

(투1) 어떠한 문장도 모든 체계에서 접근 가능하다;
(투2) 한 체계의 어떠한 문장도 적어도 다른 한 체계에서 접근 가능하다;

명제 (투1)은 모든 문장이 모든 체계에서 진위가 판별될 수 있다고 한다. 절대적 투명성을 나타내는 것이다. 그러나 이것은 너무 강한 주장이다. 예를 들어, '세계 체계 2000'에서는 "진씨는 자기 부인과 이혼하였다"가 참이지만, '세계 체계 1990'에서는 "진씨는 자기 부인과 이혼하였다"가 참도 거짓도 아닌 것이다. 여기에서는 진씨가 결혼도 하지 않았기 때문이다. 그렇다면 (투2)가 선호될 만하다. 진씨 이혼 문장은 '세계 체계 1999'에선 거짓일 수 있고 또는 '세계 체계 2001'에선 계속 참일 수 있기 때문이다. 이러한 종류의 것을 문맥적 투명성이라고 할 수 있을 것이다.

넷째, 다원주의와 상대주의가 갖는 인식적 차이에 주목하고자 한다. 상대주의는 적어도 두 체계가 공유하는 일련의 문장들이 있다. 동일한 문장이 체계에 따라 참이기도 하고 거짓이기도 한 것이다. 그 문장은 두 체계에서 동일한 의미를 갖는다는 의미에서 동일한 문장이다. 그러나 다원주의는 적어도 두 체계가 동일한 대상을 공유한다. 동일한 대상 a에 대해 두 체계는 상이한 설명 체계를 구성하는 것이다. 다원주의는 동일한 문장의 공유를 요구하지 않는다.

다섯째, 다원주의 (원)과 상대주의 (대)를 규정하는 체계의 개념은 동일한 것인가? (원)과 (대)에서 언급한 '체계'라는 단어들은 같은 의미인가, 아니면 어떤 다른 의미를 갖는가? 이 규정들에서 언급한 체계들은 어떤 관계에 있는가?

(원2) 대상 a에 대해 경쟁적이지만 동등하게 지지되는 다수의 체계가 가능하다;

(대3) 문장 P는 체계 Ti에 상대적으로 참이거나 거짓이거나 진위가 없다;

체계 (원)은 대상 a에 관한 기술 문장, 상황 문장, 법칙 문장, 그리고 이들의 관계 문장으로 구성되어 있다. 그러한 문장들의 체계를 '대상 언어 체계'라고 부른다. 그러나 체계 (대)는 특정한 대상에 대한 직접적 기술이나 상황 · 법칙에 대한 문장이 아니라 그러한 문장에 대한 진위의 평가 문장을 중심으로 한다. 전자의 유형의 문장들을 배제하지는 않지만 평가의 대상으로 존재하는 것이다. 따라서 '상위 언어 체계'라고 한다.

그렇다면 다원주의와 상대주의에 대한 우리의 유사성의 인상은 근거가 없는가? 그렇지 않다고 생각한다. 체계 (원)과 체계 (대)는 다른 단위의 것이지만 서로 연결될 수 있다고 믿는다. 다음과 같은 논변이 그러한 연결 구조의 가능성을 보인다.

(연1) 어떤 문장도 진리치(진, 위, 결) 평가의 대상이다;

(연2) 대상 체계의 문장의 진리치는 상위 체계에 따라 다를 수 있다;

(연3) 어떠한 체계도 대상적이거나 상위적이다;

(연4) 임의의 i에 대하여, 체계 i는 체계 i+1에 대하여 상위 체계이지만
체계 i-1에 대해서는 대상 체계이다.

(연5) 체계 1은 어떤 상위 술어도 포함하지 않는 기초적 대상 체계이다.

(연1)~(연5)는 체계 (원)과 체계 (대)를 연결할 수 있는 논의라고 생각한다. 예를 들어 체계 1은 체계 (원)이 제시되는 체계이지만, 체계 1을 평가하는 체계 2a, 체계 2b, 체계 2c, …… 등의 상위 체계들이나, 더 나아가 예를 들어, 체계 2a를 다시 평가하는 체계 3a1, 체계 3a2, 체계 3a3, …… 등의 상위 체계들은 체계 (대)이다.

다원주의와 상대주의의 이러한 의미론적 차이의 함축은 무엇인가? 하나는 인식적 차이일 것이다. 상대주의는 체계들이 문장들을 공유하게 하므로 체계들간의 경계가 배타적이지 않고 개방적이고 맞물려 있을 수 있다. 한 체계의 정체성은 그 체계의 모든 참 문장들의 집합에 의하여 확정되고 특별하게 중요한 하나의 문장이나 본질적인 문장에 의하여 규정되지 않을 것이다. 그러나 다원주의는 체계들이 문장의 공유를 요구하지 않고 대상에 대한 다른 하나의 설명 체계이므로 체계들간의 경계는 더 선명할 것이다. 대상에 대한 특별한 이해의 관점이 특별하게 제시될 수 있는 것이다.

다원주의와 상대주의의 다른 차이 하나는 연구자의 태도에서 나타날 것이다. 상대론자는 체계들간의 개방성에 의하여 한 체계에서 다른 체계로의 관점 변경이 용이할 것이다. 새로운 정보, 다른 해석의 가능성, 문맥의 변화 등에 의하여 체계들간의 넘나듦이 자연스러울 것이다. 특정한 한 체계를 고집하지 않아도 되는 구조적 개방성이 있기 때문이다. 그러나 다원주의자는 체계들간의 넘나듦이 전혀 불가능한 것은 아니지만 상대주의에서처럼 용이하지 않다. 두 개의 다른 설명 체계들은 동일한 대상에 대한 체계이면서도 하나의 문장도 공유하지 않을 수 있기 때문이다. 새로운 정보나 문맥의 변화가 발생한다 할지라도 이들은 각기의 체계 안에서 조정될 것이다. 동일한 대상에 대한 다른

체계를 존중하지만 의미론적 상호 개방성은 보장되어 있지 않다. 연구자의 체계적 일관성이 나타날 뿐 아니라 요구되는 문법을 가지고 있다.

제2장

이론적 다원주의, 담론적 다원주의

만일 우리가 각기 다원주의의 다른 체계들에 속해 있다면 대화는 어떻게 이루어지는가? 다원주의는 다른 체계들을 어느 정도 분리하는가? 체계들간의 벽은 어느 정도인가? 다원주의는 인류에게 축복인가 재앙인가? 이러한 물음들은 진지한 논의를 요구한다고 생각한다.

모더니즘과 포스트모더니즘의 구분이 이 문맥에서 도움을 주는 것은 '체계'의 차이에 대한 것이다. 모더니즘은 "세계에 대해 참인 진술의 체계는 하나밖에 없다"는 것이고; 포스트모더니즘은 "세계를 기술하여 맞는 체계들은 여럿이다"라는 것이다. 여기에서 관심을 끄는 물음은 하나밖에 없다는 '체계'와 여러 개가 있다는 '체계'가 어떤 의미로 각기 쓰이고 있는가라는 점이다. 이들은 같은 의미로 쓰이고 있는가? 다른 의미로 쓰이고 있는가? 그렇다면 이들은 다른 단어인가? 이 물음은 조명되어야 하는 주제이다.

'체계'라는 단어는 여러 가지 의미로 사용되고 있다. 이들을 크게 둘로 나눈다면, 좁은 의미와 넓은 의미로 나눌 수 있을 것이다. 좁은 의미의 '체계'는 통사적으로 말하여 기호 · 공리 · 규칙에 의하여 그 동일성이 규정된다. 그러나 형식과학을 제외한 학문이나 일상 생활에서의 '체계'는 그렇게 형식적으로 정의되기 어렵다. 오히려 넓은 의미로 명제들의 집합, 일관성이 준수되는 명제들의 모음을 뜻한다.

모더니즘은 '체계'를 좁은 의미로 사용하는 경향을 유지하여 일의적이라면, 포스트모더니즘은 넓은 의미로 사용하여 '체계'의 다양한 의미를 허용한다. 예를 들어, 체계의 비교는 과학적 설명력으로 이루어질 수 있다고 하는 과학적 체계론(W. V. O. Quine); 체계는 생활 양식으로 구성된다고 믿는 생활 양식적 체계론(L. Wittgenstein); 체계가 개인적 단위에서 구성될 수 있다고 하는 개인적 체계론(P. Feyerabend) 등이 있다. 이들은 같은 다원주의이면서도 '체계'라는 단어 사용에 다른 국면성을 허용한다.

다원주의는 이것이 표적으로 삼는 체계의 개념을 규정하는 것 이외에도 이러한 체계들이 어떻게 인간 언어에서 의미를 부여받는가를 고찰하여야 한다고 생각한다. '체계'라는 단어만이 아니라 그 체계의 내용들이 의미를 갖는 구조를 밝힐 수 있다면 다원주의는 보다 명료하게 이해될 수 있을 것이다.

이 장은 체계라는 개념의 애매성을 이 단어의 중의성에서 찾고자 한다. 이론으로서의 체계와 담론으로서의 체계를 구분하여, "이론 체계는 진리론적으로 규정되지만 담론 체계는 생활 양식에 의해 구성된다"는 명제를 제안할 것이다. 그리하여 이론적 다원주의는 이론 차원에서 유효하지만 인간의 총체적 삶의 문맥에서는 담론적 다원주의가 문맥주의로서 조명될 수 있다는 것을 이 장에서 지지하고자 한다.

(가) 다원주의의 두 종류

'다원주의(多元主義)'라는 단어는 "하나 이상으로 지칭하는 문법적 형식들의 다수성이 존재한다는 세계관"을 나타낸다고 사전은 풀이한다.[1] 그러나 사

1 "plural": belonging to a class of grammatical forms used to denote more than one; "pluralism": the quality or state of being plural. (Webster's Third New International Dictionary)

전이 제시하는 '다원주의'는 우리가 사용하는 이 단어의 애매모호성을 그대로 유지하는 것으로 보인다. 그렇다면 '다원주의'에 대한 개념적 성찰을 통하여 어떤 이해에 도달하여야 한다. 그리고 '다원주의'의 애매모호성을 체계의 정도성에서 찾기 위해 일차적으로 이론적 다원주의와 담론적 다원주의를 구분하고자 한다.

(가1) '이론'의 전통적 해석: "하나 이상으로 지칭하는 문법적 형식들의 다수성"에서의 '문법적 형식'은 어떻게 이해될 수 있을까? 이 표현은 상식적으로 예시될 수 있을 것이다. 한국어나 영어 같은 자연 언어는 물론 자유주의나 사회주의 같은 이데올로기, 불교나 기독교 같은 종교 세계, FORTRAN이나 ALGOL 같은 기계어 등의 언어들에서 나타나는 것이다. 이들은 모두 언어적 구조로 구성 · 유지 · 옹호 · 확장 · 수정되는 대상이기 때문이다. 이들은 그러한 언어와 독립해서 동일시될 수 있는 방식을 갖지 않는다는 의미에서 총체적으로 '이론' 또는 '체계'[2]라고 부를 수 있을 것이다.

인간의 세계 경험에서 나타나는 이렇게 다양한 이론 현상에도 불구하고 '이론'에 대한 전통적 해석은 '모더니즘적'이라고 생각한다. 세계에 대한 참 진술들의 이론 체계는 유일하게 존재한다는 것이다. 데카르트의 모더니즘은 첫째, 세계는 단일한 합리성 그리고 논리 체계의 반영이고, 둘째, 인간은 그러한 논리 체계의 합리성의 주체이며, 셋째, 양자간의 신뢰되는 연결은 선한 신에 의하여 담보된다는, 세 조건들로 구성되어 있기 때문이다.

데카르트의 모더니즘적 세계관은 플라톤의 이데아 세계 이해를 체계화한

2 이 글은 '이론', '체계', '언어', '구조', '틀', '이데올로기', '패러다임', '관점' 같은 표현들이 기본적으로 통사 규칙과 의미 규칙의 동일한 논리적 단위를 지칭한다는 것을 가정한다. 의미들이 다르기 때문에 문맥에 따라 달리 사용될 수 있지만 공지칭성을 가정한다면 경우에 따라 상호 대체적으로 사용된다. 예를 들어 '이론'은 문제의 명제를 기존의 명제들의 문맥 안에 들여와 조명함으로써 이루어지고, '체계'는 다수의 명제들이 통일성을 보이는 특정한 구조이고, '언어'는 언어공동체들이 자연스럽게 구성한 소통의 수단 등으로 제안할 수 있을 것이다.

것이고, 칸트의 인식 구성적 개념 틀을 통해 인류 지성사에 기여하였다고 믿는다. 데카르트가 그의 철학을 위하여 선한 신 존재를 요청하였다면 칸트는 그 자리에 인간의 오성 개념의 능력을 대치하여 보다 주체적 인식론으로 발전시킨 것이다.

중요한 것은 인간 지성사에서 '이론'은 세계에 대한 유일하게 참인 체계로서 상정되고 인간의 소위 '지성적 작업'이라는 것은 그 이론에 가까이 다가가는 작업으로서만 의미를 갖는 것이었다고 보인다. 목표로서의 '이론'은 '논리', '이상 언어', '이상 체계'로 불리면서 일상 언어나 인간의 지성 작업은 세계의 현상 경험에 의해 왜곡되고 오해되고 불완전한 언어로, 잠정적인 것으로 인식된 것이다.

이론에 대한 전통적 이해는 다음과 같이 요약될 수 있을 것이다: 세계에 대한 참인 진술의 이론 체계는 유일하다; 세계에 대한 현상적 기술로는 그러한 유일한 체계에 다가갈 수 없다; 인간은 그 유일한 이론 체계를 통해서만 세계 실재에 도달할 수 있다; 인간의 지성 작업은 이론 모형들을 구성하여 논리 · 이성 · 실험 · 비판을 통하여 그 이론 체계에 다가갈 수 있다.

'이론'에 대한 이러한 전통적 이해는 20세기의 통사론의 기여를 통해 변모하였다. 다른 요소들은 그대로 둔 채 그 단수성을 복수성으로 전환한 것이다. '이론'이나 '체계'에 대한 전통적 이해에 의하면, '다원주의'라는 말은 성립할 수 없다. 참인 체계는 하나밖에 없기 때문이다. 플라톤, 데카르트, 칸트는 다원주의라는 개념을 가지고 있지 않았다. 참인 이론들이 여러 개 있다는 것은 이들에게 자기 모순이기 때문이다. 그러므로 '다원주의'라는 것은 인간 지성의 최근 발전 단계에서 이룩한 성취로 보인다.

(가2) 다원주의의 정도성: 두헴-콰인은 자폐 상대주의[3]에 주목하여,

3 제1장 패러다임, 포스트모더니즘, 상대주의 참조.

(1) 언어가 세계를 만나는 것은 문장 단위가 아니라 이론 단위이다.

라고 말한다. 모더니즘의 유일 이론 체계에서는 문장이 독자적 단위로 세계를 만나고 의미를 가지며 평가를 받는 것이지만, '진리'라는 술어가 이론 의존적이라는 것이 보여진 이후 체계 독립적 문장이란 불가능해졌기 때문이다. 인간 경험이나 언어 의미는 체계에 따라 구성되는 총체론적 구조를 갖는다는 것이 제안되었다. 그리고 체계는 하나만이 아니다.

"빛은 직진한다"라는 문장이 체계 독립적으로 세계를 만나는 것이 아니라 뉴턴의 이론이나 아인슈타인의 이론이 하나의 자율적 이론으로서 세계를 적절하게 만난다는 것이다. "자본은 사회에 유해하다"라는 명제가 체계 독립적으로 구성되어 세계를 설명하는 것이 아니라 공산주의나 자본주의 같은 특정 체계에 속하여서만 의미를 가지며 참이나 거짓이 되고 그 체계가 세계를 해석하는 효과에 의하여 설득력을 갖는다는 것이다.

두헴-콰인 명제 (1)은 인간의 경험 세계와 인간의 체계 경험을 구분할 수 없는 것으로 제안한다. "이것은 무엇인가?"라는 물음과 "이것에 대하여 무엇을 말할 수 있는가?"의 물음은 구분할 수 없다는 것이다. 두헴-콰인 명제는 "인식 대상의 조건과 대상 인식의 조건은 동일하다"는 칸트 명제에서 출발하여, 프레게의 체계 개념, 비트겐슈타인의 언어 놀이, 타르스키의 언어 계층을 유명론적으로 도입한 결과로 보인다. 쿤은 두헴-콰인 명제를 밀고 나아가 "두 체계는 비교될 수 없다"라는 패러다임 논제에 도달한다.

이러한 상황에서 제기되는 문제들 중의 하나는 "체계의 동일성 조건은 무엇인가?"라는 것이다. 한편으로, 콰인과 쿤은 체계의 동일성 기준을 형식 통사적으로 제시하겠지만, 다른 많은 사람들은 좁은 의미의 '체계' 개념에 만족하지 않을 것이다.

예를 들어, 체계는 202개 국가 국민들이 수용하는 올림픽 운영 체계도 포함한다. 신자유주의나 사회주의도 많은 사람들이 채택하는 체계이고 불교 · 힌두교 · 이슬람 · 기독교 같은 종교도 각기 하나의 체계이다. 학교 · 지자체 · 사회의 공동체마다 차별화된 체계를 가지고 있다. 더 내려가서, 각 가정마다 체계를 갖는다고 할 수 없을까? 가정마다 특이한 가훈을 가지기도 하고 가훈을 다른 방식으로 무시하기도 한다면 여기에 그 가정의 체계를 부여하지 않을 까닭이 있을 것인가? 또한 개인은 어떠한가? '개인의 믿음의 체계'라는 표현이 무의미하지 않다면 개인에게도 체계를 부여해야 하지 않을까? 그 개인을 이해하는 최선의 길은 그 개인의 믿음의 체계가 무엇인가를 통해 이루어지기 때문이다. 일상적 직관의 체계들은 명제들의 집합으로 개별화된다.

그렇다면 다원주의는 체계의 형식적 기준과 비형식적 기준, '체계'의 좁은 의미와 넓은 의미의 관계 설정을 어떻게 하는가에 따라 여러 가지 규정이 가능할 것이다. 다원주의는 형식적 기준만으로 공리나 규칙의 유사성의 정도에 따라 이해할 수 있다. 비형식적 기준만으로 공유하는 명제들의 정도에 따라 해석할 수 있다. 또한 형식적 기준과 비형식적 기준을 분리하지 않고 층위를 두어 관련시킬 수 있는 정도에 따라 설명할 수도 있다.

(가3) 이론적 다원주의와 담론적 다원주의: '다원주의'의 애매모호성은 그 정도성의 다양함만큼이나 황당하다. 두헴-콰인 명제나 쿤의 패러다임 논제가 유지될 수 있는 다원주의의 정도성은 매우 제한적이라고 해야 할 것이다. 중간 지점의 체계들은 경우에 따라 유지될 수 있을 것이지만 올림픽 체계나 개인 체계의 경우 의문스럽다고 생각한다. 이러한 문맥에서 이론과 담론의 구분은 유익하다.

이론은 목전의 문제를 설명하기 위하여 추상적으로 구성한 특별 목적의 언어 구성체이다. 자연히 이 이론의 의미론은 추상적으로, 진리론적으로 구성되어 그 의미가 문맥적으로 독립되어 있다. 뉴턴이나 아인슈타인 이론들, 신자유주의와 사회주의 체계들은 그 자체로 두헴-콰인 명제를 준수할 것이다. 문제 설명의 특정 목적만을 성취하는 것이기 때문에 보다 넓은 문맥의 삶과 분리될 것을 요구한다.

그러나 담론은 구체적 공동체의 삶의 공간 안에서, 자연사의 부분으로서 구성된 표현의 소통체이다. 담론 언어에서 언어 의미는 그 생활 양식으로 주어지며 문맥이 언어 발화의 의미의 부분을 이룬다. 문맥은 좁게도 구성되고 넓게도 구성된다. 예를 들어, 올림픽 체계는 202개국 국민들이 모두 공유하고 있고 개인 믿음 체계들은 개인간의 차이에도 불구하고 삶의 구체적 공간에서 연결되어 있다고 생각한다.

그렇다면 이론적 다원주의와 담론적 다원주의는 구분할 만하다. 전자는 체계들간의 연결 고리가 체계 내부에는 물론 체계 외부에도 주어져 있지 않다. 체계들 독립적으로 자율성과 독립성을 가지고 있기 때문이다. 전자는 체계를 형식 통사적으로 개별화하는 계산주의적 전통하에 있다. 그러나 후자는 체계들간의 연결 고리가 공동체의 삶의 공간에서 주어진다. 개인의 믿음 체계들이나 올림픽 체계는 출발에서부터 공유하는 구체적 삶의 공간이기 때문이다. 후자는 체계를 믿음들의 집합으로 이해하는 것이다.

보다 자세하게 양자를 대조할 수 있을 것이다.[4] 이론적 다원주의는 두헴-콰인이나 쿤이 제시하는 대로 경험하는 세계와 체계의 경험을 구분하기 어렵다. 이러한 의미에서 체계에 따라 세계는 달리 경험된다고 할 수 있다. 이론적 다원주의가 규정하는 '이론'은 역설적으로 '이론'에 대한 전통적 이해로부터 멀리 떨어져 있지 않다. 이론이 인간 경험을 규정한다는 의미에서 그러하다.

그러나 담론적 다원주의는 개인들의 믿음의 체계들의 관계를 독립성이나

4 이상하(「개념적 다원주의와 일상적 공감대에 바탕을 둔 기술적 형이상학」, 『철학연구』, 고려대학교 철학연구소, 제24권 제1호(2001), pp. 89-116)는 다원주의를 존재나 대상에 대한 개념적 인식의 형이상학 체계로 구성한다. 예를 들어, 영어의 대상 명사는 스트로슨이 분석한 대로 개별체(particular, A∈B: 원소로서의 포함 관계)를 나타내고, 한자의 명사들은 물질 명사, 발생 명사, 혹은 집합 명사로 취급되어 하나의 물질 전체(a mass-whole), 계속 분화 가능한 전체(an ongoing whole) 혹은 하나의 모임 전체(a collection whole)를 지칭, 부분으로서의 포함 관계(A⊂B)를 갖는다는 것이다. 그러나 이론적 다원주의와 담론적 다원주의의 구분은 인간의 언어 경험 전체를 조망하는 관심을 표현한다.

자율성으로 규정하는 대신 '역지사지(易地思之)'; '서(恕)'; '관점'; '국면 보기' 같은 술어들로 규정된다. 체계 구성의 기반을 공통적 공간에서 가지고 있다는 믿음을 보인다. 이러한 의미에서 담론적 다원주의는 '문맥주의'라고 해야 할 것이다.

이론적 다원주의의 상황은 태양 현상에 대해 케플러, 뉴턴, 아인슈타인, 양자역학의 네 체계들의 관계에 비교할 수 있다. 좌측의 네 개의 부채꼴 도형들은 각기 네 체계들을 표상하면서 서로간의 관계는 없다. 네 체계는 공유하는 원점으로 표시되는 설명 대상은 있지만 공유하는 문장은 없다. 네 체계는 스스로의 상호 소통은 불가능하고 태양 현상에 대해 어떤 체계의 설명이 더 만족스러운가의 총체적 관점의 비교에만 열려 있다.

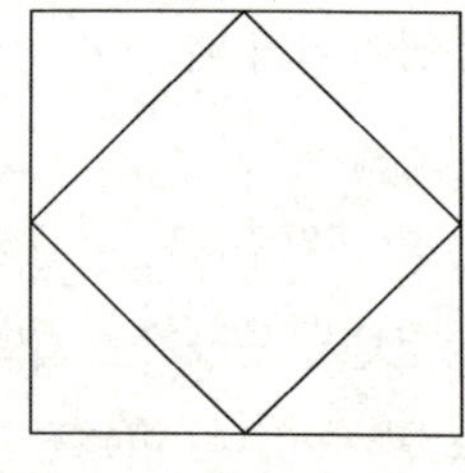

좌측의 도형은 위와 같은 네 개의 작은 5각형의 모음으로 간주할 수 있다. 네 사람은 작은 4각형을 공유하지만 각기 독특한 3각형을 갖는다. 4각형은 공유하는 문장(믿음), 공동체 언어 체계이고, 3각형들은 상이한 문장(믿음)들을 나타낸다. 그러나 각 5각형은 4인의 문장(믿음)의 집합, 개인 언어 체계이다.

(나) 생활 양식

이론적 다원주의와 담론적 다원주의를 구분하는 데 있어서 중요한 사안 중의 하나는 담론이 발생하는 '삶의 구체적 공간'이라는 생활 양식이다. '다원주의'라는 단어가 애매모호하다면 이것은 이 단어가 그 동안 지성적으로 이론적 다원주의를 나타내는 것으로 사용하면서 사람들은 실제적으로 구체적 삶의 공간으로부터 담론적 다원주의를 실천해 오고 있기 때문이라고 생각한다.[5] 그렇다면 담론적 다원주의는 친숙할 수밖에 없고 남아 있는 과제는 이를 명료하게 개념화하는 작업이라고 믿는다.

생활 양식 개념은 인간 언어의 구성적 조건으로서 이미 제시[6]되었고 그 조건에 대한 탐구는 다양한 방식으로 추구되고 있다. 여기에서는 그 추구의 한 결과를 몇 개의 명제로 요약하고자 한다: 생활 양식은 자연종 인간으로서의 양식과 사회종 인간으로서의 양식으로 나뉜다; 인간 생활 양식은 인간 언어의 의미를 구성하는 데 있어서 다른 대안보다 설득력을 갖는다; 사회종 인간의 다양성은 자연종 인간의 연대성에서 통합된다; 인간이 일반적으로 그리고 원초적으로 체계의 주인이고 그 역은 특수 목적적으로만 발생한다.

(나1) 생활 양식-자연종 인간과 사회종 인간: 인간은 다른 동물처럼 특정한 생활 양식을 이루며 산다. 그러나 인간의 생활 양식은 다른 동물과는 달리 이중적 구조를 더 선명하게 갖는다고 생각한다. 그 이중적 구조는 인간을 자연종 인간과 사회종 인간을 구분하는 데서 부각될 수 있을 것이다.

인간은 생물학적으로 하나의 자연종을 이룬다. 사람은 태생으로 상당한 기간 동안 다른 사람의 돌봄과 배려로 생존 · 성장한다. 이러한 과정은 인간의 태생만큼 인간 성장을 자연사의 부분으로 파악하게 한다. 인간이 진화되어 왔다는 가설은 유지할 만하다. 최근에 발견된 화석인(*Pierolapithecus catalaunicus*)[7]은 그 방향으로의 유력한 지지 근거로 보인다. 인간종은 공유하

5 노양진은 이러한 생활 양식 개념의 전략에 비슷하게 "다원주의의 이론적 제약이 신체적 경험 영역에서 찾아질 수 있다"는 레이코프 & 존슨의 체험주의(experientialism)를 발전시킨다. 마음은 그저 신체화되어 있는 것이 아니라 우리의 개념 체계들이 몸의 공통성과 우리가 살고 있는 환경의 공통성들을 주로 이용하는 방식으로 신체화되어 있다는 것이다. 「다원성과 다원주의」, 『철학연구』, 대한철학회, 제89집(2004/2); G. 레이코프/ M, 존슨, 『몸의 철학: 신체화된 마음의 서구 사상에 대한 도전』, 임지룡 외 옮김, 바기정, 2002.

6 비트겐슈타인 지음, 이영철 옮김, 『철학적 탐구』, 서광사, 1994.

7 "'피로라피테쿠스 카타로니쿠스'라 불리우는 새 종은 현재 원숭이의 신체적 특징을 많이 가지면서도 모든 인간과 과거의 유인원이 공유했으리라는 초기 발생적 특질들을 나타내고 있다"(20 November 2004 11:59).
http://news.independent.co.uk/world/science_technology/story.jsp?story=584397

는 유전자 정보에 따라 종의 보존을 유지하며 이와 관계하여 비슷한 또는 같은 생존의 구조와 방식을 공유하도록 되어 있다고 생각한다.

인간은 또한 사회적으로 하나의 자연종을 이룬다. 사람은 인간종 이외의 다른 종, 예를 들어 개나 고양이와는 사회적 관계를 구성·유지하는 데 한계를 갖는다. 그러나 사람은 인간 자연종 안에서 다른 사람들과의 사회적 관계를, 어려울 때도 있지만, 이루며 산다. 인간 무리의 수(數)는 역사적으로 치역(値域, threshold)의 지배를 받았다고 생각한다. 식량, 유대, 사냥 같은 활동이 필수적인 시대에는 불가피한 치역이 존재하였다. 작은 섬에 사람들이 살 수 있는 사람의 수의 치역이 존재하였다. 그 치역의 의미가 없어진 상황에서도 그 영향의 결과의 그림자는 아직도 지배적으로 존재한다고 믿는다. 아직 현대에도 정서(情緖) 부착(附着)의 치역은 의미가 있다. 한 사람이 사랑할 수 있는 사람의 수의 치역이 존재하기 때문에 사회적 종으로서의 인간종은 지속적으로 유의미할 것이다. 당동벌이(黨同伐異: 같은 것이 무리를 지어 다른 것을 밀어낸다)가 여러 가지 규모로 나타나고 있는 동안 올림픽이나 종교는 만사일암(萬砂一岩: 만 개의 모래알은 하나의 바위에서 나왔다)의 메시지를 보인다. 사회종으로서 건강하게 생존하지 못하는 자는 퇴출되거나 사회적 유의미성에 제한을 받게 된다.

(나2) 언어 의미 기반으로서의 인간 생활 양식: 만일 담론적 다원주의의 근거가 생활 양식이라고 한다면 이것은 이론적 다원주의와 담론적 다원주의의 구분을 선명하게 하는 장치일 것이다. 그렇다면 생활 양식은 어떤 구조로 담론의 근거일 수 있는가? 가설 하나는 "언어 의미는 진리론적으로가 아니라 생활 양식으로 구성된다"라는 것이다. 진리론적으로 구성된 의미의 언어가 이론이라면 생활 양식으로 구성된 의미의 언어는 담론이라고 가정하는 것이다.

이론 언어는 계산성을 기본적 조건으로 요구한다. 그렇다면 이 조건을 만족하면서 이 언어의 의미를 확보할 수 있는 근거로 진리론이 제안되었고 효율과 성공을 얻고 있다고 생각한다. "2+3=5", "물은 섭씨 0도에서 얼지 않는다", "황색의 구리는 공기의 산소 중에서 초록색〔CuSo43Cu(OH)2〕으로 된다"와 같은 문장들의 의미는 이 문장이 각기 참인 조건들과 거짓인 조건들의 순서쌍인 것이다. 이론 과학의 의미론은 이러한 진리론에 입각한 것이다.

이러한 이론 언어의 진리론적 의미론의 성공은 자연 언어나 다른 언어의 의미론으로 확장되기 어렵다. "너는 지금 여기에 앉아 있다", "서울은 대한민국의 수도가 아니다", "君君(군자는 군자다워야 한다)", "나는 지금 여기에 없다"와 같은 전화 녹음 메시지 같은 문장들의 의미는 진리론적으로 규정되기 어렵다. 자연 언어의 거의 모든 문장들은 애매모호하고, 문맥적이어서 발화 상황을 떠나 진위라는 이가적 구조로 파악하기 어렵기 때문이다.

언어 공동체의 생활 양식은 의사 소통의 노력을 포함하고 의사 소통의 수단인 언어는 공동체적으로 부여하는 의미를 획득한다. 이러한 맞음 의미 이론은 규칙이나 의미가 형식적 또는 함수적으로가 아니라 구체적 삶의 양식에서 맞추어질 때 고정된다는 것에 착안한 것이다. 의미나 해석의 안정성이 삶의 구체적 문맥에 뿌리 내려 있다는 사실은 이론보다는 담론, 추상론보다는 자서전의 설득력을 의미론적으로 함축한다.

(나3) 인간 공유의 생활 양식－자연종이 사회종을 우선한다: 담론 언어의 의미가 생활 양식에 기초한다고 하자. 그러면 사회종 인간들의 생활 양식은 복수적으로 다양할 것이다. 이러한 생활 양식의 차이에서 비롯되는 여러 언어들 간의 소통의 어려움은 어떻게 해소될 수 있는가? 이를 위한 한 처방은 "인간 자연종은 인간 사회종에 우선한다"라는 명제에서 찾고자 한다.

이 명제는 여러 가지로 지지될 수 있을 것이다. 첫째, 인간 사회종은 다양하지만 인간 자연종은 유일하기 때문이다. 이러한 의미에서 인간 자연종은 '단일하다'라고 할 수 있는 생활 양식을 지적할 수 있다. 둘째, "인간 자연종은 인간 사회종에 우선한다"는 합리적이지만 이 명제의 역, "인간 사회종이 인간 자연종에 우선한다"는 것은 반직관적이다. 인간 사회의 다양성에도 불구하고 올림픽이나 유엔의 기구를 지원하는 것은 그러한 합리성의 방향에 일치한다. 그리고 '인간이 체계의 주인'이나 '체계들의 생활 양식적 교차'를 통해서도 이 명제의 설득력을 더할 수 있을 것이다.

(나4) 인간이 체계의 주인이다: '체계와 인간의 관계'라는 표현이 나타내는 것이 있다면 이것은 무엇일까? 그러한 관계가 문맥 없이 표상될 수 있을 것인가? 아무도 이 물음에 긍정할 수 없을 것이다. 그러한 관계가 있다면 그것은 분명히 특정한 문맥 안에서 구성되는 것이라고 믿는다. 여기에서 두 가지 문맥을 구성하고 하나를 선호하고자 한다.

첫째 문맥은 체계에 대한 전통적 이해의 문맥이다. 그것은 모더니즘이 함축하는 문맥이다. 세계에 대한 참 진술의 체계는 유일하다는 관점의 문맥이다. 이 관점을 선택할 때 '체계와 인간의 관계'는 절대주의 체계로서의 체계와 현상적 경험들에 의하여 총체적 질서를 갈망하는 인간 사이의 관계를 지칭하는 것이 된다. 모더니즘의 합리주의는 체계와 인간의 그러한 관계를 보여주는 사례일 것이다. 합리주의는 자신의 체계에 설 때 세계는 유일하게 참인 하나의 체계로 파악된다는 것을 약속하고 있다.

둘째 문맥은 체계에 대한 다원주의적 이해의 문맥이다. 다원주의는 기본적으로 세계에 대한 참 진술의 체계들이 복수적으로 주어질 수 있다고 주장한다. 이 관점은 유일하게 참인 체계라는 것을 인정하지 않는다. 체계의 실체화(reification, Idea)를 거부하고, 체계의 인간 지성의 구성성에 주목하는 것이다. 인간은 체계를 구성할 때 특정 목적, 이유, 관심, 이해, 문맥적 필요 등을 고려하거나 이들에 의해 영향을 받는다는 것이다. 그렇다면 '체계와 인간의 관계'는 체계가 인간을 지배하는 관계가 아니라 인간이 체계를 만들어가는, 인간이 체계의 주인인 관계를 지칭하게 된다.

첫째 해석보다 둘째 관점을 선호하는 이유는 자명하다. 첫째를 지지하기 위해서는 그 유일하게 참인 체계라는 것이 인간 독립적으로 주어져야 하고 주어질 수 있다는 것을 주장하여야 한다. 그러나 어떻게 그러한 주장을 할 수 있을 것인가? 모더니즘의 시대에는 절대주의가 지배를 하였고 절대주의가 지배하는 '직관'에 따라 논의 없이 체계에 대한 그러한 해석을 수용했을 수 있다. 그러나 이제는 논의를 제시할 수 있어야 한다. 그러한 직관의 논의는 어떤 모습을 가질 것인가?

(다) 담론: 생활 양식을 통한 체계들의 언어적 교차

다원주의는 이론적이기도 하고 담론적이기도 하다. 그러나 이론적 다원주의의 체계가 시간을 응고하고 묻는 문제를 추상적 공간 안으로 진입시켜 계산적으로 설명하는 체계의 다원성을 나타낸다면, 담론적 다원주의는 시간 연속적 공간에서 발생하는 삶의 이야기 그물망의 다원성을 보인다. 이러한 담론 언어의 의미가 인간의 생활 양식으로부터 주어진다면 체계가 인간을 지배하는 것이 아니라 인간이 체계의 주인이라는 것을 알 수 있다.

담론적 다원주의의 체계와 체계에 의미를 부여하는 생활 양식 간의 관계는 보다 천착할 필요가 있다. 이 관계는 "체계들은 생활 양식으로 의미를 부여받을 뿐 아니라 생활 양식 안에서 교차하여 공유적 문맥을 만들어 낸다"라는 가설로 조명될 수 있을 것이다. 이를 위해 이 교차의 지점을 개인의 심리 언어, 개인 언어와 공동체 언어, 공동체들간의 언어, 문화간의 언어, 역사 속의 언어의 층위에 주목하고자 한다.

(다1) 심리 언어: 물을 마시고 싶을 때 내가 마시고 싶다는 것을 감지(感知, aware)한다. 그러나 감지하는 그 의식의 내용은 단일한 기술 어구로만 표현될 것인가? 데카르트는 내 마음을 내가 모를 수 없다고 할 때 이 물음에 긍정적으로 대답한다고 생각한다.

그러나 그런 것 같지 않다. 내 의식의 내용도 물리적 대상에서처럼 기술 의존적으로 인식된다고 생각한다. "이 넥타이는 어떤가?"라는 물음에 형제는 다르게 인식한다. 두 사람은 "이 보라색 넥타이는 시원하다"와 "이 보라색 넥타이는 차갑다"라는 다른 문장으로 각기 인식하여 대답한다.

마찬가지로, 개인의 의식의 내용도 기술 의존적이라고 생각한다. 김씨가 이씨는 박씨를 질투한다고 말할 때 주변의 모든 사람들은 동의하지만 이씨 자신은 진솔하게, 진지하게 김씨의 의견에 동의하지 않을 수 있다. 그렇다면 이들 공동체 밖의 제3자는 어떤 의견을 지지할 것인가? 데카르트를 따라 이씨의 말을 믿을 것인가? 아니면 생활 양식에 기초한 의미론으로 구성된 김씨 동료들의 동의를 따를 것인가? 후자를 수용하면, 심리 언어조차 의미의 개인주의가 아니라 의미의 생활 양식적 사회성이 설득력을 갖는다고 생각한다.

다른 하나의 예에 주목할 수 있다. 오이디푸스가 이오카스테와 결혼한 다음날, 호기심 많은 크레온에게 "오이디푸스는 결혼 첫날밤 신부 이오카스테와 성관계를 즐겼다"고 문장의 명제로 대답했다. 그러나 얼마 지나지 않아 신부 이오카스테는 모친 이오카스테와 동일인인 것이 밝혀졌고, 크레온은 "오이디푸스는 결혼 첫날밤 모친 이오카스테와 성관계를 즐겼다"는 문장의 명제로 비난하였다. 오이디푸스는 처음에 아니라고 부정하였지만, 결국 자신의 두 눈을 빼고 도시를 떠난다. 오이디푸스의 부정은 "결혼 첫날밤의 내 마음을 내가 모를 수 없다"라는 심리 언어 의미론에 기초한 것이지만, 오이디푸스의 도시 탈출은 "결혼 첫날밤의 내 마음을 내가 몰랐다"라는 심리 언어의 사회적 의미론을 수용한 결과인 것이다.

(다2) 개인 언어와 공동체 언어: 사람마다 믿음의 체계를 가지고 있다는 가설을 지지하고자 한다. 상당한 무리를 하면서도 세계에 대한 자기 나름의 해석을 고집할 때 여러 가지 이유가 가능하지만 그중의 하나는 자신의 믿음 체계의 일관성 때문이 아닐까? 거짓말한 것이 발각되었을 경우 발생하는 갑작스런 홍조

도 자신의 체계의 비일관성이 탄로난 데 대한 방어 부재의 표현이 아닐까?

"김근태 씨는 어떤 사람인가?"라는 물음에 대해 김씨 · 이씨 · 박씨 · 최씨의 4인은 공유하는 믿음도 갖지만, '진보적이다', '좌파이다', '보수적이다', '반동이다'라는 다른 믿음들을 갖는다. 4인 각각의 체계로부터 평가된 인식의 내용이다. 4인의 믿음 체계의 관계의 조망을 위해 다음의 도형에 주목할 수 있다.

이 가설이 매력적인 것은 개인의 '관점(觀點)'이라는 단어의 함축과 일관되기 때문이다. 개인의 믿음들이 하나의 체계를 이루지 않는다면 이 단어는 이해하기 어려울 것이다. 개인의 관점이 구성될 수 있을 때 서(恕)나 역지사지(易地思之)라는 개념이나 이 개념의 실천이 가능하다. 자신의 체계의 관점이 이루어지지 않는다면 어떻게 "내가 받고 싶지 않은 것을 남에게 베풀지 않는다", "나의 입장을 고려하여 남의 입장을 헤아린다"는 것이 가능할 것인가? 내가 원하지 않는 것, 남이 원하지 않는 것, 나의 입장, 남의 입장 등은 모두 개인이 처한 상황의 문맥에 대한 총체적 이해를 전제하는 것이다. 그리고 이렇게 전제된 이해의 내용은 체계적인 것이다.[8]

개인의 믿음의 체계는 개인 언어를 구성하여 공적 언어가 요구하는 언어의 최소 조건의 만족을 기대한다고 생각한다.[9] 개인의 믿음들이 하나의 체계를 이루지 않는다면 위의 일관성 유지, 비일관성 탄로, 인식 구성 조건, 관점, 역지사지 등의 사안들이 어떻게 설명될 수 있을까?

8 J. Habermas, C. Taylor, E. Levinas는 현대 사회의 다원적 밀림을 헤쳐나가는 전략으로 인정 또는 환대성 개념을 도입한다. 그러나 한 체계의 주체가 다른 체계의 주체의 발화나 행위를 인정 또는 환대하기 위한 이해의 문법은 무엇인가? 그 문법은 단순한 황금률 같은 윤리적 태도로 접근하기보다는 역지사지의 문법과 동일하다는 것을 제안하고자 한다. 이상화, 「세계화와 다원주의」, 『다원주의, 축복인가 재앙인가』, 한국철학회 편, 철학과현실사, 2003, pp. 13-44; 장은주, 「문화 다원주의와 보편주의」, 위의 책, pp. 74-109; 서동욱, 「다원주의와 존재론」, 위의 책, pp. 150-181 참조.

9 이상하(「다원주의에 대한 메타 철학적 방어」, 『다원주의, 축복인가 재앙인가』, 한국철학회 편, 철학과현실사, 2003, pp. 113-149)는 개인 믿음 체계를 형식화하고 그 개방성을 논리적 조건으로 제시한다. 즉각적으로 확실한 믿음 집합을 K, 가설적으로 확실한 믿음 집합을 H라고 할 때, 믿음 체계 ⟨K, H⟩의 K는 "'$\vdash (ap \vee \neg ap)$'와; '($\vdash ap$)'이고 '($\vdash ap \rightarrow \vdash aq$)'일 때 '($\vdash aq$)'"을 요

사람마다 믿음의 체계[10]를 가지고 있다는 가설을 잠정적으로 수용한다고 하자. 그렇다면 개인 체계들간의 관계는 어떤 종류의 다원주의인가? 이것을 이론적 다원주의의 이론들간의 관계로 보아야 하는가? 아니면 담론적 다원주의의 이론들간의 관계로 보아야 하는가? 후자가 아니면 어렵다는 점을 논의하고자 한다.

개인 체계들간의 다원주의가 담론적인 까닭은 의견 차이, 거짓말, 일관성, 모순은 언어 규약 안에서 발생하기 때문이다. 개인 체계들은 하나의 체계로서 자율성과 독립성을 가지고 있지만, 개인 체계들의 언어 의미는 이 개인들이 속해 있는 언어 공동체의 생활 양식에 근거해 있고, 그리고 이 언어 공동체 안에서 공유하는 믿음들이 공동체 언어로 연결되어 있기 때문이다. 개인간의 의견 차이나 모순도 이들이 속해 있는 공동체 언어 안에서 재해석되거나 조정되는 과정을 통하여 극복될 수 있는 것이다.

만일 개인 체계들간의 다원주의가 이론적이라면 개인들은 엄밀한 의미에서 의견 차이를 가질 수 없다. "김씨는 착하다"라는 문장을 이씨와 박씨가 사용할 때 이론적 다원주의의 이론에서 두 문장은 같은 의미를 가질 수 없고 두 사람은 이 문장들로 의견의 일치나 불일치에 이를 수 없는 것이다.

(다3) **다원 문화와 통(通) 문화적 문법**: 한국어 · 중국어 · 일본어 · 영어 · 불어 · 독어 같은 자연 언어는 각기 독특한 생활 양식의 문화를 나타낸다. 자연 언어들은 각기 이 세계에 대한 인식 · 이해 · 해석의 구조를 달리 갖는다. 예를 들어, 높임말과 낮춤말의 구분은 언어에 따라 강도가 다르고 세계에 대한 가

구하지만, H는 이를 요구하지 않는다는 것이다. 그러나 믿음 체계의 개방성을 위해서 이보다는 체계의 담론적 문맥성 구조의 도입이 더 효과적일 것이다.

10 개인의 체계를 믿음들의 모음이라는 생각은 야구 게임의 관념과 대조할 수 있을 것이다. 하나의 야구 게임은 규칙에 따라 수행된 행위들의 모음이다. 수행된 야구 게임은 그러하다. 수행되지 않은 야구 게임은 단순히 규칙의 모음이어서 추상적이고 보편적이지만, 수행된 야구 게임들은 어느 두 게임도 동일하기 어렵다.

치나 가치의 우선 순위는 언어에 따라 달라진다. 인 · 도 · 충 · 효 · 성 · 진 · 선 · 미 · 사랑 등의 가치들은 그러한 경우를 예시한다.

자연 언어들은 이론적 다원주의의 체계들이 아니라 담론적 다원주의의 체계들로 간주하고자 한다. 자연 언어들은 상호 번역될 수 있기 때문이다. 물론 자연 언어들간에는 특수적인 언어 표현들이 있어서 번역되기 어려운 경우가 있다. 그러나 자연 언어 사용자들이 자연종으로서 사는 동안 중요한 많은 부분에 대해서는 상호 번역이 되고 있다. 이러한 번역의 가능성은 자연 언어 공동체의 성원들이나 그 조상들이 서로 접촉이 없었다고 할지라도 동일한 자연종으로서의 인간들이 공유하는 생활 양식에 근거한다고 생각한다.

자연 언어가 담론적 체계라는 것을 보이는 다른 하나의 근거가 있다. 거의 모든 자연 언어는 '안다 – 믿는다'라는 표현의 짝이 나타내는 개념을 가지고 있다. 그 조상들이 합의나 담합을 하였다고 할 근거가 없는데도 이 개념들은 동일한 구조를 갖는다. 거짓을 믿을 수 있지만 거짓을 '안다'라고 하지 않는다는 것이다. '안다'라는 것이 표현하는 개념은 대개의 경우 정당화된 참 믿음으로 나타내는 것이다. 이와 같은 중요 개념들의 공유는 허다하다. 이러한 현상을 어떻게 설명할 수 있는가? 자연종 인간이 공유하는 생활 양식에 기초해서 담론적 체계로서 자연 언어를 구성한 까닭이 아닐까?

(다4) 역사 속의 공동체 그리고 탐구 논리의 자연화: 인간 언어는 공간이라는 지역의 자연 언어로 세분화되기도 하지만 시대라는 시간의 시대 정신으로도 구별될 수 있을 것이다. 충효 · 진리 · 명예 같은 가치가 절대적이거나 중심적이었던 언어가 있었다. 선지자 · 예언자 · 철인 · 절대 군주 · 천재 같은 사람들이 충효 · 진리와 명예의 기준을 제시했었던 언어이다. 그러나 현대에 와서 그러한 가치가 아직도 그만큼 중요한가는 의문이고 그렇게 특권적 위치의 가치 해석자는 허용되지 않는다.

그렇다면 과거 언어와 현대 언어는 중요 가치들의 대체로 인해 이론적 다원주의의 언어로 보아야 할 것인가? 아니라고 생각한다. 두 언어는 담론적 이론의 언어로 분류될 수 있을 것이다. 이를 위한 하나의 논변을 시도하고자 한다.

개과천선(改過遷善)은 "잘못을 바꾸면 선(善, 眞)에 다가간다"는 것이다. 어떤 말도 지금 여기에서 선이거나 진이 아니다.[11] 그러므로 공맹(孔孟)의 말씀이라도 항상 새롭게 헤아려야 한다고 최한기[12]는 적고 있다. 이것은 근본적으로 플라톤의 대화록의 논리이고, 추측과 반박[13]이라는 과학 탐구 논리의 실학적 표현이다. 물음은 이것이다: 인간에게 주어진 인식의 절차의 논리와 진리에 근접하는 존재 질서의 논리는 어떻게 연결되어 있기에 두 논리가 그 연결의 구조를 이루는가?

데카르트는 인식 절차와 존재 질서의 합일을 절대자의 선한 의지에 돌리고 칸트는 유일 체계의 논리의 까닭으로 돌렸다. 그러나 인간 구성의 다원주의에서 그러한 조명은 부담스러운 것이다. 그렇다면 하나의 가설을 고려할 수 있을 것이다. "인간은 존재 질서에 대한 개과천선적 인식 절차에 주목하였을 때 성공적으로 살아남았다"는 것이다.[14] 일종의 진화론적 조명이다. 이러한 진화론적 가설이 시사하는 것은 인식과 존재의 연결 논리의 도달도 인간의 오랜 생활 양식의 자연사적 과정이라는 것이다.

11 허라금(「다원주의 윤리와 윤리다원주의의 경계에서」, 『다원주의, 축복인가 재앙인가』, 한국철학회 편, 철학과현실사, 2003, pp. 45-73)은 가치 갈등을 "옳고 그름의 구도에서 파악하는 것이 아니라, 서로가 처지가 다른 데서 비롯되는 차이의 문제로 그 상황을 바라볼 수 있는" 인식적 능력으로 해소할 것을 요구한다. 이러한 능력은 생활 양식을 통한 체계들의 교차에서 나타나고 각 개인의 담론 체계로의 상호 침투성으로 성취될 것이다.

12 혜강 최한기, 「추측론」, 「실명론」, 『기측체의』 I, II, 고전국역총서, 민족문화추진회, 1977.

13 포퍼 지음, 이한구 옮김, 『추측과 논박』, 민음사, 2001.

14 한승완(「다원주의와 논의합리성의 보편주의」, 『다원주의, 축복인가 재앙인가』, 한국철학회 편, 철학과현실사, 2003, pp. 182-208)은 인식적 합리성, 목적론적 합리성, 의사 소통적 합리성은 의사 소통적 합리성에서 출현하는 논의 합리성에 의해 서로 결합된다고 한다. 그러나 논의 합리성은 어떻게 확보되는가? 이것은 개과천선적 인식 절차가 아닐까?

(다5) 이론적 다원주의와 담론적 다원주의의 맞물림: 이론적 다원주의의 체계들은 체계의 주체가 이론 자체이기 때문에 비교가 불가능하고, 담론적 다원주의의 체계들은 체계의 주체가 생활 양식을 공유하는 사람이기 때문에 비교를 허용한다. 그렇다면 두 다원주의의 '체계'들은 다른 단어인가, 같은 단어인가? 이 물음을 향한 하나의 가설은 "체계들이 공유하는 문장의 수의 정도" 개념으로부터 해석할 때 두 표현은 동일한 단어라는 것이다. 이러한 가설에 설득력이 있다면, 그러면 이론적 다원주의의 체계와 담론적 다원주의의 체계는 맞물림의 구조를 다음과 같이 가질 수 있을 것이다.

(2) 체계의 언어가 계산성 · 자율성 · 진정성을 목표로 진리론적 의미론에 입각할수록 이론적 추상성(다른 체계와 공유하는 명제의 수의 정도가 0에 가깝다)을 가지며; 소통성 · 관계성 · 자연화로 흐르는 생활 양식적 의미론에 기반할수록 담론적 구체성(다른 체계와 공유하는 명제의 수의 정도가 1에 가깝다)을 갖는다.

(3) 체계가 사람의 주인이 아니라 사람이 체계의 주인이다.

(4) 사람은 동일한 자연종에 속하며 중요한 국면에서 인간 생활 양식을 공유한다.

(5) 사람은 구체적 · 전문적 주제의 필요에 따라 이론적 체계를 구성하여 진입하지만, 그 총체적 삶은 담론적 체계 안에서 이루어진다.

(6) 이론적 체계의 설득력이 일반화될 때 그 체계는 담론적 체계의 공간으로 확산된다.

생활 양식적 소통성, 맞음론적 관계성으로 흐를수록 ---->
이론적 체계 0 * <----------------------> * 1 담론적 체계
<---- 체계 독립적 자율성, 진리론적 계산성의 추상성을 가질수록

제3장

다원주의: 종교 언어의 경우

다원주의는 이론적 유형과 담론적 유형으로 나누는 구분의 구체적 사례를 통해 더 선명하게 조명될 수 있을 것이다. 종교는 두 유형에 걸쳐 있는 주제의 분야 중의 하나라고 생각한다. 종교 다원주의를 이론적 유형의 관점에서 접근할 수도 있고 담론적 유형의 관점에서도 이해할 수 있기 때문이다. 그리고 종교 다원주의가 주목받고 있는 논의의 주제라면 이 구분은 어떤 설득력을 가질 수 있는가의 시험대가 될 것이다.

(가) 이론적 종교 다원주의

(가1) 한국의 이론적 종교 다원주의: 한국 사회에는 많은 종교 다원주의자들이 있다. 이들을 분류하는 방식에는 여러 가지가 가능하지만 이 책의 문맥의 관심으로부터 이론적 유형과 담론적 유형으로 나누고자 한다. 이론적 유형은 다른 종교들이 각기 독립성 · 자율성 · 유일성 등 소위 패러다임적 특성을 구현하고 있다는 믿음의 유형이라고 생각한다. 이러한 기준으로부터 한국의 이론적 종교 다원주의의 몇 경우를 예시할 수 있을 것이다. 그리고 이러한 이론적 종교 다원주의가 정당화되는 관점을 일상 언어적 분석으로부터 얻을 수 있

을 것이다.

손봉호는 종교에 대해 다음과 같은 발언을 하고 있다: " '진리', '보편성', '객관성', '확실성' 등의 관념은 비록 철학의 전유물은 아닐지라도 적어도 철학에 가장 고유한 것이었다. 그런데 다원주의는 바로 이런 관념들이 모두 공허한 것임을 함축하고 있는 것이다"[1]; "한국 사회는 다종교 사회요, 원칙적으로 다원주의를 사실로 받아들이고 있음을 부인할 수 없다. 우리 사회의 구성원은 누구도 어떤 특정한 이데올로기나 종교를 받아들이도록 강요받을 수 없으며, 받아들이지 않는다 하여 모든 사람에게 평등하게 제공되는 어떤 이익으로부터도 배제되어서는 안 된다. 다행하게도 종교인들을 포함한 대부분의 한국인들이 이 사실을 인정하고, 나아가서는 그런 사실에 대해서 오히려 다행스럽게 생각한다."[2] 그는 한편으로 모더니즘적 진리관을 수용하면서 다른 한편으로 사실적 다원주의를 수용하고 있는 것을 알 수 있다.

최영진도 비슷한 관점을 가지고 있다: "종교는 본질적으로 절대적 신념 체계이다. 절대는 '하나'일 수밖에 없다. 그런데 형이상학적 이론으로서의 다원주의는 '여럿'의 궁극적 실재를 인정한다"; "군자는 '和(어울림)'하지만 '同(같음)'하지 않으며, 소인은 '동'하지만 '화'하지는 않는다."[3] 개념적으로 종교의 모더니즘적 특성을 주장하면서도 현실적 거리두기로부터 중용적 처신을 처방한다.

진록스님은 다음과 같이 말한다: "흔히들 '모든 종교는 궁극에 하나다'라고 하는 말에 나는 동의하기 힘들다. 그들이 하는 말을 이해하지만 같다고 했을 때에 같지 않은 수많은 문제들을 안고서 같다고 할 수는 없는 것이다. 같다라는 유일적인 말보다는 서로가 다르다는 것을 인정하고, 다른 부분이 왜 나와

1 손봉호, 「머리말」, 『다원주의, 축복인가 재앙인가』, 한국철학회 편집, 철학과현실사, 2003.
2 손봉호, 「종교적 다원주의와 상대주의」, 『철학과 현실』, Vol.13(1992), pp. 67-76.
3 최영진, 「유교, 하나와 여럿의 형이상학-종교 다원주의의 성리학적 기초」, 『다원주의, 축복인가 재앙인가』, 한국철학회 편집, 철학과현실사, 2003, pp. 259-79.

같지 않은가, 그러면 그것은 틀린 것이 아닌가라는 인식보다는 다른 또 하나의 다양성으로 받아들여야 한다고 본다."[4] 이 세계의 현실은 다를 수밖에 없고 인간의 과제는 그 다름의 융화라는 것이다. 융화는 다름을 하나로 보아야 한다는 폭력일 수 없다는 것이다.

(가2) 종교 다원주의의 일상 언어적 분석: '종교 다원주의'라는 표현은 쉽게 오해될 수 있는 용어 중의 하나이다. 종교 다원주의를 반대하는 사람은 모두가 이 술어를 오해하는 것으로 보인다. 그리고 이것을 지지하는 어떤 사람들은 본의 아니게 그러한 오해를 유발하는 방식으로 이 단어를 사용하고 있다고 생각한다.

그러나 종교 다원주의란 무엇인가? 이것은

(카) 모든 종교는 각기 구원의 방식을 갖는다.

라는 문장에 의하여 요약될 수 있다고 생각한다. 이것을 명제 (카)라고 부르자. 우리는 이 명제에 있어서 '종교' 또는 '다원주의'라는 것이 무엇인가를 논의하지 않고도 이 명제의 요소가 무엇인가를 물을 수 있을 것이다. 첫째는 각 종교가 그 나름의 정체성을 포기하지 않고 유지하는 것이고, 둘째는 타종교의 정체성을 존중하는 것이다.

그러나 이러한 정체성의 유지와 존중은 어떻게 가능한가? 기독교도는 어떻게 불교도를 존중할 수 있을 것인가? 그러한 힘은 이웃 사랑이나 자비 같은 윤리적 고려에서 얻어지는 것이 아니다. 불행하게도 한 공동체에 대한 충성은 다른 공동체에 대한 배타성을 수반하여 온 것이 인간 역사의 현실이다. 역사

4 진록, 「다원화시대의 종교간의 화합」, 『다원주의, 축복인가 재앙인가』, 한국철학회 편집, 철학과 현실사, 2003, pp. 250-58.

상의 많은 종교 전쟁은 그것을 입증한다.

타종교를 존중할 수 있는 힘은 모든 종교의 핵심적 개념들이 체계 의존적이라는 논리의 인식에서 온다. 기독교 신자는 '구원'이라는 단어를 기독교 체계에서 규정한 바에 따라서 이해하여야 하고 불교 신자는 '구원'을 불교 전통의 가르침에 의해 실천하여야 한다. 이들은 그러한 이해를 위하여 타종교의 도움은 말할 것도 없고 일상 언어의 용법에도 의존할 수 없다. 이러한 논리의 부인은 오류이고 따라서 종교 다원주의는 그러한 구조에서 일종의 분석 명제가 된다. 그렇다면 종교 다원주의는 누구나 수용할 수밖에 없는 인간 언어의 논리적 구조를 반영하는 현실일 수밖에 없다.

종교 다원주의의 논의에서 우리가 흔하게 만나는 또 하나의 문장이 있다. 그것은

(타) 모든 종교는 구원을 갖는다.

라는 문장이다. 이것을 (타)라고 부르자. 초견적으로 보아 (카)와 (타)는 아무런 차이가 없는 것으로 보인다. 그러나 그러한 초견적 인상은 잘못된 것이고 양자의 그러한 혼동에서 종교 다원주의의 오해가 들어온다. 예를 들어

(파) 기독교 밖에도 구원이 있다.

라는 명제를 보자. 이것을 (파)라고 한다면 (카)와 (파)는 아니지만 (타)와 (파)는 쉽게 함축적인 관계에 들어갈 수 있다.

명제 (타)는 어떻게 이해할 수 있는가? (타)는 '구원'이라는 단어가 해석될 수 있는 보편적 방식이 있다는 것을 전제한다. 모든 종교가 그러한 한 가지 뜻에서의 구원을 갖는다는 것이다. 이것이 참이라면 명제 (카)가 함의하는 종교 다원주의는 '구조적'임에 반하여 명제 (타)는 '평면적' 종교 다원주의를 이룩

하리라고 보인다. 기독교와 불교가 전자의 모델에서는 연결성이 없는, 그리하여 다른 정체성만을 갖는 상이한 종교들임에 반하여 후자의 모델에서는 형제나 사촌의 연결성을 갖는다. 동일한 목표 '구원'이라는 것을 지향한다는 의미에서 그러하다.

그러나 명제 (타)는 몇 가지 문제를 가지고 있다. 하나는 이것이 종교 다원주의가 아니라 얼핏 보아 종교 통합주의로 나아간다는 것이다. 명제 (카)에서의 '구원'이라는 단어는 이 단어가 해석될 수 있는 다양한 방식을 허용함으로써 다원주의를 수반한다. 그러나 (타)에서의 '구원'은 하나의 의미를 요구한다. 이것이 그 문장을 이해할 수 있는 최소의 문법적 요구이다. 그렇다면 (타)를 변형하여 다음과 같은

> (타′) 모든 종교는 같은 구원에 이르는 여러 가지 길이다.

라는 명제가 참이라는 것이다. (타′)는 종교의 배타성이 판을 치던 시대에 관용의 미덕을 강조한 흔하지 않던 귀한 명제이다. 그러나 현대의 시각에서 보면 종교 다원주의의 오해는 바로 이 명제에서 그 뿌리를 찾아야 할지 모른다.

여기에서 '구원'이라는 단어는 어떻게 이해할 수 있는가? 모든 종교들의 구원론을 통합할 수 있는 그러한 구원론이 가능한가? 그러한 통합적 구원론을 상위적 초체계 또는 일상적 상식 체계에서 얻을 수 있다고 생각할 것이다. 그러나 문제는 첫째, 그러한 상위 체계가 얻어진다고 하더라도 구체적 종교들은 그러한 구원론을 수용할 수 있을 것인가? 물론 그들은 이를 알아볼 수 없을 것이다. 둘째, 그러한 상위적 체계들은 얻어질 수가 없다. 자연과학에서조차 그러한 상위 체계의 가능성을 주장할 수 있는 형이상학적 실재론이 어렵다면 사회과학은 말할 것도 없고 인문학에서는 기대하기가 더욱 어렵다고 생각한다. 그렇다면 여기에서의 '구원'이라는 표현은 두 가지 방식으로 해석할 수밖에 없다. 하나는 설명할 수 없는 말만의 단어이고 다른 하나는 이 단어에 특유한

해석을 주는 것이다. 그러면 후자는 일종의 보편주의적 관점으로부터 여러 종교들을 통합하는 노력이 된다.

(가3) 가족 유사 개념으로서의 종교: 이러한 종교 통합 운동의 선례가 없는 것이 아니다. 러셀은 여러 종교들에 한결같이 들어 있는 하나의 요소를 보았다. 기독교도 불교도 사랑을 설교하고, 힌두교도 이슬람도 사랑을 전파한다. 따라서 러셀은 종교의 공통된 성질이 구원이 아니라 사랑이라고 보았다. 그리하여 그는 사랑을 종교의 본질이라고 생각하였다. 이를 근거로 그는 종교로서의 휴머니즘을 제창하였다. 버나드 쇼와 토마스 헉슬리는 그러한 종교 통합 운동의 전도사가 되었다.

(타) 명제가 진정한 종교 다원주의를 나타낼 수 없다면 그러면 종교 통합의 개념은 표상할 수 있을 것인가? 이것도 어려운 것으로 보인다. 종교로서의 휴머니즘은 여러 종교를 통합한 것이 아니다. 휴머니즘은 만일 이것이 종교라면 결국 또 하나의 종교가 되어 버린 것이지 종교의 통합은 아니다. 이것을 일반화하여 우리는 이렇게 말할 수 있을 것이다. 소위 종교의 통합이라는 것은 그것이 사랑 또는 구원 또는 어떠한 것에 근거한다 할지라도 그것이 성공적이라면 결국 또 하나의 종교로 전환하는 것이지 종교의 통합은 아닐 것이다.

왜 종교들은 하나로 통합될 수 없는가? 그 이유는 종교란 공통 개념으로 이해될 수 있는 것이 아니라 가족 유사 개념으로 파악되어야 하기 때문이다. 종교는 포유류 같은 공통 개념이 아니다. 포유류라는 개념은 그에 포섭되는 모든 경우들이 "태생으로 젖을 먹고 자라는 동물"이라는 성질을 가지고 있다. 사람에서부터 쥐에 이르기까지, 박쥐에서부터 고래에 이르기까지 포유류라고 불리는 어떠한 동물도 이러한 성질을 가지고 있다. 이 성질은 '포유류'라는 표현을 정의하는 성질이 된다. 그리하여 젖을 먹고 자라는 동물을 실험실에서 만들어 낸다면 그것은 포유류의 한 종을 만들어 내는 것이 된다. 이에 반하여 종교는 게임 같은 가족 유사 개념이라고 할 수 있다. 게임에 포섭되는 모든 경

우들은 하나의 공통된 성질이나 규칙을 갖는 것이 아니라 서로에 유사할 뿐이다.[5]

이러한 논의가 옳다면 종교라는 개념은 가족 유사 개념이다. 그렇다면 러셀의 종교 현상의 사랑으로의 환원은 오류이다. 그리고 어떠한 종교 통합론도 모든 게임의 통합처럼 잘못된 것이기 전에 불가능한 것이라고 보아야 한다. (타)와 (타′)는 "빛의 직진론과 굴절론 중 어느 하나는 참일 것이다"라는 명제처럼 참도 아니고 거짓도 아닌 그러한 평가 불가능한 표현이라는 것이다. 이들은 빛의 명제처럼 참이라는 술어가 체계적 성격을 가지고 있다는 것을 간과하여 구성되어 있기 때문이다. 그러나 (카)는 "빛의 직진론과 굴절론 중 어느 하나는 뉴턴 이론 안에서 참일 것이다"라는 명제와 같이 술어나 진리의 언어적 성격에 주목하여 구성된 명제이다. 그러므로 종교 다원주의는 (카)에서처럼 필연적이어서 이를 부인할 수가 없고 (타)나 (타′)와 같은 불가능한 명제와 혼동되지 않아야 할 것이다.

(나) 담론적 종교 다원주의

(나1) **한국의 담론적 종교 다원주의:** 한국 사회에는 이론적 종교 다원주의자가 많은 것처럼 담론적 종교 다원주의자도 적지 않다. 그 담론적 유형은 크게 둘로 나눌 수 있을 것이다. 하나는 여러 종교들은 동일한 궁극적 실재에 대한 상이한 구도의 길이라는 것이고 다른 하나는 여러 종교들은 다른 체계이지만 각기 가족 유사적 종교 역할을 가지고 있다는 것이다.

변선환은 "교회 밖에도 구원이 있다"[6]라고 하고 김경재는 "궁극적 실재로

5 정대현, '가족 유사 개념', 『비트겐슈타인과 현대 분석철학의 전개』, 한국분석철학회 편, 철학과현실사, 1991.

6 변선환 외, 『종교다원주의와 신학의 미래』, 종로서적, 1989.

7 김경재, 『이름 없는 하느님』, 도서출판 삼인, 2002.

서의 하느님은 많은 이름을 가진다"[7]고 믿는다. 이들은 한국 사회의 구체적 종교적 문맥으로부터 기독교와 다른 종교와의 상생의 담론을 시도하고 있는 것이다. 담론적 종교 다원주의의 첫째 유형에 속하는 것이다. 이들은 존 힉과 비교할 수 있다. 모든 종교들이 동일한 초월적 실재를 향하여 있다고 주장하는 점에서 유사하지만 그 차이는 이 주장의 제시 방식이다. 존 힉은 '동일한 초월적 실재'를 요청적 가설로 도입하지만 이들은 '동일한 초월적 실재'를 현실적 · 비가설적 명제로 도입하고 있다. 한국 종교들간의 긴박한 갈등 상황에 대해 어떤 치료적 처방일 수 있다.

길희성과 배국원은 담론적 종교 다원주의의 둘째 유형으로 분류하고자 한다. 길희성의 '보살 예수'[8]는 그 복잡한 구조에도 불구하고 가족 유사적 역할 의미론으로 단순화할 수 있을 것이다. "누구든 자기가 속한 혹은 선택한 종교 전통에 충실해야 한다"는 명제나 기독교 부활론에 대한 그의 믿음을 고려하면 이러한 해석이 가능할 것이다. 배국원은 종교 다원주의를 다양한 세계 종교들의 '구원'의 가능성을 인정하는 관점으로 이해한다. 그리하여 "신은 많은 이름을 가지고 있다"라는 존 힉의 명제를 거부하고 "많은 이름의 많은 신들이 있다"라는 종교학의 명제를 선호하고, "현실의 종교에 근거하지 않은 주장이 얼마나 종교로서 힘을 발휘할 수 있는가에 대해서는 회의"[9]적인 태도를 취한다.

(나2) 존 힉의 다원주의 비판: 존 힉의 종교 철학은 담론적 종교 다원주의가 지향하는 바의 어떤 부분을 향해 있지만 그의 논변의 구조는 담론적이지 않고 이론적이다. 그렇다면 담론적 다원주의를 구성하기 위해 존 힉의 관점은 면밀히 검토될 만하다. 존 힉은 국내외의 종교 다원주자들에게 영향을 끼치는 종교 철학을 제시하고 있기 때문이다. 존 힉의 종교 다원주의를 위한 논변은 무

8 길희성, 『보살예수 : 불교와 그리스도교의 창조적 만남』, 현암사, 2004.
9 배국원, 『현대 종교철학의 이해』, 도서출판 동연, p. 194, 2000.
10 John Hick, *Philosophy of Religion*, Prentice-Hall, 1963-1990, 4th Edition, pp. 109-19.

엇일까? 그의 논변[10]은 크게 네 가지 부분으로 구성되어 있다고 생각한다.

첫째, 존 힉은 종교 언어의 방법론적 회의주의를 구성한다. 예를 들어, 기독교 · 이슬람 · 힌두교 · 불교는 각기 참인 것을 주장한다. 그러나 표면적으로 이들은 각기 다른 것을 주장한다. 그러므로 이들의 주장들이 모두 동시에 참일 수 없다. 그렇다면 한 종교에 대한 믿음은 다른 종교에 대한 불신을 함축한다. 따라서 여러 종교들을 두고 볼 때 한 종교가 참일 이유보다 거짓일 이유가 더 많은 것이다. 존 힉은 종교 언어에 대한 이러한 회의주의를 구성하지만 이것을 수용하지는 않고 이 회의주의의 심각성을 그의 종교 철학적 논점의 정당성으로 채택하고 이로부터 그의 다음의 철학적 주제를 선택한다.

둘째, 존 힉은 실재와 인식 간의 관계에 대한 칸트 이론을 재구성한다. 인간은 인간 감성에 주어지는 경험의 잡다한 내용을 인간에게 선험적으로 주어지는 논리적 범주의 개념을 적용하여 인식에 이른다. 감성의 내용은 개념 없이 혼란스럽고 개념의 형식은 내용 없이 공허하다. 감성의 내용은 시간 공간이라는 선험적 형식에 의해 주어지는 한 보편적이고 개념은 논리적인 한 보편적이어서 양자의 종합은 필연적 인식을 가능하게 한다. 이러한 인식의 내용이 대상이고 우리가 경험하는 대상의 조건은 바로 이 대상이 주어지는 조건인 것이다. 인간은 대상의 사물 자체에 접근할 수 없지만 현상으로서의 대상을 인식할 수 있다. 존 힉은 이러한 칸트적 인식론을 수정한다. 현상으로서의 인간 경험은 인간의 상황적 조건의 개념들에 따라 구성된다는 것이다. 칸트의 단일 개념 체계론을 다원화하는 것이다.

셋째, 존 힉은 초월적 실재의 동일성을 요청한다. 존 힉은 수정된 칸트 인식론을 종교 경험에 적용하여 초월적 실재의 동일성에 도달한다. 기독교 · 이슬람 · 힌두교 · 불교는 각기 다른 종교 경험을 부과한다. 그러나 이러한 종교 경험은 현상적 경험일 뿐이다. 이들은 그 종교 체계가 허용하는 상황적 조건의 개념에 따른 경험이기 때문이다. 칸트의 인식론이 정당하다면 그의 인식론에서 인식을 촉발하는 물자체가 상정되었듯이, 이 위대한 종교의 현상적 경험들은 초월적 실재에 의해 촉발되었으리라는 것을 상정할 수 있다. 칸트 인식론에서 여러 사람들의 인식이 보편적 조건으로서 필연적 인식에 이르게 하는 물자체가 동일하듯 여러 종교들의 경험을 가능하게 하는 초월적 실재의 동일성을 상정할 수 있는 것이다.

넷째, 존 힉은 종교 경험의 다원성을 다원주의적으로 구성한다. 모든 종교들은 서로 다른 다양한 종교 경험을 부과한다. 그러나 이 종교 경험의 다양성은 각 종교 전통이 일구어 낸 특수 상황에서의 다양한 개념적 구조에 따른 실천적 수행 때문이다. 그러나 이 다양한 종교 경험들은 다른 것으로 남아 있는 동안 첫째 부분의 회의주의를 극복할 수 없다. 모든 종교들은 초월적 실재의 동일성에 의하여 그 종교 경험의 다양성이 한 실재의 다양한 인간 해석으로 엮어질 수 있는 것이다. 존 힉의 종교 다원주의는 이러한 방식에서 제시되고 있다.

존 힉의 종교 다원주의 논변은 표면상 설득력이 있는 것으로 보인다. 그러나 심층적으로 분석하였을 때 그 논변의 네 부분들이 모두 의문스럽다.

첫째, 존 힉의 종교 언어의 방법론적 회의주의를 수용하여야 한다면, 예를 들어, 세계관의 방법론적 회의주의도 수용하여야 한다. 낙관주의와 비관주의는 각기 진리라고 주장하지만 이 주장의 갈등은 회의주의에 도달하고 그렇다면 실재의 동일성에 대해 낙관주의와 비관주의는 동일한 실재에 대한 다른 해석에 지나지 않는다. 그러나 낙관주의와 비관주의가 공유하는 동일한 실재란 무엇인가? 더 나아가서, 여러 종교들이 진리라고 주장하는 그 명제들의 '진리'는 무엇을 뜻하는가? 존 힉의 방법론적 회의주의가 성립하기 위해서 그는 "진리는 하나밖에 없다"라는 모더니즘적 진리론을 수용하여야 한다. 어떤 문장도 참이거나 거짓이고 이것은 체계 독립적이다라는 입장을 견지할 수 있어야 한다. 그러나 이것은 수용할 수 없다.

둘째, 칸트 인식론은 위대하여 현대 철학과 지성은 그의 어깨 위에 서 있다고 믿는다. 그러나 칸트 인식론은 있는 그대로 수용될 수 없고 존 힉의 재구성도 마찬가지이다. 현대 인식론의 인식의 개념성은 칸트의 기여이다. 그러나 칸트 인식론의 많은 요소들은 의문스럽다. 논리학의 보편성, 논리학에서 추출한 개념의 선험성, 감성의 시간 · 공간의 선험성, 감성 내용의 촉발 기제로서의 사물 자체 등은 수용하기 어렵다. 그리고 존 힉의 수정안은 구체적이지 않아서인지 이해하기 어렵다. 칸트의 누메나적 물자체를 그대로 유지하면서 개념 체계의 인식적 다원성을 어떻게 유지할 수 있을 것인가? 물자체가 알려질 수 없다면 이에 대한 인식적 개념 체계들이 동일한 문제 사태에 대한 설명 체계라는 것을 어떻게 알 수 있는가? 인식적 개념 체계의 다원성은 신비한 물자체가 아니라 인간 경험에 주어진 경험적 사태에 대한 설명 모델이 아닌가? 존 힉의 칸트 수정론은 아직 완성되지 않았고 어떻게 이것이 가능한가를 보여줄 수 있어야 한다.

셋째, 존 힉의 초월적 실재의 동일성 요청은 초견적으로 설득력이 있다. 그의 개념적 그물망으로부터 겸허하게 고백하는 간절한 기도로 들리기 때문이다. 그러나 그의 개념적 그물망은 충분히 섬세하지 않다. 그의 논의는 의문스런 가정에 의존한다. 칸트 인식론이 전제하는 실재계와 현상계의 구분은 정당하다는 가정이다. 이 가정은 이 세계–저 세계, 이성–감성, 정신–육체 등의 이분법이 지배하던 시대에 설득력을 가졌을 것이지만 이제 그 이분법은 의문스러운 것이 되었다. 한걸음 나아가, 존 힉은 여러 종교들이 수행하는 개념적 다원주의를 허용하면서 칸트의 이분법을 그대로 유지한다는 점이다. 칸트의 이분법이 초월적 실재를 이성으로나 감성으로 알 수 없다는 것을 함축한다면 존 힉의 종교 다원주의의 체계들은 이들이 각기 이 동일한 초월적 실재에 대한 설명 체계라는 요청도 허용될 수 없다. 비약으로 이루어진 요청은 그 요청이 지성적일수록 소박한 기도보다 더 위험할 수 있다.

넷째, 존 힉의 종교 다원주의 구성의 방법론은 의문스럽다. 종교 경험의 다양성이 수정된 칸트 인식론에 의하여 초월적 실재의 동일성을 통해 종교 다원주의로 태어나는 것이다. 의문점은 데카르트와 존 힉의 방법론의 평행선에서 찾아진다. 데카르트는 그의 방법론적 회의주의로부터 '의심할 수 없는' 논리를 제공하는 합리주의로 갔다. 존 힉은 그의 방법론적 종교 언어 회의주의로부터 수정된 칸트가 제공하는 '의심할 수 없는' 초월적 실재의 동일성으로써 종교 다원주의로 가고자 하였다. 그러나 이 과정에서 한편으로 모더니즘적 진리관으로 종교 언어 방법론적 회의주의를 구성하면서 다른 한편으로 여러 종교들의 개념적 다원주의를 허용하고자 한 것이다. 존 힉의 종교 다원주의의 비일관성이 발생하는 지점이다. 물론 존 힉은 종교 언어 방법론적 회의주의 없이도 그의 종교 다원주의가 성립한다고 말할 수 있다. 그러나 같은 것을 데카르트의 방법론적 회의주의에 대해서도 말할 수 있다. 존 힉은 처음부터 칸트의 이분법으로 시작할 수 있었을 것인가?

존 힉의 '동일한 초월적 실재'에 대해 다음과 같은 물음을 제기할 수 있을 것이다. 모든 종교들이 추구한다고 하는 동일한 초월적 실재는 어떤 유형일까? 물리적 우주선으로 도달할 수 있는 또 하나의 은하계일까? 물리적 우주선은 아니지만 초월적 방식으로만 도달할 수 있는 대안적 그러나 물리적 은하계인가? 아니면, 칸트의 누메나처럼 영원히 인간 인식 밖에 있지만 총체적 존재 범주로서만 주어지는 가능태인가? 이것도 아니라면 인간 사회가 현 시점에서 상상하지 못하지만 궁극적으로 도달할 수 있다고 믿는 이상적 의미의 체계일까?

(나3) 종교 언어의 담론적 의미론: 담론적 종교 다원주의를 기획할 수 있는 개념적 구조는 어떻게 얻을 수 있는가? 하나의 출발점은 종교 언어의 담론적 의미론일 수 있을 것이다.

담론적 의미론이란 단어나 표현이 사용되는 공동체의 사용 방식에서 얻어진다는 관점을 나타낸다. 진리론적 의미론이 문장의 의미는 이 문장이 참인 조건들의 집합과 거짓인 조건들의 집합의 순서쌍이라는 입장과 대조할 만하다. 담론적 의미론에서는 이론 물리학에서의 요청적 대상들만이 아니라 종교 언어에서의 비일상적 대상에 대한 표현들이 각기 그 공동체 안에서 사용되는 방식에 의해 의미를 지닌다는 것을 함축한다. 이것은 표현이 그 공동체의 체계 안에서 수행하는 역할에 의해 의미를 갖는다는 것과 동일하지는 않지만 연결되어 고려할 수 있다.

종교 언어는 그 공동체의 체계 안에서 사용될 때 그 공동체가 속하는 보다 넓은 일상 언어 공동체의 합리성이나 비합리성을 공유하지는 않지만 무합리적인 것도 아니다. 종교 공동체 내부적 합리성과 비합리성의 기준을 갖는다. 따라서 그 공동체가 세계를 향하여 갖는 총체적 그림[11]을 제시하고 이에 속하는 종교인의 삶에 영향을 준다. 기독교와 불교에서 '명상'이라는 단어가 갖는 의미는 각기 공동체 안에서 이 단어가 수행하는 역할로 결정될 것이다. 그 공동체가 이 단어를 사용하는 방식인 것이다.

불교인과 기독교인은 명상을 할 때 무엇을 하는가?[12] 명상을 할 때 불교인이 무심(無心 · 無念 · 無我)을 지향한다면 기독교인은 조물주와 피조물과의 특정한 관계를 지향한다고 생각한다. 어떤 사람들은 그리하여 불교가 비명제적이라면 기독교는 명제적인 것으로 이해한다. 이러한 점에서 불교가 탈언어적이라면 기독교는 언어 의존적이라고 말하는 것이다. 그러나 기독교 언어와 불교 언어 간의 그러한 이분법은 근거가 없다. "불교도 언어적이다"라고 주장할 수 있는 근거가 없지 않다. "무심을 지향한다"라고 할 때 그 무심이 무엇인가는 원칙적으로 해석될 수 있는 것이다.

"그는 무심하다"라는 말은 어떻게 이해되는가? 우리는 그가 형제나 친구와 같이 특정한 사람에 대하여 가짐직한 관심을 갖지 않을 때 이 문장을 사용한다. 그러나 그가 이 사람들에 대하여 갖지 않는 관심(특정한 종류의 가까운 관

11 황필호, 「無心과 祈禱: 종교언어의 이해를 위하여」, 『한민족철학자 대회보: 1995』, 제8집 2권, 1995. pp. 17-19.

12 정대현, 「無心과 祈禱: 종교언어의 이해를 위하여-황필호 교수의 논평」, 『한민족철학자 대회보: 1995』, 제8집 2권, pp. 267-69, 1995.

심)이란 비언어적이 아니라 다른 관심(특정한 종류의 먼 관심)에 의하여 배제되는 그러한 관심이다. 우리는 관심을 가질 수 없는 자연적 존재자에 대하여 "이것은 나에게 무심하다"라고 말하지 않기 때문이다. 그렇다면 '무심'은 식물 인간 상태를 뜻하지 않을 것이다. 비슷하게 무의식, 기절, 넋 없는 의식, 수면, 음식이나 약물에 의해 취한 경우, 음악이나 어떤 활동을 통한 탈아(脫我) 경지 등을 지칭하지도 않을 것이다. 그렇다면 불교가 지향하는 무심이라는 것도 특정한 종류의 의식 상태이고 이것은 더 나아가 일상적 무심과는 구분되는 차원의 무심일 것이다. 불교의 무심은 특정한 논리의 언어를 전제하는 것이다.

기독교 언어도 불교 언어처럼 단순하지 않다. 기독교는 "신이 인간이 되었다"라는 교리에 의하여 현실 세계 언어와 종교 언어를 함께 사용하여 그 진리를 제시하고 있기 때문이다. 그러므로 과제는 종교 언어를 현실 세계 언어로부터 분리하여 내는 것이다. 어떻게 분리할 수 있을 것인가? 바르트(K. Barth)는 역사를 사건적 역사(Historie)와 의미적 역사(Geschichte)로 나누고 양자의 관계에 대하여 언급하였다. 의미 역사는 사건 역사에서 발생하지만 양자의 접촉 관계는 시간적 · 공간적 연장(extension)이 아니라 접선적 점(tangential point)의 구조의 관계라고 한다.

바르트의 입장은 흥미 있다. 그러나 그는 접선적 점이라는 은유 이외에는 논거를 제시하지 못하고 있다. 사건 역사와 의미 역사의 관계를 위한 하나의 논거는 보다 일반적으로 대상과 언어의 관계에 대한 성찰에 의하여 주어질 수 있을 것이다. 어떠한 대상도 기술을 통하여 주어지지만 그 기술은 그 대상 자체나 대상 전체가 아니라 그 대상의 국면(aspect)을 제시할 뿐이다. 그러나 한 대상의 국면이라는 것은 무한하다. 국면은 실체가 아니기 때문에 시간적 · 공간적 연장성을 갖지 않는다. 국면은 언어 공동체의 언어 사용에 의하여 고정성을 가질 뿐이기 때문이다. 그렇다면 사건으로서의 대상과 의미로서의 언어의 이러한 관계는 그러한 뜻에서 '접선적 점'보다는 '국면성'으로 더 잘 표상될 수 있을 것이다. 그렇다면 "기독교가 현실 세계 언어를 필요로 하지만 이것 자체는 그 종교적 실체를 드러낼 수 없다"고 생각된다.

명상이라는 것은 일반적으로 현실 세계의 특정한 상태의 의식으로부터 어떤 가능 세계 상태의 의식에 대한 소망이라고 규정할 수 있을 것이다. 기독교 언어에서 그 종교적 의미를 가장 잘 나타내는 것은 설교(전도 · 창세기 · 묵시록)보다는 기도(찬양 · 시편)일 것이다. 후자는 인간의 신을 향한 언어(對神的言語)라면 전자는 한 인간의 다른 인간을 향한 그의 종교적 입장의 언어(對人的 言語)이기 때문이다. 기독교의 기도는 그러한 소망의 대상이 기독교가 규정하고 허용하는 그러한 가능 세계의 상태이다.

불교의 무심도 명상에 대한 위의 일반적 규정에 따라서 이해될 수 있을 것이다. 그렇다면 불교적 무심이란 불교가 지향하는 그러한 가능 세계의 상태의 의식일 것이다. 종교 언어는 현실 세계에서 이루어진 일상 언어의 합리성/비합리성의 기준에 의하여 이해될 수 없다. 그리고 종교 언어는 특정 종교가 규정하는 가능 세계를 구성하는 언어이기 때문에 비합리적인 것도 아니다.

'구원'이라는 단어의 담론적 의미도 '명상'에서처럼 분석될 수 있을 것이다. 종교들의 체계에 따라 자력적 해탈이나 성기성인(成己聖人) 또는 은혜의 사건이건 간에 '구원'이라는 단어는 단일한 종류의 실체적 대상 사건을 지칭할 필요가 없다. 이 단어는 각각의 체계에서 이 단어가 표시하는 그 수행의 역할을 나타내는 것이다.

여기에서 주목할 수 있는 것은 기독교나 불교에서 사용되는 '구원'이나 '명상'이라는 표현이 뉴턴 체계와 아인슈타인 체계에서 '빛'이라는 표현을 사용하는 방식과는 다르다는 점이다. '빛'이라는 표현은 두 체계에서 다른 의미로 규정되고 따라서 동일 기호, 다른 단어이지만 그러나 이 표현으로 지칭하는 지시체는 동일하다. 그렇기 때문에 두 체계는 동일한 현상에 대한 다른 설명 체계가 되는 것이다. 그러나 '구원'이나 '명상'이라는 표현은 '빛'에 대해 말하는 방식으로 기술되기 어렵다. '구원'이라는 표현은 두 체계에서 부여되는 의미가 다를 뿐 아니라 이것이 지시하는, 공유하는 시공적 대상 · 사건 · 실체는 제시하기 어렵다. '구원'이라는 표현은 다른 두 종교의 체계 안에서 수행되는 역할을 나타낼 뿐이다. 그리고 그 역할은 가족 유사적인 것이다. 이러한 구조에서 상이한 체계에서 수행되는 가족 유사적 역할들에 대해 동일한 기호가 적용되는 것이다.

(다) 두 다원주의의 경계에서

(다1) 두 다원주의의 역할: 이론적 다원주의의 체계와 담론적 다원주의의 체계는 상이한 역할을 가지고 있다. 이론적 다원주의의 종교에는 두 가지 측면이 있다. 한편으로 사실상의 다원주의가 있고 다른 한편으로 규범상의 다원주의가 있다. 전자의 경우 한 종교는 다른 종교를 개념적으로 인정하지 않지만 시공적으로 병렬된 다원주의이다. 후자의 경우 20세기 후반에 이루어진 진리의 체계 의존성으로 자기 종교의 절대성을 주장하면서도 개념적 체계의 복수성을 인정하는 것이다.

따라서 이론적 다원주의의 종교는 종교 공동체의 역사적 상황으로부터 특별하게 주어지는 세계관 안에서 요청되는 종교적 필요와 갈망을 만족시키는 역할을 한다. 이러한 조건은 그 공동체의 경험을 특별한 것으로 규정하고 회고적으로 유일한 조건으로 절대화하는 경향을 갖는다. 이론적 다원주의의 종교 언어가 절대적인 것은 놀랄 일이 아니다. 19세기 이전의 서구의 모든 지성 체계들은 절대적이었기 때문이다. 그러한 체계 안에서 생각하고 지각하고 삶을 살 때 다름은 틀림을 의미했고 종교들은 배타적일 수밖에 없었다. 순교, 마녀 사냥, 명예 살인, 결투, 전쟁 등은 수반적 결과였지만 각각의 인간 공동체를 하나로 묶어 내는 역할을 강력하게 수행해 냈다고 생각한다. 그리고 이러한 세계관은 수천 년을 지내오면서 인간의 일상 언어에 반영된 것이다.

담론적 다원주의의 종교는 한편으로 이론적 다원주의의 종교가 공동체를 구성하는 것과 같은 동일한 역할을 하고 다른 한편으로 동일한 기호들이 다른 체계들에서 다른 단어이지만 가족 유사적인 역할적 의미를 허용한다. 후자는 종교간의 대화의 문법을 가능하게 한다. 이론적 다원주의의 종교들이 실체주의적 · 배타적 종교 언어 의미론 안에 남아 있는 동안 종교간 대화는 사회적일 뿐 종교적이기는 어렵다. 그러나 모든 인간은 서로 통할 수 있다는 관점으로부터의 의미론에 입각할 때 상이한 체계라 할지라도 역할적 의미론 또는 생활양식적 의미론을 수용할 수 있고 이것은 종교간 대화의 문법의 기초가 되는 것이다.

(다2) **다원주의의 언어 공동체성:** 어떤 언어도 그 언어의 각각의 공동체에 의하여 의미를 부여받는다는 것을 수용할 수 있다. 그리고 인간의 모든 언어는 인간 자연종이라는 보다 넓은 공동체의 소산이고 따라서 번역되어 소통되는 구조를 갖는다. 이 관점은 비트겐슈타인에 의해 발전되었고 윌프레드 캔트웰 스미스(Wilfred Cantwell Smith)의 '과정 참여'로서의 종교성[13]도 이러한 종교 언어론에 연결되어 있다고 생각한다.

그렇다면 이 관점으로부터 다양한 종교 다원주의의 언어 공동체성의 성격에 주목해 볼 수 있을 것이다. 이론적 종교 다원주의의 종교는 그 종교 발생의 특수한 상황을 천착하고 이를 절대화할 때 이 종교가 표현하는 바의 언어의 공동체적 성격을 간과할 수 있다. 각 종교의 경전의 저자는 그가 속해 있는 겹겹의 공동체들의 언어에 의하여 구성된 주체이다. 일차적으로는 가장 내적 공동체의 언어에 충실하지만 또한 이 언어는 그 다음 겹들의 공동체 언어에 속해 있기 때문에 부차적 지배를 받게 된다.

존 힉의 종교 다원주의는 이론적 다원주의와 담론적 다원주의의 두 유형 중

13 Wilfred Cantwell Smith, *The Meaning and End of Religion*, Harper & Row, 1978; Towards a World Theology, The Westminster Press, 1981.

하나에 전적으로 속한다고 할 수 없는 변형적 다원주의라 할 수 있다. 그의 다원주의는 종교 언어 공동체의 언어 문법에 주목하는 것이 아니기 때문에 담론적이 아니고 여러 종교들을 상대화하고 있다는 의미에서 이론적인 것도 아니다. 그의 다원주의는 철학적 또는 학문적이고 그의 정당성은 단순히 그 논변의 논리에 의존한다. 존 힉이 '역동적 지속성'으로서의 인간 종교성 개념[14]을 발전시키고 있을 때 얼핏 담론적으로 보이지만 그 지속성은 종교 공동체의 언어 지속성이 아니라 종교 현상으로서의 지속성에 불과하다는 인상을 남긴다. 특히 초월적 실재의 동일성을 요청할 때 그 지속성은 종교 언어 공동체의 의존성이 아니라 오히려 종교 언어 공동체의 발전을 그의 학문적 관점으로부터의 방향 제시성의 구조를 보이는 것으로 생각한다.

담론적 종교 다원주의의 종교들은 종교 언어의 공동체적 생활 양식의 의미론에서 출발한다. 모든 종교들은 그 종교 체계에서의 언어의 역할에 따라 의미를 부여받는다. 그렇다면 한 기호가 여러 종교들에서 동일한 의미를 가질 수 없지만 가족 유사적 역할을 유지할 수 있을 것이다. 이 유사성으로 종교간 대화는 가능하다. 그리고 종교의 어떤 표현도 역사적 산물이었다는 점에서 다른 시대의 다른 해석에 열려 있기 때문에 어떠한 표현도 개념적 발전의 과정사에서 이해된다고 믿는다. 그러므로 종교 언어는 어떤 시점에서나 당대의 종교 공동체의 생활 양식으로부터 이해되면서 미래의 확장에 열려 있을 수 있는 것이다.

(다3) 두 다원주의의 관계: 이론적 종교 다원주의의 체계와 담론적 종교 다원주의의 체계의 관계는 무엇인가? 두 유형의 의미론적 관계는 종류적 관계가 아닌 정도적 관계이다. 어떠한 이론도 인간 언어이기 때문이다. 어떠한 이론도 일차적으로 목전의 문제를 설명하는 배타적 언어이지만 이차적으로는 보

14 John Hick, *Philosophy of Religion*, Prentice-Hall, 1963-1990, 4th Edition, p. 111.

다 넓은 전문가 사회나 일상 사회에 연결되어 있기 때문이다. 어떠한 담론도 규칙을 따르는 언어 행위이기 때문이다. 어떠한 담론도 규칙 없이 소통 가능하지 않기 때문이다. 이론과 담론은 그 유형적 구분에서 분리될 수 있지만 그 실천에서 언어 행위의 목적에 따른 지속성을 유지하고 이 지속성은 종류적인 것이 아니라 정도적 차이를 갖는다.

두 유형의 종교 다원주의의 관계는 그 개념적 차원에서 다음의 도표로 조명할 수 있을 것이다.[15] 이론적 종교 다원주의의 체계는 각 종교의 독립성 · 유일성을 강조할수록 자율적 종교의 모습을 가질 것이다. 이러한 종교는 일반적으로 구원 특수성을 초월주의적 체계 안으로부터 구성해 낸다. 이에 비해 담론적 종교 다원주의의 체계는 각 종교들의 연결성을 '동일한 초월적 실재'를 요청하거나 '가족 유사적 역할적 의미론'에 입각하여 해명하고자 한다. '구원'을 통합하는 시도도 있지만 분리된 채 가족 유사적으로만 연결하기도 한다. 보다 내재주의적 접근의 포섭적 · 수용적 종교적 태도를 취하는 것이다. 이론과 담론의 정도에 따라 두 유형의 종교 다원주의는 하나의 지속성 안에서 조망할 수 있을 것이다.

구원 보편성, 내재주의적 종교 이해가 깊을수록 ---- >
자율적 종교 0 * <--------------------> * 1 **포섭적 종교**
<---- 구원 특수성, 초월주의적 종교 이해가 깊을수록

두 다원주의의 관계는 역사적으로도 살펴볼 수 있을 것이다. 이를 위한 하

15 담론적 종교 다원주의를 동일 실재 유형과 유사 역할 유형으로 나눌 때의 구분은 하나의 이미지로 명료화할 수 있을 것이다. 전자는 같은 산 정상을 여러 등산로로 올라가는 것이고 후자는 동일한 바다를 상정하지 않는 여러 계곡으로부터의 물 흐름이다. 양자의 차이는 추측할 만하다. 전자는 의지 · 연구 · 기획 · 집행의 활동을 필요로 하고 후자는 신앙 공동체의 진화와 성숙을 기다리는 것이다.

나의 가설은 "이론은 담론으로의 방향성을 갖는다"는 것이다. 인간의 물음이 상식적 언어로 해소되지 않을 때 사람들은 이론을 만들어 조명한다. 그리고 이 이론의 조명이 성공적일 때 그 이론의 언어는 일상의 언어로 편입되어 담론화된다고 믿는다. 이러한 믿음에 개연성이 있다면 두 다원주의도 이론적 다원주의의 종교는 초창기의 역할을 성공적으로 수행할 때 일상 언어로 편입된다고 믿는다.[16] 그리하여 담론의 일부가 되는 것이다.

16 정진홍(1994)은 종교언어의 일상 언어적 승화의 가능성을 시사하고 있다. 종교는 이제 신앙의 체계이기보다는 삶의 '종교적' 국면일 수 있어야 한다는 것이다.

제4장

체계의 선택과 실학적 방향

(가) 체계 선택의 문제

사람은 자신을 포함하여 주변의 문제들에 대하여 설명을 요구하면서 살고 설명은 체계 안에서 주어진다. 그러나 대부분의 문제들에는 하나의 설명만이 주어지는 것이 아니라 경쟁적인 여러 개의 설명 체계들이 주어지고 사람들은 대립되는 체계들 사이에서 어떤 하나의 체계를 선택하여야 한다. 이때 문제가 되는 것은 "체계 선택을 어떻게 하여야 하는가"가 아니다. 이보다 선행되는 문제가 있기 때문이다. 그것은 "다원주의 시대에 체계 선택의 근거가 있는가" 라는 문제이다.

이 장에서 시도하고자 하는 것은 체계 선택의 근거가 없다는 어떤 유명론자들의 문제 제기를 받아들여 이를 실학적 방향에서 조명하는 일이다. 앞의 유명론적 논제는 파이어아벤드에 의해서 강하게 주장되고 쿤에 의해 널리 알려졌으며 콰인에 의해 정교하게 제시되었다고 생각된다. 콰인은 왜 그러한 논제를 받아들이는 것일까? 그는 이 논제를 주장하기 위한 논의를 펴고 있지는 않다. 적어도 이 논제가 논리적으로 귀결될 수 있는 그러한 논의는 제시하고 있지 않다. 그러나 그는 그러한 관점을 향한 중요한 논의를 하고 있다. 그의 존재론과 번역론의 간편한 요약을 통하여 이 논문의 문제 제기를 하고자 한다.

콰인(W. O. Quine)의 존재론은 유명론적이라 불릴 수도 있고 규약적이라고도 할 수 있다. 존재라는 것은 사물적인 것으로 규정되는 것도 아니고 실증적인 절차에 의해서 결정되는 것도 아니라는 것이다. 존재란 체계에 의해서 주어진다는 것이다. 이것은 무슨 뜻인가? 콰인은 "존재란 어떤 양화 체계의 변항의 값이다"라고 말하며 그것을 풀이하고 있다. A라는 양화 체계가 있다고 하자. 여기에선 (∃x)(x는 하나의 진돗개이다)라는 양화 문장이 참인 것으로 되어 있다. 이 문장은 "적어도 하나의 x가 존재하는데 그 x는 하나의 진돗개이다"로 풀이될 수도 있고 "어떤 것은 하나의 진돗개이다"라고 읽힐 수도 있다. 그런데 이 양화 문장이 참이기 위해선 x라는 변항의 값이 있게 마련이다. 그리고 이 변항의 값이 바로 존재하는 것이 된다. 그러나 이 변항의 값은 그 양화 체계와 독립해서 주어지는 것이 아니라 그러한 양화 문장을 참이게 하는 양화 체계가 받아들여짐으로써 결정된다.

B라는 양화 체계가 있다고 하자. 여기에선 (∃x)(x는 하나의 용이다)라는 양화 문장이 참인 것으로 되어 있다. 이 말은 무슨 뜻인가? 이 체계에선 "하나의 용이다"라는 술어가 적용될 수 있는 어떤 x가 있다는 것이다. 그러므로 B라는 체계를 받아들이는 사람은 용의 존재에 대하여 존재론적 결단을 한 것이 되고 A라는 체계를 받아들이는 사람은 진돗개의 존재에 대하여 존재론적 결단을 하는 것이 된다. 만일 존재가 양화 체계의 변항의 값이라면, 존재는 하나의 문화적 가정일 뿐 보편적 실체일 수는 없다. 그리스 신화의 요정이나 현대 과학의 원자나 양자 등 모든 것이 동일한 차원의 신화적 실체라는 것이다. 문제는 어떠한 체계에서 받아들여진 것인가에 있다.

존재의 개념이 그렇게 규정되는 콰인의 구조에서는 경쟁적인 두 체계들 간에 어떤 것을 선택할 것인가의 문제는 어려운 것이 된다. 근거가 있기가 어렵다는 것이다. 두 체계들의 밖에 있음직한 존재란 있을 수 없기 때문이다. 있을 수 있는 것이란 단순성이니 만족 같은 미학적 고려나 심리적 계기밖에 없다.

그러나 이것을 근거라 부르기는 어렵다는 것이다.

다음으로 그의 번역론을 들여다보자. 콰인은 먼저 자극 의미라는 행동주의의 개념 정의에서 시작한다. a라는 사람이 C라는 문장에 대하여 갖는 자극 의미는 C′라는 집합에 의해 결정된다는 것이다. C′는 a가 C에 동의할 수 있는 모든 종류의 자극들을 성원으로 하는 집합이다. 그러면 어떤 인류학자는 이제까지 알려지지 않은 부족의 문장들을 번역하고자 할 것이다. 그는 부족민들의 언어 행위들을 관찰하고 확인하여 앞의 자극 의미의 기준을 근거로 어떤 번역 문장을 얻었다고 생각할 것이다.

그러나 콰인은 여기에서 번역의 불확정론을 펴고 있다. 중요한 고려는 두 가지로 생각될 수 있다. 하나는 결정 미흡(underdetermination)의 문제이다. 인류학자가 부락민의 언어 행위를 관찰·확인할 때 어떤 자극이 동의하는 자극인지 아닌지는 부분적으로 결정될 수 있을 뿐 완전히 결정될 수 없다는 것이다. 또한 '동의된 모든 자극들'이라는 경우에도 언제 '모든'이라는 단계에 왔다고 완전히 결정할 수는 없고 다만 어느 단계에서 부분적 결정밖에 할 수 없다는 것이다.

다른 하나는 분석 가설의 불가능성 문제이다. 이 번역이 완전하기 위해서는 부족 언어의 모든 표현들과 인류학자 언어의 모든 표현이 분석 명제 안에서 서로 연결되어 있어야 한다. 그러나 이러한 사전은 원초적으로 불가능하다는 것이다. 부족민들이 'Gavagai'라고 하였을 때 부족민들의 언어 행위를 관찰하고서 "이것은 '토끼'라 불리는 것과 같은 것이다"라는 분석 가설을 만들고자 할 것이다. 그러나 이것 이외의 다른 분석 가설들도 동일한 자극 의미를 가지고서도 가능하리라는 것이다. '토끼의 꼬리', 또는 '토끼의 영혼', 또는 토끼의 어떤 시간적 단계의 이름일 수 있다는 것이다. 그렇다면 근본적인 번역이란 불가능하다는 결론을 끌어냄직하다.

부족 언어의 원초적 번역의 불가능성은 체계들간의 원초적 번역의 불가능성으로 전이될 수 있을 것이다. 존재란 양화 체계에 따라 달라진다는 것을 앞에서 보았다. 또한 체계에 따라서는 성질의 집합도 변항의 값이 될 수 있으므로 존재하게 되고 따라서 술어들도 체계에 따라 달라진다. 그렇다면 부족 언어에서 보았던 동일한 문제가 이런 체계들 사이에도 발생하게 된다. 그리하여 두 체계들 간에 번역이 불가능하게 되고 이것은 비교가 불가능하다는 것을 함의한다. 그렇다면 두 체계들 간에 선택의 기준이 없다는 논제는 설득력을 갖게 된다.

체계 선택의 근거란 없다는 콰인의 논제는 어떠한 설득력에도 불구하고 근본적으로 균형을 잃은 논제라고 생각한다. 이것을 보여주기 위해 콰인의 논제에 맞서는 하나의 주장을 발전시키고자 한다. 이것은 최한기(1803-1877)의 실학을 통해서 이루어진다. 이 실학의 논리적 구조가 그의 의미론과 탐구론을 통해 제시되고 그러한 구조로부터 체계란 무엇인가라는 물음의 성찰을 하게 된다. 이것은 콰인의 체계관을 비판할 수 있는 안목을 부여할 것이다. 그러한 비판을 통하여 이 장이 성취하고자 하는 것은 체계 선택의 기준이 없다는 콰인의 논제는 일방적이라는 것을 보이는 것이다. 그리하여 체계 선택에 어떤 기준이 있다는 최한기 실학의 명제는 콰인의 그것보다 더 균형적이라는 것이 이 글의 주장이다.

이러한 주장이 어떤 점에서 확장적이고 또한 분명하다고 할 수 있음에 반하여 이 글의 논의의 전개는 오히려 여러 가지 점들에서 미약하고, 어떤 경우 보완되어야 한다. 그중의 하나는 최한기의 『기측체의』[1]라는 저술에 국한하여 시도한 주석들이 얼마나 개연성을 가지고 있는가라는 점이다. 최한기의 사고 과정을 있는 그대로 서술하지 못하고 이 글의 명제에 맞춰 그의 글을 읽어낸 것이 아닌가 하는 염려가 생겼다. 그러나 최한기를 거듭 읽는 동안 "이것은 콰인의 논제에 대한 해결이 될 수 있는 하나의 체계이다"라는 가설의 믿음이 더욱

1 최한기(崔漢綺), 『기측체의(氣測體義)』 Ⅰ, Ⅱ, 민족문화추진회, 1979. 이 장에서 예를 들어 'Ⅰ-25'로 표기한 것은 이 책의 Ⅰ권 25쪽을 나타낸다.

굳어졌고 이 믿음에 의해 그러한 의문은 억눌러졌다고 생각한다. 최한기의 생각의 큰 흐름은 이것으로 생각되었으므로 그 흐름을 지금 여기의 우리의 지식의 상황에 관련시켜 보고자 하였다. 다만 그의 『기측체의』를 여기서 이처럼 미루고 헤아리는 것이 그의 가르침에 맞는 것이길 바랄 뿐이다.

(나) 최한기의 실학 논리 1: 실명 의미론

최한기의 실학을 구성하는 두 가지 중요한 논리적 요소가 있다면 그것은 실학론(實學論)과 추측론(推測論)이다. 첫째 요소인 실명론이란 "이름이란 실지에서 나오는 것이니 그 실지가 있으면 그 이름도 있고 그 실지가 없으면 그 이름도 없다"(II-54)라는 명제로 요약될 수 있는, 실지가 먼저이고 이름이 다음이라는 명과 실의 관계에 대한 체계다. 여기에서 최한기의 실명(實名)론이 아니라 의미론을 구성할 수 있는 중요한 시사점들을 제시한다는 것을 보이고자 한다. 이것으로써 최한기가 완성된 본격적인 의미론을 가지고 있다고 주장할 수는 없다. 그의 실명론은 의미론이 요구하는 몇 가지 점들을 충분히 분명하게 제시하고 있다고 믿어진다.

의미론의 조건들이란 무엇인가? 일반적으로 어떤 체계가 의미론으로 이루어지려면 먼저 통사의 규칙이 있어야 한다. 그리고 그 적형식(適型式)들이 참일 수 있는 조건들이 제시됨으로써 의미와 무의미의 기준이 이루어진다. 나아가서 그러한 고려들은 언어란 무엇인가에 대한 일반적 정의를 가능하게 하고 또한 그러한 체계는 인간이 경험하는 여러 언어적 문제들을 어떻게 잘 설명하는가를 보여준다. 요약된 의미론은 대개 통사의 규칙들을 제시하지 않을 수도 있다. 그러나 최한기는 진리, 의미와 무의미의 구분, 언어, 번역, 그리고 여러 가지 인간의 언어적 문제들에 대해 중요한 언급을 하고 있다. 따라서 다음에서 그러한 최한기의 견해들을 정리 · 해석함으로써 실명 의미론의 가능성을 지적할 수 있다고 생각하는 것이다.

최한기의 진리관은 어떻게 구성될 수 있는가? 이를 위해 최한기의 실(實)의 개념에서 출발한다. 그리고 진리는 통(通)의 개념과 관련시키고 통(通)의 하위 개념으로서 물리적 단계의 대응성과 정신적 단계의 일관성 그리고 목적론적인 합일성의 세 개념들을 집중적으로 고려하고자 한다. 이 고려를 하기 전에 명(名)의 개념을 먼저 분명하게 할 필요가 있다. 명(名)은 사람의 이름(II-54) 같은 고유 명사도 포함하지만 사물의 이름(II-54) 같은 보통 명사도 수용한다. 그러나 보통 명사는 전통적으로 관념이나 개념과의 관계 속에서 이해되었고 현대에 이르러 성질의 이름 또는 형용사로 이해되고 있다. 그렇다면 명은 합범주적 어휘들을 제외한 모든 단어를 포괄하는 것이 된다. 더 나아가서 명은 초부의 말과 공자의 도(I-36)뿐만 아니라 이(理)나 소이연(所以然, I-40; II-39)을 포함하고 있다. 이것은 문장이나 명제를 명의 한 종류로 해석할 수 있는 근거가 된다고 믿는다. 이러한 해석이 정당할 수 있다면 명이란 합범주적 어휘들을 제외한 언어의 모든 단위들을 지칭하는 것이 된다. 명은 고유 명사일 수도 있지만 술어일 수도 있고, 문장 · 체계 · 언어일 수도 있다.

실이란 무엇인가? 이 개념에 대한 설명적 단어들은 실사(實事) · 실제(實際) · 실질(實質) · 실무(實務) · 실용(實用) · 실효(實效) · 실리(實利) · 내용(內容) 등이다. 그리고 최한기가 그러한 뜻으로서 실의 개념을 언급하는 것은 일반적으로 명은 그 자체로는 공허할 뿐이고 대응되는 실과의 관계 속에서 의미를 밝힐 수 있다는 것이다(1-187). 사람의 이름 같은 고유 명사(예: 홍길동)의 경우에 명에 대응하는 실사가 없다면 그 고유 명사는 공허할 뿐이다. 사물의 이름(예: 용) 같은 술어의 경우에도 명에 대응하는 실제가 없다면 그 술어는 허황할 뿐이다. 단어로서의 그러한 이름들은 실용이 없다. 그러나 고유 명사나 술어에 대한 고려에 의해서는 최한기의 진리관에 이를 수 없다. 이를 위해서는 언어의 단위를 문장으로 올려 이에 대한 최한기의 언급을 살펴야 한다.

'이율곡'이라는 고유 명사에 대응하여 이율곡이라는 사람이 있으므로 '홍길동'의 경우와는 달리 명은 실질을 가지고 있었으므로 공허하지 않다. 그러나 문장이라는 명의 경우도 허황하지 않기 위해서는 실제가 있어야 할 것이다. 문제는 고유 명사의 실사가 지적되는 방식과 문장의 실사가 지적되는 방식 사이에 있다. 양자의 어떠한 차이에도 불구하고 이들은 '대응'이라는 관계로써 지적의 방식이 규정될 수 있다. 최한기가 "증험하여 어그러지지 않는 것〔無違〕을 실로 삼는다"(1-92)라고 하였을 때 그러한 관계를 염두에 두었으리라는 것이다. 그러므로 어떤 문장이 공허하지 않기 위해서는 그 문장에 대응하는 실사를 가지고 있으면 공허하지 않다는 것이다(1-36). 여기에서 문장이 실사를 필요충분조건적인 관계로서 가지고 있는 것에 주의할 수 있다. 여기에서 최한기는 문장이 실사를 갖지 아니할 때 그 문장의 성질을 '비었다' 또는 '공허하다'라고 한 것에 주목하여 문장이 실사를 가질 때에 갖는 성질을 '참이다'라고 제안해 볼 수 있다는 것이다.

최한기는 실제에 있어서 문장이 그에 맞는 실사를 가질 때 그 문장은 내용이 있다는 식으로 생각하여, 이때 그 문장의 성질을 '내용' 또는 '실사'라는 단어로써 다시 사용하고 있다. 이러한 혼동은 고유 명사의 명과 실의 관계를 고려한다면 이해할 만하다. 그러나 최한기가 나아가고자 하는 방향은 실사의 있고 없음에 따라 문장의 성질이 달라진다는 점이라고 생각된다. 그렇다면 다음과 같은 일반화를 할 수 있을 것이다: 문장이라는 명은 그에 대응하는 실사를 가지고 있는 경우 그리고 이 경우에만 그 명은 공허하지 않고, 그렇지 않은 경우 그 명은 공허하다. 이것을 다른 어휘로 바꾸어 볼 수 있다. 그 문장은 그에 대응하는 사실을 갖지 않는 경우 거짓이다. "이율곡은 고려조의 학자였다"라는 명은 그에 대응하는 실사가 없으므로 공허하고 "정약용은 강진으로 유배된 적이 있다"라는 명은 그에 대응하는 실사가 있으므로 공허하지 않다는 것이다.

최한기의 진리에 대한 생각은 대응의 단계에 머물러 있지 않고 일관성 개념에 의해 확장되고 있다. 일관성이란 "사람의 일이나 하늘의 도를 근거의 순리로 하여 나아가는"(I-161) 것으로 이해된다. 그러므로 이 일관성은 단순한 논리적 일관성이 아니다. 논리적 일관성에 다른 요소들이 첨가되어 있다. 다른 요소들이란 "시세(時勢)를 이용하고 기회를 이롭게 인도"하는 것이다. 그래서 이것을 순리(順理)의 일관성이라 부를 수 있을 것이다.

대응 관계는 문장과 실사의 어떤 관계라는 점에서 물리적 관계라 할 수 있다면 일관성의 관계는 정신적인 관계라 할 수 있다. 이것은 어떠한 점에서 그러한가? 순리의 일관성이란 "근본과 말단이 서로 맞아서 갈림길이 없게"(I-232)하는 것이며 '맥락'을 지키고 '하학상달'하는 것이다. 최한기는 그 근거를 분명히 제시하고 있지는 않지만 그의 여러 가지 언급을 통하여 정신적 관계의 특징 규정을 해볼 수 있을 것이다. 순리적 일관성 관계란 문장들간의 어떤 관계라는 것이다. 이러한 특징 규정을 받아들일 수 있다면 대응적 진리 이외에 일관적 진리의 조건이 제시될 수 있다.

"사람의 일이나 하늘의 도"라고 하는 것은 인간 사회가 받아들이는 문장들의 집합이라고 할 수 있다. 이 집합의 문장들은 서로 순리적 일관성의 관계를 가지고 있게 된다. 이들은 대응적 진리로서 이루어진 것이라고 상정할 수 있고,

> 천하에는 이치 밖의 물건이 없고 또한 이치 밖의 일도 없다(II-39).

이기 때문이다. 그렇다면 임의의 어떤 새로운 문장은 그 사회가 받아들인 문장들의 집합에 순리적 일관성을 가지면 공허하지 않은 것, 즉 참이라고 할 수 있다. 실사에의 대응성은 문장이 참이기 위한 필요충분조건이지만 받아들여진 집합에의 일관성은 문장이 참이기 위한 충분조건일 뿐이다. 일관적 진리는 대응적 진리에서처럼 실사에의 대응의 확인을 필요로 하지 않는다. 그러나 일관적 진리는 대응적 진리에 의존하여 있다고 할 수 있다.

최한기의 진리관에 있어서 마지막으로 생각하고자 하는 것은 준적(準的) 개념이다. 준적이란 "사물이 귀속하는 궁극적 이념"(I-93)이다. 대응적 진리나

일관적 진리가 '부분적'이거나 '일시적'일 수 있고 특정한 사회나 지방에 따라 달라질 수 있음에 반하여 준적은 '천하 모든 사람'의 보편적인 도리이다. 이것은 "모름지기 통하는 것이 두루 원만하고 익숙해서 상하와 사방 어느 쪽으로도 치우쳐 막히는 것이 없고 고금과 사종의 어느 때나 막히는 것이 없는"(I-94) 것으로 "통달한 것이 갖추어져 지극한 데 이른" 것이다. 준적은 그러므로 "신기가 통한 것이 중심으로 모여 합한 결정"(I-95)인 것이다. 이러한 준적을 합일적 진리라 부를 수 있을 것이다. 합일적 진리는 인간의 보편적 지향의 목표로서 인간의 모든 활동이 모두가 향하여 있는 그 '방향'(I-203)인 것이다.

그러므로 최한기의 진리관에는 첫째, 문장과 실사 사이의 무위(無違)라는 관계의 대응적 진리가 있고 둘째, 문장들 사이의 순리라는 관계의 일관적 진리가 있으며 마지막으로, 준적이라는 지향적인 합일적 진리가 있다. 비교적 명쾌한 이러한 진리관이 주어질 수 있다면 최한기의 의미의 표준은 그에 근거하여 제시될 수 있을 것이다.

명과 실을 가지고 있지 않을 때 공허하다는 최한기의 명제는 얼핏 보기에 애매하다. 공허라는 개념이 진리의 개념으로 파악되면서 또한 의미의 뜻으로도 해석될 수 있기 때문이다. 그러나 이러한 두 개념들의 혼용은 표면적 인상에 불과하다. 더욱이 명의 의미는 실사와의 관계에서 다음에서 논의할 추측의 과정으로서만 총괄될 수 있다는 최한기의 생각(1-187)에 이르면 그러한 혼용은 오히려 문제의 본질을 꿰뚫은 성찰이라 할 수도 있겠다.

그렇다면 말에만 이외(理外)가 있는(II-39) 상황에서 문장이 허언(虛言)으로 되는 경우와 실언(實言)으로 되는 경우의 경계는 어떻게 그을 수 있는가? 즉 문장의 의미와 무의미의 경계의 조건은 최한기에게서 제시될 수 있는가? 이를 위해 최한기의 통의 경계의 개념으로 가 볼 수 있을 것이다.

> 통에는 방법이 있으니 통할 수 있는 것에 대해서는 그 통할 수 있는 것이 통하되 통할 수 있는 한계에서 그쳐야 하고 통할 수 없는 것에 대해서는 그

> 통할 수 있는 한계를 열력(閱歷)하여 통할 수 없는 한계에서 그쳐야 한다. 성실의 정화(精華)와 허(虛)언의 경지는 한계를 서로 접하고 있으니 통하여 성실의 정화에 이르면 바로 그것이 그쳐야 하는 한계가 된다. 만약 통하는 것이 한계를 넘어 지나치면 허탄한 곳으로 들어간다. 타고난 자질이 가볍고 문식(文飾)만 지나친 사람은 항상 통하는 한계를 지나는 폐단이 많으니 그쳐야 할 이 경계를 침범하면 한없이 허탄하여 끝나는 데가 있지 않으리라(1-70).

여기에서 '통할 수 있다'는 것은 무엇일까? 앞의 진리관에 의하면 이것은 무위인가 아닌가를 가릴 수 있는 대응적 진리이거나, 순리인가 아닌가를 분별할 수 있는 일관적 진리거나, 또는 준적이라는 대동(大同) 또는 천리에 맞는 것이다. 그렇다면 '통할 수 없다'는 것은 무위나 순리나 준적의 부재로 판단되어 실사가 없는 것이다. 이것을 요약하여 볼 수 있을 것이다. 어떤 문장은 통할 수 있을 때 실언이고 통할 수 없을 때 허언이다. 즉 문장이란 참의 조건들이 제시될 수 있는 곳에 그 의미를 가지며 또한 참의 조건들이 제시될 수 없는 곳에선 무의미하다는 것이다.

최한기는 실언과 허언의 경계 구분으로써 의미론을 끝내고 있지 않다. 그는 제한된 의미에서 언어의 다원성을 암시하고 있는 것 같다. 개인들은 또는 인간의 여러 사회들은 열력이 다르고 습숙(習熟)이 판이하여 무위나 순리의 표준이 그러한 습숙의 체계 안에서 제시될 수 있을 것을 상상할 수 있다(II-III; I-56). 그렇다면 이러한 것은 제한된 의미에서의 언어의 다원성의 논제와 맥락을 같이한다. 그러나 최한기는 그의 저술의 어떠한 곳에서도 이러한 언어의 다원성이 궁극적이라는 것을 시사하지 않는다. 그는 오히려 어떤 의미에서 언어의 보편성을 시사하고 있다. 이것은 그의 준적이라는 보편적 진리관과 통한다. 그렇다면 흥미 있는 문제들 중의 하나는 다원적 여러 언어 체계들이 어떻게 하나의 보편적인 언어로 통합되어지는가라는 문제이다. 이 문제는 최한기의 추측론을 통하여 다루어지고 있다고 생각된다. 추측론은 또한 앞의 대응적 진리와 일관적 진리 그리고 합일적 진리라는 세 가지의 연결의 근거를 마련할 것이다. 그러므로 추측론은 독립된 주제이긴 하지만 어떤 의미에서 의미론의 연장으로 보일 수도 있다.

(다) 최한기의 실학 논리 2: 추측 탐구론

최한기의 실학을 구성하는 두 번째의 논리적 요소는 그의 추측론이다. 추측이란 미루어 헤아린다는 것이다. 얼핏 보기에 단순한 이러한 추측의 개념이 어떻게 탐구론이라는 실학의 방법론이 될 수 있는가? 이 절에서는 최한기의 추측론이 하나의 방법론이라는 점을 주장하여 보이고자 한다. 탐구론이란 탐구의 절차를 제시하여야 하고 이 절차는 채택된 진리관과 맞음으로써 그 정당성을 나타내게 된다.

추측론에서 탐구의 절차는 미루어 헤아린다는 개념으로써 요약된다(I-181). 그렇다면 미룸이란 무엇이며 헤아림이란 어떤 것인가를 알아보아야 할 것이다. 최한기에게 있어서 미룸과 헤아림은 이 시점에서는 파악이 어려운 여러 가지 용법으로써 사용되고 있다. 그러나 지배적이며 압도적인 용법은 분명하다고 생각되며 이것은 명쾌하게 제시될 수 있을 것이다. 이 용법에 의해서 다른 어떤 용법들도 이해될 수 있다고 생각된다.

최한기는 "인(因) · 이(以) · 유(由) · 수(遂)자는 곧 미룬다는 뜻이고 양(量) · 도(度) · 지(知) · 이(理)자는 곧 헤아린다는 뜻"(I-186)이라고 적고 있다. 그러나 이것으로는 두 개념이 분명해지는 것 같지 않다. 다행히 그 다음 절에서 두 개념의 이해에 대한 단서를 제시한다.

> 미루는 데에는 반드시 원인〔因〕이 있고 헤아리는 데에는 반드시 방법〔以〕이 있어야 하니, 말미암은 것도 없고 방법도 없으면 곧 근거가 없는 것이다. 미루고 헤아리기를 잘한다는 것은 다만 능히 그 헤아릴 수 있는 것을 헤아리

> 고 헤아릴 수 없는 것은 버리는 것일 뿐이다. 눈으로 전에 본 것을 미루어서 보지 못한 것을 헤아리고 귀로 전에 들은 것을 미루어서 듣지 못한 것을 헤아리는 것이며 코로 맡고 혀로 맛보고 몸으로 감촉하는 것에 있어서도 다 그렇지 않는 것이 없다. 만약에 볼 수 없고 들을 수 없고 맡을 수 없고 맛보거나 감촉할 수 없는 것을 헤아리려 한다면 미루는 것이 없어서 거의 허망하게 된다. 그러므로 잘 헤아린다는 것은 헤아릴 수 없는 것이 없다는 뜻이 아니다(I-186).

이 절의 주안점은 헤아릴 수 없는 것은 버려야 한다는 것이다. 그러나 무엇이 헤아리는 것인가? 보지 못한 것, 즉 경험하지 못한 것을 헤아린다고 하였다. 그러면 헤아릴 수 없는 것은 무엇인가? 미룰 수 없는 것이다. 그렇다면 우리가 여기에서 물어야 하는 것은 경험된 것 또는 경험할 수 있는 것만을 미룰 수 있는 것이라 한다면 미룰 수 있는 것과 헤아릴 수 있는 것의 관계가 정확하게 무엇인가라는 점이다.

이에 대해서 최한기는 같은 점을 여러 가지로 표현하고 있다. "미룸의 본말이 완전히 적합한 것은 쉽지 않으나 그것을 완전하게 하는 것은 헤아림이고 미룸의 본말이 완전히 적합하더라도 그것을 완전하지 못하게 하는 것도 역시 헤아림이다"(I-205). 그리고 이것을 다음의 언급과 대조해 볼 수 있다. "그러다가 처음 듣고 보고 다시 듣고 보면, 처음 듣고 본 것을 미루어 다시 듣고 보는 것을 헤아려서 추측이 바야흐로 생긴다"(I-215). 최한기의 이러한 말들을 통해 미룸과 헤아림의 관계에 대한 하나의 가설을 세워 볼 수 있다: 미룸이란 경험된 경우들로부터의 일반화이고 헤아림이란 그 일반화를 아직 경험되지 않은 경우들로의 투사 또는 확인이라는 것이다. 이 가설에 경쟁적인 가설들이 보다 설득력 있게 제시될 수 있을까? 그러한 제시가 불가능하다고 단정할 수는 없다. 그러나 그러한 제시가 아직 없는 동안 이 가설을 잠정적으로 받아들일 수 있을 것이다. 이 가설은 최한기의 추측 개념의 여러 가지 용법에도 비교적 무리 없이 적용될 수 있다고 생각되기 때문이다.

미룸을 일반화 또는 가설 제시라 하고 헤아림을 가설 확인이라 한다면 이제 이 관계의 운용에 대하여 더 알아보아야 할 것이다. "미루기를 알맞게 하지 못하면 헤아리는 것에도 맞는 것이 없으므로 통하지 않는 데에서는 그 미루는 방법〔以〕을 바꾸"(I-199)어야 한다. 올바른 가설이 제시되지 않는 경우 확인에 의해 들어맞지 않게 되므로 거짓이 되기 때문에 가설은 수정되어야 한다는 것이다. 그리고 가설은 복수적으로 제시될 것을 강조하고 있다(I-182). 왜냐하면 "미룸에 선택이 없다면 그 마땅한 것을 얻기 어렵"(I-227)기 때문이다.

미룸의 선택은 어떻게 이루어지는가? 이것은 최한기의 개과천선(改過遷善)의 개념을 통하여 밝혀 보고자 한다. 최한기에게 있어서 개과와 천선은 동전의 앞과 뒤와 같다. 하나가 없이 다른 것이 있을 수 없다는 것이다. 최한기는 존재론적으로 개과와 천선의 관계를 그렇게 인정하면서도 인식론적으로 양자에 구별을 두고 있는 것 같다.

> 허물(過)이란 천선의 잘못된 것이고 선(善)은 잘못을 적게 만드는 것을 일컬음이니 허물을 없게 하는 것 이외에 어찌 별다른 선도(善道)가 있겠는가(II-126).

라고 묻고 있다. 개과가 천선보다 인식론적으로 앞서는 까닭은 "불선이 있으면 일찌기 알지 못한 적이 없기"(II-127) 때문이다. 또한 개과가 천선보다 공학적으로도 앞서는 것을 볼 수 있다: "진실을 미루어 진실을 헤아리는 것이 비록 해로울 것은 없지만 모름지기 사위(邪僞)의 침해를 알면 사위를 화하게 할 수 있을 뿐만 아니라 그 진실이 더욱 독실하게 된다"(II-121).

그러므로 미룸과 헤아림의 운용의 공학은 분명해지는 것 같다. 경험된 경우들을 근거로 가설을 먼저 세운다. 그리고 이 가설은 하나만이 아니라 여럿이면 더욱 좋다. 그리고 이 여러 가설들 중에서 참인 것을 선택하는 것이 아니라 거짓인 것을 제거함으로써 남아 있는 가설(들)이 선택되는 것이다. "전후의 법도를 지나친 학문과 평상에서 벗어나 초월하는 술법 따위를 제거하면 자연히 진정한 대도의 따를 만한 법이 있기"(I-40) 때문이다.

개과천선은 천지 유행(流行)의 이(理)로서의 자연에 대한 추측의 방법이기도 하지만 인심(人心)의 이로서의 당연(當然)(I-268)에 대한 추측의 방법이기도 하다. 자연과학과 인문 사회과학의 구별을 이미 이 구별에서 읽어낼 수 있다면 개과천선은 벌써 하나의 포괄적 탐구의 방법론이 되는 것이다.

자연에 대한 추측에 있어서 사람들은 대응적 진리나 일관적 진리의 추측으로써 탐구를 진행한다. 그러나 최한기는 "자신의 미룸이나 헤아림이 반드시 모두 선한 것이 아니"(II-70)라는 점을 말하고 있다. 미룸이나 헤아림이 올바로 되었더라도 "반드시 모두 선한 것이 아니"라는 것은 무엇인가? 이러한 상황에선 어떠한 탐구의 절차가 첨가되어야 하는가? 최한기는 개과천선의 한 항목으로서 비판 활동이라 부를 수 있는 것을 제시하고 있다. "추측에 우열과 동이가 있는 것은 익힌 바의 견문에 따라 생긴 것이다. 나는 마땅히 그 사람의 추측한 바를 궁구하여 그의 우열과 동이를 분별할 것이나 나와 같은 것은 옳다 하고 나와 다른 것은 그르다 해서는 안된다"(II-62)는 것이다. 사람들은 습숙이나 견문의 차이가 없을 수 없고 그에 따라 이루어지는 추측의 체계가 달라지게 마련이다. 따라서 나의 추측과 같은 것을 옳다 하고 다른 것을 그르다 할 수 없다는 것이다. 이 말은 나의 추측마저도 그것이 내가 아는 한 올바르게 되었다 할지라도 옳은 것 또는 최종적 진리라고 단정할 수 없다는 것이다. 대응적 진리나 일관적 진리는 반드시 합일적 진리는 아니라는 것이다.

최한기는 대응적 진리와 일관적 진리가 어떻게 궁극적 진리인 준적에 이를 수 있는가라는 문제를 구체적으로 물은 적은 없다. 그러나 그의 저술은 비판의 절차를 그러한 진리 수렴의 장치로 시사하고 있다고 생각된다. "내가 보지 못한 바를 보는 자가 내가 본 바를 보는 자보다 낫고, 내가 얻지 못한 바를 말하는 자가 내가 이미 얻은 바를 말하는 자보다 낫고, 내가 본 것과 다른 자는 내 견해를 두루 자세하게 통하도록 만드는 데 해가 되지 않으니, 이것이 바로 옛날부터 학문의 변함없는 길이다”(II-64). 여기에서 보여지는 비판 개념은 개과천선의 한 유형일 뿐이다. 그리고 이 개과천선은 준적 또는 천리에 이르는 절차로 간주될 수 있을 것이다. 그러기에 준적이 없는 사람은 하나가 옳으면 다른 것은 그르다고 속단하고 하나가 그르면 다른 것은 옳다고 하여 시비는 항상 상반된다고 생각한다는 것이다(II-111). 그러나 이것은 최종적 진리가 상정된 상황에서만 가능한 것이다. 문제는 최종적 진리는 지금 여기에 없다는 것이다. 그렇다면 이제 비판의 개념이 더 분명해진다. 비판이란 하나가 참이면 다른 것은 거짓이라고 하거나 하나가 거짓이면 다른 것은 참이라고 하는 것이 아니다. 비판이란 개과천선의 인식적 구조에 따라 여러 가지 가설들 중에서 거짓인 가설을 제거해 가는 것이다. 비판이란 나의 체계나 남의 체계들이거나 간에 부정적인 것을 제거해 가는 것이다.

그러므로 개과천선이라는 추측의 절차는 대응적 진리의 탐구나 일관적 진리의 탐구 그리고 합일적 진리의 탐구에서도 포괄적으로 사용되는 것을 알 수 있다. 대응적 진리나 일관적 진리와 같은 다원적인 체계들로부터 최종적 진리인 천리에 도달하는 방식도 개과천선인 것이다. 이것은 현재의 지식의 잠정적인 성격을 말해 준다. 그리고 이 잠정적인 성격은 또한 지식의 점진적인 확장을 가리킨다(I-63, 86, 188, 193, 227, 231, 233). 따라서 준적이라는 최종적 진리의 지식에 도달되기 전에는 어떠한 진리나 지식도 계속 새롭게 헤아려져야 한다(I-231). 그러한 뜻에서 역사상의 어떠한 지식도 추측이라 할 수 있다.

이상에서 최한기의 추측 탐구론의 윤곽을 살펴보았다. 이것은 앞 절의 실명의미론과 다른 주제의 내용이긴 하지만 중요한 뜻에서 두 주제들은 깊은 관련을 가지고 있다. 어떠한 표현의 의미도 그 표현이 들어 있는 문장의 의미에서 파생된다. 그리고 문장의 의미란 그 문장이 참일 수 있는 조건들에 의해서 확정된다. 그렇다면 참, 즉 진리가 문제된다. 진리에는 대응적 진리, 일관적 진리 그리고 합일적 진리가 있다. 그러나 문제는 이 진리들을 어떻게 알 수 있는가 하는 점이다. 이것은 지식의 탐구의 문제가 되면서 또한 의미의 문제와 관련된다. 최한기는 추측의 개념과 개과천선의 개념으로 탐구의 절차를 제시한다. 그러나 이 절차의 정당성은 앞에서 제시된 진리의 세 종류의 관계의 구조에 의존한다. 그러한 진리관에 의해서만 추측 탐구론은 또한 설득력을 갖게 된다는 것이다. 이러한 관련 속에서 최한기의 실명 의미론과 추측 탐구론은 최한기 실학의 두 논리적 지주라고 생각한다.

(라) 실학과 이론과 인간

최한기 실학의 논리적 정체를 그렇게 밝혀 볼 수 있다면 이제 이것을 근거로 그의 체계관을 구성해 볼 수 있을 것이다. 최한기의 체계는 『기측체의』에서 분명하게 제시되어 있지 않다. 그러나 그의 저술에서 그의 체계관을 어떠한 방식으로 추출할 수 있어야 한다. 이것은 "체계들 사이엔 선택의 기준이 없다"라고 말하는 콰인 등이 가정함직한 체계관의 비판을 위해 요청되기 때문이다. 여기에서 실학적 체계관은 이에 경쟁적이라 생각되는 콰인류의 유명론적 체계관의 비판에 의해 적어도 잠정적으로 표출할 수 있다는 전략을 채택한다.

최한기의 체계는 포괄적이다. 체계라는 개념에 의해서 하나의 문장뿐만 아니라 많은 문장들로 이루어진 체계를 포섭한다는 뜻에서 포괄적이다. 초부의 말을 공맹의 도와 같은 위치에 두고 있다는 점에서 같은 탐구의 대상이며 그러한 구조에서 체계는 사람들의 어떠한 주장도 포함한다. 추측의 대상은 강마(講磨), 서책(書册), 명물의 고색(考索), 형적의 비의(比擬), 인욕의 귀추, 습업(習業)(I-206) 등으로 이것들은 확신이거나 의심이거나 수용이거나 간에 모두가 일종의 주장이다. 모든 것이 추측의 대상일 수 있다는 점에서 그들은 가설이고, 모든 가설은 적어도 어떤 한 문제에 대한 설명이나 의심의 시각을 마련한다는 점에서 체계다(I-201). 바로 여기에 하나의 문장마저 또는 초부의 한마디 말도 또한 체계라 하는 이유가 있다. 시각 또는 관점이란 체계가 없이는 불가능하다. 물론 하나의 문장이 하나의 체계라는 주장에는 그 문장은 하나의 요약 또는 생략된 체계라는 양보가 들어 있다.

최한기에 있어서 체계는 이중적 구조를 갖는다. 지금은 여러 체계들이 경쟁적이지만 결국 이들은 준적으로 모이게 되어 보편적 체계가 이루어지는 구조이다. 어떻게 지금은 여러 체계이다가 나중엔 보편적 체계로 될 수 있다는 것인가? 지금은 인간의 습숙이 사람마다 다르기 때문에 그 미루는 바들이 다를 수밖에 없다는 것이다. 미루는 바들이 다르면 무위 즉 대응적 진리와 순리 즉 일관적 진리의 표준들이 다르게 되어 다원적 체계들이 결과된다. 그러나 최한기는 이러한 다원적 체계의 실체를 인정하면서도 이것을 보다 강한 현실적 실체에 예속시킨다. 그것은 인간은 자연적으로 하나의 종류라는 것이다. 사람은 금수나 목석과는 형상이 다르고 익히는 것이 다르다. 물론 사람들 사이에도 형상이 다르고 익히는 바가 어느 정도 다를 수 있지만 사람들은 금수나 목석에 대비하여서는 모습이나 익힌 것이 "크게 다르지 않다"(I-44)는 것이다. 사람의 형상이나 익힌 바는 근본적으로 하나요, 그리고 "천하에는 이치 밖의 물건이 없"(II-39)으므로 보편적 체계로의 도달은 구조적으로 가능하다는 것이다. 천하에 대한 현재의 체계의 다원성은 인간들의 현재의 한계의 표현일 뿐이다. 그러나 인간의 보편적 단일성과 천하의 이치성에 의해 인간들의 계속되는 천하에 대한 추측적 탐구는 보편적 체계로 인도하리라는 것이다.

또한 체계는 역동적 관계에 있다. 여러 체계들이 미룸을 통하여 제기되고 처음부터 경쟁에 부쳐진다. 무위나 순리의 표준에 따라 헤아려지고 개과천선 즉 잘못된 것은 버려지고 잘못된 것이 없는 것만 앞으로 더 제기되어 새로운 헤아림을 받으면서 준적으로 향한다. 체계들이 버려지는 곳에 새로운 체계가 들어서거나 경쟁적인 체계가 보존되거나 수정된다. 어떠한 체계도, 공맹의 도라 할지라도, 지금 여기에서 절대화될 수 없다. 새로운 헤아림을 받아야 하는 것이다. 어떠한 과거의 진리도 새로운 상황에서 헤아려지지 않고서는 완성될 수 없기 때문이다.

체계의 이러한 특징들은 하나의 중요한 점을 시사한다. 그것은 인간이 체계의 주인일 수 있고 또한 주인이어야 한다는 점이다. 인간이 체계에 예속되고 그에 갇히는 것은 인간과 체계의 관계가 아니라는 것이다. 어떠한 과거의 이치도 새롭게 미루어지고 다시 헤아려져야 한다는 최한기의 말은 체계에 대한 인간의 우위성을 강조하는 것으로 보인다. 미루고 헤아리는 것은 지금의 인간이 해야 하는 일이기 때문이다. 그렇다면 인간이 어떠한 체계도 심사하고 평가하는 심판자가 된다는 것이다. 인간이 인간을 위해서 체계를 미루고 헤아리는 것일 뿐 인간이 체계를 위해서 수동적으로 예속하려 존재하는 것이 아니라는 것이다.

인간의 우위성은 사실적인 것으로 받아들여지고 있는 것 같다. 그러나 이 우위성은 논의로써 지지될 수도 있을 것이다. 인간은 어떠한 체계를 받아들인 다음에도 그로부터 뛰쳐나갈 수 있다. 그 체계를 버릴 수 있다는 것이다. 이것은 그 체계 안에 있으면서도 그 체계에 대한 성찰을 밖으로부터 하고 나서 그 체계를 유지할 수도 있고 버릴 수도 있다는 것이다. 인간 경험의 체계적 정험성(定驗性, transcendental)은 인정하면서도 체계에 대한 밖으로부터의 성찰 가능성 그리고 그 체계의 거부 가능성은 인간이 체계를 초월(transcendent)해 있다는 것을 시사한다고 생각한다.

최한기의 입장으로부터 체계관을 이렇게 구성하여 볼 수 있다면 이제 콰인의 체계관을 정중하며 형식적이라 할 수 있다. 콰인에게 있어선 체계에 따라 존재가 달라지고 성질이 달라지며 그래서 체계들은 서로로 번역될 수 없다. 체계들은 서로로부터 단절되어 있는 단자들이고 체계들은 각기 독립되거나 자족적인 세계를 이룬다.

체계에 대한 콰인의 견해는 형식적이라고 주장하지만, 실제에 있어서 이해되기 어렵다. 부족민의 'Gavagai'라는 단어에 대해서 한 인류학자는 '토끼'라고 번역하고 다른 인류학자는 '토끼의 시간적 단계'라 번역하였다고 하자. 그리고 모든 다른 어휘의 번역은 동일하다고 하자. 그러면 어느 번역이 옳은가? 이 물음에 답하려면 그 부족의 세계관이 무엇인가를 물어야 한다. 그러나 콰인의 번역 불확정성 체계에 의하면 이러한 물음마저도 무의미한 것이 된다. 부족의 세계관은 두 인류학자의 공통의 체계 언어에서 서술될 수 있어야 어느 번역이 옳은가가 답해질 수 있다. 그러나 두 인류학자는 공통 체계 언어를 가지고 있지 않을 뿐 아니라 가지고 있다고 하더라도 번역은 불확정적이다. 그러면 부족의 세계관과 두 인류학자들의 세계관들은 같은가 다른가도 물을 수 없다. 각자의 세계관은 각자의 체계 안에서만 서술될 수 있을 뿐 다른 세계관과는 같은지 다른지조차도 물을 수 없다.

콰인의 이러한 체계관은 틀리지 않았다면 적어도 이해할 수 없는 괴이한 것이다. 일상적으로 그러한 물음이나 비교를 하지 않기 때문이다. 아니면 우리의 그러한 비교가 잘못된 것이라야 한다. 그러나 콰인의 직관과 최한기의 직관 중에서 어느 하나를 택하여야 할 것이다. 여기에서 다시 콰인은 '근거가 없는 선택'이라고 하겠지만 최한기는 '헤아려진 선택'이라 할 것이다. 우리의 지적 상황에서 우리의 필요를 보다 잘 만족시키는 체계관을 선택하게 될 것이고 우리가 아는 대로 이것은 후자의 것이라 생각된다. 콰인의 체계관은 경제적이고 우아하긴 하지만 자칫 체계가 인간의 주인이라는 인상을 받게 된다.

그러나 왜 인간은 체계를 만드는가? 콰인의 견해를 열심히 따르자면 그 체계 안에 갇히기 위해 체계를 만드는 것이 아닌가라는 생각이 든다. 그러나 인간은 세계를 보다 잘 이해하고 설명하기 위하여 체계를 만든다고 생각한다. 체계들간에 선택의 기준이 없다면 그러한 체계 작업은 불가능할 것이다. 하나의 문제에 대해서도 여러 가지 체계를 만든다. 그리고 맞지 않은 것을 제거해 나간다. 또한 사람들은 많은 문제들을 가지고 삶을 산다. 따라서 한 인간은 한 순간에 여러 가지 체계를 받아들이며 산다. 여러 체계들의 연결은 그 체계들 사이에 갈등이 있을 필요가 없다. 그리고 이 체계들의 연결은 그 문제들이 '나의 문제'라는 실사의 공간 안에서 이루어진다. 인간은 많은 문제들을 여러 가지 방식으로 설명하기 위하여 다양한 체계들을 만든다. 그러면서도 체계의 포로가 된다는 두려움이 없는 것은 인간이 항상 체계의 주인으로 남아 있을 수 있기 때문이다. 이 주인의 가능성은 콰인의 체계라기보다는 최한기의 체계관에서 잘 확보되어 있다고 생각한다.

(마) 반성과 전망

최한기의 실학에도 문제가 없지는 않다. 이 시대의 적합성을 갖기 위해선 그가 시작한 의미론과 탐구론은 아직 일반론에 머물러 있다. 이것은 자연과학이나 사회과학 그리고 인문학 등에서 보다 구체적으로 세분되면서 현실적인 상황의 문제와 특성에 관련하여 정교하게 가다듬어져야 할 것이다. 이 이외에도 여러 가지 문제들이 있겠지만 여기에선 실의 개념이 제기하는 문제만을 고찰하고 이에 대하여 어떠한 대응이 있을 수 있는가를 알아보겠다. 그리고 실학을 지지하는 것으로서 실학의 유형과 그 설명력에 대하여 언급하고자 한다.

최한기에게 있어서 실은 명을 떠나서 독립적으로 존재하는 것으로 되어 있다. 그러기에 실은 이름이나 문장, 체계나 가설에 내용을 주는 것으로, 또는 그 자체가 바로 그 내용인 것으로 말해지고 있다. 실이 없는 명은 공허한 것으로 규정된다. 여기에서 실과 명의 관계는 대칭적으로 되어 있다. 명이 실 없이 있을 수 있지만 실을 가지면 의미 있는 명이 된다는 것이다. 실도 또한 대칭적으로 명 없이 있을 수 있지만 명을 가지면 비로소 그때에야 그 실이 사람들에 의해 말해질 수 있다는 것이다. 이러한 그림은 실과 명이 독립적이지만 서로 관련을 맺을 때 소기의 목적을 만족시킨다는 것이다.

문제는 실이 명으로부터 어떻게 독립적일 수 있느냐는 것이다. 먼저 하나의 공허한 명이 있다고 하자. 이 명은 공허하지 않기 위해서 실을 가져야 할 것이다. 그러나 그 명은 실을 어떻게 가질 수 있는가? 어떤 실을 가져야 하는가? 그 실은 어떻게 지적될 수 있는가? 그 실은 말없이 가리켜질 수 있는가? 고유 명사의 경우 그 실은 말없이 가리켜질 수 있을 것이다. 그러나 보통 명사나 술어 그리고 문장의 경우 그 실은 어떻게 말없이 가리켜질 수 있는가? 그리고 명의 모형적인 경우는 문장이고 실의 전형적인 경우는 사실이라고 한다면, 문장의 실로서의 사실은 어떻게 지적될 수 있는가라는 물음이 제기된다.

최한기는 얼핏 그러한 물음에 대해서 대답을 할 처지에 있는 것 같지 않다. 어떠한 사실도 경험된 사실이고 경험된 사실이란 체계나 언어적 정험성(定驗性)에 의해 규정된 사실이기 때문이다. 이것을 근거로 언어 독립적 사태란 지적될 수 없지만 사실이란 그 언어 의존적 성격 때문에 어떤 문장을 사용하여서만 지적될 수 있다. 이러한 구조에서 "김씨는 그의 처와의 이혼을 후회하고 있다"라는 문장은 이에 대응하는 사실을 갖는지 아닌지를 논의할 수 있다. 그 문장의 대응하는 사실이란 그 문장에 담겨진 사태가 된다. 이러한 문맥에서 최한기의 실이 어떻게 명과 독립하여 있을 수 있는가라는 물음은 중요한 문제라고 생각한다.

최한기의 실의 개념은 두 가지 해석이 가능한 것으로 보인다. 하나는 실과 명은 처음에 독립적이었다는 것이고 다른 하나의 실과 명은 처음부터 독립적인 것이 아니었다는 것이다. 전자의 해석이 초견적으로 최한기의 입장에 근접한 것으로 보인다. 그러나 이것을 그의 입장으로 단정하기에는 여러 가지 유예적인 근거가 최한기의 저술 안에서 발견된다. 이 유예적인 근거를 미루어 최한기에 있어서 후자의 해석의 가능성을 시사하고자 한다.

최한기는 지역에 따라 미룸이 달라질 수 있다는 것을 말하고 있다. 사회뿐만 아니라 개인에 따라서도 미룸이 달라질 수 있다는 것이다. 이것은 각기의 습숙이 다르기 때문이라는 것이다. 『기측체의』는 습숙의 개념이 정확하게 무엇인가를 논의하고 있지 않다. 이것은 무엇인가? 시초적 경험이라 할 수 있고 생리학적 체험이라 할지도 모른다. 이것 이외에 무엇일 수 있는가? 인간의 습숙에는 두 가지 차원이 있다고 할 수 있다. 좁은 차원에서 습숙은 사회에 따라 달라지고 개인에 따라 차이가 있다. 이것은 미룸이나 헤아림의 다원성을 설명하는 근거가 된다. 그러나 넓은 차원의 습숙도 있다. 이것은 인간이면 누구나 하나의 자연적 종의 성원으로서 공통적으로 갖는 경험의 습숙이다. 이것은 미룸의 다원성에도 불구하고 대동적 준적으로 합일할 수 있게 해주는 근거가 된다.

습숙의 단계에서 인간은 어떤 실을 구별하거나 지적할 필요가 없다. 습숙은 인간이라는 자연적 종으로서의 생리학적 체험이면 된다. 개가 주인과 도둑을 구별할 수 있다든가 박쥐가 밤과 낮의 차이를 안다고 할 때 그들에게 있어서 인식의 체계나 개념적 구조를 제시할 것을 요구하지 않는다. 그들에게 있어서의 인식은 체계적으로가 아니라 생리학적으로 설명될 수 있는 것이다. 두 마리의 개는 멀리 보이는 사람이 주인인가 도둑인가를 두고 논쟁을 벌이지 않아도 된다. 그들은 서로 다른 체계의 인식을 할 수는 없고 생리적 인식만을 하기 때문이다. 비슷한 구조에서 인간의 습숙도 동일한 조건에서는 모든 사람들에게서 동일하게 나타나게 마련이지만 상이한 상황에선 달라진다는 것이다. 습숙은 언어 외적인 경험으로서 하나의 진정한 경험이라 할 수 있다.

최한기의 미룸과 헤아림은 얼핏 일차원적으로 보일 수 있겠지만 이것은 오해라 생각된다. 미룸은 헤아려져야 되지만 또한 헤아림이 미루어진다. 서책이나 공맹의 도가 미룬 것을 헤아린 결과로 나타난 것이지만 이들이 또한 미룸의 대상이 되고 이들이 또한 헤아려지고 새롭게 헤아려지고 새롭게 헤아려진다. 그러므로 미룸과 헤아림은 종류가 다른 활동이 아니라 상호적인 활동이라는 점이다. 미룸에서 헤아림으로만 가는 방향이 아니다. 하나의 문제에 대해서 하나의 미룸이 있는 것이 아니다. 하나의 미룸에 대해서 한 가지의 헤아림만 있는 것도 아니다. 최한기의 추측은 다차원적이고 다원적이며 변증법적이라 할 수 있다.

이러한 추측론을 가지고 앞의 습숙의 개념으로 갈 수 있다. 습숙은 인간의 비언어적 경험이지만 추측은 언어적 경험이다. 추측이 습숙의 문맥 안에서 이루어질 때 비로소 인간의 경험은 분별적으로 된다. 이 분별적 경험에서의 명과 실의 구별은 의미가 없다. 어떠한 대상도 부단한 추측의 변증법을 통하여 구별되어 인식되는 것이다. 그러므로 실과 명의 구별은 시초에서 그 추측의 변증법 때문에 있을 수 없고 다만 사후에야 만들어질 수 있다. 어떠한 실도 명과의 관계하에서만 얻어지며 지적되고 명 없이는 인간 의식으로부터 놓여난다. 이에 반하여 명은 그 자체로 독립적으로 존재할 수 있고 실의 존재나 인식에 있어서 불가피하다. 그러므로 실과 명은 비대칭적이며 명 없이 실은 인간의 인식 세계에 존재할 수 없다.

실의 독립성이 부정되고 명에의 의존성이 주장된다면 최한기의 실학이 금방 하나의 유명론으로 변신되지 않을까 하는 우려가 있을 수 있다. 그러나 이것은 기우라고 생각된다. 유명론에서는 체계가 존재에 대해 갖는 관계는 자족적이며 다른 체계들로부터 독립적이며 비교 불가능한 것이다. 그 존재에 대하여는 이 체계가 다른 체계들로부터 비판을 봉쇄해 준다. 그러나 실학에서의 체계가 존재에 대하여 갖는 관계, 즉 명이 실에 대하여 갖는 관계는 다른 체계들이나 명으로부터의 비교나 비판에 열려 있다. 이것은 실학이 대응적 진리만이 아니라 일관적 진리와 합일적 진리의 장치들이 구조적으로 연결되어 있기 때문에 가능하다. 실은 명에 의존하여 있지만 이 실학에서의 의존성은 유명론에서의 의존성과 다르다는 것이 진리관, 탐구론, 그리고 체계관의 차이에 의해서 분명하다.

실이 명에 대하여 동시에 갖는 우선성과 의존성을 볼 수 있고 실의 인식론의 상황에선 그 의존성이 인정되는 것이다. 실과 명의 이러한 관계 안에서 그의 의미론과 탐구론은 더욱 정교하게 되고 그 체계관은 더 잘 변호될 수 있다고 생각한다. 그리고 체계의 선택은 그러한 실학적 고려의 방향에서 이루어질 수 있다고 믿는다.

실학을 생각할 때 하나의 흥미 있는 추측을 하게 된다. 그것은 실학의 논리적 구조가 다른 철학적 전통에서도 여러 가지 변형으로서 나타나지 않는가라는 미룸이다. 이 미룸은 앞으로 헤아려질 수 있을 것이다. 미국의 실용주의,

영국의 공리주의, 비트겐슈타인의 생활 양식, 후설의 생활 공간, 포퍼의 비판 철학, 그리고 여러 철학자들의 전 이론, 전 이해의 개념들이 있다. 어떤 것은 근거로서 고려된 것이고 다른 것은 탐구의 논리로서 제안되고 있다. 양자가 선명하게 종합되고 있는 것은 실용주의가 아닌가 생각된다. 이 점에서 실용주의는 다른 체계들보다 최한기의 실학에 더 닮아 있지 않은가 추측된다. 최한기 실학은 19세기 중엽에 이미 그 체계적 정합성을 보이고 있다는 점이 놀라운 것이다.

체계의 선택이 실학적 방향에서 이루어질 수 있다는 우리의 논제가 정당성을 갖는다면 이것은 많은 문제들을 설명할 수 있는 근거가 될 것이다. 과학 발전에 대해서 그 점진적 설명이 가능하다. 체계 선택에 기준이 없다고 하는 경우 과학의 발전은 점진적일 수 없고 단절적이며 혁명적일 뿐이다. 그러나 혁명적인 과학 발전의 설명이 얼마나 우리의 직관에 부응하는 것인지 의문스럽다. 또한 다른 체계나 체제 간의 대화의 논리도 실학적 방향에선 어렵지 않게 구성될 수 있을 것이다. 그러한 구성은 적어도 불가능하지 않다는 것이다. 그러나 선택 기준이 없다는 입장에서 그러한 대화는 처음부터 그리고 체계적으로 불가능하다고 단정할 것이다. 이것 역시 우리의 현실에 맞지 않고 인류 사회의 미래를 위하여 얼마나 바람직한 것인지 의문스럽다. 체계 선택의 실학적 방향은 지지될 수 있을 뿐 아니라 바람직한 것이 아닌가 생각되는 것이다.

제2부

부정성의 윤리와 윤리의 합리성

제5장

가치론: 자유와 평등의 자리

가치란 무엇인가? 이 물음은 얼마나 의미 있는가? 왜냐하면 모순된 가치들을 수없이 보아 왔기 때문이다. 그러한 사례 중에서 개인적으로 세 개의 그림을 떠올리게 된다. 부자 관계의 가치에 대한 세 가지 상반된 해석이다. 초월론 · 내재론 · 개념론이다.

부자 관계에 대한 아브라함의 초월론적 해석은 렘브란트의 「천사가 아브라함의 이삭 희생을 저지함」[1]에 나타나 있다. 아브라함은 하나님의 명령에 순종하여 100살에 난 아들 이삭을 희생하려고 하였다. 그러나 그 순간 하나님은 아브라함의 우선 순위의 믿음을 확인하고 천사로 하여금 희생을 말렸다는 내용이다. 아브라함이 이해한 부자 관계의 구조는 그의 하나님과의 관계에 예속된 것이었다. 세계는 하나님의 창조물이라고 믿는 그의 관점에서는 달리 이해할 수 없었을 것이다. 혈연 관계는 중요하여 세계 질서 안에서 선민 사상의 기초가 되고 있지만 이것 역시 하나님 신앙에 부차적인 것이다. 이러한 아브라함 순종은 이스라엘 전통에서 모든 것의 첫 열매는 초월론적 의미를 갖는다는

1 Rembrandt van Rijn, 「The Angel Stopping Abraham from Sacrificing Isaac to God」. 1635. Oil on canvas. The Hermitage, St. Petersburg, Russia.

근거[2]가 되었다고 보인다. 아브라함의 이러한 초월론적 이해는 예수에 의해서도 확인[3]되고 있다.

부자 관계에 대한 유학의 내재론적 해석은 장남이나 남자가 제사의 제주인 전통 속에 드러나 보인다. 유학은 이 세계에 실재적 가치를 부여하고 가장 소중한 가치를 인(仁)으로 보았다. 인이라는 관계적 가치를 넓게는 인륜, 좁게는 효도에 적용하여, 그 수행은 부자 관계로 대표되는 가족 관계에서 강조된다. 유학은 이 세계 이외의 다른 세계의 가능성을 부인하지는 않지만 '수신제가치국평천하'를 목표로 하는 이 세계의 실재성에 주목하였다. 여기에서 가장 큰 덕목을 효라고 보았다. 아버지는 아들 자손의 기억에서 영생을 얻는 구조를 위해 가부장제[4]에 호소한다. 아버지는 죽은 뒤부터 탈상 때까지 3년 동안 장남 집의 마루에 마련된 상청(喪廳)에서 모셔지고 상식(上食)도 생신도 지내드린다. 탈상이 끝나면 상청에 있던 혼백은 장남 집의 사당(祠堂)에 모셔진다. 1년에 적어도 4번 이상 자손으로부터 대접을 받는다. 본인의 기제삿날, 배우

2 "처음 난 것은 모두 나의 것이기 때문이다. 내가 이집트 땅에서 첫 번째로 난 모든 것을 칠 때에, 사람이든지 짐승이든지, 이스라엘에서 처음 난 것은 모두 거룩하게 구별하여 나의 것으로 삼았다. 나는 주다"(민수기 2: 13).

3 "때에 예수의 모친과 동생들이 와서 밖에 서서 사람을 보내어 예수를 부르니, 무리가 예수를 둘러앉았다가 여짜오대 보소서 당신의 모친과 동생들과 누이들이 밖에서 찾나이다. 대답하시되 누가 내 모친이며 동생들이냐 하시고 둘러앉은 자들을 둘러보시며 가라사대 내 모친과 내 동생들을 보라. 누구든지 하나님의 뜻대로 하는 자는 내 형제요 자매요 모친이니라"(마가복음 3: 31-35).

4 가장(家長)이 가족 성원에 대하여 강력한 권한을 가지고 가족을 지배 · 통솔하는 가족 형태. 가부장제의 가족 형태에서는 가족 성원이 세습적 규칙에 따라 지명된 개인의 지배를 받는데, 대개는 장남이 세습적으로 가장의 지위와 재산을 계승하여 안으로는 가족을 통솔하고 밖으로는 가족을 대표한다. 가장은 아이들에 대한 생살권(生殺權), 매각권, 징계권, 혼인과 이혼의 강제권을 가지고 있었다. 중국의 가부장제에서는 가부장과 가족 사이의 권리 복종 관계가 국가적 규모에까지 확대되어, 군주(君主)가 중국 사회 가족적 구성원의 최정점에 있는 형태였다. 한국의 경우도 봉건사회에 있어서는 이 제도가 지배적이었는데, 가장과 가족 성원 사이의 권한 격차가 매우 커서 가장의 권위를 중심으로 하는 집안의 질서가 엄격하게 유지되었다. 가부장 제도는 개인이 아닌 집안을 중심으로 유지되었기 때문에 가장이 나이가 많거나 자리를 지키기 어려울 때 스스로 물러나거나, 후계자가 없을 때 양자를 삼는 등의 제도가 발달하였다.
(http://www.buhungko.hs.kr:9090/webook/dic/dic01/dic1_1_1.html)

자의 기제삿날, 설날과 추석의 차례이다. 그리고 마지막으로 시제(時祭)가 있다. 종손으로부터 4대조 이상이 되면 사당의 위패는 장손 집을 떠나 묘에 묻히면서 먼 조상이 된다. 1년에 한 번씩, 그 마을의 문중 자손들이 묘에 찾아와 제례를 올리며 이 묘사는 영원히 계속된다.

부자 관계에 대한 개념적[5] 해석은 자크-루이 데이비드(Jacques-Louis David)의 한 그림[6]에 나타나 있다. 로마 공화정 창시자인 브루투스(Lucinus Junius Brutus, B.C. 510)는 두 아들에게 사형을 언도 · 집행하였다. 개인적 사랑보다는 공화국 정착을 우선하여 역모 가담자들을 처벌한 것이다. 브루투스는 로마의 폭군 타킨 왕정을 타파하고 공화정을 세워 최초의 2인 집정관 중 1인이 되었다.[7] 그러나 타킨 폭군을 지지하는 로마의 젊은 귀족들은 공화정을 파기하고 왕정 복고를 꾀하여 음모를 꾸몄고 두 아들 타이투스와 티베리우스가 가담하였다. 브루투스는 며칠간을 칩거하며 슬픔에 잠겼지만 재판을 주재한 것이다. 절규하는 그림의 여인들은 죽은 젊은이의 모친과 누이들로 보인다. 브루투스의 심정도 크게 다르지 않았을 것이다. 최초의 집정관으로서의 브루투스는 두 아들을 죽이지 않았을 수도 있었다.

(가) 인간의 가치: 자유나 평등은 기초적인가

(가1) 가치와 인간론: 세 개의 그림은 각기 특징적인 요소들을 가지고 있다. 아브라함과 유학은 인간 존재에 대한 구성에서 다르다. 신의 창조 질서 안에서 인간을 이해하는 초월론과 인간을 이 세계 내부적 관점으로부터 파악하는

5 이를 '개념론'이라 부르는 까닭은 체계 상대성을 허용하면서도 선택한 체계 내에서 정당화의 규칙을 제시할 수 있다는 성질에 주목하기 때문이다.

6 Jacques-Louis David, 「The Lictors bringing Brutrs the bodies of his sons」. 1789, 루브르 박물관 소장.

7 〈http://www.mainlesson.com/display.php?author=haaren&book=rome&story=junius&PHPSESSID=0e9ab419ecf70996fd47e32d414ac9e2〉

내재론은 가치의 본질에 대해 다른 이해를 할 수밖에 없다. 그리고 브루투스의 개념론은 또 하나의 다른 관점이다. 브루투스는 개인적 윤리와 공적 윤리 중에서 후자를 선택한 것이다. 윤리 질서나 체계가 선택될 수 있다는 관점을 보인다는 점에서 개념적인 것이다. 이 점에서 브루투스의 개념적 해석은 앞의 두 관점과 다르다. 앞의 두 해석들은 선택의 여지가 없는, 세계 질서의 부분으로서의 윤리였다.

세 개의 그림은 하나의 메시지를 시사한다. 세 개의 그림은 부자 관계의 가치를 달리 구성하고 있다. 그리고 그 다름은 각기 인간 이해에 대한 초월론 · 내재론 · 개념론에 따라 달리 구성되고 있다는 데에 있다. 만일 이러한 시각을 일반화할 수 있다면 다음과 같은 일반 가설을 제안할 수 있을 것이다:

(1) 가치란 인간론의 반영이다.

'가치'라는 단어는 사전에서 값 가(價)와 값 치(値)에 따라 "쳐줄 것이 있는 값"이라고 적고 있다. 어원이 경제적인 것이다. 그러나 19세기의 독일 철학은 '가치(Wert)'라는 단어를 보다 넓게 해석하여 포괄적 개념으로 사용[8]하였다. 현상의 기술로서의 사실보다는 플라톤이 강조했던 인간의 몫으로서의 당위에 주목하였다. 그리하여 경제학 · 윤리학 · 미학 · 법학 · 교육 · 논리학 · 인식론을 규제하는 가치들(진리 · 타당 · 바름 · 선 · 미 · 정당)의 일반론을 구성하여 가치의 여러 국면들에 대한 체계적 설명 가능성을 탐구한 것이다. 가치의 일반론에 대한 연구사는 가치 탐구에 있어서 중요하고 도움이 될 것이다.

그러나 이 장은 명제 (1)의 정당화에 국한하여 가치란 무엇인가에 대한 물음을 조명하고자 한다. 이를 위해 전통적 가치 중의 두 중요 가치인 자유와 평

8 William Frankena, "Value and Valuation", *Encyclopedia of Philosophy*, Macmillan, 1966, vol. 8, pp. 229–32.

등을 중심으로 세 개의 하위 명제들을 논의할 것이다: 가치의 정당화 논리는 '선'의 규정에 따라 다르다; 선의 개념 구성은 인간론의 선택에 따라 다르다; 선이나 가치의 사회적 당위성은 생활 양식에 따라 다르다.

(가2) 자유와 평등의 정당화 논리: 무엇이 가치 있는가? 가치들 중 중요한 가치는 무엇인가? 인간 사회에서 가장 기초적인 가치는 무엇이라야 하는가? 인간 역사는 이러한 물음을 쉼없이 물어왔다고 생각한다. 그러한 과정에서 여러 후보들이 제안되었다. 기쁨 · 즐김 · 행복 · 만족 · 미적 경험 · 자기 표현 · 조화 · 사랑 · 돌봄 · 충효 · 우정 · 인 · 예 · 덕 · 선 · 자유 · 성기성물 · 평등 · 수월성 · 지식 · 미 · 진리 · 힘 · 공리 · 신 등이다. 가치의 발생 장소에 따라 개인적이거나 사회적이고, 가치의 발생 모습에 따라 자연적 · 행위적 · 체계적이다.

모든 가치들은 일반 가치로서 양립 가능하지만 선행성의 순위에서는 대립적이거나 모순적일 수 있다. 독립 운동 참여와 노모 돌봄은 양립적이지만 특정 순간 무엇을 할 것인가의 선행성의 결단 시점에서는 대립적이다.

자유와 평등의 경우를 들어 우선성 논의에 주목하여 보자. 자유론자와 평등론자는 어떻게 그 선행성 또는 기초성을 정당화할 것인가? "태어날 때부터 자유하다"라는 선언만으로 정당화되기 어렵다. "태어날 때부터 평등하다"라는 명제도 같은 권리로 선언되기 때문이다. 상황에 따라 자유나 평등이 기본적인 것으로 보일 수 있다. 식민지, 독재, 신체 구속 같은 상태에서는 자유가 기본적일 것이고, 기아, 질병 치료, 노조 파업, 빈부 격차 같은 상황에서는 평등이 기초적 가치일 것이다. 그러나 그러한 문맥의 논리는 구체적 설득력을 갖지만, 특수한 상황에 호소하는 것이기 때문에 일반적 정당화의 논리에는 이르지 못한다.

자유는 선행적 가치로서 어떻게 정당화될 수 있는가? 자유론자는 자유의 우선성을 데카르트의 코기토 명제로부터 시도할 수 있다. 이 시도는 두 부분으로 구성된다. 첫째, 나는 모든 것(나는 지금 나무 의자에 앉아 있다; 나는 돌이 지났다; 나의 어머니는 여자이다; 2+3=5; 모순 명제는 참일 수 없다)을 의심할 수 있다; 나의 지각이 나를 속인 적이 있고 생시와 구분하지 못한 꿈을 꾼 적이 있다; 그러나 지금 이 순간이 그 지각이나 그 꿈이 아니라는 것을 모를 수 있다; 그리고 전지전능한 마귀가 존재한다는 것을 상상할 수 있고 그 마귀가 나를 속일 수 있기 때문이다; 그러나 나는 내가 존재한다는 것을 의심할 수 없다; 이 명제를 의심하거나, 꿈꾸거나 마귀에게 속을 때 그때 나는 의심하는 자, 꿈꾸는 자, 속는 자이기 때문이다; 나의 존재에 대한 의심 · 꿈 · 속음은 나의 생각이므로, 나는 생각한다 고로 나는 존재(cogito ergo sum)하는 것이다. 자유는 나의 원자적 존재의 개념성으로써 개념적 정당성을 얻는다고 할 것이다.

둘째, 나의 존재에 대한 데카르트의 수행적 논증은 나의 존엄을 함축한다. 자유론자는 개연성 있는 어떤 전제들을 코기토 명제에 첨가하여 그러한 함축을 얻을 수 있을 것이다. 그러한 함축의 구조를 다음과 같이 예시할 수 있을 것이다: 존재하지 않는 것보다 존재하는 것이 가치 있다, 소중하다, 완전하다; 가치 · 의미 있는 것, 소중한 것이 있다; 그러나 내 존재 이외에 어떤 것도 확실하지 않다; 나의 존재만 확실하다; 나의 존재는 어떠한 것보다 내게 가치 · 의미 있는 것이고, 소중하다; 나의 존재는 가치 · 의미 있는 것이고, 소중한 것 중의 하나이다; 나는 존엄성 있는 존재이다.

평등은 선행적 가치로서 어떻게 정당화될 수 있는가? 사람이 받을 수 있는 최고의 평가는 무엇일까? 노벨상? 타임지의 '올해의 사람'이라는 긍정적 호칭? 올림픽 금메달? 최고의 평가는 그렇게 단일한 조건으로 합의할 수 있는 것 같지 않다. 그런 식의 최고의 평가는 질적이기보다는 양적인 것이고 양적인 것은 잣대의 선택에 따라 달라지기 때문일 것이다. 그렇다면 사람이 질적으로 받을 수 있는 최고의 평가는 무엇일까? '사람답다'가 아닐까? 이것이 아니라면 무엇일까? 그리고 사람이 받을 수 있는 최악의 평가는 '사람답지 않다'가 아닐까? 이것이 아니라면 무엇일까?

평등론자는 다음과 같은 언어 분석을 시도할 것이다. '사람답다'라는 것은 도대체 무엇일까? 이것은 어떤 성질을 나타내는 것일까? 우리가 잘 아는 김씨에 대해 "김씨는 사람답다"라고 말할 때 우리는 무엇을 의미하는 것일까? 어떤 조건하에서 그러한 말을 하는 것일까? 우리가 김씨의 어떤 성질을 나타내는 것일까? 재산, 사회적 지위, 신체적 조건 같은 외부적 조건일까? 역사나 정치에서의 위대한 기여일 것 같지 않다. 지식 · 믿음 · 기쁨 · 슬픔 같은 내부적 조건일까? 위대한 예술 작품의 창조성 같은 것도 아니다. 이 말을 할 때의 조건은 평소에 알지도 못하는 다른 사람에 대한 배려의 행위가 아닐까? 특히 모르는 약자를 살려내는 행위? 힘없는 자를 세우는 행위? 이 행위는 역사적 주목이나 사회적 함축이 없을 수도 있다. 정치 · 경제적으로는 사소한 몸짓일 수도 있다. 대부분 묻혀 있지만 그러나 강한 감동의 후보가 아닐까?

다른 한편으로 우리가 "김씨는 사람답지 않다"라고 말할 때의 김씨의 조건은 무엇일까? 김씨가 일반적으로 강한 자에게 약하고 약한 자에게 강한 것이 아닐까? 약한 자를 부당하게 억압 · 가해하여 일어설 수 없게 하는 행위가 아닐까? 특히 은혜를 입었던 강한 자가 약해졌을 때 부당하게 억압하는 경우가 아닐까?

평등론자는 사람다움과 사람답지 않음에 대한 이러한 분석을 수용하여 하나의 가설을 시사한다. 이 가설은 다음과 같은 일반 명제로 구성될 수 있을 것이다.

> (2) 인간 연대성을 특정한 방식으로 세우는 것은 사람다움이고 특이한 방식으로 해치는 것은 사람답지 않음이다.

이 가설은 인류에게 타인에 대한 돌봄을 명령한다고 해석된다. 사람이 사람되는 것은 타인에 대한 돌봄을 통해서 이루어진다는 것을 보이고 있기 때문이다. 명제 (2)는 어떻게 이해될 수 있는가? 이 명제는 인류가 자연적으로 동일한 자연종이지만 사회적으로 하나의 실체일 것으로 전제한다고 믿는다. 그러한 전제가 인간 일상 언어 안에 내재적으로 논리화되어 있다고 상정한다. 사회적으로 하나인 실체로서의 인간 연대성은 평등 가치의 정당화의 논리라고 평등론자는 주장한다.

(나) 선의 개념과 자유 평등

(나1) 선의 개념: 자유는 나의 확실성에 기반한 개인 존엄의 불가피성에 의해 정당화되고 평등은 사람다움의 연대성이 강요하는 돌봄으로 정당화된다면 자유론자와 평등론자가 각기의 정당화를 위해 호소하는 선의 개념들은 이들이 선택하는 인간론에 의해 맞추어질 것이다. 자유론자와 평등론자가 제시하는 선의 개념을 살피기 전에 먼저 선의 실재론적 관점을 비판하고자 한다. 선은 인간론의 부분이라는 관점으로부터의 비판이다.

'착하다'라는 선(善)의 개념은 어떻게 이해할 수 있을까? 플라톤의 경우 영원하고 불변적인 선의 이데아가 있다고 할 것이다. 선의 이데아는 단순하여 사람이라면 그 선의 이데아를 모를 수 없다고 한다. 칸트도 수단이 아니라 목적으로서의 객관적 선을 말하고 의무를 위한 의무의 개념도 여기에 기초한다고 말한다. 무어도 선의 관념을 다른 관념으로 환원할 수 없다고 하여 인지주의적 또는 정의론(x는 선하다=def. x는 P이다)적 접근에 대하여 개방 질문식 비판론을 주장하였다. 만일 그 정의가 옳다면 "x는 P라는 것이 정말 선한가?"라는 물음이 무의미하다는 것이다. 그러나 어떤 개방 질문도 유의미하므로 선은 정의할 수 없다는 비인지적 관점을 취한다.

무어의 논변은 적어도 두 가지 혼동에 기반하다고 믿는다. 첫째, 선의 인지가능성 여부는 선의 개념이 구성되는 체계에서 전제 조건을 인식하는가의 여부에 의존한다. 예를 들어, 마음을 비운다는 가치가 전제 없이 발생할 때 이 가치는 비인지적이지만 이 가치를 불교 체계에 한정하여 특정한 인간론의 전제 조건으로 인식할 때 인지적이다. 둘째, 무어의 개방 질문 논리는 특정 술어가 사용된 그 질문을 그 술어가 그렇게 사용되는 체계 안에서 물을 때 동어 반복적이고 공허하지만 그 술어가 그렇게 사용되지 않는 체계 안에서 물을 때 공허할 수 없는 것이다. 무어는 전자보다 후자의 물음 방식에 호소하고 있는 것이다.

칸트의 논변 비판은 다음과 같은 구성을 통해 제시될 수 있을 것이다. 목적으로서의 객관적 선을 어떻게 이해할 수 있을 것인가? 목적론이나 계시론 같은 형이상학을 도입하지 않고 어떻게 설명할 수 있을 것인가? '좋다'의 일차적 의미는 수단적이다. 망치라는 도구가 그 도구의 용도의 목적, 못을 박는 일을 수행할 때 '좋다'라고 한다. 그리고 못을 박으면 옷을 걸 수 있고 옷을 걸면 방이 정리되고 방이 정리되면 집안이 깔끔하고, 등등으로 연결된다. 수단의 좋음은 결국 목적의 좋음에 의해 정당화된다. 그렇다면 궁극적 목적으로서의 객관적 선은 모든 수단들이 수렴한다고 하는, 그리고 모든 하위 목적들이 수렴한다고 하는 그 하나의 궁극적 목적을 전제한다. 이것은 그 위의 목적으로 필요로 하지 않는, 그것이 자체 목적인 것이다. 칸트는 이것을 선이라고 한 것이다.

칸트의 목적으로서의 선은 목적론적임에 반하여 위의 구성은 매우 기술적이다. 그러나 칸트를 비판하기 위해서는 목적론보다는 기술론이 더 흥미 있을 것이다. 첫째, 궁극 목적으로서의 선은 모든 행위들이 하나의 목표를 갖는다는 관점을 유지한다. 모든 옷이 따뜻해야 하는가? 모든 말이 정보를 담고 있어야 하는가? 모든 만남이 즐거워야 하는가? 그러한 관점은 인간 행위나 인간 삶의 방식을 반영하고 있지 않다고 생각한다. 둘째, 칸트의 궁극 목적으로서의 선이 정당화될 수 있는 방식이 있다. 불교의 마음 비움이나 기독교의 하나님 예배가 특정 체계 안에 무전제로 주어질 때 그것은 체계의 자체적 궁극 목적이 될 수 있다. 그러나 사람들이 그 가치들을 특정 체계 밖에서 파악할 때 무전제 조건은 사라지고 전제 조건이 들어오면서 그 궁극 목적은 전제 조건에 상대적인 목적이 된다는 것을 안다.

(나2) 자유와 평등은 선한가: 자유론자는 자유를 '나'의 확실성에 기반한 개인 존엄의 불가피성에 의해 정당화할 때 선은 자기 실현이라고 할 것이다. 이것이 아니라면 무엇이라고 할 것인가? 평등론자는 평등을 사람다움의 연대성이 강요하는 돌봄으로 정당화할 때 선은 조화라고 할 것이다. 이것이 아니라면 무엇이라고 할 것인가? 이러한 관점을 지지하기 위해 다음과 같은 가설을 제안하고자 한다. 자유론과 평등론의 선의 개념은 그 이론들이 전제한다고 보이는 인간론에 의해 함축되는 것이다.

자유론자의 인간론은 원자적 또는 개인주의적 인간론이라고 할 것이다. '나'의 확실성이 타자 확실성 배제적인 것을 고려하면 그러하다. 개인 존엄의 불가피성이 전체주의적 사회 체제를 대체하여 도입되었을 때 비로소 '개인'이라는 것이 인류 역사에서 처음으로 탄생한 것이다. 이로부터 인권, 양심의 자유, 생각의 자유, 표현의 자유가 파생되었다면 데카르트적 원자적 개인론은 기여를 하였다. 이러한 원자적 인간론이 무엇을 선하다고 할 것인가? 자기 실현 이외의 무엇을 선하다고 할 것인가? 원자적 인간론을 수용한다면 자기 실현을 선이라고 할 수 없을 어떤 근거가 있을 것인가?

선으로서의 자기 실현은 데카르트적 원자적 인간론에서 다른 방식으로 지지될 수 있을 것이다. 원자적 인간론은 개인의 독립성을 보인다. 그러나 그러한 원자적 개인의 독립성에도 불구하고 개인이 단일한 합리 체계라는 전체의 불가피한 요소가 될 수 있는 것은 개인의 합리성 때문이다. 만일 전체 체계가 불완전한 개인들로 이루어진 것이라면 이 체계는 온전한 합리성을 갖추기가 어려울 것이다. 그렇다면 이 체계의 모든 개인들이 자기 실현을 성취할 수 있을 때 이 체계는 합리성을 최대화할 수 있을 것이다.

평등론자의 인간론은 인간 연대성을 기본 명제로 채택하는 데서 그 특징이 나타나 있다. 이를 공동체적 인간론이라 할 수 있다. 이러한 인간론은 그 기본 가치를 조화에서 찾아야 할 것이다. 이 이외에 어떤 가치를 요구할 수 있을 것인가? 그리고 개인들이 단일 실체의 부분이라면 이들은 전체와 부분을 위해

조화 이외의 가치를 선행적으로 추구하기 어려울 것이다. 조화는 평등 인간론의 사람들이 생존하는 유일한 논리일 것이다.

이 문맥에서 한 가지 물음에 주목할 수 있을 것이다. 자유나 평등이라는 가치를 가치의 선택자가 규정하는 선의 개념으로 정당화할 때, 가치와 선의 관계가 무엇인가라는 물음이다. 자유는 개인 존엄으로 정당화되고 평등은 인간 연대로 정당화되는 것을 보았다. 양자의 관계가 무엇일 것인가? 모두가 가치이고 모두가 선으로 해석할 만하다. 그러나 이 글에서 양자의 관계에 질서를 주어 하나로 다른 하나를 정당화할 때 다른 차원의 질서에 주목한 것이다.

자유와 평등은 일상적 양립의 문맥에서 병렬적 가치로 제시될 수 있다. 그러나 이들은 선행성을 결정해야 하는 대립적 문맥에서 병렬될 수 없고 선택되어야 한다. 이때의 선택에 따라 가치 체계는 달라질 것이다. 자유와 평등은 '다른 가치'가 되는 것이다. 하나는 개인 존엄에 호소하고 다른 하나는 인간 연대에 의존한다. 이러한 개인 존엄이나 인간 연대는 경험적인 것도 역사적인 것도 아니고 다수결의 사안도 아니다. 이들은 형이상학적이고 개념적이다. 이들은 가치 체계를 어떻게 구성할 것인가에 대한 알키미디언 지점이다.

선으로서의 개인 존엄이나 인간 연대는 각기 '원초적 가치'라 할 것이다. 모든 다른 가치들이 그에 의존하고 그로부터 파생되는 바의 세계관인 것이다. 자유와 평등이 개인이 행위하거나 공동체가 정책을 선택할 때의 기준이라면 개인 존엄이나 인간 연대는 행위 기준이라기보다 세계를 바라보는 관점인 것이다. 세계를 바라보는 시각의 선택에 따라 인간을 그렇게 이해하는 것이다. 자유와 평등이 실천적 가치라면 개인 존엄과 인간 연대는 존재론적 가치로서의 선인 것이다.

(다) 자유와 평등은 수단적 가치다

(다1) 사회적 당위성과 생활 양식: 앞의 논의들이 가치와 인간론의 상호 의존

성을 보인다고 한다면 이 의존성은 개념적이고 형식적이라고 생각한다. 특정 가치의 사회적 당위성은 의존적인 인간론의 형식적 개념적 완성도에 의해 결정되거나 강화되는 것이 아니라고 믿기 때문이다. 오히려 가치의 사회적 당위성은 이 가치를 수용하는 공동체가 어떻게 살고 있는가의 생활 양식에 의해 결정된다고 믿는다.

당위성은 어떤 명제가 사실 서술적이 아니라 가치적 지향이나 함축을 가지는 성질이지만 사회적 당위성은 가치 명제들이 특정 사회에서 수용되는 방식의 성질이다. 그렇다면 전자는 질적 성질이므로 정도를 허용하지 않지만 후자는 양적으로 비교될 수 있으므로 정도를 허용한다. 여기에서 다음과 같은 의문이 가능하다.

(3) 가치의 사회적 당위성은 공동체 생활 양식의 반영이다.

라는 명제는 구조 서술적이 아니라 동어반복이 아닌가? 이 의문은 정당하다. 이 명제는 애매하기 때문이다. 가치의 사회적 당위성은 구조 서술성을 가질 뿐 아니라 성공적이라면 생활 양식에 뿌리내린 결과성도 가져야 하기 때문이다. 다만 이 문맥에서의 관심은 결과적 현상 서술이 아니라 발생적 구조에 있다. 이 명제의 형식적 이중성에도 불구하고 그 발화는 일의적일 수 있다.

명제 (3)의 지지를 위한 논의는 개념적이라기보다는 역사적[9]이다. 가치와 인간론의 관계는 그 개념적 강요성을 지시할 수 있지만 사회적 당위성과 생활 양식의 관계는 같은 방식으로 접근하기 어려운 것 같다. 그렇다면 한국 역사에서 나타난 어떤 경우들을 통하여 사회적 당위성과 생활 양식의 관계를 보고자 한다.

9 이를 '역사적'이라 부르는 까닭은 선택한 체계 내에서 정당화의 규칙을 제시하기보다는 이미 주어진 역사적 현상에서 단일하게는 아니지만 구성되어 있는 정당화의 여러 방식들에 주목하고자 하기 때문이다.

고종이 단발령(1895)을 내렸을 때 조선조 유학자들은 이를 이해할 수 없었을 것이다. "목을 자를 수 있지만 머리카락은 자를 수 없다!"라는 항명은 납득이 될 만하다. 그러나 이러한 태도가 어떻게 가능할까? 한 가지 설명은 효심(孝心)에 호소하는 것이고 다른 하나는 논리(論理)에 의존하는 것이다. 이 장의 목적을 위해 후자의 경우에 주목할 수 있을 것이다: 유학자들은 "신체발부 수지부모 불감훼상 효지시야(身體髮膚 受之父母 不敢毁傷 孝之始也)"를 믿었다. 그리고 이 믿음은 그들에게 절대적이었다; 달리 말해, 상투를 자르는 것은 그러한 믿음과 양립할 수 없었다; 그들은 "상투를 자르고서도 효도할 수 있다"는 것은 상상할 수 없었다; 목은 자를 수 있어도 상투는 자를 수 없었다. 이러한 논리적 설명이 보이는 것은 조선조 유학자들이 신체발부 명제에 대해 유학의 관점을 절대적 가치로 여기고 있었다는 것이다. 그 가치의 실재성의 삶 속에서 신체발부 명제의 사회적 당위성이 잉태되었다고 생각한다.

유신 체제하의 장발 단속령에 대해 당시 대학생들은 반대하였지만 이해는 하고 있었다. 대학생들이 파출소에 끌려가서 "장발을 잘 깎아 주십시오"라고 하는 동안 필자는 당시 영등포경찰서 중앙파출소에 같이 끌려가서 "나는 대학생이 아니오"라고 하였기 때문이다. 중요한 것은 대학생들의 장발 단속령에 대한 해석이었다: 장발은 나의 삶의 방식이다; 독재자는 나의 장발을 조발하지만 나의 삶의 방식을 탈취할 수는 없다; 독재자가 나의 삶의 방식을 탈취한다는 것은 상상할 수 없다; 경찰은 독재 구조의 비자발적 일선 집행자이다; 단발에 시간을 주면 장발이 된다. 이러한 해석이 보이는 것은 대학생들이 이미 다원적 사고의 삶을 살고 있다는 점이다. 아무리 강한 독재라 할지라도 사고나 삶의 다원성을 막을 수 없다는 믿음이 배어 있는 것이다. 가치는 단일하게 주어지는 것이 아니라 선택할 수 있는 삶의 방식이다. 특별히 독재에 항거하는 대학생들에게 있어서 그러했다. "장발 금지의 사회적 당위성인가 아니면 장발 허용의 사회적 당위성인가"는 특정 통치자나 특정 그룹의 성원들에 의해 규정되기보다는 상당한 기간의 한국 사회의 삶의 양식에 의해 결정된다고 믿는다.

자유와 평등의 가치는 아직도 중요한 가치이다. 그러나 그 중요성은 조선조 시대, 식민지 시대, 군정 시대, 문민 정부 이후의 민주 시대에 따라 달라져 왔다고 생각한다. 만일 가치의 사회적 당위성이 공동체 생활 양식의 반영이라면, 자유와 평등도 같은 당위성의 논리를 가질 것이다

(다2) 자유와 평등의 과거 · 현재 · 미래: 자유와 평등은 시대에 따라 그 사회적 자리가 다르다. 자유와 평등은 궁극적 가치가 아니기 때문이다. 자유와 평등은 그 시대의 필요에 부응하는 수단적 가치이기 때문이다. 자유와 평등의 그렇듯 달라지는 자리매김을 조감할 수 있을 것이다.

자유와 평등의 과거: 헤겔은 인간 역사가 자유 발전의 역사라고 하였다. 헤겔의 관점에서 할 수 있는 말이다. 한 사람만 자유하고 다른 모든 사람들이 자유하지 않았을 때 사람들은 자유의 가치를 가장 절실한 가치로 보았기 때문이다. 그러나 산업 사회로 발전해 오면서 자유한 사람들의 수는 증가하고 빈부의 격차는 심각해졌다. 마르크스(K. Marx, 1818~1883)는 평등의 가치가 자유보다 더 기본적이라고 한 것이다. 그 이후 1980년대(덩샤오핑의 실용주의 1981—고르바초프의 페레스트로이카 1984)까지 자유와 평등은 정치 사상적으로 선택과 갈등의 두 축이 되었다. 자유의 로크적 자연권 개념과 평등의 마르크스적 필연적 개념 사이에서 세계는 양분되었다.

자유와 평등의 현재: 그러나 공산주의 국가 체제들이 몰락한 후, 러시아와 중국이 시장(市場, market) 제도를 도입하더니 이제는 북한도 그 방향으로 전환하고 있다. 이들 나라에서의 시장이 남한에서 경험하는 그러한 시장이 되려면 많은 시간이 필요할 것이다. 그러나 반가운 조짐들이다. 왜 반가운 것일까? 시장 제도는 자유와 평등은 물론 국가 · 사회 · 개인이나 그 관계들을 개념적으로 설정할 뿐 아니라 현실적 운용에 있어서도 핵심적 평가의 지표를 이루기 때문이다. 시장은 현대 사회의 형이하학적 성전(Holy Temple)이라 할

만하다. 이 성전의 건강과 성공 여부에 따라 지역 국가나 지구촌 사회는 명암이 갈릴 것이기 때문이다. 세계의 국가들이 정치 이데올로기는 뒤로하고 앞을 다투어 경제 구조 조정에 총력을 다하는 것은 이제 자연스러운 정치 행위가 되었다.

그러나 시장이란 무엇일까? 시장은 자연 발생적인가? 사회 발생적인가? 시장의 발전사는 자연적 모델을 따르고 있는가, 아니면 사회적 모델로 가고 있는가? 시장은 국가마다 다른 제도를 가질 수 있을 것이다. 그러나 다른 제도들 가운데도 시장 발전의 수렴 지점이 있는 것일까? 초기에 독재자나 엘리트들이 개입을 하다가 발전만 되면 자연적 모델로 갈 것인가? 초기에 부자들이 시장 왜곡을 하다가 사회적 합의의 개입으로 발전을 할 것인가? 그러나 시장의 제도적 조건에 대해서는 합의할 수 있을 것이다: 시장은 경제 주체들의 의사 결정이 자유로운 상호작용과 거기서 만들어지는 가격 정보를 통해 이루어지는 시스템이라는 것이다.

자유주의의 대립항이었던 사회주의가 이제 자유주의의 우산 속에 들어왔다고 하여, 자유와 평등의 가치들의 긴장이 해소된 것은 아니다.[10] 생산 수단의 소유 주체가 국가 · 사회 · 공동체 · 개인의 어느 것이든 간에 각 사회의 시장은 시장 제도가 요구하는 전제 조건을 만족할 수 있기 때문이다. 한국의 문맥에서, 재벌들이 모인 전경련, 중소기업들이 모인 중소기업연합회, 월급 급여자들이 주로 모인 시민 단체들, 무직자나 실직자들이 모인 이익 단체들은 각기 이해의 관점이 다르다. 자산을 이미 가진 자일수록 자유(free)가 확장되는 사회를 추구할 것이고 갖지 못할수록 평등한(fair) 사회를 원할 것이다. 신자유주의처럼 전자의 방향으로 달릴 때 빈부 격차는 커지고 사회의 '불안정'이 결

10 김비환은 시장을 세 유형으로 나눈다. 우익 자유주의(민주주의에 대한 시장의 우선성), 좌익 자유주의 1(시장과 민주주의의 균형 지향), 좌익 자유주의 2(시장에 대한 민주주의의 우선성)이다: 「현대자유주의의 스펙트럼과 한국 사회의 보수와 진보」, 『자유주의와 그 적들—한국 자유주의 담론의 행방』, 철학연구회 춘계학술발표회록, 2005년 6월 11일, pp. 31–57.

과된다. 공동체주의처럼 후자의 방향으로 나갈 때 빈곤 해소는 제약을 받는다. 그렇다면 우리가 원하는 사회는 자유만의 사회도 아니고 평등만의 사회도 아니다.

자유와 평등의 미래: 그렇다면 자유와 평등이 다른 방향의 가치이지만 양자를 조화시킬 수 있을 것인가? 조화의 노력에 한계가 있다고 생각한다.[11] 자유와 평등은 왜곡 치유의 장치이지만, 궁극적 가치가 아니기 때문이다. 자유와 평등이 각기 '궁극적 가치'로 간주될 때 지속하는 두 가치의 대립은 자유와 평등을 기능적으로가 아니라 이들의 궁극적 지점을 설정하여 실체화하기 때문이다. 기초적 가치로서의 자유와 평등은 끝없는 자유, 끝없는 평등으로 향하는 성향을 가지면서 사회의 안정성 · 조화를 이룩하기보다는 저해하는 방향의 개념 설정이다. 자유와 평등의 가치를 기초적으로 인식할 때 이 개념의 협조와 활용에 자제의 족쇄는 어떤 구조일 것인가? 그러한 자제의 족쇄를 채울 수 없는 까닭은 무엇일까? 그 까닭은 두 가치를 궁극적 가치인 것으로 개념 설정한 지점에서 찾아지는 것이 아닐까? 책임의 절반은 지성의 몫일 것이다. 자유와 평등은 앞으로의 시대에 왜곡 치유의 가치로 선명하게 자리매김할 수 있어야 한다. 자유와 평등은 수단적 가치로 인식할 때 '와'로 연접할 수 있지만 기초적 가치로 주장할 때 그 연접사는 '자유나 평등'의 '나'라야 한다. 기초적 가치로서의 자유나 평등은 경쟁적이기 때문에 선택을 요구한다.

자유와 평등을 왜곡 치유의 수단적 가치로 자리매김할 수 있기 위해서는 이들이 차지해 왔던 궁극적 가치의 자리에 대안적 가치가 들어와야 한다. 이 가치가 제시되지 않는 동안 사람들은 쉽게 자유와 평등으로 돌아갈 경향이 있기

11 자유와 평등의 두 가치를 조화시키는 노력들이 있어 왔다. 롤즈는 재산권을 정의라는 목적에 의거해 조정되어야 하는 수단적 제도로 보고, 황경식은 가진 소수자의 자유보다 모든 성원의 자유를 선호해야 한다고 말한다: 「자유주의는 진화하는가?」, 『자유주의와 그 적들-한국 자유주의 담론의 행방』, 철학연구회 춘계학술발표회록, 2005년 6월 11일, pp. 12-21; 윤평중은 시장 자본주의와 민주주의의 동행을 권고한다: 「급진 자유주의의 정치철학」, 『자유주의와 그 적들-한국 자유주의 담론의 행방』, 철학연구회 춘계학술발표회록, 2005년 6월 11일.

때문이다. 그리고 대안적 가치가 시장 제도에 진입할 수 있는 장치가 마련되어야 한다. 다음의 상황에 주목하여 보자.

우리에게 친숙한 하나의 구분을 사용할 수 있을 것이다. 구성적 규칙과 규제적 규칙이다. 야구의 구성적 규칙은 "타자가 쓰리 스트라이크면 아웃이다", "쓰리 아웃이면 공수 교체를 한다", "공이 파울 라인 내에서 야구장을 넘으면 홈런이다"와 같은 것이다. 그러나 규제적 규칙은 "타자는 타자 코치의 사인을 따라야 한다", "타자는 성공할 수 있을 때 도루해야 한다", "노 아웃에 1루 주자를 2루에 보내기 위해서는 번트를 하여야 한다"와 같은 것이다. 규제적 규칙을 어길 때 타자는 코치로부터 비난을 받지만 야구를 하지 않는 것은 아니다. 그러나 선수가 구성적 규칙을 어길 때는 야구를 하지 않는 것이 된다.

시장이라는 사회적 시스템에 대해서도 구성적 규칙과 규제적 규칙의 구분을 도입하여 시장을 만들 수 있을 것이다. 구성적 규칙은 외부적이고 규제적 규칙은 내부적이다. 그렇다면 먼저, 시장의 규제적 규칙은 "시장의 가격 체계는 손대지 말라"는 것이다. 시장의 이러한 내부적 규칙은 시장 제도의 조건들을 만족한다고 믿는다. 이러한 시장은 개인들의 선택의 총체가 되는 것이다. 시장은 내부적으로 자율적인 것이다. 개인들의 자유의 가치가 구현되는 공간이다.

그러나 시장은 또한 외부적 구성 규칙을 가져야 한다. 개인들의 공평의 가치가 공동체적으로 구현될 수 있도록 합의할 수 있어야 한다는 것이다. "양질의 충분한 자원이 타인에게 허용될 수 있는 한에서만 소유권은 정당하다"라는 소유 절차에 대한 로크적 단서의 고전적 자유주의까지도 시장 방임주의나 시장 절대주의를 허용하지 않는다. 시장 방임주의로 나아갈 때 가진 자의 시장 독점 경향은 필수적이고 재벌의 사회 총체적 영향력은 불가피할 것이다. 한국 광고 시장의 재벌 영향력은 이미 나타나고 있다. 시장은 구매력으로 좌우되기 때문이다.

시장의 구성적 규칙과 규제적 규칙의 구분을 제안할 때에도 자유론자와 평등론자는 대립할 것이다. 일관된 자유론자는 시장의 구성적 규칙과 규제적 규칙의 구분 자체를 반대할 것이다. 그는 이 구분보다는 고전적 자유주의의 '보이지 않는 손'의 최선화를 신뢰하기 때문일 것이다. 그는 많은 재벌 기업들이 권력 · 불법 · 부도덕을 사용하여 부를 축적했다는 것을 인정하면서도 궁극적으로 시장의 최선화에 기여했다고 믿는 것이다. 그는 시장에 대한 어떤 규칙도 시장 내부를 간섭하는 규제로 보는 것이다. 그는 국가 최소주의를 주장할 수밖에 없다. 국가는 필요악이 아니라 불필요한 악으로 보이기 때문일 것이다.

평등론자는 시장의 구성적 규칙과 규제적 규칙의 구분을 환영할 것이다. 그러나 평등론자는 그 구성적 규칙을 평등의 이념적 가치에 따라 해석하고 구성하고 응용하고자 할 것이다. 시장의 내부적 규제 규칙만으로는 1인 1표의 민주주의와 양립하기 어렵고 시장 내부의 공평하고 생산적인 경쟁도 어렵다고 믿는다. 재산, 재능, 교육, 유산, 가족 관계에 있어서 운 좋은 사람과 운이 없는 사람이 시장에서 만날 때 공평한 경쟁은 어려운 것이다. 시장의 외부적 구성 규칙은 약자 보호를 위한 사회적 안전망 구축의 관점에서 제시될 수 있어야 한다는 것이다. 구성적 규칙으로써 세금, 무역, 금융, 건축 규제, 이자, 단기 투기 자본에 대한 규제 등을 할 수 있어야 한다고 믿는다. 시장은 한편으로 자유의 자율성 공간이면서 다른 한편으로 인간의 얼굴을 한 따뜻한 시스템일 수 있다는 것이다.

그러나 자유와 평등의 가치가 궁극적 가치로 선언되는 자유주의와 사회주의의 두 입장이 내달리는 종점들은 만나기 어렵다. 이 자리에 대안적 가치는 시장의 구성적 규칙으로서 개입하고, 자유와 평등을 왜곡 치유의 수단적 가치로서 사용하고, 궁극적 가치의 하위 개념으로 설정하여야 한다.

제6장

부정성 극복의 윤리

(가) 윤리의 과제: 이론에서 담론으로

20세기를 거시적으로 특징짓는다면 공산주의 실패의 세기라 할 수 있다. 이러한 지성주의 정치학의 실험은 전무후무할 것이다. 이러한 의미에서 등소평(1978)–고르바초프(1985) 이전의 사회주의와 이후의 사회주의를 구분할 수 있을 것이다. 이전의 사회주의는 특정한 형이상학에 기초한 인간 본성, 역사 본질로부터 구성해낸 절대주의 이데올로기의 형식을 취하고 있었다고 믿는다. 그러나 이후의 사회주의는 실사 구시, 페레스트로이카에 기초한 소유권 인정, 시장 개방, 자유 확대 같은 실용주의로 특징지어진다고 생각한다. 20세기의 경험은 인간 윤리의 질서가 어떠한 종류의 경험인가를 시사한다고 보인다.

절대주의가 지배하던 과거에 인간 지성은 이데아 · 논리 · 이성 · 이론 같은 장치에서 확실성을 획득할 수 있다고 믿었다. 그러나 이제 이론보다는 담론의 시대가 오고 있다.[1] 거대 이론들이 퇴장해 가는 자리에 작은 담론들이 들어서

1 이하의 많은 부분을 다음의 논문에 기초: 졸고, 「한국어 담론 철학의 두 유형」, 『한국철학자대회보 1999』, 1999.7.15, 1권 pp. 301–14.

고 있는 것이다. 사람들이 자서전을 쓰고, 일상적 주제에 관심을 나타낸다. 보편적 진리보다는 살아 있는 구체적 이야기에 흥미를 갖는다. 추상적 본질보다는 참여적인 삶이 사람들의 주제를 이루는 것이다. 언어도 본질주의를 규명하는 논리 언어보다는 삶의 이야기를 나타낼 수 있는 일상 언어, 모국어가 중요한 자리를 차지하는 것이다.

이와 같은 현상이나 경향성을 부인하기는 어렵다. 그러나 지성계는 이러한 경향성을 어떻게 해석할 것인가? 부인할 논리가 있는가? 아니면 그러한 경향성이 특정한 내재적 논리를 가지고 있는가? 후자라면, 한국어로 학문을 한다는 것은 무엇인가? 이것은 어떻게 가능한가? 왜 이것이 문제가 되는가?

(가1) 진리론적 의미 이론에서 생활 세계 의미 이론으로: 문장의 의미는 프레게 이후 진리 조건에 의하여 규정되어 왔다. 예를 들어, "김영삼 대통령도 그의 부친을 뵐 때 큰절을 한다"라는 문장의 의미는 이 문장이 참인 모든 조건들의 집합과 거짓인 모든 조건들의 집합의 순서쌍이라는 것이다. "아빠는 엄마를 사랑한다"라는 문장의 의미를 어린이는 이 문장이 참인 조건들과 거짓인 조건들의 구분을 통하여 배우는 것이다. 그리하여, 이러한 진리치 조건들의 순서쌍이 정상적 안정성을 갖지 않는다는 것은 부모의 행동에 일관성이 결여되었거나 패턴이 일정하지 않다는 것을 뜻하고, 이 경우 그 어린이는 그 부모의 사랑의 특별한 방식에 따라 '사랑'이라는 단어의 의미를 배운다는 것이다.

그러나 진리 개념은 전에 생각했던 것처럼 안정적이지 않다. 진리 개념의 문제가 여러 가지로 지적되고 있는 것이다. 진리 대응론은 문장의 진리 조건을 제시하기 어렵다는 문제를 가지고 있고, 비존재문 · 전칭문 · 조건문 · 선접문 등의 형식에서 그 진리 조건이 무엇인가를 정확하게 알 수 없다. 또한 진리는 체계 상대적으로 이해되고 체계의 다원성은 진리의 심각성을 약화시켜왔다. 더 나아가, 진리를 상대적으로 이해하는 경우에도 진리는 인식론적으로 불확정적이다.

진리가 이렇듯 문제스럽다면 이를 근거로 하는 의미 이론은 더욱 문제스러울 것이다. 비트겐슈타인 이후 대안적 의미 이론들이 제안되었다. 제안의 핵심은 언어 의미는 언어 공동체의 생활 양식에 의존한다는 가설로 수렴되고 있다. 대안들의 이러한 공통성에 무게를 줄 수 있는 근거는 분명하다. 특정 문장에 대한 어떠한 해석 Hi의 상황도 갈등적인 해석 Hj에 의해서 만족될 수 있다는 것이다. 비트겐슈타인은 이러한 문제 상황에서 언어 공동체의 생활 양식에 의하여 특정한 해석 Hk가 확정될 수 있다는 것이다. 문장의 의미가 언어 공동체에 의하여 주어진다는 의미의 논리는 그렇게 구성되는 것이다. 의미는 논리적 가능성이 아니라 공동체의 현실성에 의하여 주어지는 것이다.

(가2) 윤리적 문제 구성 방식의 변화: 언어 의미가 인간 공동체와 독립하여 확정되었다고 믿었을 때 윤리적 문제는 확정된 언어 의미에 따라 구성될 수 있었다. 전통적 진리론은 문장에 대응하는 사실이 인간과 독립하여 실재한다는 이론이다. 따라서 언어 의미는 그러한 진리론에 입각한 것이고, 윤리는 그러한 실재론에 입각하여 역사의 의미를 물었고, 가치의 실재를 추구하였다. 신 존재 증명을 시도하고, 자유나 결정론의 의미를 실재와의 관계 속에서 조명하고자 하였다. 지식론은 영원이나 실재의 진리에 대한 탐구였고 실재론의 질서 안에서 인간 능력의 회의주의는 어떻게 반박될 수 있는가를 주제로 삼았다. 전통적 윤리 문제들은 거대 이론의 모형을 이룬다. 언어 의미가 절대적으로 확정적이라면 작은 문제보다 큰 문제의 해결에 주목하는 것은 경제적이고 바람직한 것이기 때문이다.

그러나 진리론적 의미 이론이 힘을 잃고, 언어 공동체의 생활 양식이 언어 의미 구성의 유일한 방식이라면, 윤리적 문제의 구성 방식도 달라질 것이다. 아직도 전통적 윤리 문제의 심각성에 매달린다는 것은 그러한 문제들이 제기되는 바의 언어의 의미 구성 방식을 전통적 방식으로 수용한다는 것을 뜻하기 때문이다. 언어 의미가 주어지는 유일한 방식이 공동체의 삶의 방식을 통하여 주어진다면 윤리적 문제의 제기 방식이나 내용이 달라져야 할 것이다. 문제 제기가 공동체 문맥 안에서 이루어질 것이고 그러한 제기 방식은 문제들을 거대한 모습이기보다는 실질적이고 구체적인 내용으로 담게 될 것이다.

(가3) 언어 공동체의 담론 윤리학: 언어의 의미가 실재적이 아니라 공동체적이라는 하나의 이유만으로 윤리적 문제의 구성 방식은 많이 달라질 것으로 보인다. 형이상학으로서의 물리주의, 인식론으로서의 진리론, 가치론으로서의 자유론 등은 과거의 심각성을 유지하기 어렵게 되었다. 물론 아직도 그러한 문제들이 중요하다. 그러나 새로운 언어에 의하여 해석된 문제들일 것이다.

공동체적 언어가 제기하는 윤리적 문제는 담론적일 수밖에 없다. 과거의 윤리적 문제에 대한 접근은 논리적이었다. 언어가 하나라는 보편성의 믿음에 입각하였기 때문이다. 이것은 논리적 철학 논문 글쓰기가 생활에 충실하는 윤리적 담론의 글쓰기로 대치되어야 하는 이유를 구성한다. 담론 윤리학의 주제들은 거의가 공동체 관심의 주제일 수밖에 없다. 여가 · 평화 · 환경 · 여성 · 마음 · 우리 등의 주제를 떠올릴 수 있다.

물론 언어 공동체는 여러 가지로 규정될 수 있다. 특정한 시간의 특정한 공간에 의하여 규정되는 언어 공동체일 수 있다. 그러나 언어 공동체는 지구상의 공시적 언어 공동체일 수도 있고, 한 지역의 통시적 언어 공동체일 수도 있다. 따라서 지구의 통시적 언어 공동체일 수도 있다. 중요한 것은 언어가 공동체의 삶만큼이나 유동적이라는 사실이다. 윤리적 문제도 그러한 유동성을 가지면서도 전체 인간 공동체의 보편성을 가질 수 있는 것이다. 형이상학적 물음이나 가치 실재론이 유의미할 수 있는 근거는 그러한 문제들이 그러한 언어 공동체의 범위에 의하여 구성된다는 사실만이다.

한국의 학자들도 담론학에 대한 관심을 표명하고 있다. 윤평중[2]은 "행위 이론과 접합된 합리성 개념에 대한 논구를 기초로 해서 현실 진단과 미래 조망"에 대한 비판적 관심을 나타내고, 이정우[3]는 담론 철학을 "세계/인간의 관계 맺음의 근본 양태를 드러낼 수 있는 것"으로 이해한다. 그리고 이진우[4]는 도덕적 담론의 필연성과 가능성을 현실의 사회적 규범성에서 찾는다. "만약 우리가 살고 있는 현실이 사회적으로 구성되어 있고 또 사회는 규범적으로 구성되어 있다면, 우리는 이 규범을 산출하고 정당화할 수 있는 최소한의 객관적 가치와 원리를 전제해야만 하는 것은 아닌가?"라고 이진우는 물어 이의 긍정을 요구한다. 이들도 모두 철학 언어의 의미가 어디에서 오는가에 대한 물음에 의하여, 언어 의미의 원형을 담론에서 찾았다고 믿는다. 그러나 하버마스나 푸코의 전통에서는 담론 철학의 의미론적 근거를 올바르게 찾았지만 그 담론의 철학적 구조에는 관심을 갖는 것 같지 않다.

하나의 구체적 근거를 제시하고자 한다. 한국어에 '사랑'과 '애정'이라는 표현들이 있다. 두 표현은 동의어는 아니지만 외연적 등가 관계에 있다. 그리하여 사람들은 예를 들어 독일어의 'Liebe'를 둘 중 하나로 번역할 수 있다고 생각한다. 그러나 번역의 상황이나 철학적 개념 구성의 경우, 일반적으로 바람직한 후보는 '애정'이 아니고 '사랑'이다. '사랑'이 '애정'보다 더 한국어 담론적이기 때문이다. "김씨는 바둑이를 사랑한다"는 문장은 쉽게 말이 안 된다는 것을 알 수 있지만,[5] "김씨는 바둑이에 대해서 애정을 가지고 있다"가 말이 안 된다는 것을 판단하기 어렵다. 왜냐하면 '사랑'은 한국 일상 언어의 문법에 친숙하게 들어와 있기 때문이다. 그러나 '애정'은 그렇지 못하다. 보다 담론적인 표현들만이 말이 되는가 말이 되지 않는가를 판단할 수 있는 후보가

2 윤평중, 「담론이론의 사회철학」, 『담론이론의 사회철학』, 문예출판사, 1998, pp. 149–75.
3 이정우, 「담론학의 기본구도」, 『담론의 공간』, 민음사, 1994, pp. 222–26.
4 이진우, 「도덕적 담론의 구조」, 『도덕의 담론』, 문예출판사, 1997, pp. 131–45.
5 정대현, 「사랑의 인격성」, 『한국어와 철학적 분석』, 이화여자대학교출판부, 1985, pp. 116–23.

되기 때문이다. 담론적이 아닌 표현들은 말이 되는가 말이 되지 않는가를 판단할 기준을 가지기 어렵다. 담론적이 아닌 표현들일수록 전문적이거나 기술적일 수 있기 때문이다. 그리하여 담론적이 아닌 표현들로 이루어지는 윤리나 이론은 공동체의 생활 양식과 독립하여 있기 때문에 허황하다 해도 그 허황성을 판단하기 어렵게 된다. 담론적인 표현의 윤리는 과학적 가설처럼 쉽게 그 적합성이나 비적합성을 "말이 된다"나 "말이 될 수 있다"의 논리에 의하여 판별할 수 있다. 그러나 비담론적 표현의 윤리는 비과학적 가설처럼 그러한 판단을 내릴 근거를 가지기 어렵다.

(나) 윤리의 기준

(나1) 인간적 감동: 정윤철 감독의 영화 「말아톤」은 박미경 씨의 수기 『달려라, 형진아』라는 실화에 기초했다고 한다. 자폐증을 앓고 있는 형진이 때문에 어머니 박미경 씨는 물론 아버지와 동생이 무거운 멍에를 진 것으로 나타나 있다. 그러나 어머니는 많은 어려움 속에서도 아들 형진을 홀로 세우는 데 성공한다. 형진이가 잘하는 것을 도와 마라톤을 하게 한 것이다. 영화는 모성적인 것이 성한 사람보다 약자 관점을 우선한다는 사례를 보이는 것이었다.

이 영화의 감동은 어디서 오는 것일까? 담론적 시간 공간 안의 인간 공동체는 약자 우선적 세움의 이야기 구조라고 믿는다. 이러한 인간론에 대조되는 구조는 데카르트와 같은 이론적 논리 공간에서 인간은 원자주의적 실체라는 인간론이다. 여기에서는 인간 연대성의 감동보다는 원자적 개인 활동의 이론적 합리성이 유일한 평가 기준이 될 것이다. 지성적 작업을 필요로 할 때 이론 언어가 요구되지만 인간 윤리는 이론 언어가 아니라 담론 언어라야 한다고 믿는다. 윤리는 논리의 결이 아니라 삶의 결로 이루어지기 때문이다.

「말아톤」은 한편으로 인간적 감동을 주지만 다른 한편으로 아쉬움을 남긴다. 한편으로 어머니는 아들이 할 수 있는 일을 도와 마라톤을 하게 하였지만,

다른 한편으로 영화에서 '어머니'라고 불리는 사람은 어머니 이외의 역할을 선명하게 나타내 보이고 있지 않은 것이다. 그 여성은 어머니이기만 하고 어머니 이외의 역할은 없는 것으로 나타나 있다. 그러나 실제로 '어머니'라고 불리는 사람은 박미경 씨이고 이 여성은 그 수기를 쓴 작가이다.

어머니 역할 없이 그 수기가 가능했을까? 이 질문은 가능하지만 질문의 방향은 정당하지 않다. 위에서 시도하고자 하는 구분은 한 여성의 어머니 역할과 어머니 이외의 역할의 구분이 가능하다는 점이다. 이 구분은 정당할 뿐 아니라 요구된다. 어떤 여성도 어머니 역할에만 한정될 수 없기 때문이다. 어떤 여성도 어머니일 뿐 아니라 딸 · 언니 · 고모 · 조카 등의 혈연 관계의 역할을 가지면서 또한 직장 관계의 역할을 가져야 하고, 등산가 · 댄서 같은 취미 활동의 역할에 열려 있어야 한다. '어머니'는 한편으로 많은 사람들에게 인간적 감동의 아름다운 이름이지만, 다른 한편으로 많은 여성들에게 한 가지 역할에만 한정했을 때 그 감옥의 명칭이다.

(나2) 감사와 보람: 산다는 것은 무엇인가? 사람이 삶을 살 때 전형적으로 하는 일이 무엇인가? 어떤 사람은 심산유곡에서 명상과 수도를 하면서 속세와 등진 수신의 길을 갈 수도 있다. 다른 사람은 실험실이나 도서실에서 진리 탐구에 온 생애를 쏟을 수 있다. 그러나 수신이나 진리 탐구는 그 선택을 존중할 수 있지만, 전형적인 삶이라 할 수 있을까? 한 인생을 살면서 다른 사람으로부터 감사의 말을 한 번도 들어 보지 못한 사람의 삶은 어떤 구조를 가지고 있는 것일까?

대부분의 전형적인 삶은 더불어 사는 삶이다. 수신이나 진리 탐구의 삶도 더불어 사는 전형적인 삶의 문맥에 관련해서 의미를 획득한다고 믿는다. 삶은 논리적 공간에서 원자적으로 이루어지는 것이 아니라 인간 공동체의 시공 안에서 다른 사람과 더불어 관계를 맺는 것이다. 다른 사람과 더불어 사는 삶은 한편으로 멍에이지만 다른 한편으로 보람이다. 고기만을 제공하는 가축은 멍에를 메지 않지만 일을 하는 가축은 멍에를 멘다. 이 멍에는 고문의 장치가 아니라 더 많은 일을 할 수 있는 자비의 장치이다. 사람도 다른 사람과 관계를 맺지 않는 사람, 일을 하지 않는 사람은 멍에를 메지 않는다. 그러나 일을 하는 사람, 다른 사람과 관계를 맺는 사람은 멍에를 멘다. 일을 하는 가축만이 살아 있는 동안 감사를 받는 것처럼, 사람도 일을 하는 경우, 멍에를 메는 경우, 살아 있는 동안 보람을 경험한다. 삶이라는 것, 보람이라는 것은 성기성물(成己成物: 나를 이루는 것과 만물을 이루는 것은 맞물려 있다)의 경험일 것이다. 감사 없이 보람이 가능할까? 보람 없이 감사를 받을 수 있을까?

(나3) 윤리의 기준: 감동 · 감사 · 보람의 경험의 내용이 삶의 내용이라는 것을 인정할 수 있을 것이다. 윤리를 구성한다면 이러한 경험에 기초하여야 하지 않을까? 이 기준 말고 무엇을 윤리의 기준으로 삼을 것인가? 행복 · 공리 · 당위 · 실용 · 사랑 · 충효 등의 윤리 구성의 자료적 기준은 전통적으로 설득력이 있었다. 그러나 현대 사회의 윤리는 보다 투명하고 사람들의 삶에 착근되어 있는 논리에서 설득력을 요구한다고 믿는다.

그러나 감동 · 감사 · 보람의 경험은 어떤 종류의 경험일까? 이들은 너무 일상적인 것이 아닐까? 이들이 윤리적 문맥에 시사하는 구조는 무엇일까? 이 경험들의 전형적 구조가 있다면 그것은 무엇일까? 깊은 감동의 문맥은 무엇인가? 어떤 사람으로부터 진정한 감사를 받는가? 무엇에서 삶의 보람을 체험하는가? 사람마다 다른 보고들이 들어올 수 있다. 그러나 이 문맥에서는 '약자 세움의 활동'이 한 후보가 아닐까? 이 후보를 수용할 수 있다면, 감동 · 감사 · 보람은 인간의 일상적 경험으로 나타나는 단순한 정서가 아니라 인간 연대성의 그물망으로 진화하여 왔다고 추리할 수 있을 것이다. 이 그물망 없이 인간 사회는 얼마나 그 연대성을 유지할 수 있었을 것인가?

심산유곡의 도사는 심신을 닦을 때 무엇을, 어떻게 닦을 것인가? 도사는 신체적으로 홀로 살지만 사회적으로 세상 사람들 유형의 한 개항으로 살고 있는 것이다. 그러기에 이 도사는 닦아야 할 욕심·욕망·허영·거짓·위선을 그 마음에 가지고 있는 것이다. 도사는 인간 사회의 그물망의 한 지점으로 존재하면서 타자를 기억하고 타자에 의해 기억되는 존재이다. 도사는 그러한 기억들과 부단히 만나야 하고 수련의 목표에 도달하였을 때 타자에게 감동을 주는 것이다. 도사가 그러한 수련의 목표에 도달할 때 그 성취는 사람들의 유형의 한 개항으로서의 성취이다. 그러한 의미에서 그의 성취가 알려지지 않았다 할지라도 아무도 감사하지 않는다 할지라도 그의 성취는 보람의 경험일 것이다. 만일 그가 사람 유형의 개항이 아니고 원자적 존재라면 그의 성취는 산 속의 미풍에 지나지 않을 것이다. 성취도 보람도 없는 것이다.

대부분의 사람들은 자신이 해야 할 일을 한다. 해야 할 일을 하지 않는 사람은 '사람답지 않은 사람'이라 불린다. 그러나 해야 할 일을 한다고 해서 '사람다운 사람'이 되는 것은 아니다. 해야 할 일은 사람다운 사람이 되는 필요조건이지 충분조건은 아니기 때문이다. 그러나 사람들이 해야 할 일을 할 때 무엇을 하는가? 사람들은 어떤 종류의 일을 하건 간에 해야 할 일을 할 때 자신이 타자와 관계를 맺는 그물을 만든다. 사람들은 따라서 자신의 필요·욕망·환경에 따라 여러 가지 다른 종류의 그물을 친다. 이 그물은 인간 사회 안에서의 그물이기 때문에 타자들과 관련을 맺지 않을 수 없다. 그물망에 나타나는 사람들은 강자일 수도 있고 약자일 수도 있다. 그러나 어떤 목표를 향한 그물이어야 할 것인가? 생산성·명예·돈 등 여러 가지 목표를 선택할 수 있다. 그러나 여기에 윤리가 안 들어올 수 없다면 그것은 감동·감사·보람의 조건을 만족하는 그물망이어야 한다. 그것은 '약자 세움의 활동'이다.

(다) 약자 관점의 우선성

(다1) 약자는 누구인가: 구체적 문맥에서 사람들은 누가 강자인가를 안다. 예를 들어, 기자들은 약자보다 강자에 관심이 많다. 직업상 누가 정보를 가지고

있는가에 민감하고 권력 없는 사람보다 권력 있는 사람에게 정보가 많기 때문이다. 기자만 그러할까? 모든 사람이 그런 것이 아닐까? 갓난아기조차 그렇다고 한다. 아기도 약자보다 강자에 관심이 많다는 것이다. 추남보다 미남이 강자라고 믿는다. 아기들도 추남보다 미남에 눈길을 많이 준다. 추남보다 미남이 그가 속한 공동체 성원들의 신체적 평균치에 가장 가깝다는 것이다.

누가 강자인가를 알아야 하는 까닭은 동물 세계나 인간 세계에서 살아남기 위한 생존 문법이기 때문일 것이다. 그러나 약자는 누구인가? 갓난아기가 눈길을 주지 않은 사람인가? 그가 눈길을 주지 않았다면 그가 약자라는 것을 어떻게 알 것인가? 갓난아기는 추남이므로 눈길을 주지 않은 것이 아니라 미남이 아니므로 눈길을 주지 않은 것이 아닌가? 추남은 관심 밖의 일이므로 누가 추남인가를 알기 어렵다. 약자도 마찬가지이다. 약자는 관심 밖의 일이므로 누가 약자인가를 노력하지 않으면 알기 어렵다.

약자는 아픔을 겪는 자이다. 인간 조건의 부정성을 체험하는 자이다. 이 아픔의 체험은 사물적 관찰의 대상이 아니므로 노력하지 않으면 알기 어렵다. 부정성 체험은 일반적으로 나타나는 경우의 범주가 있다. 갖지 않는 자, 피통치자, 피권력자, 소수자, 비주류자, 외국인 노동자, 변방인 등이다. 소위 민중이다. 그러므로 이 범주는 약자의 규정적 범주일 수는 없다. 규정적 범주로 간주하는 사람들은 이 범주를 실체론적으로 접근하는 것이다. 그러나 이 범주는 약자를 찾기 위한 절차적 통로이다.

(다2) 부정의 제거라는 그물: 나는 모든 사람을 사랑할 수 없다. 많은 사람을 사랑할 수도 없다. 두 가지 이유에서 그렇다. 첫째, 나는 시간도 충분하지 않고 감정도 충분하지 않다. 나는 유한하기 때문이다. 많은 사람, 모든 사람을 사랑한다는 것은 자원의 최소 확보를 필요로 하지만 그렇게 확보된 자가 얼마나 될 것인가? 둘째, 사랑은 명령될 수 있는 것이 아니다. "그 사람은 네 이모가 아닌가? 좀 좋아해 봐라!"라는 명령도 가능하지 않다. 피명령자가 자율적

으로 수행할 수 있는 행위에 대해서만 명령할 수 있기 때문이다. '좋아한다'라는 술어로 지칭되는 행위는 주체자가 원하면 자유 의지로 수행할 수 있는 종류의 행위가 아니다. '사랑'은 더욱 그러하다.

그러나 내가 만나는 교통 사고의 모든 현장에서 내가 할 수 있는 일을 하고자 한다. 다른 사람들과 더불어 또는 혼자 전화를 하거나 피해자를 도와 고통을 최소화하고자 한다. 물론 여기에서도 모든 상황에서 실제로 참여하게 되지는 않는다. 게으름 · 부주의 · 소극성 · 분주함 등의 핑계나 주변적 상황이 있는 것이다. 부정의 제거는 명령될 수 있고 내가 할 수밖에 없는 그러한 종류의 행위라는 것은 사회가 합의하는 고통 제거의 우선 순위에서 앞서 있기 때문이다. 그러나 사회 성원들의 행복의 순위는 쉽게 합의하기 어렵다. 사회공학에서의 고통 제거의 논리와 행복 증진의 논리의 비대칭성은 과학 가설 탐구에서 거짓 제거의 논리와 진리 확정의 논리의 비대칭성과 맞물려 있다고 생각한다.

그렇다면 "윤리란 부정 제거의 그물망"이라는 명제는 음미할 만하다. 나는 개인적 나와 공동체적 나로 구분될 수 있을 것이다. 윤리는 공동체적 내가 약자를 향한 바람직한 관계의 논리라고 믿는다. 이러한 구조에서 약자의 부정성, 이를테면, 거짓 · 슬픔 · 불쾌 · 고통 · 불행의 조건을 극복하고자 노력하는 것이다.

(다3) 윤리 방법의 정당화: 윤리는 강자들의 관계 논리이기보다는 약자들을 향한, 약자들간의 논리로 구성되어야 한다. 강자들간의 관계 논리는 강자들의 이익의 보존과 확장을 위한 행위 지침의 합의일 뿐 윤리라 할 수 없다. 강자들의 합의는 강자들의 행위가 예속되고 평가되는 약속이지만 보다 넓은 인간 공동체나 역사 공동체에 갖는 도덕적 함축은 갖지 않는다.

그러나 약자에 초점을 둔 인간 관계의 논리가 윤리인 것은 보편적 인간 공동체를 향한 도덕적 함축을 갖는다. 인간 공동체가 보존되고 발전하는 방향으로부터의 논리이다. 초점이 약자이기 때문에 강자는 윤리로부터 벗어나고자 하고 약자는 윤리를 지키려 하는 경향성을 갖는다. 강자는 윤리적이 아니어도 살아남을 수 있지만 약자는 윤리적이어야 생존할 수 있기 때문일 것이다. 그래서 윤리를 '노예 도덕'이라 비판하는 자도 있다.

약자는 단수적이기도 하지만 복수적이기도 하다. 특히 윤리 방법론의 관점으로부터 약자는 복수적 단위라고 생각한다. 부정성의 경우들은 개항적으로가 아니라 유형적으로 평가되어야 하기 때문이다. 이를테면, 불편 · 불쾌 · 불행 · 억울 · 원한 · 한 · 고통 · 슬픔 등의 부정성 체험은 무전제적 개항적 차원에서 상대 평가하기보다는 한 유형에 속하는 한 개항의 차원에서 상황적 문맥의 고려를 도입하여 상대적으로 평가될 수 있어야 하기 때문이다.

이러한 윤리 방법론은 어떻게 정당화될 수 있는가? 이것은 일반적으로 말하여 과학 방법론의 선험적 정당화와 비슷한 형식을 취한다고 생각한다. 첫째, 약자 개별자들은 약자이지만 총체적 유형의 구조에서는 최후의 평가자라고 생각한다. 지금 여기의 현존적 약자는 지금 여기의 현존적 강자에게 흔히 짓밟히고 있다. 그러나 현존적 약자들은 그 부정성의 공유로 역사 발전의 논리와 방향을 결정하면서 총체적 유형을 이루어 역사적 단계들과 그 단계들의 사건이나 행위를 평가한다. 그러나 현존적 강자들은 그에 유사한 총체적 유형을 가질 수 없다. 현존적 강자들이 간과하는 역사의 논리는 바로 이 지점이라고 믿는다. 현존적 강자들은 흔히 약자들에게서 현존적 약자만을 인식할 뿐 자신을 평가하게 될 총체적 유형의 약자, 궁극적 평가의 주체자를 인식하지 못하는 것이다.

둘째, 부정의 제거를 통해 보다 나은 사회로 갈 수 있다. 이 믿음은 너무 소박한 것이 아닐까? 너무 낙관적인 것이 아닐까? 그러나 개과천선의 사회공학은 자연과학의 방법론과 같은 논리를 가지고 있다. "거짓 가설을 통해 진리에 더 가까이 간다"는 것이다. 그렇다면 과학이 실재적 낙관론을 갖는 것만큼 인간 윤리도 실재적 믿음을 갖는 것이다. 이 낙관론은 초월적이기보다는 내재적으로 기초되어 있다는 점에서 선험적 구조를 갖는 것이다. 인간의 윤리적 경험은 내재적 언어의 논리로 규정된다는 것이다.[6]

6 민중 개념 그리고 약자 관점의 개념적 우선성에 대해서는 다음 장인 제7장 「민중 개념의 실학적 분석」을 참조.

제7장

민중 개념의 실학적 분석: 약자 관점의 우선성

(가) 민중이 역사의 주체이다

"민중이 역사의 주체이다." 이 명제는 사실적 명제인가? 당위적 명제인가? 둘 다 아니라고 생각한다. 이것은 특정한 개념 체계를 수용한다면 필연성이 수반되는 개념적 명제라고 믿는다. 지금과 같은 한국 일상 언어 체계를 수용한다면 이 체계가 함축한다고 생각하는 이 명제의 개념적 구조를 조명하고자 한다. 이 명제를 받아들여야 할 하나의 언어적 논리를 제시하고자 한다. 이 명제의 필연성은 어떤 다른 방법으로써 확보되는 것이 아니라 한국 일상 언어 그물망의 설득력 있는 개념 조명으로써 인식될 것이다. 어떻게 그러한 설득력을 이 명제가 가질 수 있는가? 설득력에 도달할 수 있는 이 명제의 문제성은 무엇인가? 그러므로 "민중이 역사의 주체이다"라는 제1명제는 보다 그 문제성이 노출되도록 바꿀 수 있다: "수동적 민중이 역사의 능동적 주체이다." 이러한 제2명제가 제1명제의 내용을 유지하면서 제1명제의 설득력을 보일 수 있는 문제 구조를 노출하고 있다고 보인다. 그러면 문제는 '수동적 민중'과 '역사의 능동적 주체'를 잇는 연결 고리를 찾는 일이 된다.

민중에 관한 1970~80년대의 많은 논의들은 다행하게도 이 연결 고리를 찾는 일에 집중하고 있다고 생각한다. 이 장은 그러한 선행 작업을 어느 면에서 비판하면서도 근본적인 주제나 연결 고리의 모색이 문제라는 시각의 시사를 여기에서 얻고 있다. 연결 고리들은 여러 가지로 구분될 수 있겠지만 편의상 세 가지로만 대별하고자 한다. 의식, 정치 참여, 그리고 혁명의 세 고리들이다. 연결 고리로서의 의식화 모형은 수동적 민중을 의식화함으로써 역사의 능동적 주체로 변환시킬 수 있다(한완상 27-33; 김인회 241-42)는 것이다. 정치 참여 모형은 민중이 역사 실재의 중요한 양상에서 소외될 때 수동적 민중이고 여기에 참여하게 될 때 능동적 주체가 된다(조광 290; 안병영 118)는 관점이다. 그리고 혁명 모형은 프롤레타리아 또는 노동자 계급의 인민이 강화되어 대항 계급에 대하여 혁명을 완수함으로써 주체가 된다(카를 마르크스)는 시각이다. 앞의 두 모형과 마지막 모형엔 차이가 있다. 전자는 체계 안에서 점진적 개선의 구조를 가지는 연결 고리임에 반하여 후자는 단절적 성격의 변환을 추구한다. 후자는 혁명 또는 단절의 개념을 도입하는 점에서 엄밀한 의미로 말하여 연결 고리라 하기가 어려울 수 있다. 이러한 연결 고리로서의 세 모형에 대해 여러 가지 변주곡이 가능할 것이다. 이런 저런 요소들을 삽입, 연결, 또는 조정해 볼 수 있을 것이다. 이들이 선택한 설명의 장에서의 매력에 따라 그만큼 설득력을 갖는다고 생각한다.

그러나 이 모형들은 적어도 두 가지 점들을 설명할 수 있어야 한다. 첫째, 연결 고리에 이어지기 전의 수동적 민중은 무엇인가라는 물음이다. 연결 전의 민중은 이 모형들에 의하면 비참하고 피해자이긴 하지만 무능하고 무식하고 자기의 이름이 민중이라는 것도 모르는 안타까운 존재로 남는다. 또는 더 혹독하게 말하여 연결 전의 민중은 아무것도 아니고 무시될 만하고 아무 데도 소용이 안 되는 존재에 불과한 것일 수 있다. 이 모형들의 연결 고리의 구조에 의하면 이것보다 더 혹독하게 나아갈 수 있다. 거의 자기 모순적인 명제까지 이 민중들은 감수해야 한다: 고리에 연결되기 전의 민중들은 역사의 주체가 아니다. 그러나 누가 감히 이러한 민중들에게 “당신들은 연결 고리에 이르기 전에는 역사의 주체일 수 없다"라는 가혹한 심판을 할 수 있겠는가? 어떠한 이론이 이러한 민중들을 역사로부터 소외해 버릴 수 있는가? 어떠한 연결 고리라 할지라도 이러한 민중들을 역사 주체의 범위에서 제외하는 결과를 수반한다면 그 연결 고리는 재고되어야 할 것이다.

이 모형들이 설명하여야 하는 둘째 과제는 수동적 민중, 연결 고리, 지성인이라는 삼자의 관계는 무엇인가라는 물음이다. 세 모형들이 전제한다고 생각하는 수동적 민중과 연결 고리의 구조에 의하면 수동적 민중은 스스로 연결 고리에 연결될 수 없는 것으로 나타나 있다. 그리고 지성인의 개념과 그 역할이 도입되어서야 민중은 그 고리에 연결되리라는 것이다. 그리고 지성인은 세 모형에서 민중이 아닌 것으로 간주된다. 만일 이러한 관계들이 세 모형에서의 삼자의 관계라면, 민중은 지성인에 의해 이끌어지고 고리에 맺어진다면 역사의 주체는 누구인가가 분명하다. 고리에 연결된 민중은 예의상 역사의 주체라고 말하여지는 것일 뿐 실제상 역사의 주체는 지성인이 된다. 그렇다면 이러한 두 가지 물음들에 대하여 세 모형들이 설득력 있는 해명을 할 때까지는 이들의 연결 고리의 기능은 의문스러운 것으로 보인다. 물론 이 비판은 앞의 두 모형에서의 "의식화나 정치 참여가 민중에게서 발생하여야 한다"라는 주장에 대한 비판이 아니다. 결론에서도 이 주장은 수용될 것이다. 비판은 두 모형의 연결 고리로서의 기능이 개념적으로 미흡하다는 점이다.

그러므로 과제는 '수동적 민중'과 '역사의 능동적 주체' 사이의 연결 고리가 적어도 위의 두 문제를 설득력 있게 설명하는 차원에서 어떻게 구성될 수 있는가라는 점이다. 그러한 연결 고리를 실학의 논리에서 찾고자 한다. 그렇다면 제2명제는 "수동적 민중은 실학의 논리 안에서라야 역사의 능동적 주체로 된다"라는 이 논문의 보다 구체적인 논제로 전환된다. 이러한 제3명제의 지지를 통해 제2명제와 제1명제의 개념적 구조가 파악될 것으로 믿는다. 그러므로 이 논문은 제3명제의 확립을 위하여 수동적 민중의 존재 구조를 살피고 실학 논리의 체계를 소개하여 후자로써 전자가 파악될 때 역사의 능동적 주체가 성립한다고 주장하고자 한다.

왜 새삼스런 민중론인가? 민중이 역사의 주체라는 제1명제에 의해 파악되는 민중론은 여러 가지 방식으로 사용될 수 있다. 다양한 목적에 기여할 수 있다. 그러나 여기에서 보는 보다 큰 의의는 세 가지로 지적될 수 있다. 하나는 민중 개념이 대안적 인간론에서 차지하는 자리이다. 전통적 인간론은 자유·정의·무심·영혼·사주팔자 등의 핵심적 개념에 정초한 것이었다. 이들은 역사 발전의 각 단계에서 소정의 임무와 기여를 하였다. 그러나 역사의 현재적 단계에서 아직 이 개념에 묶여 있을 필요가 있는지는 의문이다. 이제는 모두가 온전성을 향하여 자기를 표현할 수 있어야 한다고 믿는다. 결핍으로부터의 자유, 소극적 자유가 아니라 자기의 온전성의 성취라는 적극적 자유를 추구할 수 있어야 한다. 그러나 이러한 인간론에서 중요하게 간과되는 주제가 민중이라고 생각한다. 민중이 역사의 주체인 인간론이라야 한다고 믿는다.

민중론의 둘째 의의는 이것이 현대 사회의 철학적 기초를 시사하면서도 이것이 한국의 전통 사상의 맥락에 닿아 있다는 점에서 찾아진다(조동일 102-22). 전통적 사상에서 민중을 바라보는 시각은 크게 두 가지로 대별될 수 있을 것이다. 하나는 위민(爲民)·안민(安民)·제민(濟民)·훈민(訓民) 등 긍정적으로 보거나 항민(恒民)·원민(怨民)·호민(豪民) 등 부정적으로 보거나 간에 다스림의 대상으로 보는 시각이다. 다른 하나는 인즉천(人卽天), 민의 인심지천심(人心之天心)·추인측천(推人測天)·민주·민본으로 보아 다스림의 구심점 또는 하늘 이치의 지상 외현으로 보는 시각이다. 민중 개념의 이러한 두 번째 시각의 구조가 밝혀지기 위해 아무리 서투르다 할지라도 진지하게 시작할 만하다.

민중 개념 논의의 셋째 의의는 이것이 인접 분야에 가질 수 있는 함축에서 찾아진다. 문학과 예술 등의 인문 분야에서는 민중이 역사의 주체이므로 민중 체험에 대한 바르지 못한 시각과 바른 시각의 갈등의 표현을 통하여 가능 세계의 표상이 이루어질 수 있을 것이다. 유토피아를 꿈꾸고 왕자를 기다리는 신데렐라적 기다림도 중요하지만 민중의 고난에 동참하는 인문적 시각의 우선성이 요청된다(안병무 151-194; 김용복 369-389). 또한 사회과학에는 보다 밀접히 관계한다고 보인다. 사회과학의 계량적 자료에 대한 해석에 가치가 들어올 때 공산주의 같은 폐쇄적 가치나 인본주의 같은 일반적 가치보다 민중 개념이 보다 구체적이고 해방적 가치를 제시할 수 있다고 보인다(한완상 11-16; 한상진 155).

(나) 수동적 민중

수동적 민중은 어떻게 규정될 수 있는가? 이러한 규정을 위해 두 개의 모형을 고찰해 볼 수 있을 것이다. 첫째는 계층 모형이라 부를 수 있는 그러한 접근 방식이다. 많은 학자들은 민중의 중요한 특징으로서 억압 · 착취 · 고난 · 소외 · 열악 · 비특권 · 피지배 · 저소득 · 무교육 등을 언급한다. 이 성질들이 낱개로나 또는 둘 이상이 합하여 민중 개념의 필요조건을 이룬다는 식으로 말하는 사람도 있고 또는 그 충분조건을 구성한다고 생각하는 이도 있다. "민중은 그러한 성질을 갖는다"라고 말할 때 그 필요조건적 시각에서 보는 것이고(김주연 76; 안병직 20), "그러한 성질의 조건하에 있는 사람들이 민중이다"라고 할 때 충분조건적 시각을 취하는 것이다(정창열 158). 그리고 대부분의 사람들이 두 개의 시각을 결합하고 있을 때 위의 특징들은 민중 개념의 필요충분조건이 된다(김종철 46). 그리고 편의상 계층 모형에 포함시키고자 하는 하나의 고려는 민중을 지역 문화적 개념으로 보고자 하는 시각이다. 이것은 한국적(이만열 73)이거나 동양적(송건호 19-20)인 실체의 개념이어서 그러한 지역 역사의 문맥에서 정확하게 파악될 수 있다는 것이다.

민중 개념을 규정해 볼 수 있는 둘째는 " '정도(程度) 모형' 이라 이름할 수 있는 것이다. 여기서 부정(否定)이란 개념을 도입한다. '부정' 은 고통이나 불편을 결과할 이유로서의 모든 외연의 이름으로 파악할 수 있을 것이다. 그렇다면 부정은 존재론적 거짓과 인식론적 허위로부터 육체적 고통과 정신적 고통을 포함한다. 그리고 고통의 절박한 순서에 동의할 수 있다면 신체 · 경제 · 정치 · 사회 · 문화 · 교육 · 종교 등의 분야에서의 결과된 고통을 중심으로 부정성의 정도 개념을 도입할 수 있을 것이다. 부정성의 정도 개념이 가능한 까닭은 다음 절에서 보다 자세하게 다루겠지만, 어떤 사회가 행복의 조건이 무엇인가에 합의하기는 어렵지만 불행의 조건이 무엇인가에는 보다 용이하게 합의할 수 있기 때문이다. 그러면 부정성의 정도가 최대 절대치 1과 최소 절대치 0 사이에서 나타난다고 하자. 민중은 다음과 같이 정도의 개념으로써 규정될 수 있을 것이다: 한 개인의 부정성이 1에 가까울수록 그는 더 민중적이고 0에 가까울수록 덜 민중적이다. 그렇다면 어느 누구도 부정성의 가치를 0으로 갖지는 않는다고 생각되므로 1에 가까운 사람일수록 민중의 핵심에 가까이 있고 0에 가까울수록 민중의 가장자리에 있는 존재가 될 것이다. 이렇듯 민중을 정도의 개념으로써 파악할 때 기술적으로는 모든 사람들이 포함되어 "누가 민중인가"의 물음이 공허하게 되어 애매모호하게 들릴 수 있다(백낙청 13-14). 또는 인간 생명의 담지자(김지하 486)는 다 포함되는가라는 의문이 생길 수도 있다. 그러나 정도 모형에서 강조하고자 하는 것은 민중 개념은 외연적으로가 아니라 부정성의 정도에서 파악하자는 것이다.

계층 모형과 정도 모형은 각기 장단점들을 교환하여 가지는 듯하다. 첫째, 계층 모형은 민중과 비민중의 외연이 선명하고 그 내포가 주는 직관적 설득력을 갖지만, 정도 모형은 모두가 민중이므로 독재자 · 재벌도 민중에 포섭되어 민중 개념의 홍미를 상실하는 듯하다. 둘째, 계층 모형은 민중과 비민중이 나누어지는 경계가 기능적 계층이 아니라 실체화된 계층이라는 특성 때문에 지성인이 민중에 참여하는 개념적 장치를 설정하는 데 어려움이 있다면, 정도 모형은 핵심적 민중과 주변적 민중과의 관계가 정도적이므로 지성인의 핵심 민중에의 참여가 개념적으로 용이하다.

그렇다면 두 모형에 대해 어떤 입장을 취할 수 있는가? 둘 중에서 하나를 선호할 만한 논의를 제기할 수는 없을까? 그런 하나의 논의를 탐색해 보고자 한다. 이 논의를 시작하기 위하여 두 가지 종류의 사회가 어떤 관점으로부터 구별될 수 있을 것이다. 민중이 이미 역사의 주체인 사회와 민중이 아직 역사의 주체가 아닌 사회로 구분될 수 있다. 이것은 사실적으로 있는 사회의 구분도 아니고 현실적으로 어떠하다는 구별도 아니라 가능한 사회의 모형으로서의 구분이다. 현실적으로 이루어질 수 있는 사회들의 구별이다. 이미 주체인 사회를 '이'라 부르고 아직 주체가 아닌 사회를 '아'라 부를 수 있겠다.

그러면 "민중은 역사의 주체이다"라는 제1명제가 두 사회에서 어떻게 사용될 수 있는가를 살펴보도록 하자. 〈이〉 사회에서 제1명제는 어떻게 사용되는가? 이 물음에 대해 다음과 같이 답할 수 있다. 제1명제는 그 사회에서 사실을 서술하거나 보고하는 명제로 이해된다. 제1명제는 그 사실성과 진리성이 부단히 위협받을 수 있으며 따라서 그러한 위치를 방어 유지하기 위하여 〈이〉 사회의 민중이 노력하여야 한다. 여기에 대하여 〈아〉 사회에서는 제1명제가 다음과 같이 사용될 것이다. 〈아〉 사회에서 제1명제는 대응하는 사태를 가지고 있지 않다. 그 명제는 여기에서 사실의 서술이기보다 당위의 처방으로 사용된다. 이 명제는 〈아〉 사회에서 참인 것으로 실현되기 위하여 〈아〉의 모든 민중이 힘을 모아 경주해야 한다.

표면적으로 계층 모형과 정도 모형이 민중 개념을 위한 대칭적인 것들로 보이듯이 얼핏 보아 〈이〉 사회와 〈아〉 사회도 제1명제에 대하여 대칭적인 것으로 보인다. 그러나 두 사회에서의 제1명제 사용 방식의 차이를 자세히 음미해 볼 수 있을 것이다. 이러한 음미를 통해 나타나는 두 모형들간의 첫째 차이는 이것이다. 계층 모형에 의하면 〈아〉 사회에서는 민중 개념의 특징을 만족시키는 계층의 사람들, 즉 민중들이 존재하지만 〈이〉 사회에서는 민중은 존재하지 않는다. 〈이〉 사회는 이미 민중이 역사의 주체이므로 억압 · 착취 · 피지배 등의 특징을 만족할 계층이 없어졌기 때문이다. 계층 모델이 〈이〉 사회에 대하여 갖는 구조 때문에 어떤 학자들은 민중 개념이 잠정적이며 과도기적인 개념일 것이라는 점을 시사하기도 하였다. 고난의 시대에 사는 사람들은 현실 순응을 거부하고 인간적 삶이라는 목적을 지향한다는 것이다(김주연 85; 유재천 130). 실제로 계층 모형에 있어서 압박 · 피지배 같은 성질들을 민중 개념의 필요조건 또는 필요충분조건으로 규정하는 어떠한 입장도 〈이〉 사회가 도래할 때 민중은 소멸된다고 말해야 한다. 그러나 정도 모형에 의하면 민중은 〈아〉 사회에서 존재하고 〈이〉 사회에서도 건재한다. 민중은 부정성의 정도에 의한 개념이고 어떠한 사람도 부정성을 0으로 갖지는 못하기 때문이다.

첫째 차이에 의하면 정도 모형을 선호할 이유가 선명하게 보이지 않는다. 그러나 이것은 둘째 차이로 유도한다. 계층 모형에 의하면 〈이〉 사회에서는 민중이 증발하였으므로 "민중이 역사의 주체이다"라는 명제가 거짓은 아니지만 적어도 공허한 명제가 된다. 계층 모형의 아이러니는 제1명제가 〈아〉 사회에서 아직 실현되지 않았기 때문에 당위이다가 〈이〉 사회가 되면 실현되었으므로 공허하게 된다는 것이다. 민중은 〈이〉 사회에서 민중은 아니고 이제 시민이나 공중이 되었을 것이므로, 제1명제는 "공중이 역사의 주체이다"라는 식으로 수정하는 입장이 된다. 〈아〉 사회에서는 당위적이고 필연적인 제1명제가 〈이〉 사회에서는 공허하고 파기되어야 할 명제가 된다는 것이다. 〈아〉 사회에선 피보다 귀한 제1명제가 〈이〉 사회에선 내용 없고 탈시대적 명제가 된다는 것이다. 그러나 정도 모형에서 제1명제는 〈이〉 사회나 〈아〉 사회에 따라 사실적 명제나 당위적 명제로서 약간의 차이가 있는 기능을 하지만 근본적으로 〈이〉 사회에서도 부단한 위협으로부터 지켜져야 하는 필연 명제로 남는다. 제1명제에 대한 이러한 인식의 차이는 정도 모형을 선호할 만한 근거가 된다고 생각한다.

두 모형 중의 선택을 위한 논의를 두 가지 더 첨가할 수 있다. 하나는 '미끄러운 비탈' 논법으로 알려지는 구조를 갖는다. 계층 모형에 대해서 민중인 사람과 민중이 아닌 사람을 어떻게 나눌 수 있는가를 묻는다. 착취 · 소외 · 피지배 등을 나열할 것이다. 그러면 한 사회나 국가 또는 세계의 모든 사람을 일렬로 세우고 어디까지 소외된 사람이고 누구부터 아닌가라고 물을 수 있다. 미끄러운 비탈에서 산은 어디부터 시작되고 들은 어디에서 끝나는가라는 물음을 물을 수 있는 것과 같다. 압박이나 소외라는 성질은 산이라는 성질처럼 정도의 성질, 즉 상대적 성질일 뿐 정직이나 삼각형처럼 절대적 성질이 아니다. 그렇다면 민중과 비민중의 두 대립 개념은 어떤 절대적 성질에 의해서라야만 구분될 수 있을 것이고 상대적 성질에 호소해서는 구별되기 어려울 것이다. 그러나 정도 모형은 그러한 어려움을 구조적으로 피하고 있다.

선택을 위한 마지막 논의는 '잉여 논의'라 불릴 수 있는 것이다. 민중이 역사의 주체라는 제1명제는 정도 모형에 있어서 외연적으로 모든 사람이 민중에 포함되므로 역사의 주체 밖에 남는 잉여 인간이 없다. 그러나 계층 모형에서는 가진 자와 못 가진 자 사이에 이도 저도 아닌 그러한 잉여 인간이 있다. 그러한 잉여 인간이 역사의 진행 과정에서 어떠한 위치를 차지하는가가 설명되어야 한다. 그러한 잉여 인간과 민주와의 관계가 보여져야 한다. 두 계층의 완전한 단절은 있을 수도 없고 있어 오지도 않았다. 소위 중간 계층은 더욱 커져가고 있다. 잉여 집단은 무시할 만큼 무가치한 집단이 아니며 그리고 현실적으로 그 집단이 차지하는 위치가 어떠한 방식으로든 부여되어야 할 것이다.

이제 수동적 민중의 존재 구조를 파악하는 데 있어서 정도 모형을 선호할 근거를 하나 갖게 되었다고 생각된다. 이것은 강력하지는 않지만 상대적으로 아직은 그러한 고려들에 의해 더 낫지 않는가 생각된다. 그러나 이 모형에 의해 파악된 민중의 수동적 구조는 정확하게 무엇이라 지적할 수 있는가? 계층 모형에서는 민중의 수동성을 지배층의 피지배층에 대한 조작 가능성에서 파악할 것이다. 그러나 정도 모형에서는 다음과 같이 밝혀 볼 수 있을 것이다. 억압 · 착취 · 소외 · 고난 등의 부정성을 1에 가깝게 갖는 더 민중적인 사람들, 즉 핵심적 민중들은 자연적인 조건 밑에서 대부분의 경우 자신들이 역사의 주체인 민중의 하나라는 것을 모른다. 그들은 역사의 지평에서 자신들을 위하여 무엇을 원해야 하는가를 알지 못할 뿐 아니라 역사 자체가 어떠한 방향으로 어떻게 움직여 나가야 할 것인가에 대한 생각을 과거에도 하지 않았고 현재에도 하지 않으며 어느 정도의 미래에도 하지 않을 것이다. 민중의 수동성이라는 것은 그러한 핵심적 민중의 역사 지평에 대한 의식의 부재를 지칭한다. 이제 수동적 민중의 개념을 얻었다고 할 수 있다면 남은 문제는 이러한 수동적 민중이 어떻게 역사의 능동적 주체일 수 있는가를 밝히는 일이다. 이를 위해 먼저 실학의 논리를 관찰하여 보겠다.

(다) 실학의 논리

실학의 논리에 대하여 논의한 실학자들이 많이 있지만 최한기는 그중 이 주제에 대하여 비교적 집중적인 저술을 남기고 있다. 여기에서 그의 입장의 구성을 요약하여 보고자 한다.[1] 최한기는 실학을 구성하는 두 가지 중요한 논리적 요소를 드러내기 위하여, 양자를 '실명론(實名論)'과 '추측론(推測論)'이라는 이름으로 책을 두 권 저술하였다. 이들은 현대어로 말하면 진리 의미론과 과학 방법론이라 생각된다. 논리란 것을 한 체계의 명제들간의 어떤 질서라고 한다면 실학은 그런 실명론과 추측론에 의하여 이 세계와 사회에 적합하면서 효과적인 탐구의 방법을 제시함으로써 얻어지는 명제들간의 질서를 보인다는 것이다. 실명론과 추측론을 차례로 검토해 보자.

실명론은 현대 철학의 관점에서 보면 언어 철학이다. 언어의 의미가 무엇인가에 대한 최한기의 이론이다. 최한기는 언어를 '명'으로 지시하고 이 언어에 의미를 부여하는 의미 기반을 '실'이라 불렀다. 그러면 실이란 무엇인가? 이 개념에 대한 설명적 단어들은 실사(實事)·실제(實際)·실질(實質)·실무(實務)·실용(實用)·실효(實效)·실리(實利)·사무(事務)·내용(內容) 등이다. 이들은 현대어의 한 단어로 요약될 수 있는 것은 아니라고 생각한다. 이들은

1 제4장 「체계의 선택과 실학적 방향」 참고.

일반적으로 명을 빈 것 또는 공허한 것이 아니게 하는 그러한 것들이다. 그러므로 명이 그러한 실을 갖지 않을 때 '비었다' 또는 '공허하다'라고 한다. 물론 실학자들은 경우에 따라 "명이 실사를 가질 때 실하다"라는 식으로 말하기도 한다. 실이 두 가지 의미로 쓰이고 있는 것이다. 첫째는 실이 명의 대칭 개념으로서 양자는 한 관계의 두 명사로서 쓰인다. 둘째는 실이 공허의 대칭 개념으로서, '공허'가 명의 첫째 의미의 실을 갖지 않을 때 갖는 성질의 이름임에 반하여 여기에서의 '실'은 명이 첫째 의미의 실을 갖지 않을 때 갖는 성질의 이름으로 사용된다. 그러나 여기에서 '실'은 첫째 의미로서만 사용하고 '공허'와 둘째 의미의 '실'에 대해서는 '불통(不通)'과 '통(通)'이라는 단어로써 대치하고자 한다. 그러면 명은 실을 가질 때 통이고 갖지 않을 때 불통이다. 통과 불통이란 명이 가질 수도 있고 잃을 수도 있는 성질의 이름이고 실은 명으로 하여금 그러한 성질을 갖게 하기도 하고 잃게도 하는 사태이다.

그러면 실과 명은 어떠한 관계에 있는가? 방금 '갖는다'라는 단어를 사용하여 양자가 소유주와 피소유주의 관계에 있는 것처럼 말하였다. 그러나 '갖는다'는 하나의 은유일 뿐 관계에 대한 정확한 규정일 수 없다. 그러나 또한 통과 불통이라는 통의 개념을 사용하였다. 즉 실과 명의 관계는 통의 개념에 의해 규정될 수 있다고 보인다. 이제 문제는 통의 개념을 어떻게 보다 구체적으로 제시할 수 있는가에 있다. 최한기의 저서를 통하여 통의 개념은 여러 가지 방식으로 사용됨을 알 수 있다. 그중 대표적인 것은 세 가지라고 생각된다. 무위(無違)와 순리(順理)와 준적(準的)이다. 이 이외의 모든 다른 사용 방식은 셋 중의 하나로 환원되거나 통합될 수 있다고 믿는다.

무위(無違)란 어그러짐이 없음을 뜻하는 것으로 명과 실 사이의 하나의 관계를 보인다. 문장이라는 명을 예로 들어 보자. "이율곡은 고려조의 학자였다"라는 명은 실의 무위가 없으므로 불통이라 할 수 있다. 그러나 "정약용은 목민심서의 저자이다"라는 명은 무위하므로 통이라 할 수 있다. 무위는 '거짓의 없음'이라는 말로 번역될 수 있지만 관용적인 어구로는 대응에 가깝다. 그러나 전자는 다음에서도 보이겠지만 후자보다 더 강력한 개념이라 생각된다.

통의 둘째 요소는 순리(順理)이다. 이것은 "근본과 말단이 서로 맞는 것"이고 '맥락'을 지키며 '하학상달'하는 것이다. 무위가 명과 실의 직접적인 관계를 드러내는 것이라면 순리는 이들의 간접적인 관계를 나타낸다. 왜냐하면 얼핏 순리는 명과 실의 관계라기보다 명과 명의 관계로만 보이기 때문이다. 그러나 순리의 표면적 지칭은 그것이라 할지라도 "모든 실은 순리로 되어 있다"는 것을 받아들일 수 있다면 순리를 명과 실의 관계로 파악되는 근거가 얻어진다. 순리는 서양 논리학의 일관성 개념 외의 다른 것이 아닌 것 같다.

마지막으로 준적(準的)이란 "사물이 적속(積粟)하는 궁극적 이념"이다. 무위나 순리라는 통은 부분적이거나 일시적일 수 있다. 특정한 사회나 지역적 습속에 따라 달라질 수 있기 때문이다. 그러나 준적은 천하 모든 사람의 보편적인 도리이다. "신기가 통한 것이 중심으로 모여 합한 결정"이고 인간의 보편적 지향의 목표로서의 '방향'이라는 것이다. 그러므로 무위와 순리는 '지금 여기에서'의 통의 개념이라면 준적은 미래 시점의 시각으로부터서의 통의 개념이다. 전자가 지금 여기에서 다양한 사회나 문화나 체계의 다원적 통의 개념이라면 후자는 보편적 체계를 궁극적으로 전제하는 통의 개념이다. 이러한 통의 세 요소들은 정태적인 상태에서 갈등을 야기할 것으로 보인다. 그러나 역동적인 파악에서 이들은 대립이나 긴장의 관계에 있을 필요가 없다. 세계에 대한 인간의 경험이 명과 실의 관계에서 파악될 때 이들은 통의 개념, 즉 그 세 요소들 중의 하나로 설명되고 이들은 궁극적으로 "명이 실에 통해야 한다"는 관점에서 이해되어야 하기 때문이다.

실학의 또 하나의 논리적 지주는 추측론이다. 추측론에서 탐구의 절차는 미루어 헤아린다는 개념으로써 요약된다(I-181). 최한기가 분명히 제시하는 것은 이것이라고 생각한다. 미룸〔推〕이란 경험된 경우들로부터의 일반화이고 헤아림〔測〕이란 그 일반화를 아직 경험되지 않은 경우들에로의 투사 또는 확인이라는 것이다.

미룸을 일반화 또는 가설 제시라 하고 헤아림을 가설 확인이라 한다면 이제 이 관계의 운용에 대하여 더 알아보아야 할 것이다. "미루기를 알맞게 하지 못하면 헤아리는 것에도 맞는 것이 없으므로 통하지 않는 데에서는 그 미루는 방법을 바꿔"(I-199)야 한다. 올바른 가설이 제시되지 않는 경우 확인에 의해 들어맞지 않게 되므로 거짓이 되기 때문에 가설은 수정되어야 한다는 것이다. 그리고 가설은 복수적으로 제시될 것을 강조하고 있다(I-182). 왜냐하면 "미룸에 선택이 없다면 그 마땅한 것을 얻기 어렵"(I-227)기 때문이다.

미룸의 선택은 어떻게 이루어지는가? 이것은 최한기의 개과천선(改過遷善)의 개념을 통하여 밝혀질 수 있을 것이다. 개과천선은 얼핏 윤리적 개념으로만 보인다. 그러나 동서양을 막론하고 옛날로 갈수록 사실과 당위, 진리와 선의 개념들이 통합적인 전통들이 있었다. 여기에서 전통을 따라 개과천선을 인식과 가치의 개념으로서 함께 사용하고자 한다. 최한기에 있어서 개과와 천선은 동전의 앞뒤와 같다. 하나가 없이 다른 것이 있을 수 없다는 것이다. "허물〔過〕이란 천선의 잘못된 것이고 선은 잘못을 적게 만드는 것을 일컬음이니 허물을 없게 하는 것 이외에 어찌 별다른 선도가 있겠는가"(II-126)라고 묻고 있다. 개과천선은 "잘못을 바꾸면 선이 나타난다"가 아니고 "잘못을 바꾸면 선에 가까워진다"는 뜻이다. 여기에서 과와 선 중에서 전자가 후자보다 인식론적으로 앞서는 까닭은 "불선이 있으면 일찍이 알지 못한 적이 없"(I-127)기 때문이다. 이것의 함축은 "그러나 무엇이 선한 것인가에 대해선 알지 못할 수도 있고 더욱 어려운 것은 안다고 할지라도 그 공동체가 어떻게 합의할 수 있는가라는 문제이다"로 보인다.

진리론의 인식론적 성격에 입각해 있는 개과천선의 논리는 천지유행(流行)의 이(理)로서의 자연에 대한 추측의 방법이기도 하지만 인심의 이로서의 당연(I-268)에 대한 탐구의 방법이기도 하다. 이 구별에서 자연과학과 인문 사회과학의 구별을 읽어낼 수 있다면 개과천선은 벌써 하나의 포괄적 탐구의 방법론의 핵심 개념이 될 수 있는 가능성을 시사하게 된다.

(라) 역사의 능동적 주체

이렇게 얻어진 실학의 논리가 어떻게 '수동적 민중'과 '역사의 능동적 주체'의 고리가 될 수 있는가? 실학의 논리를 어떻게 적용하면 수동적 민중이 흥미 있을 만한 역사의 능동적 주체가 된다는 것인가? 이를 위한 전략은 다음과 같다. 수동적 민중의 개념에 들어 있는 '부정성' 관념을 실학 논리에 의하여 '부정의 우위성' 관념으로 발전시킬 것이다. 부정의 우위성이 지지될 수 있다면 역사는 인류의 역사이므로 몇 가지 첨가적인 고려들에 의하여 수동적 민중이 역사의 능동적 주체라는 명제의 구조가 보여질 것이다. 그러므로 두 개념들의 연결 고리는 부정성의 우위성이라는 관념이다. 이제 부정성의 우위성이 연결 고리이므로 양쪽의 개념에 연결되어야 한다. 실학 논리로써 수동적 민중의 부정성을 들여다보도록 하자.

실학에 있어서 진리론은 진리를 부정적인 방식으로 규정한 이론이었다. 그 세 요소인 무위와 순리와 준적에 있어서 앞의 둘은 체계 의존적인 진리들이다. 그 상황의 때와 장소에서 거짓이 보이지 않는 것이 무위이고 임의의 체계 안에서 명제들이 서로 통하면 순리이다. 그리고 마지막은 지금 여기에 주어져 있는 것이 아니다. 또한 추측론도 개과천선의 구조를 통하여 탐구가 부정적으로 이루어져야 하는 바의 필연성을 보인다. 진리는 알기 어렵지만 거짓은 알 수 있다는 것이다. 달리 말해 진리는 확정할 수 없지만 거짓은 확정할 수 있다는 것이다. 더 쉽게 현대어로 말하여 어떤 가설도 실제로 진리라 할지라도 진리인 것으로 확정될 수 없다. 그래서 어떠한 자연 법칙도 "아직 가설일 뿐"이라고 말해진다. 그러나 어떤 가설도 거짓인 경우 거짓인 것으로 확정될 수 있다. 그리하여 어떤 가설도 혹독한 시험에 아직 반박되지 않았기 때문에 살아남아 있다고 말해진다.

그러한 존재적 진리론이나 인식적 개과천선론에서의 부정의 우위성은 사회공학적 차원에서 그대로 유지되어야 한다. 적어도 앞에서 제시한 실학의 논리가 타당하다면 사회공학적 차원에서도 그 구조가 적용되어야 한다. 다행히 그 구조가 이 사회공학에 적용될 수 있는 가능성은 부정성을 핵심으로 하여 이루어진 민중이라는 개념 안에 있다. 민중 안에 있는 부정성은 실학의 진리론과 탐구론에 있는 부정성의 구조를 갖는 것으로 해석될 수 있다. 민중의 부정성이 그러한 방식으로 해석된다면 그 함축은 다음과 같다. 민중의 행복의 조건은 지금 여기에서 확정될 수 없지만 민중의 고통의 조건은 지금 여기에서 확정할 수 있다. 어떤 가설이 진리인 것으로 확정(establishment)될 수는 없지만 진리인 것으로 지지(confirmation)될 수 있는 방식은 실제로 수없이 많은 것처럼, 개인이나 민중이 행복한 것으로 지지되기 위해서는 무수하게 많은 조건들, 그래서 채워질 수 없는 조건들을 갖기 때문이다. 그러나 가설은 지금 여기에서 반박될 수 있는 것처럼 민중의 고통의 조건은 지금 여기에서 확정될 수 있다. 그렇다면 개과천선의 탐구론이 여기에 도입된다. 부정의 제거를 통하여 역사적 실재로 가까이 나아간다는 것이다. 행복의 조건은 진리가 광신자에게 전속되듯이 독재자에게만 보인다는 것이다. 독재자의 진심과 무사무욕의 애국심으로 파악된 민중의 행복의 조건은 있을 수 있지만 실학의 논리에 의한 행복의 조건은 있을 수 없다. 여기에서 부정의 부정은 어떠한 행위보다 앞선다는 것이 보인다. 부정성의 우선성은 이리하여 사회공학적 차원에서도 받아들여야 하는 것이 된다.

그러나 역사란 무엇인가? 역사란 적어도 우리 인간이 이것을 파악하는 한 인간의 역사이다. 인간 사회의 역사라는 것이다. 역사의 이러한 개념에 대해선 이의가 없는 것으로 하자. 그러면 인간 역사의 문맥에서 "민중은 틀릴 수 없다"라는 명제와 "민중은 주체이다"라는 명제를 고려하자.

먼저 "민중이 틀릴 수 없다"라는 명제는 무엇을 뜻하는가? 어떻게 그렇게 강한 주장을 할 수 있는가? 이 명제의 변호는 바로 이 명제가 반박될 수 없다는 것을 보임으로써 이루어진다. 달리 말해 "민중이 틀린 경우가 적어도 하나 있다"라는 것이 성립되지 않을 때 명제는 주장될 수 있다. 그러나 명제에 대하여 "x는 틀릴 수 없다"라고 할 때 x가 민중 이외의 어떤 인격적 주체의 범위 안에 들 때 후자는 참이 아니다. 후자가 주장될 수 없는 까닭은 민중 이외의 어떠한 인격적 주체도 부정성뿐만 아니라 긍정성으로써 경험하고 생각하고 말하고 행동하게 마련이고 이러한 긍정적 확언은 구조적으로 틀릴 수 있어야 하기 때문이다. 틀릴 수 없는 것, 즉 종합 판단 이외의 판단은 확언될 수 없기 때문이다. 확언이 진리의 주장이라 한다면 논리적 진리가 확언될 수 없는 까닭이 보인다. 그렇게 주장될 필요가 없기 때문이다. 그런데도 그렇게 주장된 경우 이것은 공허하기 때문이다. 그러므로 x에 인류 · 민족 · 공중 · 교황 · 왕 · 과학자 등 어떤 인격자를 대치하여도 이들은 모두 틀릴 수 있다. 그러나 민중의 경우는 어떠한가? (나)절에서 제시된 부정성 정도를 근거로 이루어진 민중 개념을 받아들일 때, 민중이 틀린 경우는 어떠한 것일까? 민중 개념의 구조에 의하면 이것은 "민중이 겪는 부정성이 실은 부정적이 아니다"라고 말해질 수 있는 경우가 된다. 그러면 이러한 경우는 어떠한 것일 것인가? 첫째, 민중이 실은 그렇지 않은데 '부정적인 체험'이라고 말하는 경우이다. 민중이 다른 외적인 목적을 위하여 진지하지 않게 말하는 경우이다. 둘째, 핵심적인 민중은 부정적이라고 생각하지 않는데 주변의 사람들이 부정적이라고 하는 경우이다. 셋째, 핵심적인 민중이 부정적인 체험을 하고 있는 동안 주변에서 그것은 부정적이 아니라고 하는 경우이다. 넷째, 인간 경험에는 부정적 체험이나 긍정적 체험이 실제로 구별되어 존재하지 않는데 이러한 구별은 궁극적으로 망상이라고 말할 수 있는 경우이다.

넷째 반례는 민중 개념을 수정하여 제기된 것이므로 적합하지 않다. 셋째는 자주 발생하는 사회 현상이긴 하지만 이 현상 구조의 주체적인 시각이 문제이다. 이 시각은 민중의 체험을 부정성의 우선성이라는 실학 논리에 따라 수용하기보다는 오히려 이에 거슬러 "진리를 지금 여기 나는 가지고 있다"라고 생각하는 주관적 애국심의 엘리트 계급의 시각이라는 것이다. 첫째는 별 문제가 되지 않지만 둘째는 상당한 분석을 필요로 한다. 여기에서는 간단한 두 가지

지적만을 하겠다. 하나는 어떤 사람에 대하여 우리가 "김씨는 그 체험을 부정적이라고 생각한다"라고 말하는 경우와 "김씨는 그 부정적 체험을 하고 있다"라고 말하는 경우의 구분이다. 우리에게 요구되는 것은 후자로 충분한데도 반례는 전자에 입각하여 이루어지고 있다. 어떤 것이 부정적인 체험이기 위해 그 주체자가 그것이 부정적이라고 생각해야 할 필요는 없다. 다른 하나의 지적은 인간의 체험이 체계 안에서 이루어지는 동안 사람들이 그 체계를 정당한 것으로 받아들일 때 그 체계에 의해 수반되는 체험도 유추적 정당성을 갖는 것으로 간주된다. 이러한 경우 부정성의 비난 가능성이 외부 지향적이기보다는 내부 지향적이게 된다. 시댁에서 쫓겨난 조선 여인이 그 불행의 책임 소재를 내외법 등의 그 시대의 가치관의 구조라기보다는 "내가 아들을 못 낳아서 그렇다"라고 진지하게 생각했다는 것이다. 그렇다고 그 여인의 부정성이 소멸되었거나 무시될 수 있는 것은 아니다.

그렇다면 "민중이 틀릴 수 있는 경우를 상상할 수 없다"라고 말할 수 있다. 적어도 지금 여기에서는 그런 경우를 생각할 수 없다. 그렇다면 이러한 한계와 제약의 범위를 가지고서 "민중은 틀릴 수 없다"라는 명제는 지지된다. 민중이 체험하는 부정성은 어떤 사람 이씨가 길을 가다가 발이 못에 찔려 겪는 아픔과 같은 인식 논리적 구조를 갖는다. 이씨가 아픔을 체험했으면 그는 그 아픔에 대해 틀릴 수 없는 것과 같다. 이씨가 아픔을 체험하지 않았으면 그때 거기에 아픔은 없는 것이다. 그러므로 민중이 부정성을 기준으로 정의된 이상 민중은 그 부정성에 대해 틀릴 수 없다.

다음으로 역사의 문맥 안에서 "민중은 주체이다"라는 명제에 대해 간단히 고려하여 보자. 이 명제는 우회적인 방법으로 지지될 수 있을 것이다. 이 명제에 대한 대안은 역사의 주체라거나 민족 또는 국민이 주체라고 하는 명제일 것이다. 역사가 인류의 역사이고 인류는 민중과 단순한 외연상에서는 동일하지만 인류를 역사의 주체라 하기는 어렵다. 인류는 얼핏 보아도 한 자연종에 포섭되는 모든 경우들의 집합의 이름일 뿐 역사라는 인간이 작위로써 만든 작품에 관련될 수 있을 만큼 개념적으로 풍부한 구조를 갖고 있지 않다고 보이기 때문이다. 국민이나 민족의 어려움은 역사가 갖는 보편적 성격에 대해 지역적이고 국부적 관심과 이해가 우선되는 구조에서 나타난다. 이 문맥에서 민족을 고려해야 한다면 "민족이 민족 역사의 주체이다"라고 하면 정확해질 수 있지만 이것은 인류가 역사의 주체라고 하는 명제만큼 자명하여 흥미를 잃게 된다.

그러나 어떻게 민중이 주체일 수 있는가? 주체란 인격을 전제하여야 하고 책임질 수 있는 행위의 수행자라야 하지 않는가? 어떤 인격체가 역사 주체이기 위해서는 역사의 방향과 목표를 확정하고서 역사를 그를 향하여 움직여 가야 하지 않는가? 이 물음의 일상적 정당성을 인정하면서 이에 대한 답을 위해 실학 논리의 구조를 고집하고자 한다. 민중은 역사의 목표를 구체적으로 지금 여기에서 확정하지 않아야 하고, 다행하게도 실제로 확정할 수도 없다. 그러나 부정의 우선성에 의하여 방향은 주어져 있다고 생각된다. 그리고 이 우선성은 어떠한 인격자에게도 적용되는 그러한 우선성이다. 인격자가 시인이건 예술가 · 과학자이건 또는 공무원〔이것은 차라리 민복(民僕)이라 불리는 것이 좋을 것이다〕이건 먼저 주목하여야 하는 현상이다. 달리 말해 민중의 부정성 그리고 이것만이 민복을 포함한 사람들, 민중 자신을 포함한 모든 인격자들의 우선적 행위를 지시(dictate)하여야 한다. 민중의 주체성은 이러한 부정의 우선성의 구조에서 파악되는 그러한 것이다(박현채 136). 이렇게 해서 소극적 민중이 역사의 능동적 주체라는 구조의 성격이 나타날 수 있다고 생각한다.

제3명제를 지지하기 위한 이상의 논의에서 여러 가지 문제점들이 지적될 수 있을 것이다. 우선 보이는 몇 가지를 음미하고자 한다. 먼저 이 논의에 의하면 "민중은 긍정적 사고는 할 수 없다"라는 명제가 귀결된다. 그러나 이러한 귀결이 이 민중론에 얼마나 큰 부담이 되는지는 분명하지 않다. 민중이 하여야 한다고 할 긍정적 사고는 어떠한 것일 수 있는가? 역사의 목표를 민중이 확정할 수 있어야 한다는 것은 이미 배제하였다. 어느 지역에 교량을 건설하여야 하는가? 누가 대통령이 되어야 할 것인가? 이러한 물음의 대답을 민중의 긍정적 사고의 예로 제시할 수 있다. 그러나 이것은 거부되어야 한다. 그러한 결정이나 선출을 위해서는 민중의 꾸준한 힘에 의하여 이루어진 제도나 법을 통하여 국민 · 공중 · 시민 · 지역민이 참가할 수 있는 구조가 있다. 그러므로 공중은 어느 사안에 대한 의견이 갈릴 수 있지만 민중은 부정성에 의하여 규정되므로 어느 사항에 대해서도 나누어지지 않는다.

실학적 민중론의 둘째 문제는 핵심적 민중과 주변적 민중의 구별에 대해 제기될 수 있다. 계층적 모형에서의 민중과 비민중의 구별에 대해서처럼 여기에서도 '미끄러운 논법'을 제기할 수 있을 것이다. 그러난 실학적 민중론에서는 그 논법을 사양할 수 있을 것이다. 계층론의 민중과 비민중의 구별은 질적 종류의 차이의 구별이기 때문에 그 논법의 비판을 받아야 하지만, 정도론의 핵심 민중과 주변 민중의 구별은 키가 크고 작음의 구별처럼 정도의 구별로 의도된 것이고 따라서 상대적이기 때문에 그 논법의 비판의 대상이 될 수 없다. 이 민중론에 의하면 "독재자도 외연적으로 민중의 하나이므로 역사 주체의 성원이다"라는 명제를 받아들여야 한다. 이것이 셋째 문제로 제시될 수 있다. 물론 독재자의 부정성 경험도 무시해서는 안 된다. 살인범의 인권도 인권인 것과 같다. 그러나 이 문제는 민중 개념을 정도적인 것으로 보지 않고 질적 종류의 개념으로 택하였을 때 심각한 문제가 될 것이다. 이를 부정성 정도의 개념으로 파악하기 때문에 독재자 그 개인의 적극적 행위에 의한 잘못이나 범법은 이 문맥에서 혼동되지 않아야 한다. 그렇다면 독재자를 기술하면서 "민중의 하나"라는 표현이나 "역사 주체의 성원"이라는 구절은 매우 제한적이라야 한다.

아직도 실학적 민중론에 여러 문제가 있겠지만 이제 몇 가지 관찰을 지적함으로써 장을 마치고자 한다. 민중을 부정의 정도로써 규정할 때 자연스러운 물음 중의 하나는 왜 그러한 부정적 경험인가라는 것이다. 이에 대한 답은 "부정의 제거를 이 사회가 할 수 있다면 그 부정의 발생도 대부분 이 사회에 의해 이루어졌을 것이다"라는 가설이다. 그렇다면 민중은 '억울'한 사람들이고 '범죄당한 경우'(서남동 342-44)들이 된다. 계층 모형에서 제시된 모든 성질들은 부정적이라는 점에서 여기에 수용된다.

둘째 관찰은 의식화 개념에 대한 시각이다. 무엇보다 핵심적 민중들도 의식화되어야 한다. 그러나 이들이 의식화되어야 하는 이유는 "이것으로써 역사의 주체가 될 수 있다"가 아니다. 의식화되지 않았어도 그대로 역사의 주체이기 때문이다. 오히려 그 이유는 부정성의 우위성을 더 확실하게 할 수 있고 따라서 부정성의 극복을 더 빨리 이룩할 수 있기 때문이다. 고통의 기간을 단축할 수 있기 때문이다. 물론 이 의식화는 지성인들에 의해 기여된다. 그러나 이 기여는 그들이 의식화되건 안 되건 역사의 주체이기 때문에 질적이기보다 부사적이다. 부정성의 제거를 더 확실하게 더 빨리하는 것이다. 의식화는 부정성의 기간을 단축하는 데 기여한다. 중요한 기여이다.

마지막으로, 민중 개념은 자연적 종으로서의 인류를 사회적 종으로서 묶어 하나의 몸이 되게 한다. 부정의 보편성에 의해 모든 사람들은 제거하여야 할 부정성을 가지고 있고, 이것은 부정성의 우위성에 의하여 지성인이나 민복을 포함한 모든 사람들에 의해 먼저 주시되고 행동되어야 한다. "이름도 얼굴도 없는 밑바닥"(현영학 16)의 부정성부터 우선적으로 부정되어야 한다. 이러한 부정의 부정에 참여하는 모든 사람들은 부정의 보편성과 부정의 우위성에 의해 형제자매들의 고난의 사제가 된다.

제8장

성욕의 내용과 합리성

(가) 성욕 내용의 무사실론

오이디푸스는 테베의 왕 라이우스를 자기의 아버지인 줄도 모르고 죽이고, 왕위에 올랐다. 그리고 오이디푸스는 그의 어머니인 줄 모르고 라이우스의 부인과 결혼을 하기로 하였다. 오이디푸스는 결혼을 축하하는 절친한 친구 크레온에게 신부 이오카스테와 빨리 성관계를 갖고 싶다고 말하였다. 크레온은 오이디푸스가 조급하다고 생각하였지만 며칠 뒤에는

(1) 오이디푸스는 그날 그의 신부 이오카스테와 성관계를 갖고 싶어했다;

라는 그의 성욕을 이해할 만하다고 하였다. 그러나 세월이 어느 정도 흐른 다음 오이디푸스의 부인과 이오카스테 그리고 오이디푸스의 모친이 모두 동일인이라는 것이 알려졌다. 크레온은 그렇다면 동시에 "오이디푸스는 그날 그의 모친과 성관계를 갖고 싶어했다"라는 문장이 표현하는 명제를 결론지을 수 있다고 말하였다. 그러나 오이디푸스는 (1)과 동일률은 수용하여야 한다고 하면서도 크레온의 말을 부인하여,

(2) 오이디푸스는 그날 그의 모친 이오카스테와 성관계를 갖고 싶어하지 않았다;

라는 문장이 표현하는 것을 주장하였다.

여기에서 주목하고자 하는 것은 문장 (1)에 대한 크레온과 오이디푸스의 이해의 차이이다. 크레온은 (1)을 수용하는 방식이 "신부 이오카스테=모친 이오카스테"의 동일성 명제에 의하여 자신의 결론을 추리하는 방식이었다. 그러나 오이디푸스는 (1)과 동일성 명제를 수용하면서도 크레온의 결론을 부정하는 방식으로 (1)을 수용하는 것이다. 이들의 언어 공동체는 오이디푸스가 크레온의 결론을 부인할 때 이해 가능성은 허용하지만 크레온의 결론을 지지하는 것이다. 그렇다면 오이디푸스가 문장 (1)로써 표현하는 그날의 그의 성욕 내용은 비실재적인 것이 된다. 그의 심성 내용에 대한 그의 믿음의 언어하에 표상된 것일 뿐이라는 것이다. 이 장은 문장 (1)에 대해 오이디푸스의 비실재적인 성욕 내용이 어떻게 합리성 구조에 의하여 실재론적인 해석을 받을 수 있는가의 모색이다.[1]

크립키(Saul Kripke)의 비트겐슈타인(이하 '크비트')은 사적 언어뿐만 아니라 어떤 언어에 대해서도 회의주의를 지지한다.[2] 그 결과 크비트는 언어 표상뿐 아니라 심성 내용에 대해서도 회의적이게 된다. 그러한 회의주의는 어떤 기호에 대해서도 "그 기호는 특정한 의미나 개념을 표현한다"는 것은 참일 수 없다는 논제에 의해 지지된다. 어떤 문장도 특정한 사실만을 표상하는 것으로 해석될 수 없다는 것이다. 한 문장이 특정한 사실만을 표상하기 위해서는 그

1 성욕에 대한 이러한 구성은 성적 쾌락에 대해서도 적용된다. Anthony Kenny, *Action, Emotion and Will*, London: Routledge, 1963, 1976, p. 130 참조. 그렇다면 앞의 예문 (1)과 (2)에서 '갖고 싶어했다'와 '갖고 싶어하지 않았다'는 각기 '즐겼다'와 '즐기지 않았다'로 대치될 수 있을 것이다.

2 Saul Kripke, *Wittgenstein on Rules and Private Language*, Cambridge: Havard University Press, 1982. 제20장 '성기성물'의 의미 부여: 모성 생활 양식 참조.

문장 안의 기호들이 특정한 의미나 개념과만 관련되어 있어야 한다는 것이다. 그러나 그러한 불가피한 관련은 얻어지지 않는다는 것이다.

크비트는 이를 위하여 두 가지 논의를 제시한다. 모든 사실은 유한하다는 것과 모든 사실은 비규범적이라는 것이다. 어떤 기호와 그 기호의 의미의 관계에 대한 진리들은 무한할 것임에 반하여 모든 사실은 유한하므로 의미를 어떤 사실성에 의하여 규정할 수 있으리라는 소망은 근거가 없어진다. 이때 사실이란 성향, 심성 상태, 사용 방식, 성질들 간의 관계 등 외연적인 것은 어느 것이나 포함된다. 그렇다면 소위 진리 조건적 의미론은 포기되어야 한다.[3] 그리고 하나의 기호가 어떤 것을 의미한다고 할 때에는 언어 공동체의 그 기호 사용 방식에 대한 당위성이 그 의미 안에 들어 있을 뿐 아니라 그 당위성의 조건이 또한 그 의미 안에 들어 있다고 주장할 수 있다. 그러나 사실이란 그 어떠한 형태에 의하여서도 그러한 당위성을 포함할 수 없다. 만일 포함한다면 그러한 '사실'은 우리가 이해하는 바의 외연적인 사실은 아닐 것이기 때문이다. 보고션은 크비트의 논의가 성공적이기 위하여서는 "자연적 성질만 실재적이다"나 또는 "비환원적 성질은 신비적이다"라는 명제의 필요성을 강조한다.[4] 보고션(Paul A. Boghossian)은 크비트의 내용 비실재론에 반대하여 실재론적인 방향을 모색하고자한다. 이 장은 그러한 모색을 위하여 성욕 내용의 경우에 천착하여 "성욕 내용은 판단 의존적이지만 실재 제약적이다"라는 것의 개연성을 살피고자 한다.

(나) 내용의 제약과 합리성

오이디푸스가 그의 결혼 날 이오카스테를 향하여 가졌던 성적인 태도는 다

3 졸고, 「맞다의 분석을 위하여」, 『철학』, 1990 봄, pp. 173-87.

4 Paul A. Boghossian, "The Status of Content", *The Philosophical Review*, April 1990, pp. 157-91; "The Rule-Following Considerations", *Mind*, October 1989, pp. 507-49.

음 두 명제들 중에서 어느 것에 의하여 나타나는가?

(1) 오이디푸스는 그날 그의 신부 이오카스테와 성관계를 갖고 싶어했다;

(2) 오이디푸스는 그날 그의 모친 이오카스테와 성관계를 갖고 싶어하지 않았다.

라이트(Crispin Wright)는 성적인 태도와 같은 심성 내용은 판단 의존적이라고 한다.[5] 그의 논의는 진리와 최선 판단의 구분을 사용한 확정 순서 표준에 의하여 구성된다. 확정 순서 표준을 통과한 판단에 대하여 진리란 인지 독립적이고 그렇지 못한 판단에 대하여는 진리란 최선 판단과 구별되지 않는다는 것이다. 이러한 상황에서 사실이란 전자의 경우 주관이 발견하는 것이어야 하고, 따라서 판단 독립적이지만 후자의 경우 주관이 구성한 것이어서 판단 의존적인 것이 된다는 것이다. 라이트는 성적 태도 같은 심성 내용 판단은 전자이기보다는 후자의 경우라고 한다.

보고션은 라이트가 다른 문맥에서 인정하고 있는 그러한 논의의 문제성을 강조한다. 확정 순서 표준 같은 개념은 관련된 판단의 외연에 대한 어떠한 진리와도 논리적으로 독립하여 만족될 수 있어야 한다는 점이다. 보고션은 그러한 개념의 조건의 만족은 언제나 선행적으로 확정된 구성적 사실을 전제한다는 것이다. 확정 순서 표준이 그러하다면 최선 판단과 진리의 구별은 중요한 의의를 갖지 못한다는 것이다. 나는 내용을 크게 언어적 내용 (L)과 심성적 내용 (M)으로 구별할 수 있다고 생각한다. 이 구별은 내용 (L)과 내용 (M) 중 어느 것이 논리적으로나 의미론적으로 선행하는가의 문제와 독립하여 구성될 수 있을 것이다. 이 구별은 그 내용에 대한 제약 조건의 다름에 의하여 유지될

5 Crispin Wright, "Wittgenstein's Rule-Following Considerations and the Central Project of Theoretical Linguistics", *Reflections on Chomsky*, ed., A. George, Oxford: Basil Blackwell, 1989.

것이다. 내용 (M)의 제약 조건이 믿음 체계적이라면 내용 (L)의 제약 조건은 공동체적이라고 할 것이다.

이 제약 조건의 개념은 오이디푸스의 성적 태도로부터 명료화될 수 있을 것이다. (1)에 대한 오이디푸스의 믿음 체계적 제약이란 (1)과 (2)의 부정은 양립 가능하지 않다는 것이다. 그러한 제약의 구조에서 얻어지는 (1)의 내용은 심성적 내용 (1M)이다. 그러나 (1)에 대한 공동체적 제약이란 오이디푸스가 (2)를 주장할 때 그 주장을 이해하면서도 (1)과 (2)의 부정이 양립 가능하다는 구조이다. 그러한 구조에서의 (1)의 내용은 언어적 내용 (1L)이다. (1M)과 (1L)의 내용상의 차이는 (1)과 (2)의 부정이 양립 불가능하다는 것과 양립 가능하다는 것의 차이이다. 제약 조건은 (2)의 경우보다 분명하다. (2)에 대한 오이디푸스의 믿음 체계적 제약은 사회성의 강요에도 불구하고 특정한 기술하에서만 성적 태도가 선택될 수 있다는 제약이다. 그러나 (2)에 대한 공동체적 제약은 대치율의 건강함에 대한 신뢰를 포기하지 않음이다. 그러므로 언어 공동체가 오이디푸스의 (2)에 대한 주장을 이해할 때의 그러한 이해란 공동체적 제약성의 포기라기보다는 (2)에 대한 오이디푸스의 믿음 체계적 이해의 허용으로 해석되어야 할 것이다.

이러한 분석에 의하면 모든 내용은 언어적 측면과 심성적 측면을 가지고 있으므로 원초적으로 애매하다고 생각한다. 이러한 애매성이 수용될 수 있으면 내용의 판단 의존성은 유지된다고 생각한다. 그러나 이러한 내용의 판단 의존성을 주장할 수 있기 위해서는 제약 조건의 근거가 보다 더 명시되어야 할 것이다. 제약 조건은 이것이 가해지는 내용의 성격에 구성적이므로 내용과 독립하여 주어질 필요는 없다. 라이트는 판단 독립적인 진리를 상정하였기 때문에 보고션에 의하여 순환성의 비판을 받았다. 그러나 원초적 애매성의 경우 그러한 염려는 없다고 생각한다.

내용에 대한 믿음 체계적 제약과 공동체적 제약의 차이는 근본적으로 두 가지 다른 종류의 합리성에 근거한 것으로 보인다. 첫째 종류의 합리성은 규범이나 원리 또는 선호와의 일관성의 논항이 근본적으로 기술들이라는 점에서 내포적 합리성이다. 그러나 둘째 종류의 합리성은 그러한 일관성의 논항이 기술에 의해 표현되는 사실이라고 생각한다. 논문이나 책 또는 담화의 합리성이 내포 방향적이라면 행동 · 현상 · 사람에 대해 말해지는 합리성은 외연 방향적일 것이다.[6] 물론 어떠한 문장도 그것이 표상적인 한두 가지 종류의 합리성을 동시에 가질 것이다.

(다) 격리 언어와 공동체 언어

오이디푸스의 성욕 (1)에 대하여 (1M)과 (1L)의 구별이 믿음 체계적 제약과 공동체적 제약의 구별에 의존한다면 후자의 구별에 대한 논의가 필요하고 이것은 격리 언어와 공동체 언어의 구별을 통하여 지지될 수 있을 것이다. 비트겐슈타인의 사적 언어는 언어 사용의 기준이 개인의 사적 감각에 국한된 언어였다. 그러나 크비트의 격리 언어는 언어 사용의 기준이 다른 사람들과는 격리된 개인적인 것이다. 사적 언어는 격리 언어의 부분이고 이러한 언어들에서는 '올바로 사용한다'와 '올바로 사용한다고 생각한다'의 구별이 지켜지지 않으므로 공동체 언어를 선택하게 된다는 것이다.

그러나 보고션은 격리 언어와 공동체 언어의 구별에 대하여 의문을 제기한다. 공동체 언어는 진리 조건 개념이 아니라 공동체적 진술 조건에 의존한다. 그렇다면

(3) 만일 존스가 지금까지 제기된 대부분의 산수 문제에 대하여 기대되는 합으로써 대답하였다면 그러면 존스에 대해서 "그가 '+'로써 더하기를 의

6 나는 어떠한 합리성도 사물적이라고 생각하지는 않는다. 졸고, 「자기기만: 물리적 비합리성은 가능한가」, 『현대사회와 윤리』, 김영철 외 편, 서광사, pp. 233-55.

미한다" 는 것이 진술될 수 있다.

가 그러한 조건의 한 경우일 것이다. 그러나 보고선은 이러한 진술 조건에 대하여 세 가지 문제를 제기한다. 첫째, 의미 부여 문장으로서의 진술 조건에 대한 진리 조건적 설명이 가능해야만 우리는 "의미 부여 문장의 진술 조건이 무엇'이어야' 하는가"를 선험적으로 추리할 수 있음에 반하여, 진술 조건들은 그 자체로 의미 회의주의의 대상이므로 의미 부여 문장의 내용을 제시하는 것으로 간주될 수 없다. 둘째, 크비트의 회의적 해결책은 (3)을 제거하지 않는다. 그러나 (3)이 개인 이외의 아무도 언급하지 않는다면 격리 언어의 조건과 구별되지 않는다. 셋째, (3)이 사회적 진술 조건에 기생하는 것이 아니라 사회적 진술 조건이 (3) 같은 격리 조건에 기생한다는 것이다. (3)을 사회적 조건으로 만들기 위하여 '나의 반응' 또는 '틀리지 않는 나의 컴퓨터 같은 반응'을 삽입한다고 해도 비구성적 기술로부터 구성적 결과를 얻는 것은 불가능하고 결국 의미 부여를 위한 우리의 실제 진술 조건은 사회적이 아니라는 것이다. 격리 언어와 공동체 언어의 구별에 대한 보고선의 비판은 흡족하지 않은 면이 있다. 보고선은 두 언어의 발생론적 계기에만 주목함으로써 두 언어 간의 불가피하게 개인론적 발생 계기에서 공통점을 강조할 수 있게 되었다. 보고선의 지적대로 그러한 발생론적 계기에서는 두 언어 간의 차이가 보이지 않고 하나를 격리 언어 그리고 다른 언어를 공동체 언어라고 부를 까닭이 없다. 그러나 두 언어는 발생론적 계기 이외에 더 중요한 다른 특징 규정이 제시될 수 있을 것이다.

격리 언어와 공동체 언어의 발생론적 유사성에도 불구하고 주목하여야 할 차이는 적어도 두 가지이다. 하나는 표현 사용에 있어서의 차이이다. 공동체 언어는 '올바로 사용한다고 생각한다'와 '올바로 사용한다'의 주객적 구별이 유지될 수 있도록 표현이 사용되는 언어이고 격리 언어는 그렇지 않은 언어이다. 다른 하나의 차이는 앞의 차이에 근거하면서도 독립적으로 지적할 만한 가치가 있는 것이다. 즉 언어 경험이 축적적일 수 있는가의 여부의 차이이다.

주객적 구별이 유지되지 않는 언어는 축적적일 수 없다는 것은 자명하다. 그러나 주객적 구별이 유지되면 언어 경험이 자동적으로 축적적이지는 않지만 필요한 상황에 의하여 여러 가지 언어적 제안이나 수정이 제기되는 경우 언어 경험은 확장적이고 축적적이게 된다. 보고션은 주객적 구별이나 축적적 가능성에 의한 반론에 대하여서도 아직 발생론적 고려가 논리적으로나 시간적으로 우선적이라는 까닭으로 경청의 여유를 허용하지 않는 경우를 상상할 수 있을 것이다. 그러나 그러한 태도는 발생론이 모든 현상을 결정한다는 발생론적 결정론의 가정하에서만 유지될 수 있을 것이다. 어떤 현상에 대해서는 그러한 결정론을 수용할 수 있지만 보고션이 언어 현상에 대해서도 그러한 결정론을 적용하리라고는 믿기 어려울 것이다.

(라) 실재적 내용

위의 논의가 타당하다면 오이디푸스의 성욕 내용은 판단 의존적이다. 그러나 내용의 판단 의존성에도 불구하고 그 내용이 '실재적'이라고 말할 수 있는 구조를 보일 수 있다고 생각한다. 이를 위하여 고려하여 볼 수 있는 것으로는 내용(L)과 내용 (M)이 분리 가능하면서도 연결되어 있다는 것과 내용에 대한 서술적 배타성에도 불구하고 그 내용의 통합성의 근거를 요청할 수 있다는 점이다.

첫째로, 심성 내용과 언어 내용의 분리 가능성의 구조를 살펴보자. 이 구조는 두 내용의 연결성을 보이기 위하여 필연적이기 대문이다. 심성 내용 (1M)과 언어 내용 (1L)의 차이는 전자는 오이디푸스의 믿음 체계 안에서의 (1)과 (2)의 부정이 양립 불가능성을 함의하지만 후자는 언어 공동체에서의 (1)과 (2)의 부정의 양립 가능성을 함축한다. 오이디푸스의 성욕 (1)에 대하여 심성 내용적 특징이 부각된 시각으로부터의 기술은 일인칭 문장이고 언어 내용적 특징이 더 반영된 기술은 삼인칭 문장이다:

(4) 나(오이디푸스)는 그날 나의 신부 이오카스테와 성관계를 갖고 싶어했다;

(5) 그(오이디푸스)는 그날 그의 신부 이오카스테와 성관계를 갖고 싶어했다.

이러한 문장들을 그러한 내용적 특징에 따라 읽을 때 (4)는 오이디푸스의 성욕의 내용을 인격화하고 주관화하고 있음에 반하여 (5)는 그것을 객관화하고 사물화하는 것으로 이해된다.

오이디푸스의 믿음 체계 안에서의 (1)과 (2)의 부정의 양립 불가능성은 오이디푸스의 가정된 전제 그리고 오이디푸스의 성욕에 대한 그 자신의 인격적 기술에 의하여 보여질 것이다. 다음의 네 명제는 일관성을 결핍하고 있다는 것이다.

(4) 나(오이디푸스)는 그날 나의 신부 이오카스테와 성관계를 갖고 싶어했다.

(6) 나는 그날 이오카스테를 나의 신부 이외의 다른 사람으로 생각하지 않았다.

(7) 나의 모친은 나의 신부 이외의 다른 사람들 중의 하나이다.

(8) 나는 그날 나의 모친 이오카스테와 성관계를 갖고 싶어했다.

(1)과 (2)의 부정의 양립 불가능성을 보이는 다른 하나의 논의는 기술론적 논의의 (6)과 (7) 대신에

(9) 나는 나의 모친과 성관계를 갖거나 원한다는 것은 상상할 수도 없다.

라는 전제를 바꾸어 넣는 것이다. 이를 양상적 논의라고 할 수 있을 것이고 양립 불가능성 논제를 위하여서는 두 논의가 각각 충분하지만 오이디푸스의 경우 동시 발생적일 수도 있을 것이다.

둘째로 오이디푸스의 성욕 (1)에 대하여 심성적 내용 (1M)과 언어적 내용

(1L)은 분리 가능하지만 이러한 내용들은 또한 연결적 구조를 갖는다는 것을 주장하고자 한다. 두 내용의 연결 구조는 (1)과 (2)의 부정이 모순적이 아니라는 단순한 양립 가능성만으로는 보여질 수 없다. 연결 구조는 이보다는 강한 것을 요구한다.

(1L)이 수용되는 언어 공동체에 있어서 앞의 기술론적 논의나 양상적 논의를 적용할 수 있을 것인가? 언어 공동체는 그에 속하는 성원들 개인들에 대하여는 기술론적 논의를 적용할 여유를 허용하지만 그러나 공동체 전체로서는 그러한 기술론을 수용하지 않는다. 그러한 기술론에 대한 공동체의 개인적 차원의 허용과 전체적 차원의 거부는 오이디푸스의 다른 예로부터의 다음 두 문장의 관계에 의하여 예시될 수 있을 것이다.

(10) 오이디푸스는 테베의 왕 라이우스를 살해하였다;
(11) 오이디푸스는 그의 아버지를 살해하였다.

언어 공동체는 오이디푸스의 개인적 차원에서는 (10)으로부터 필요한 동일성 명제를 첨가하였을 때 (11)이 추리되지 않는다는 것을 허용하면서도 공동체 차원에서는 그러한 추리를 수용한다는 것이다. 양상 논의는 다른 문제들이 제기되지만 궁극적으로 비슷한 말을 할 수 있을 것이다. 오이디푸스의 성욕 (1)의 심성적 내용 (1M)과 그 언어적 내용 (1L)에 대하여 개인적 차원과 전체적 차원의 관계가 그러한 구조를 가지고 있다면 일반적으로 심성적 내용은 언어적 내용에 의존적이다는 것을 주장할 수 있을 것이다.

마지막으로, 서술의 배타성에도 불구하고 어떻게 실재적 통합성이 요청될 수 있는가를 살펴보자. 오이디푸스가 그날 이오카스테에 대하여 가졌던 성적 태도는 정확하게 무엇인가? 우리가 오이디푸스에게 허용한 바에 의하면 그 태도는

(1) 오이디푸스는 그날 그의 신부 이오카스테와 성관계를 갖고 싶어했다;

(2) 오이디푸스는 그날 그의 모친 이오카스테와 성관계를 갖고 싶어하지 않았다;

에 의하여 나타난 그러한 태도이다. 그러나 어떤 태도가 (1)과 (2) 같은 명제들을 동시에 만족한다면 그 태도는 사실적이 아니라 언어적이라고 하여야 한다. 오이디푸스는 '나의 신부'라는 기술하에서 오이디푸스가 인지한 대상에 대하여 성욕을 가진 것이라는 것이다. 이 대상은 오이디푸스가 '나의 모친'이라는 기술하에서 그가 인지할 수도 있었을 그러한 대상과는 다르다는 것이다. 두 대상들은 비록 오이디푸스라는 동일인에 관한 것이긴 하지만 상이한 기술하에서 발생하는 것이라는 구조에서 상이하다는 것이다. 언어 공동체가 오이디푸스에게 허용하는 그날 그의 성적 태도는 이리하여 오이디푸스의 믿음의 체계의 일관성을 유지할 수 있는 서술의 배타성을 갖는다. (4)는 적절한 동일성 명제를 첨가하여도 (8)을 함의하지 않는다.

그러나 이오카스테와 오이디푸스의 관계의 전모가 알려지자 고통을 견디지 못하여 이오카스테는 자살을 하고 오이디푸스는 자신의 두 눈을 빼어 버렸다. 문제는 오이디푸스도 (2)를 주장하고 언어 공동체도 그에게 (2)의 이해 가능성을 허용하였는데 어떻게 그러한 고통을 갖게 되는가이다. 하나의 제안은 언어 공동체의 그러한 서술적 배타성의 관용에도 불구하고 준엄한 실재가 버티고 있다는 것이다. 언어 공동체는 믿음 체계에 대한 서술적 배타성을 허용하면서도 실재의 고집에 의하여 제약을 받는다는 것이다. 언어 공동체는 (5)로부터 동일성 명제와 더불어

(12) 오이디푸스는 그날 그의 모친 이오카스테와 성관계를 갖고 싶어했다.

라고 정당하게 결국 말할 수 있다. 그리고 안티고네가 눈먼 오이디푸스의 길잡이가 되어 콜로누스에서 칩거하여 살았을 때 우리들은 그녀가 오이디푸스

의 딸인가 아니면 누이인가라는 물음에 당황하게 된다. 이러한 당혹감은 오이디푸스가 (2)의 정당성 속에 안주할 수 없음을 시사하며 오이디푸스의 그날 성적 욕망의 내용 (1)과 (2)를 연결하는 실제적 제약의 표현이라고 생각한다. 여기에서 당혹의 개념은 사회적인 요소를 가지고 있지만 실재적 통합성의 요청을 하지 않는 경우 근거 없는 것이 되고 말 것이다.

제9장

합리성의 구조와 개방 사회의 논리

합리성이란 무엇인가? 무엇이 어떤 것을 합리적이게 하는가? 사전에는 '합리성'을 논리의 법칙에 적합함이라 풀이하고, '합리적'을 도리나 이치에 맞아 정당한 것이라고 설명하고 있다. 이러한 사전적 정의를 부적합하다거나 틀렸다고 할 수는 없다. 그러나 합리성의 개념에 대한 분명한 이해를 위해서 합리성의 보다 명쾌한 구조의 제시를 바라게 된다.

'합리적'이라는 단어는 여러 가지 방식으로 사용되고 있다. "김씨의 그 말은 합리적이 아니다"에서 '합리적'은 문장(말)의 어떤 성질의 이름으로 사용되고 있다. "이씨는 합리적인 사람이다"라는 문장이나 "박씨의 그 행동은 비합리적이다"라는 문장에서는 사람의 능력 또는 행동을 서술하는 것으로 되어 있다. 또한 이 단어는 지시적으로 사용되기도 한다. "우리 사회도 점차 합리적으로 되어가고 있다"에서는 사회의 어떤 모습이 지적되고 있다. '합리적'이라는 단어는 이것 이외에도 다른 여러 방식으로 사용되고 있을 것이다.

열거된 네 가지 방식에 대해서 생각해 보자.[1] "이들 중 어떤 방식이 가장 중요하며 대표적인가?" 그러한 물음을 물을 수 있는 것일까? 그 물음은 어떻게

1 합리주의의 합리성 개념은 거부하면서도 일상 언어의 합리성은 옹호될 수 있어야 한다고 믿는다.

대답되어야 하는가? 엄밀한 의미에서 그 물음은 대답될 수 없는 것 같다. 어떤 한 방식을 임의로 선택한다 할지라도 다른 세 방식들은 그에 따라 설명될 수 있기 때문이다. 예를 들면, '합리성'을 인간의 어떤 능력으로 정의하여, 이 모델로써 다른 세 방식들을 일관되게 설명할 수 있을 것이다.[2] 그러므로 보다 실질적인 물음은 "여러분의 작업의 편의상 어떤 방식을 모델로 취하겠는가?"가 될 것이다.

'합리적'이라는 단어의 모범적 사용은 문장과의 관계에서 이루어진다는 입장을 선택하겠다. 그 단어의 다른 사용 방식은 문장의 사용에 의해 설명될 수 있다. 그 단어의 행동적 사용은 결국 문장에 있어서 어떤 문장과의 관계에서 그 단어의 사용이 분명하게 되리라는 것이다. 그 단어의 인격적 사용이나 사회적 사용도 구체적 문장의 제시가 가능하지 않고서는 혼란스런 사용이 될 것이다. "박씨의 그 행동은 비합리적이다"라는 문장에서 '합리적'이라는 단어를 분명히 할 수 있기 위해서는 박씨의 그 행동이 어떤 문장으로써 기술될 수 있어야 한다는 것이다. 언어로써 표현할 수 없는 '행동'은 합리적이니 비합리적이니 운위할 수 없기 때문이다. 그러한 것은 행동으로써 파악될 수도 없기 때문이다.[3]

문장적 성질로서의 합리성은 무엇인가? 잠정적으로 이 '합리성'을 논의되고 있는 문장이 다른 어떤 문장들에 대하여 가지는 특정한 관계의 이름이라 규정하고자 한다. 그리고 우리의 이해가 그르지 않다면 그러한 특정한 관계가 포퍼(Karl Popper)의 방법론[4]을 가장 선명하게 드러내 보이는 특징이라 생각된다. 그러므로 이 특정한 관계가 무엇인가를 먼저 고찰하여 보겠다. 그리고

2 김예숙, 「K. R. Popper의 지식론에 관한 연구」, 이화여자대학교 석사학위논문, 1980.

3 합리성을 고려할 때 실천적인 면이 고려되지 않을 수 없다. 그러나 어느 실천적인 점도 행동과의 관계 속에서 실천적이게 마련이다. 그렇다면 실천적인 면도 문장적 요소로 기술될 수 있을 것이다.

4 Karl Popper, *Conjectures and Refutations*, London, RKP, 1963; 이한구 옮김, 『추측과 논박』, 민음사, 2001.

그러한 방법론이 적합하고 유용하기 위해서는 그것이 구체적인 과학이나 학문의 분야에서 적용될 수 있어야 할 것이다. 사회 철학을 하나의 예로 들고, 특히 개방 사회의 개념을 집중적으로 탐구하여 어떻게 이 사회 철학의 개념이 앞의 방법론에 근거하고 있는가를 보이고자 한다. 그리고 결론적으로 포퍼의 두 가지 문제점들이 제기될 것이다. 그러면 이제 포퍼의 합리성의 구조를 알아보기 전에 그것이 나오게 된 역사적 배경을 살펴보기로 하겠다.

(가) 전통적 방법

포퍼에 의하면 많은 전통적 방법론이 근본적으로 귀납주의에 물들어 있다. 아리스토텔레스(Aristotle)와 베이컨(F. Bacon)에 있어서 귀납주의는 첫째, 구체적 관찰의 경우들을 일반화하여 보편적 법칙을 끌어내는 것이다. 무수하게 많은 A의 대상들 중에서 한 과학자는 천 가지 경우의 A들을 표본으로 관찰하였다. 관찰된 모든 경우의 A들은 F라는 성질을 가지고 있다는 것을 그는 알게 되고 이것에 의해서 "모든 A는 F이다"라는 법칙 문장을 얻게 된다는 것이다. 둘째, 더 중요한 것은 관찰자는 이러한 관찰을 통하여 자연이나 사물의 본질이나 본성을 파악하게 된다는 것이다(Popper, 1963, 12). 그러므로 이 방법에 있어서 관찰자와 관찰 대상과의 관계는 관찰자는 텅 빈 마음으로서 대상을 다치지 않고, 있는 그대로 주워담는 하나의 그릇(bucket)이 되는 관계이다(Popper, 1972, 341). 관찰자는 대상에 대해서 의견이나 관점을 가해도 안 되고, 추측이나 해석을 해서도 안 된다(Popper, 1963, 14). 이들은 대상을 왜곡하는 행위가 되며, 결과는 편견을 갖게 된다는 것이다. 대상은 계절을 따라 잘 익은 포도송이들과 같아서, 있는 그대로를 조심스럽고 열심히 모아 짜면 순수한 지식의 포도주가 되리라는 것이다(Popper, 1972, 342).

이렇게 규정된 귀납주의는 여러 방법론의 기저에서부터 근간을 이루고 있다고 한다. 먼저 검증(verification) 이론도 그 한 예가 된다(Popper, 1972, 128).

검증 이론에서 임의의 문장 P가 검증되었다는 것은 P가 참이라는 것과 동일하다. P가 참이라는 것은 P라는 문장으로써 말하여진 사태가 검증자에 의해 감각적으로 경험되었다는 것이다. 그러므로 여기에서도 검증자와 P라는 문장에 의해 말하여진 사태와의 관계는 앞에서 규정된 관찰자와 대상의 관계와 같은 것이 된다.

또한 대부분의 지지(confirmation) 이론도 귀납주의 성격을 그대로 가지고 있다고 한다(Popper, 1963, 280). 예를 들어 설명하자. "모든 P는 Q이다"라는 문장에 대한 확인의 한 경우는 "하나의 특정한 대상 b가 P이고 또한 Q이다"라는 문장으로 표현되는 사태이다. 앞의 일반 문장에 대한 확인은 뒤의 사태에 대한 감각적 경험이다. 그러므로 포퍼에게 확인 이론은 물론 경험주의의 많은 다른 형태들도 모두 귀납주의의 철학적 구조를 가지고 있는 것으로 생각되었다. 이 구조에서 많은 전통적 방법론들의 공통점을 보는 것 같다.[5] 그리고 포퍼는 여기에서 여러 가지 문제점들을 보았다.

첫째 문제는 흄(D. Hume)에 의해 밝혀진 '귀납의 문제'라 불리는 것이다(Popper, 1972, 1-31). 귀납이란 구체적으로 관찰한 경우들을 일반화하여 이것을 근거로 보편적 문장을 끌어낼 때 아직 관찰하지 않은 경우들도 포함하여 확언하는 것이다. 귀납의 문제란 바로 관찰한 경우에 의하여 어떻게 관찰하지 않은 경우에 대해 말할 수 있는가의 문제이다. 귀납의 정당성의 문제인 것이다. 귀납의 정당성은 직관적으로 주어지지도 않고 논리적으로 증명될 수도 없다. 귀납을 정당한 것으로 받아들이지 않는 사람들이 있기 때문이며, 또한 귀납의 논제를 부정하여도 모순이 되지 않기 때문이다. 그렇다면 귀납의 정당성은 경험적으로 보여져야 한다. 이들 귀납주의자들에게 있어서는 그러하다. 이것은 귀납의 정당성이 귀납적으로 보여져야 한다는 것을 뜻한다. 이것은 자연

5 카르납(R. Carnap, 1936, pp. 27-46)의 후기 이론도 확인 이론의 변형으로 생각될 수 있고, 이에 대한 포퍼의 비판이 제시되고 있다(Popper, 1963, pp. 273-70).

의 제일성(齊一性, uniformity)은 귀납적으로 보인다는 것과 같다. 그러나 여기엔 순환성 또는 무한 퇴행의 문제가 지적되지 않을 수 없다.

전통적 방법론의 둘째 문제는 배중률(排中律)이 거부되는 것이다(Popper, 1972, 128).[6] 특히 검증 이론의 방식대로 문장 P에 대한 검증과 문장 P를 관련시키게 될 때 P와 -P가 모두 검증될 수 없는 경우가 허다하기 때문이다. 포퍼는 그러한 경우에 대한 예를 하나도 제시하고 있지는 않지만 그 이유는 분명히 제시하고 있는 것 같다. 검증 이론가들은 P를 믿을 만한 이유가 없을 때, 즉 P를 원칙적으로 검증할 수 없을 때 P를 거부한다. 그리하여 P를 믿을 이유의 부재는 -P를 믿을 이유의 부재와 양립할 수 있다는 것이다. 두 이유의 양립 가능성에서 배중률이 거부되고 있다는 것이다.

마지막으로 여기에서 다루고자 하는 문제는 '확인의 역설'이라 불리는 것이다(Popper, 1963, 284). 다음 문장들에서부터 시작하여 보자.

(1) $(x)(Rx \rightarrow Bx)$: 모든 까마귀는 검다(모든 x에 대하여 만일 x가 까마귀라면 x는 검다).

(2) $(x)(-Rx \vee Bx)$: 모든 x에 대하여 x는 까마귀가 아니거나 x는 검다.

(3) $(x)(-Bx \rightarrow -Rx)$: 모든 x에 대하여 만일 x가 검지 않다면 x는 까마귀가 아니다.

(1)과 (2)와 (3)은 모두 논리적으로 동치의 문장들이다.[7] 그러므로 (1)을 확인하는 $R\alpha \wedge B\alpha$는 (2)와 (3)을 확인하고 (3)을 확인하는 $-B\alpha \wedge -R\alpha$는 (1)과 (2)를 확인한다. 그리고 (2)는 -Rd에 의해서도 확인되고 Bd에 의해서도 확인된다. 따라서 -Rd와 Bd는 각기 (1)과 (3)을 확인한다. 그러나 이것은 결국 어떠한

6 포퍼는 버클레이(G. Berkeley)를 예로 들고 있지만 그의 비판은 다음에서와 같이 검증 이론가에 대해서도 제기될 수 있다.

7 여기에서 사용되는 논리 기호와 술어들에 대한 설명은 소흥렬(1979) 참조.

대상에 의해서도 (1)이 확인된다는 것을 시사한다. 어떠한 사물도 -R이거나 B이기 때문이다. 이 세상의 모든 것은 까마귀가 아니거나(-R) 또는 까만 색깔(B)을 하고 있기 때문이다.[8] 그리고 다음 문장들을 더 추가하여 보도록 하자.

(4) $(x)(Rx \rightarrow -Bx)$: 어느 까마귀도 검지 않다(모든 x에 대하여 만일 x가 까마귀라면 x는 검지 않다).

(5) $(x)(-Rx \wedge -Bx)$: 모든 x에 대하여 x는 까마귀가 아니거나 x는 검지 않다.

(4)와 (5)는 논리적으로 동등하고 (1)에 대해 논리적으로 갈등(incompatible) 관계에 있다. (5)는 -Rc에 의해 확인되고 -Rc 는 (1)과 (4)를 동시에 확인한다는 것이다. 따라서 -Rc의 경우는 확인자의 관심에 따라 (1)을 선택하여 확인하는 데 사용될 수도 있고 (4)를 선택하여 확인하는 데 사용될 수도 있어서 선택적 지지(selective confirmation)의 경우가 되는 것이다.[9]

(나) 지식의 논리

(나1) 추측: 그러나 전통적 방법론의 보다 심각한 문제는 이 방법론이 가지고 있는 근본적인 가정에서 찾아진다. 그 가정은 관찰할 수 있는 모든 사실을 모으면 유일하고 보편적인 이론의 체계에 이를 수 있다는 믿음이라 규정할 수 있겠다. 이 가정은 다음의 여러 문장들에 근거한 것이다.

(6) 관찰자는 사실을 있는 그대로 볼 수 있고 보아야 한다.

(7) 어떤 일련의 관찰들은 하나의 이론 체계를 낳는다.

8 이것은 '헴펠의 역설'로 알려져 있다(Hempel, 1945, pp. 384-409).

9 이것은 '굿맨의 역설'로 불린다(Goodman, 1955, pp. 70-71; Grandy, 1967, pp. 428-23). 귀납의 문제에 대한 보다 포괄적 논의에 대해 이초식, 1975, pp. 57-86 참조.

(8) 관찰에 의한 이론 체계는 하나뿐이며 보편적이다.

(9) 지식이란 관찰을 통하여 이 체계에 이르는 것이다.

그러나 포퍼는 (6)과 (7)과 (9)를 거부하며 (8)에 대해서도 강한 의문을 제기하고 있다. 먼저 (6)부터 알아보도록 하자. 여기에서 기술되고 있는 관찰자의 역할은 관찰 내용을 수동적으로 반사하는 거울 또는 양동이의 역할에 비유되고 있다(Popper, 1972, 341ff). 그러나 포퍼는 관찰자의 능동적 역할을 주장하고 있다. 관찰자의 능동적 역할이 없이 관찰은 이루어질 수 없다고 한다. 즉 관찰은 언제나 관찰자에 의해 선택적이게 마련이다. 관찰자가 관심이나 관점, 선택된 대상이나 풀고자 하는 문제, 또는 해결하고자 하는 과제 같은 것을 가지고 있을 때에만 관찰이 가능하게 된다. 그리고 관찰은 관찰자가 의도한 방향에 따라 이루어진다. 왜냐하면 관찰은 관찰자의 언어를 가정하기 때문이다(Popper, 1963, 46). 관찰자의 언어는 독특한 유사의 표준, 분류의 규칙, 속성의 어휘, 언어의 규칙 등을 포함하게 된다. 그러므로 다른 관찰자의 언어와 다른 언어일 수 있다. 따라서 두 관찰자는 관점이 달라지게 되고, 관심이 같기가 어려우며, 상이한 문제를 가지고 씨름하게 된다. 다른 언어를 가지는 경우 두 관찰자는 같은 관찰을 할 수 없게 된다. 이것은 탐조등(searchlight; Popper, 1972, 341ff.)에 비유된다. 즉 관찰자는 먼저 문제의 상황에서 가상의 해결로서 추측(conjectures)을 내어놓고서 이 추측이 그른가, 그르지 않은가를 본다는 것이다. 그러므로 포퍼에게 있어서 관찰이란 관찰자가 제안한 추측이 사실에 의해 거짓인가 아닌가를 확인하는 것이 된다.

(7)은 관찰들이 사실에 이르게 하며 사실들이 법칙에 닿게 하여 법칙들이 모여져 이론 체계를 이룬다는 것이다. 그러나 포퍼는 어느 이론이나 체계도 (6)이 말하는 관찰이나 경험적 자료에 의해 만들어질 수 없다고 한다(Popper, 1963, 54; Hempel, 1966, 15). 포퍼에게 있어선 어느 법칙도, 어느 이론도 아직 진리가 아니다. 아직 참이 아니다. 이들은 아직 추측이라는 것이다. 그러므로

우리의 지금 모든 지식은 진리라는 종점에 도착한 상태가 아니라 아직 확인의 여지가 남아 있는 추측의 상태이다.

(8)은 (6)과 절대적 시간 공간론의 연접에 의해 귀결되는 문장이다. 그리고 (9)는 (6)과 (7)과 (8)이 참이라면 받아들임직한 문장이다. 그러나 (6), (7), (8)은 거짓이거나 받아들이기 어려운 문장들이다. 결국 전통적 방법론의 가정은 비판되고, 그 무가정(無假定, presuppositionless)적 관찰 개념도 거부된다. 포퍼는 그 자리에 추측을 통한 관찰 개념을 들여오고 있다.

(나2) 반박: 추측을 통한 관찰의 논리는 무엇인가? 이것이 포퍼 방법론의 핵심이라 생각된다. 포퍼는 어느 문장이나 가설이나 추측도 관찰이나 경험에 의하여 참이라는 것을 추리해 낼 수 없다고 한다. 단지 관찰에 의하여 논리적으로 추리할 수 있는 것은 그 가설이 거짓인 경우에만 가능하다는 것이다. 가설은 반박될 수 있을 뿐 확립될 수 없다는 것이다. 이에 대한 포퍼의 도식적 설명은 없지만 그의 저술(Popper, 1963, 33-65)[10]을 통하여 반박의 논리를 다음과 같이 구성하여 설명해 볼 수 있을 것이다. 포퍼에게 있어서 모든 추측은 가설(H)의 성격을 갖는다. 그리고 가설은 관찰할 수 있는 실험 조건(test implication)을 함의한다. 실험 조건(T)은 "C라는 상황을 부여할 때 E라는 사건이 발생한다"는 형식으로 되어 있다.[11]

10 Popper, 1963, p. 56: How do you justify your method of trial and error? Reply: the method of trial and error is a method of eliminating false theories by observation statement; and the justification for this is the purely logical relationship of deducibility which allows us to assert the falsity of universal statement if we accept the truth of singular ones.

11 가설 (H)와 실험 조건 (T)의 예를 들면 다음과 같다(Hempel, 1966, 2장). H1: 산욕열 환자들의 증가는 산모들의 입원실 과밀 때문이다. H1에 대한 실험 조건(T=(C→E))은 "산모를 격리(C)시키면 산욕열 환자의 수는 감소될 것이다(E)"가 된다. H2: 산욕열 환자들의 증가는 분만시의 패혈증 때문이다. H2에 대한 실험 조건(T=(C→E))은 "분만시에 모든 요원들이 사용하는 기구들을 철저히 소독(C)하면 산욕열 환자의 수는 감소(E)될 것이다"가 된다.

(10) H

(11) H → (C → E)[12]

(12) C → E

(13) C

(14) E

실험 조건 (12)를 채택하여 (13)을 실험할 수 있다. 그때 (14)의 경우가 얻어졌다고 하자. 그러면 실험 조건 (12)는 문장으로서 참이게 된다. 그러나 문장 (12)에 의해 문장 (10)을 추리해 낼 수 없다. (12)와 (11)에 의해 (10)을 추리한다는 것은 '후건 긍정의 오류'를 범하는 것이 된다. 이리하여 포퍼는 가설이 관찰에 의해 참이라는 것을 추리해 낼 수 없다고 한다. 그러나 다음의 경우를 보자.

(14′) −E

어떤 실험의 상황에서 (14) 대신에 (14′)가 얻어졌다고 하자. 그렇다면 (12)는 거짓이다. (12)가 거짓이라면 '후건 부정 논법'에 의해 (11)로부터 (10)이

12 문장 (11) 대신에 (11′)(H ↔ (C→E))를 생각해 볼 수 있겠다. 그러나 (11′)는 문제가 많은 명제이다. 왜냐하면 (H → (C→E))는 참이지만 (H ↔ (C→E))는 설명하기 어려운 명제이다. (12)는 C는 E에 대한 충분조건이라는 것만을 보이고 H가 표현하는 것처럼 C와 E의 독특한 관계를 주장하지 않는다. 즉 H는 "C는 E에 e한 충분조건이다"보다는 더 강한 "C가 그리고 C만이 E의 원인이다"를 말하고 있기 때문이다. 후자는 (C↔E)와 같은 것이다. 그러나 이 상황에서 이것은 수용할 수 없다.

13 이 결론에는 불가피한 제한점이 있다. 이 결론은 'C'와 'E'가 진리 함수적 명제라는 것을 가정하고 있기 때문이다(Popper, 1957, p. 122). 그러나 이에 대한 최근의 논의들은 이 명제들을 진리 함수적으로 볼 때 제기되는 문제점들과 이들을 어떤 종류의 양상 명제로 볼 수 있을까의 가능성 문제에 집중되고 있다(Kim, 1971, pp. 48–62; Stalnaker, 1968, pp. 165–79; Lewis, 1973, pp. 180–91). 그리고 이 도식에서 C가 연접 복합 명제라는 것을 인정하면서도 두헴 문제(The Duhemian Problem)는 논의하지 않겠다(Koertge, 1978, pp. 253–78).

거짓이라는 것을 논리적으로 추리해 낼 수 있다. 그렇다면 "가설은 확립될 수 없고 반박될 수 있을 뿐이다"라는 포퍼 방법론의 논제는 정당화되었다고 할 수 있다. 앞의 논의에 의해서 반증 가능성(falsifiability)은 논리적으로 타당한 개념이지만 검증 가능성(verifiability)은 논리적으로 부당한 개념이라고 생각하게 된다.[13]

(나3) 지식의 논리로서의 반박: 포퍼는 이렇게 얻어진 반박 개념 또는 반증 가능성 개념으로써 지식 개념의 여러 문제들을 설명하고 있다. 여기에서는 지식의 경계(demarcation) 문제와 지식의 개방성, 그리고 지식의 성장 문제만을 다루겠다.

포퍼는 지식[14]과 지식의 경계 표준을 반박 가능성에서 보고 있다. 어떤 문장이나 이론이 지식일 수 있는 하나의 필요 조건은 그것이 반박될 수 있어야 한다는 것이다. 그러므로 이것을 일반화하면 어떤 지식의 가치의 정도는 그 지식이 이론으로서의 최초의 단계에서 가지는 반박 가능성의 정도에 비례한다고 한다. "10년 내에 비가 올 것이다"라는 문장은 반박 가능성의 정도가 낮기 때문에 지식으로서의 가치가 낮다는 것이다. "다음 주에 비가 올 수도 있고, 2년 또는 5년 내에 올 수도 있다." 지역이 명시되지 않았으므로 5년 내에 지구상의 아무 곳에나 한번 비가 내리면 참이게 되므로 반박 가능성의 정도가 낮다는 것이다. 그러나 "1980년 2월 24일 오후 9시 서울 명동에 소나기가 내릴 것이다"라는 문장은 반박 가능성의 정도, 즉 거짓일 수 있는 정도가 높기 때문에 지식으로서의 가치가 높다는 것이다.

그러므로 포퍼는 반박 가능성이 전혀 없는 문장이나 이론은 지식으로서의 가치가 전혀 없다고 생각한다. 따라서 반박 가능성은 지식과 비지식의 경계의

14 여기에서 '지식'과 '과학'을 동일한 의미로 사용하겠다. 포퍼에 있어서 이 두 개념이 구별되는 경우도 있지만 일반적으로 대치 가능하게 쓰이고 있기 때문이다.

표준이 된다. 지식으로서의 가치가 전혀 없는 것은 지식이 아니라고 볼 수 있기 때문이다. 그러나 어떤 문장이나 이론이 반박 가능성이 전혀 없을 때 지식이 될 수는 없지만 의미조차 없는 것은 아니라고 한다. 포퍼는 반증 가능성이 의미의 표준인 것처럼 말하는 논리 실증주의자들을 비판하고 있다. 또한 검증 가능성을 의미의 표준으로 내세우는 것도 오도적이라고 지적한다(Popper, 1963, 253-92).

지식과 비지식의 경계의 논리가 반박의 개념으로써 설명되듯이 지식의 개방성의 논리도 또한 반박의 개념으로써 설명된다. 포퍼에게 있어선 어떠한 자연 법칙도 확정된 진리의 문장이 아니라 아직 반박되지 않은 가설이라는 것이다. 또한 어떠한 지식에 있어서도 문제의 문장은 아직 거짓이라는 것이 밝혀지지 않았기 때문에 지식이란 그 문장이 잠정적으로 받아들여진 상태가 된다. 지식의 이러한 잠정적(tentative)인 성격은 문장이나 이론에 대한 상상이나 추측의 가능성을 구조적으로 보장해 준다. 지식의 반박 가능성 개념은 창의적 시도들을 기대하게 한다. 포퍼의 반박 가능성의 개념은 개방성을 뒷받침해 주고 있다. 그러나 지식의 논리가 이론의 반박 가능성에서가 아니라 이론의 진리의 확신에서 주장되는 경우는 어떠한가? 그들은 그들의 이론이 진리라는 확신 때문에 그에 비례해서 그 진리가 어떤 새로운 상황에서 반박이 가능하다는 것을 부인하게 된다. 어떠한 사실도 그들이 진리라고 확신하는 것에 맞추어 해석된다. 따라서 그러한 이론 안에 있는 사람은 이론의 선전이나 유지를 위한 사고 활동에 있어선 격려를 받게 되지만 그 이론 자체에 대한 반성이나 새로움에 대한 상상력이나 창의성은 거부된다. 상상의 빈곤이 바로 그러한 폐쇄적 이론들의 특징이다(Popper, 1957, 128-30). 그 이론들의 폐쇄성은 그 이론 안에 있는 사람들이 그 이론 밖으로 나아가 그 이론을 관찰하고 다른 것과 비교함으로써 반박할 수 있다는 가능성을 허락하지 않는다는 것이다.

마지막으로 반박의 개념으로써 지식의 성장을 설명하여 보자. 포퍼는 먼저 반박의 개념을 박진(迫眞, verisimilitude, truthlikeness)의 개념으로 변형시키고 있다.[15] 우선 A는 a라는 문장에서 귀결될 수 있는 모든 문장들의 집합의 이름이라 하고, T는 어떤 언어에서건 간에 참된 모든 문장들의 집합이라고 하자. 그러면 a의 진리 내용 A_T는

(15) $A_T = A \cdot T$

로 정의된다. 이것은 "A_T는 A와 T의 교집합(intersection)이다"로 읽힌다. 그리고 a의 거짓 내용 A_F는

(16) $A_F = A, A_T$

로 정의되며, "A_F는 A에서 A_T를 제거한 것(A with A_T taken out), 즉 A에 대한 A_T의 차집합이다"로 읽힌다. 그리고 포퍼는 타르스키(A. Tarski)의 확률 함수를 이용하여 a의 진리 내용 치수(ct(A_T))를

(17) $ct(A_T) = 1\text{-}P(A \cdot T)$

(18) $ct(A_F) = 1\text{-}P(A, A_T)$

로써 표현하고 있다. A · T의 확률이 낮을 때 a의 진리 내용 치수는 높다. A · T의 확률이 낮다는 것은 A · T가 반박될 수 있는 확률이 높다는 것이다. 즉 A, A_T의 확률이 높다는 것이다. 이 때 a의 거짓 내용 치수는 낮게 된다. 즉 A · T의 반박 가능성이 높으면 a의 거짓 내용 치수는 낮고, 진리 내용 치수는 높게 된다. 여기에서 a의 박진 치수 vs(A)는

15 여기에서 소개되는 변형은 단순화된 것이다. 자세한 것에 대해서는 Popper 1963, pp. 385–415 & Popper 1972, pp. 319–40을 참조.

$$(19)\ vs(A) = ct\,(A_T) - ct\,(A_F)$$

로 계산된다. A의 박진 치수는 A_T의 내용 치수에 역비례하고, A_F의 내용 치수에 비례한다. 이것들을 단순화하여 말하면, A · T의 반박 가능성이 낮을수록 A의 박진 치수는 높아진다는 것이다.

포퍼에게 있어선 a의 확정된 진리를 말할 수 없으므로 a의 박진 개념이 제안된다는 것은 이해할 만하다. 그러나 A · T의 반박 가능성이 낮을수록 a의 박진 치수가 높아진다는 것은 무엇인가? 앞의 개념화에 따라 예를 들어보자. β라는 문제의 상황에 대해 b라는 문장 또는 이론이 제기되었다고 하자. B_T의 내용은 B · T의 확률이 낮을 때 많을 것이다. 이때 B_T의 반박 가능성은 높고 따라서 B, B · T의 확률은 높을 것이다. 따라서 B_F의 내용은 작아질 것이다. 앞에서 보았던 "1980년 2월 24일 오후 9시 서울 명동에 소나기가 내릴 것이다"라는 문장은 반박 가능성, 즉 거짓일 수 있는 확률이 높기 때문에 많은 진리 내용을 가지고 있다는 것이다. 여기에서 중요한 것은 반박 가능성이 높다는 것과 반박된다는 것의 차이를 분명히 하는 것이다. 반박된 것은 반박 가능성이 높다거나 낮다고 말하지 않는다. 반박된 것은 바로 제거당하기 때문이다. 그러므로 반박 가능성이 높은 것은 아직 반박되지 않은 것이다.

이제 한걸음 더 나아가 $ct(B_T)$와 $ct(B_F)$의 관계 속에서 정하여진다. 가령 이론 b에 있어서 B_T 내용 치수는 B · T의 확률이 아주 낮아 1에 접근하였다고 하자. 그러면 B, B_T의 확률이 아주 높아 B_F의 내용 치수는 0에 접근하게 될 것이다. 따라서 b의 박진 치수, 즉 vs(B)는 1에 접근하다. "B_F의 내용 치수가 0에 접근한다"는 문장의 의미는 β라는 문제의 상황에 대해 b 이외의 모든 이론들은 거의 모두 거짓으로 판명되어 제거된다는 것을 뜻한다. 그러므로 가상적으로 말하여 vs(B)가 1일 때 b는 β에 대한 '절대적이며 완전한 지식'으로 생각되는 것이다. 포퍼는 vs(B)가 1일 수 있다고 믿지 않고 있지만, 1을 향한 박진적 운동은 계속되어 왔고 계속되리라 확신하고 있다. 그러므로 포퍼에게 있어선 지식의 이러한 박진적 운동이 바로 지식의 성장이 된다.

(나4) 합리성의 구조: 여기까지에서 전통적 방법론에 대한 포퍼의 방법론은 포퍼 나름의 반박 개념에 의거한 것임을 보았다.[16] 이제 이 반박 개념 또는 박진 개념으로써 합리성 개념의 구조를 형식화해 보도록 하자.

서론에서 합리성을 문장적인 것으로 선택하였다. 이제 이것의 일반적 성격을 하나 더 생각하여 보겠다. '합리적'은 '네모난' 또는 '푸른'과 같은 사물적 대상의 경우처럼 자연적 성질의 이름이 아니다. 또 이것은 문장적 합리성이므로 '녹을 수 있는(soluble)'과 같은 성향적(dispositional) 성질을 지칭하지도 않는다. 이것은 또한 '완전한', '논리적', '나쁜(어떤 윤리학적 의미에서)'과 같이 비교나 정도를 허용하지 않는 절대적 성질을 가리키지도 않는다. 우리가 논의하고 있는 '합리성'은 '긴', '무거운', '넓은'과 같이 비교와 정도의 관계에서 이해되는 상대적 술어이다.

그러므로 '합리적'은 상황과 독립해서 항상 '합리적'이라 부를 수 있는 그러한 문장을 갖지 않는다. 어떤 합리적 문장도 푸른 잎들처럼 자연적 종류(natural kind)가 아니기 때문이다. 그리고 '합리적'은 인간이 보유하는 어떤 마땅한 인식 기능에서 방해를 받지 않고 솟아나오는 문장을 특징짓는 것도 아니다. 또한 이것은 어느 고차원의 존재 세계에 절대적으로 존재하는 어떤 실체나 질서의 이름도 아니다. 그런 견해들은 관계적으로 이해되는 합리성 이론에 의해 대치되어야 할 것이다.

이제 합리성 개념의 구조를 제안하여 보자. δ라는 문제 상황을 가정하자. 그리고 하기(下記, subscript)를 사용하여 δ에 대해 제안되는 여러 가지 이론들을 각기 d_1, d_2, …… d_n, d_{n+1}, ……이라고 하자. 그러면 D_1, D_2, …… D_n, D_{n+1}, …… 등은 각기 해당 이론들로부터 귀결되는 모든 문장들의 집합의 이름

16 포퍼의 방법론에 대한 여러 가지 이름들에 대해 이한구 1976, pp. 166-325 참조.

이 될 것이다. 그러면 합리성에 대해

(20) vs(D_1)이 vs(D_2)보다 낮은 경우 그리고 이 경우에만 d_1은 d_2보다 더 합리적이다.

라는 정의를 할 수 있을 것이다. 이것은 일반적 정의는 아니다. 그러나 이것은 d_1과 d_2를 통하여 합리성 개념의 관계성을 분명히 보여준다. 비교되는 항들이 확정되어 있다는 뜻에서 (20)을 '확정적 합리성'을 보이는 것이라 할 수 있겠다.

(21) δ에 대하여 모든 가능한 이론들이 제안되고 시험되고 그리고 vs(D_1)이 어느 것보다 낮은 경우 그리고 이 경우에만 d_1은 합리적이다.

(21)은 '이상적 합리성'에 대한 정의라 할 수 있다. 여기에서도 d_1은 비교되고 있지만 모든 가능한 이론들과 비교되었다는 점에서 이상적이다. δ에 대해 모든 가능한 이론들을 제안한다는 것은 논리적으로 가능한 것이겠지만 현실적으로 불가능하기 때문이다.

(22) vs(D_1)이 조사된 어느 vs($D_{1=i}$)보다도 낮고 그리고 그럴듯한 어느 이론도 모두 조사된 vs(D_{1+i})에 포함되어 있다고 현재 추측된 경우 그리고 이 경우에만 d_1은 현재 합리적이다.[17]

(22)는 (20)이나 (21)만큼 정확하지도 않고 형식적이지도 않다. '그럴듯한'과 '추측'이라는 단어들이 둘째 조건을 압도하고 있기 때문이다. 그러나 이것

17 어떠한 두 이론도 비교 불가능하다는 토마스 쿤은 이러한 명제를 수용할 수 없을 것이다.

은 우리의 합리성에 대한 일상적 개념이 그만큼 애매모호하다는 것을 지적하는 것이 아닐까 생각된다. 이러한 의미에서 (22)를 '일상적 합리성'의 정의라 부르고자 한다. 애매한 둘째 조건에 대해 설명을 붙이고자 한다. 둘째 조건은 δ에 대한 그럴듯한 이론들이 고려되지 않은 채 고의적으로 포기되는 것을 방지한다. 둘째 조건이 애매한 것은 고의적 포기의 경우뿐 아니라 그럴듯한 이론들이 간과 · 태만 · 무지 · 사고 등에 의해 제기되지 못하고 고려되지 못하는 경우의 문제를 언급해야 하기 때문이다. 후자의 경우들을 방지해야 한다는 조건을 요구할 수 없기 때문이다. 무지의 방지는 요구될 수 없다. 그래서 제안된 것이 진지성의 요구로서의 둘째 조건의 '추측'이다.

그리고 (21)과 (22)의 차이가 지적될 수 있다. (22)는 일상적 합리성으로서 추측된 합리성이다. 마지막 합리성임을 나타내고 있지 않다. 그러므로 수정될 수 있고 반박될 수 있는 것이다. 미래의 반박에 개방되어 있다는 뜻에서 일상적 합리성은 개방적 합리성이다. 반면에 (21)은 이상적 합리성으로서 일단 실현되기만 하면 반박의 여지가 없다. 그래서 이상적이고 마지막인 것이다. 미래에 열려져 있지 않다는 뜻에서 완성된 합리적이고 닫혀진 것이라 할 수 있겠다.

일상적 합리성 개념으로써 몇 가지 문제를 정리해 보도록 하자. '무합리적(non-rational)'이란 무엇인가? 이것은 어떤 문장 a가 박진 치수를 가지고 있지 않은 경우이다. 즉 vs(A)가 0일 때이다. 그러나 이 값은 $ct(A_T)=ct(A_F)$에서 얻어진 것이라기보다 $ct(A_T)$와 $ct(A_F)$가 모두 0이라는 사실에 의해 얻어진 값이다. 즉 a가 참이지도 않고 거짓이지도 않을 때 a는 무합리적이다.[18] 그리고 '비합리적(irrational)'은 $vs(D_1)$이 $vs(D_2)$보다 클 때 d_1에 적용하는 단어가 된다.

귀납의 문제를 보자. 이것은 귀납의 정당성이 순환적이라는 문제였다. 그러

18 합리성을 문장적 모델에 의해 보지 않고 행동적 모델에 의해 보는 사람은 무합리성은 의도가 없다는 것과 관련하여 설명할 것이다(Bennett, 1964). 그러나 문장적 모델에 의해서도 의도가 없는 동작을 설명할 수 있을 것이다.

나 포퍼는 "모든 까마귀는 검다"라는 가설에 대해 귀납주의자들처럼 "a라는 까마귀가 검다"와 같은 것을 찾는 것이 아니라 '검지 않은 까마귀'를 찾아보는 것이다. 그러므로 귀납의 문제는 포퍼에게 있어서 발생하지 않는다. 그렇다면 "포퍼의 방법은 어떻게 정당하다는 것을 알 수 있는가?"라는 물음을 사람들은 제기할 것이다. 그러나 포퍼는 "나의 방법이 적용되지 않은 경우를 찾아보라"고 할 것이고, 이러한 포퍼의 대답은 "그의 방법으로써 그 자체를 정당화한다"는 순환론의 비난을 받을 것이다. 그러나 포퍼는 아직 "나의 방법이 정당화되었다는 것이 아니고, 더 나은 방법이 제기될 때까지는 이 방법이 아직은 가장 그럴듯하다"라는 일상적 합리성을 고집할 것이다. 이러한 개방적 합리성에 근거한 대답은 거부되기 어려울 것이다.

마지막으로 일상적 합리성에 의해 헴펠 역설과 굿맨 역설이 어떻게 해소되는가를 보자. 일상적 합리성은 귀납이 아니라 반박의 논리에 근거한 것임을 보았다. 두 역설들이 발생하는 까닭은 논리적으로 동등한 문장들이 상이한 확인의 경우들을 갖기 때문이다.

(1) $(x)(Rx \rightarrow Bx)$

(2) $(x)(-Rx \vee Bx)$

(4) $(x)(Rx \rightarrow -Bx)$

(5) $(x)(-Rx \wedge -Bx)$

헴펠 역설의 경우 (1)과 (2)는 동치이면서도 확인의 경우가 각기 $Ra \wedge Ba$와 $-Rc$라는 다른 경우들이다. 굿맨 역설의 경우도 (4)와 (5)는 동치이면서도 확인의 경우는 $Ra \wedge -Ba$와 $-Rc$라는 다른 경우들이면서 $-Rc$는 (5)와 (2)를 확인하고 있다는 데서 발생한다. 그러나 포퍼는 이러한 확인 개념을 거부하고 그 자리에 그의 반박 개념을 들여오고 있다. 그러면 (1)과 (2)는 논리적으로 동치일 뿐 아니라 동일한 반박의 경우, 즉 $Rc \wedge -Bc$(또는 $Ra \wedge -Ba$)를 갖는다. 그러므로 헴펠 역설은 해소된다. 또한 (4)와 (5)도 논리적으로 동등하면서 동일한 반박의 경우, 즉 $Rc \wedge Bc$(또는 $Ra \wedge Ba$)를 가지면서 (1)이나 (2)의 반박의 경우와는 동일하지 않다. 그러므로 굿맨 역설은 여기에서 해소된다.

(다) 개방 사회의 논리

(다1) 개방 사회의 논리: 앞 절까지는 포퍼 철학을 중심으로 합리성의 구조를 제안하였다. 이제부터는 그러한 방법론이 포퍼의 개방 사회 개념의 정립에 어떻게 관련되어 있는가와 이 개념의 구체적 적용의 경우들을 고찰함으로써 개방 사회의 논리를 밝히고자 한다.[19]

여기에서는 잠정적으로 개방 사회란 그 사회의 어느 정책도 반박될 수 있고 수정될 수 있다는 가능성이 인정된 사회라고 제안하고자 한다. 여기에서 '정책'이라는 것은 규정, 법률, 규칙, 지침, 각종 회의의 의결 등을 지칭한다. 그런 모든 정책들은 하나의 가설로 간주될 수 있다. 왜냐하면 이들은 "이 정책을 따르면 우리 사회는 이렇게 될 것이다"라는 경험적 예측의 내용을 가지고 있기 때문이다. 그렇다면 이 가설들은 사회 현상이나 사회의 경험에 의해 평가되어야 할 것이다.

앞에서 평가의 구조, 즉 반박의 논리를 제시하였다. 그러나 여기에서 동일한 반박의 논리이지만 하나의 수정을 첨가한 구조를 제안하고자 한다.

(23) H

(24) $H \rightarrow (R \rightarrow A)$

(25) $R \rightarrow A$

(26) R

19 이 절은 이한구 1979, pp. 78–101 & Magee 1973으로부터 많은 도움을 받았다.

(27) A

(27′) -A

수정된 것은 E가 A로 된 것이다. E-도식을 자연과학 도식이라고 하고, A-도식을 사회과학 도식이라 하겠다. A는 의도된 결과의 문장이다. C→E에서의 C와 E의 관계는 상식적으로 말해서[20] 원인과 결과의 관계라고 할 수 있다면 R→A에서의 R과 A의 관계는 이유와 행동의 관계라 할 수 있을 것이다. 따라서 E와 A의 다른 점은 E는 -E에 대해 모순 관계에 있지만 A는 -A에 대해 논리적 부정 관계(모순, 반대, 부분 반대)에 있는 것이 아니라 단순한 부정 관계 또는 대치 · 대립(unintended negative result) 관계에 있다. 즉 A와 -A는 양립할 수 있다는 것이다.[21]

A-도식이 E-도식처럼 논리적이고 기계적이 아니라면 불필요한 것이 아닌가 하는 문제가 제기될 수 있다. 왜냐하면 R이라는 조건이 주어졌을 때 A와 -A가 양립된다면 E-도식에서와 같은 기계적 결정을 할 수 없기 때문이다. 이 의문이 제기하는 것을 정당한 것으로 받아들인다. 물론 A-도식의 목적은 E-도식의 그것보다 제한되어 있다. 그러나 A-도식에 있어서 반박의 논리를 보이는 것만으로 만족해야 할 것이다.

어느 사회건 간에 이러한 A-도식의 반박 논리를 가져야 하는 까닭은 무엇인가? 사회의 정책들은 왜 반박되고 수정될 수 있어야 하는가? 왜 사회는 개방사회가 되어야 하는가?

자연 현상과 사회 현상의 차이점을 하나 예시해 보자(Lessnoff, 1947, 11-48).

20 이렇게 표현하는 데 있어서 여러 가지 문제점이 있지만 우리의 작업을 위해 이 문제점은 고려하지 않겠다. Davidson 1963, pp. 685–70; Toulmin 1970, 1–48 참조.

21 사회 현상에 있어서 실험 조건을 이유와 행동과의 관계에서 (R→A)의 형식으로 제안한 것에 대해 미적 경험에 대해서도 하나의 가능한 형식을 고려해 볼 수 있겠다. 미적 대상과 느낌의 관계를 나타내는 (O→F)가 한 가능성이다. E는 –E에 대해 모순 관계이고, A는 –A에 대해 객관적 상쇄 관계라면, F는 –F에 대해 내면적 갈등 관계라 할 수 있을 것이다.

자연 현상은 그 동일성(identity)에 있어서 그렇게 큰 문제가 있는 것 같지 않다. 자연적 대상들의 동일성은 크기 · 모양 · 위치 · 수 · 색깔과 같이 감각적으로 지각될 수 있는 사물적 성질에 의해 결정된다. 그러므로 자연 현상에 대해선 조작이 비교적 용이하다("고속도로변의 모든 초가 지붕을 기와 지붕으로 하라", "모든 기와 지붕을 빨강이나 초록으로 칠하라"). 그러나 사회과학이 다루는 사회 현상의 동일성은 사물적 성질에 의해서가 아니라 사람들의 행동, 더 구체적으로 사람들의 의도와 언어와 전통과 가치관과 생활 양식과의 관계 속에서 결정된다. 그래서 여기에선 조작이 용이하지 않다("우리 사회의 제일 가치를 충효로 하자").

이러한 존재론적 구조의 차이 때문에 자연 현상에 대해서는 실험 또는 반복적 관찰이 가능하지만 사회 현상에 있어서는 그러한 절차가 어렵거나 불가능하다. 그러므로 사물적 조작과 사회적 조작은 달리 이루어진다. 사물적 조작에 있어서 계획이란 계량적이며 이 계획에 의해 이루어진 완성품은 그 계획과 정확하게 대응되어 있고 완성품은 반복될 수 있다. 양복을 맞출 때 치수를 재고 이에 의해 한 벌의 양복이 재단된 대로 나오며, 이 재단에 의해 여러 벌의 양복을 맞출 수 있다. 그러나 사회적 조작은 그리 단순하지가 않다. 사회의 어떤 문제 상황에 대하여 제안되는 정책은 양복의 치수와 같은 계량을 가질 수 없다. 인간의 육체는 계량적이지만 대개의 사회 문제는 계량적이지가 않다. 또한 이 정책을 양복 재단사의 도안처럼 고정시켜 놓고 사회 개혁을 할 때 얻어지는 완성품은 정책과 대응되는 것은 아니다. 그리고 이 개혁은 양복처럼 반복될 수 없다.

왜 사회 개혁은 고정된 정책대로 될 수 없는가? 양복지는 재단사의 도안에 대해 거부 반응을 내지 않고 수동적으로 남아 있지만 사회의 문제 상황은 입안된 정책에 대하여 그 정책이 시행도 되기 전에 변해 버리기 때문이다(오이디푸스 효과). 어느 재벌이 싼 값으로 땅을 사기 위해 시골의 땅값을 알아보려고 그 시골에 나타난다면 그 지방의 땅값은 올라 버린다는 것이다. 그 재벌의 출현은 그 재벌이 의도하지 않은 결과를 낳게 한 것이다. 그러므로 사회 정책은 고정되어 있지 않아야 한다. 문제 상황이 계량적이지 않으므로 정책이 처음부터 잘못될 수 있다. 정책이 입안되지 않았다 해도 문제 상황은 가변적이고 그리고 입안된 정책에 의해서 문제 상황 자체가 바뀔 수 있다. 그러므로 정책들은 계속해서 반박될 수 있어야 하고 수정될 수 있어야 한다. 사회 정책들은 개방 사회 안에서만 효과적인 가설들로 발전될 수 있다.

A-도식에 대한 구체적 예를 들어보도록 하자. 한국에 있어서 최근 수도권 인구의 대폭 증가라는 현실 사회의 상황이 있다. 이 현상을 하나의 문제로 보고 정부는

(28) 수도권 인구 증가를 억제한다(H).

는 정책을 제안하였다. 이 정책은 어떤 이유 또는 목적을 가지고 있을 것이다. 이 정책은 그 목적을 달성하기 위한 또는 선택된 문제를 해결·설명하는 가설이 된다. 그리고 이 정책이 시행되려면 구체적 수단을 필요로 한다. 그래서 정부는 그 수단의 하나로

(29) 수도권 안에 있는 대학의 정원 증가를 억제(R)하면 지방의 고교 졸업생들의 수도권 이주가 억제된다(A).

를 받아들이고 있다. 여기에서 A-도식을 읽는 방법은

(23) H

(24) H→ (R→A)

(25) R→A

(26) R

(27) A

(27′) -A

"수도권의 대학 증원을 억제하였다(R). 그랬더니 지방의 고교 졸업생들의 수도권 이주가 억제되고 있다(A). 그러므로 수도권 인구 증가의 억제(H)라는 정부 정책은 잘 시행되고 있다"가 아니다. A-도식을 읽을 때 A와 -A가 양립하리라는 것을 기대하여야 한다. 의도된 문장 A는 물론 발생하도록 되어 있다. 그러나 정책의 시행 수단 R을 적용하였을 때 의도되지 않은 사태들 -A가 있는지를 보아야 한다. 예를 들면 재수생의 증가, 수도권 이외에 있는 대학 시설들의 과밀화, 그 대학들의 교육 내용 등이다. -A에 의해 H는 재평가되고 수정되어야 하는 것이다. 그러므로 개방 사회에서 이루어져야 하는 것은 A를 찾아 H가 정당하다는 확신을 공고히 하는 것이 아니다. 차라리 H가 반박될 수 있으리라는 가능성을 진지하게 가지고(severe test), -A들을 찾아 H를 수정해 나가는 것이다. 그러므로 개방 사회는 어느 H도, 반박하는 -A를 찾아 이에 따라 수정되어 가는 사회이다.[22]

(다2) 언론의 자유와 대통령의 애국심: 개방 사회의 정의적 특징이 반박 가능성이라면 언론의 자유는 이 반박 가능성의 한 실제적 예가 될 것이다. 이 절에서는 이러한 언론의 자유가 개방 사회에서 불가피하다는 것을 '대통령의 애국심'의 분석을 통하여 논하고자 한다.

애국심은 자기 나라를 사랑하는 마음이다. 여기에서 한 이원론자(Cartesian)가 가질 수 있는 가능한 한 대통령의 애국심 이론을 설정해 볼 수 있겠다. 그 이원론자는 마음과 육체를 분리시킴으로써 대통령의 애국심은 대통령만이

22 과학의 개방적 합리성 (22)는 세부적으로 개방 사회의 합리성과 미적 경험의 합리성 등으로 세분될 수 있을 것이다. 이들도 (22)에 준하여 형식화할 수 있는 가능성에 열려 있다. 양화적은 아니지만 반박의 논리의 구조를 가지고 있기 때문이다.

안다고 주장한다. 어느 제삼자도 대통령이 애국심을 가지고 있는지 아닌지를 사물적 표준에 의해 알 수 없기 때문이다. 그리고 애국심에 대해선 그 내용을 말할 수 있는 것이 아니다. 그것은 단지 '나라를 사랑하는 마음'으로밖에 말할 수 없다. 그리고 애국심에는 정도를 말할 수 있지만 종류를 말할 수 없다. 뜨거운-차가운, 순수-불순의 정도를 나타내는 구별은 가능하지만, 참-거짓, 좋은-나쁜의 종류를 지칭하는 구별은 가능하지 않다는 것이다. 어떠한 애국심도 애국심이기 때문에 '나쁜 애국심'이 불가능한 것처럼 '좋은 애국심'도 불가능하다는 것이다. 그러므로 애국심을 비교적으로 더 정당화하는 것은 정도의 구별에서 보이는 '뜨거운', '순수', '진지'들로서, 이들의 도가 강하면 강할수록 애국심은 더 정당한 것이 된다는 것이다. 그런데 대통령은 상황을 판단할 수 있는 가장 많은 정보를 가지고 있다(많은 정보는 그 성격상 국민들이나 다른 지도자들과 공유될 수 없다). 따라서 아무도 대통령의 애국심에 의한 판단을 비판하거나 반박할 위치에 있지 않다(대통령의 입장에서 볼 때).

이원론의 그러한 애국심 이론에 대해 다음과 같은 '애국심'에 대한 정의를 제안하고자 한다.

(30) a는 x애국심을 가지고 있다.

에 대한 필요충분조건은

(31) x를 하는 것이 애국(나라에 유익)이다.
(32) a는 x를 하는 것이 애국이라 믿는다. 그리고
(33) a는 x를 하고 있거나 x를 할 것을 원하고 있다.

의 세 조건들이다.

제안된 정의를 생각해 보자. '애국심'은 우리가 바늘 같은 것에 찔렸을 때

느끼는 아픔 같은 심리적 상태가 아니다. 후자는 문장적 내용을 가지고 있지 않다. 그러나 전자는 다분히 언어적이다. 그래서 애국심은 원칙적으로 이름을 가질 수 있는 것 같다. 이름을 가지는 'x 애국심'은 보다 구체적이고 경험적이며 논의될 수 있는 공공적 성격을 갖는다. x의 자리에 '한일 국교 정상화', '유신 개헌', '경제 성장' 같은 행위의 이름을 대입하여 보면 분명해지는 것을 볼 수 있다.

(32)와 (33)은 애국심이 아직 어떤 심리적 상태라는 것을 보이는 조건들이다. 그러나 (31)은 참이거나 거짓인 객관적 조건이다. (31)이 거짓일 때 (32)는 거짓 믿음이 되고 a의 자칭 '애국심'은 오도된 애국심이다. a가 애국이라 믿는 a의 행위 x는 실은 해국(害國) 행위가 되는 것이다. 그러므로 a의 애국심을 정당한 것으로 하는 것은 (31)이 참이어야 한다는 것이다.

그러나 문제는 a 스스로 (31)이 참인가 거짓인가를 알아내기가 어렵다. (32)에서 a는 이미 (31)이 참이라고 믿고 있기 때문이다. 여기에 언론의 역할이 요청된다. 언론은 a가 (31)이 참이라고 믿고 있을 때 (31)이 정말 참인가 거짓인가를 가려야 한다. (31)이 거짓이라면 a의 믿음 (32)를 비판하고 반박하여야 한다. 여기에서 a는 (31)이 참이라 믿고 있는 동안에도 언론으로 하여금 (32)를 비판하고 반박할 수 있는 자유를 허용하여야 한다. 언론의 자유를 통해서만 그가 틀렸을 경우 수정할 수 있는 기회가 주어지기 때문이다.

(다3) **저항권과 헌법의 일관성**: 헌법에 저항권을 삽입하는 경우 이 헌법은

(34) A, B, C 등은 지켜져야 하지만 저항될 수 있다.

라는 형식을 갖게 되어

(35) A, B, C 등은 지켜져야 하고 그리고 지켜지지 않을 수 있다.

라는 준모순적 문장이 발생하여 헌법의 일관성이 문제되는 것처럼 보인다. 그러나 여기에서는 본질에서 개방 사회의 정의적 특징인 반박 가능성의 개념을 사용하여 헌법과 저항권의 삽입이 일관적이라는 것을 논의하고자 한다. 더 나아가 개방 사회의 헌법은 저항권을 가지는 것이라 주장될 것이다.

먼저 (34)가 헌법과 저항권과의 관계를 필요 이상으로 모순적이게 하고 있다고 할 것이다. 따라서 (34)의 자리에 두 가지 종류를 대치할 것이다.

(36) A, B, C 그리고 이에서 연역되는 법률과 이들의 정신에 입각해서 마땅한 절차에 따라 만들어진 법률은 지켜져야 하고 저항될 수 있다.

(37) A, B, C가 규정한 마땅한 절차에 따라 만들어졌지만 …… 한 법률은 저항될 수 있다.[23]

(36)은 (34)와 거의 동일하므로 같은 문제를 가지고 있다. (37)은 (36)에서처럼 얼핏 보아 헌법의 일관성 문제를 발생시키고 있지 않은 것처럼 보인다. 그러나 이것은 표면상의 인상일 뿐이다. 헌법이 규정한 절차에 따라 만들어진 법률은 헌법에 의해 그 합법성을 부여받기 때문에 (37)도 (36)처럼 궁극적으로 일관성 문제를 피할 수 없다. 어떤 법학자들은 이러한 갈등을 주시하고서 저항권의 질서를 헌법의 질서 위에 올림으로써 일관성의 문제도 해결하고 저항권의 정당화도 얻으려고 하는 것 같다. 그들은 저항권을 자연권의 질서에 놓고 있다. 예를 들면 로크는 '하늘에의 호소'를 들고 있다.[24]

23 양건 1980, pp. 6-7 참조. 헌법에 위반하여 행사된 공권력에 대한 저항은 각 인의 권리이며 의미이다(서독, 헵선 주 헌법 147조). 도덕과 인간성에 반하는 법률에 대하여는 저항권이 성립한다(동독, 마르크 브란덴부르그 헌법 6조 2항). 모든 독일인은 이러한 질서(민주적-사회적-연방 국가적 질서)를 페지하려고 하는 모든 자에 대하여 다른 구제 수단이 불가능할 때에는 저항할 권리를 가진다(서독, 연방공화국 헌법 20조 4항).

24 심재우(1980, '자연법'), 양건(1980, 8, '종교적 질서 또는 도덕질서'), Thoreau(1949, '원리에 의한 행동', '양심'), Mabbott(1973, pp. 167-70).

25 다른 반대론에 대해서는 Hart(1961, pp. 181-207) 참조.

그러나 그러한 자연론에 대한 인식론적[25] 반대론을 제기할 수 있다(Strauss, 1963; Monson, 1958). "P는 자연적이다"라는 것을 어떻게 알 수 있는가? 이 이론이 호소하는 것은 하늘 · 양심 · 종교 · 도덕 같은 것들이기 때문에 경우에 따라 "P는 자연적이다"라는 한 그룹의 주장에 대한 "-P가 자연적이다"라는 다른 그룹의 주장이 가능하다. '자연적'이라는 단어는 '정상적(normal)'이라는 단어에 비교될 수 있다. "x가 정상적이다"는 것을 어떻게 알 수 있는가? 이 물음은 다분히 그 집단이나 그 사회에 의해 통계적으로 대답될 수 있고, 이 사실이 인정되면 정상이라는 개념은 상대적이게 되므로 인식론적 문제는 별로 없게 된다. 동성애가 정상인가 아닌가를 어떻게 알 수 있는가? 이 물음은 이 물음이 제기된 사회에서 통계적으로 대답될 수 있기 때문이다.[26] 그러나 '자연적'은 그와 같이 상대화될 수 없다는 데 문제가 있다. 자연론의 가정이 상대적 존재론과는 다른 방향의 존재론이기 때문이다. 고대나 중세에서처럼 대부분의 사회들이 통일된 세계관이나 공통된 존재론 안에 살고 있다면 자연론은 실제적 문제를 일으키지 않을지 모른다. 그러나 현대의 복합적 사회에선 이러한 인식론적 문제의 해결 없이는 그 이론의 설득력이 그만큼 약해질 것이다.

이러한 자연법적 이론을 배경으로 저항권에 대한 인식론적 설명을 하여 보자. 저항에는 여러 가지 동류의 저항들이 있을 수 있다. 그러나 여기에서 논의하고자 하는 '저항(civil disobedience)'은 특정한 "정부의 정책이나 법률을 바꿀 의도로써 법률에 위반되는 공개적이며 비폭력적이고 의식적인 행위(Bedau, 1961; Rawls, 1966, 347-49)"이다. 여기에서 '저항'은 '혁명'과 대조되고 있다. 혁명을 하기 위해서는 그 많은 행위들이 공개적일 필요도 없고 비폭력적이어야 할 이유도 없다. 그러나 여기에서 논의되는 '저항'은 체포나 형벌을 공개적으로 기다리며 흔연히 받아들인다. 그 특정한 법률을 바꾸기 위해 이루어지는 그 법률에 대한 저항은 전체적인 법의 체계 안에서 이루어진다.

26 '정상적'에 대한 보다 자세한 토의에 대해 Nagel, et al., 1975, pp. 247–304 참조.

그러므로 저항을 개혁의 단편적 접근이라 한다면 혁명은 포괄적 방식이라 하겠다.

롤즈(J. Rawls)는 이러한 저항을 정당화하는 근거로서 네 가지 상황을 들고 있다. 첫째, 문제의 법률을 개정할 수 있는 정규적인 방법이 거부되고, 둘째, 그 법률의 개정으로써 정의의 침해가 해소되며, 셋째, 저항자는 다른 사람들도 비슷한 불의의 상황에서 비슷한 저항을 할 권리가 있다고 선언하며, 마지막으로 책략적인 조건들, 이를테면 이 행동의 시간적 적합성, 사회적 호응도, 성공의 가능성, 교육적 효과 등이 들어맞아야 한다는 것이다(Rawls, 1966, 349-52).

그러나 롤즈의 정당 근거에 인식론적 이유를 첨가하고자 한다. 이것은 포퍼의 "어느 문장도 확정된 진리일 수 없으며 모든 지식은 추측이다"라는 입장에 근거한다. 법률의 어느 문장도 그것이 제정될 때 그 국가나 사회의 필요와 요구에 따라 입법이 될 것이다. 그렇다면 사회의 필요와 요구는 시대에 따라 변할 수 있고 또한 법률의 어느 문장도 변화하고 있는 사회에 의해 해석이나 이해가 달라질 수 있다. 여기에서 법률의 어느 문장도 반박되고 수정될 수 있다는 결론을 내릴 수 있다. 법률의 어느 문장도 앞에서 규정한 의미로 '저항' 될 수 있다는 것이다. 저항권과 헌법의 관계에는 일관성의 문제가 없으며 개방사회의 헌법은 이러한 저항권을 삽입할 수 있을 것이다.[27]

27 개방 사회 개념과 저항권 개념이 일관된다는 것을 인정할 수 있다면 이제 하나의 개방 사회 이론 안에서 저항 개념을 일반적으로도 논의할 수 있을 것이다. 앞에서 고려한 구체적 정책에 대한 저항을 단편적 저항이라 한다면 총체적 저항이 또한 가능하다. 그러나 총체적 저항은 비폭력적인 것과 폭력적인 것으로 구별되어야 한다. 폭력적 총체적 저항은 하나의 사회 이론 안에서 일관되게 유지될 수 없기 때문이다. 그러므로 개방 사회 안에서의 공학은 먼저 단편적인 문제에서부터 해결을 시도해 보고, 모든 단편적 시도가 실패했을 경우 그리고 문제가 총체적이라는 것이 확인되었을 경우 비폭력적 총체적 공학이나 저항을 시도할 수 있을 것이다. 이때 비폭력적 총체적 공학이나 저항마저도 실패하였다면 다음엔 무엇인가? 논리적 귀결은 비폭력적 방안들이 모두 다 시도된 다음이므로 폭력적 저항만이 남는다. 그러므로 하나의 개방 사회 이론 안에서 폭력의 개념은 일관된 개념이 아니므로 주장될 수 없지만 이론 외부에 선험적으로 가능한 개념이라는 것은 인정하게 된다. 그러므로 폭력적 총체적 저항이나 공학은 개방 사회의 내부적 공학

지금까지 포퍼의 방법론을 지배하는 반박 개념에서 합리성의 구조를 보고자 하였고, 이 동일한 구조에서 개방 사회 개념의 논리를 찾고자 하였다. 이러한 모색과 시도에 여러 가지 문제들은 더 천착되어야 한다. 다음에서는 포퍼에게서 보이는 두 가지 문제들을 들여다보겠다. 하나는 두 진리의 문제이고, 다른 하나는 두 사회의 문제이다.

(라) 포퍼의 문제

포퍼에게 있어선 어느 문장도 진리(truth)가 아니고 추측이다. 그 문장이 지식의 문장이라면 박진적일 뿐이다. 포퍼는 진리 개념 대신에 추측이나 박진의 개념을 들여왔다. 박진 개념에서 쓰이는 포퍼의 진리 개념은 우리가 현실적으로 도달할 수 없는 이상적 진리이다. 포퍼의 박진적 인식론에 있어서 진리(truth)의 문장은 없고 도달할 수 없는 목표로서의 진리(Truth)는 있다. 여기에 두 진리의 문제가 있는 것이다.

그러나 박진적 인식론 또는 어느 문장도 반박될 수 있어야 한다는 반박적 방법에 있어서 적어도 하나의 필요조건이 있다. 이것은 E-도식에 있어서 -E의 참과 E의 거짓을 알 수 있어야 한다는 것이다. 그리고 이것의 논리적 상관 조건인 -E의 거짓이나 E의 참을 알 수 있어야 한다. 또한 A-도식에 있어서도 A와 -A가 참인가 거짓인가를 알 수 있어야 한다.

그러나 이들의 진리치를 어떻게 알 수 있는가? -E도 포퍼의 방법론이 지시하

이 아니라 외부적 공학이다. 폭력은 아주 예외적인 경우 개방 사회 자체를 외부로부터 구성하고자 하는 행위일 수 있지만 개방 사회를 그 내부에서 운용하는 행위는 아니다.

여기에서 어려운 것은 첫째, 단편적 저항에서 비폭력적 총체적 저항으로 단계를 바꾸고자 할 때 어떻게 모든 단편적 공학들이 시도되었다는 것을 알 수 있는가의 문제이고, 둘째, 비폭력적 저항에서 폭력으로 전략을 옮기고자 할 때 어떻게 비폭력적 총체적 공학이 불가능하다는 것을 알 수 있는가의 문제이다. 이 문제들은 결국 도식이나 소수 지도자에 의해서가 아니라 사회의 여론에 의해 고려되는 것이 아닐까 생각된다.

는 대로 하나의 추측인가? 그런 것 같지는 않다. 그렇다면 -E의 참은 박진적 진리(Truth)에 관련되어 있기보다는 일상적 진리(truth)에 관련되어 있을 것이다. 그러면 후자는 지각(perception)적 진리이고, 전자는 이론적 진리인가? 포퍼는 이에 대해 분명히 언급하고 있지 않다.[28] 포퍼에게 있어서는 어떠한 관찰이나 지각도 탐조등의 비유로 설명되고 있다. 포퍼는 지각의 문장과 이론을 방법론적으로나 인식론적으로 또는 존재론적으로 구별하고 있지 않기 때문이다. 왜 포퍼는 일상적 진리(truth)의 '신화'를 제거하기 위하여 더 신비스러운 박진적 진리(Truth)를 도입한 다음, 이것의 운용을 위해 다시 일상적 진리에 의존하는 것일까? 포퍼는 전통적 진리론과 얼마나 다를 것인가? 형이상학적 이가(二價) 논리의 진리보다, 내재주의적 맞음이나 통합의 기준은 왜 고려의 후보가 아닐까?[29] 이것은 필자가 가지는 오해인가? 포퍼의 간과나 일관성의 결여 때문인가? 포퍼가 틀릴 수 있는가? 포퍼의 이론대로 그는 반박될 수 있다는 것인가? 그러나 우리의 심각한 물음은 두 진리의 관계는 무엇인가라는 것이다.

다음으로 제기하고자 하는 문제는 포퍼의 사회 개념에는 두 가지 갈등되는 요소들이 있지 않은가 하는 것이다. 포퍼는 일관성을 가지고 그의 방법론으로부터 사회의 구조론과 공학론을 끌어내고자 한다. 구조론에 의해서 그의 사회 개념은 개방적인 것을 이미 보았다. 그러나 그의 공학론에 의해 그의 사회 개념은 또한 평등적이 되는 것 같다.

포퍼의 사회공학론은 무엇인가? 그것은 포퍼가 올바로 그의 방법론에서 끌어낸 문제 중심의 공학이다. 그러나 포퍼는 이 공학을 개별주의 공학 또는 단편적 공학(piecemeal engineering)과 동일시한다. 이 공학의 일반적 지침은 피할 수 있는 불행을 극소화하라는 것이다(Popper, 1945, 284-85). 이 공학에 의해 포퍼의 사회는 평등 사회가 될 것이다.

28 포퍼는 'observation statements'나 'the truth of singular statements'는 문제가 없는 것처럼 말하지만 어떻게 이드에 문제가 없는가를 말하지 않는다(Popper, 1963, p. 56).

29 정대현, 『맞음의 철학: 진리와 의미를 위하여』, 철학과현실사, 1997.

개방 사회 개념과 평등 사회 개념은 그 자체로 갈등을 일으키는 개념들이 아니다. 그러나 포퍼의 평등 사회가 얻어지는 단편적 공학은 총체적(holistic) 공학에 대조되는 데서 포퍼의 개방 사회가 얻어지는 방법론과 들어맞지 않는 것 같다. 포퍼는 왜 우리가 받아들일 수 있는 문제 중심의 공학을 의문스러운 단편적 공학 또는 개체주의 공학과 동일시하는가? 포퍼의 분명한 설명은 없다. 그러나 포퍼는 "사회 현상의 연구 방법에 있어서 전통적으로 두 개의 접근법이 있어 왔다. 하나는 사회를 구성하는 원자들 하나하나의 관점에서 고찰하는 방법이다"(이한구, 1979, 83)라고 생각하고 있는 것 같다. 그리고 전체적 공학을 폐쇄 사회의 공학이라 규정하게 되므로 포퍼가 취할 공학은 단편적 공학밖에 없는 것으로 생각했을지 모른다. 포퍼는 그의 단편적 공학이 '사소한(smallish)' 문제들에만 적용되어야 한다는 것을 부인하고 있다(Popper, 1945, 285). 그러나 '단편적' 공학은 그 단어의 선택에서부터 '전체적' 공학과 대조되는 것으로 의도되어 있다.

그러나 제기하고자 하는 문제는 포퍼의 방법론이 그러한 단편적 공학만을 귀결하게 하는가이다. 포퍼의 반박 이론 또는 그의 문제 중심의 방법론과 총체적 공학은 불가피한 갈등 관계에 있는가? 어느 사회 개선에 있어서 모든 단편적 공학의 시도를 했지만 실패한 경우 문제가 총체적이라는 것이 확인되었다면 왜 총체적 가설들을 세워 보고 이들을 반박할 수 없을까? 또 하나의 방법론적 포퍼는 또 하나의 총체 공학적 안중근 의사가 될 수 없는가?

모든 총체적 공학이 포퍼의 방법론에 의거한 것이 아니라고 암시하는 것이 아니다. 북한의 '남북 올림픽 단일 팀' 제안이나 '정치적 협상을 먼저, 문화적 교류는 다음'이라는 제안은 그들의 이념을 노출시키는 총체적 공학의 산물로 보인다. 포퍼적 공학은 여기에서 "단일 운동 팀들의 교류 다음에 올림픽 단일 팀 문제를 고려하자" 또는 "먼저 비정치적 문화 교류를 쉽게 할 수 있겠고, 다음에 어렵고 포괄적인 정체적 문제를 생각하자"가 될 것이다. 그러므로 문제 중심의 공학은 작은 문제들로부터 시작해서 총체적 문제까지 가 보는 공학이

될 것이다. 이것이 포퍼의 방법론이 제시하는 일반적 공학이라 생각된다.

이러한 관찰이 정당하다면 포퍼가 사회공학을 단편적 문제에 국한하는 것은 그의 방법론을 포괄적으로 지키는 것이 못 된다. 이러한 의미에서 포퍼는 총체적 공학의 가능성을 가지고 있는 우리들보다 덜 개방적이고 덜 포퍼적이라 할 수 있겠다.

제3부

여성 언어와 억압의 언어성

제10장

사랑의 미신

사랑에 대해서는 무수히 많은 정의가 있어 왔지만 그중에서도 '고통'이란 말처럼 사랑의 현상을 절실하게 나타내주는 표현도 드물다. 사랑에 빠진, 사랑을 나누는 많은 사람들이 고통스럽다고 한다. 이것은 보편적이고 필연적인 현상인가? 무엇이 사랑하고 있는 나를, 상대방을 괴롭고 쓰라리게 하는가? 사랑이란 무엇인가? 우리는 사랑을 제대로 이해하고 있는가? 아니면 '사랑은 이런 것이다'라고 알고 있는 명제들이 사실은 그릇된 정보에서 유래된 미신들이 아닌가?

사랑은 올바로 이해됨을 전제로 해야 한다. 배우자간의 사랑과 사제간의 사랑들은 다른 문법을 가지고 있기 때문이다. 전자의 경우 성관계가 필요조건이 되지만 후자의 경우엔 그 학문이나 인생관에 대한 존중이나 감사가 필요조건이 된다. 이러한 필요조건이 다르다면 사랑의 여타 경우에도 다른 규칙들이 적용될 것이다. 즉 사랑은 가족 유사적이다. 사랑이 무엇인가는 다른 곳[1]에서 논의한 바 있으므로 여기에선 다루지 않으려 한다. 그러나 일반적으로 말하여 사랑은 다원적이긴 하지만 대칭적 인간 관계에서 나타나는 몸의 언어라고 생

1 「사랑의 개념적 분석」, 『학생생활연구』, 이화여대, 1981(17집).

각할 수 있다.

거짓된 인간 관계는 파국으로 끝나며 거기에는 아픔을 겪는 사람이 있게 마련이다. 구체적인 사랑에 있어서도 무지나 미신에 의해 야기되는 통한은 그만큼 겹으로 쓰라린 것이 된다. 문제는 그럴 때의 아픔은 겪는 사람이 정해져 있다는 것, 즉 약한 자들이 주로 그 아픔을 도맡아 짊어진다는 것이다. 희생은 정보가 없거나 힘이 없는 자를 가려 덮치기 때문이다. 그리고 이러한 고통은 자연 현상이 아니라 사회 현상이기 때문에 구조적이다. 사랑의 미신이 빚어내는 고통도 그러한 맥락에서 살펴볼 수 있을 것이다.

사랑에는 많은 미신 – 오해나 무지 – 이 있는 것으로 보인다. 그만큼 사랑이 갖는 이데올로기가 강력하다는 반증일까? 얼핏 자명한 것으로 보이는 여러 상식들이 약간의 분석을 거치는 동안 뜻밖에도 오해였음이 드러나기도 한다. 여기에서는 사랑에 대한 네 가지 명제를 분석해 보고자 한다. 여기에서 제기하는 분석은 아직 잠정적이고 가설적이다. 다른 시각으로부터의 접근과 분석의 방법이 가능하며 그런 조명과 비판을 통해 이 작업이 바람직하게 진일보할 수 있기를 바란다.

(가) 사랑은 하나가 되는 것이다: 소외를 극복하는 것도 하나가 되는 것이라 하는데 하물며 사랑에서 하나가 된다는 것은 자명한 것으로 생각될 수 있다. 기독교가 삼위일체론을 만들었을 때 바로 이 가능성을 시사하였고 마틴 부버의 만남의 신비주의는 그 이론적 근거가 되었을 것이다. 불교는 물론 절대 하나라는 주제로 넘쳐 있다. 서정주(213)는 이러한 무의 사상을 시의 언어에 담고 있다.

이 븨인 금가락지 구멍에
끼었던 손가락은
한 하늘의 구름을 또 조여서 끼었었지만

그것은 또 우는 비 되어 땅으로 내려지고……

사랑에 대한 그러한 시각을 '사랑의 하나론'이라고 하자. 이러한 하나론의 구체적 주제를 최초로 표현한 것은 희랍 문학에서 나타난다. 플라톤의 대화록 『향연』은 아리스토파네스의 사랑에 대한 논리를 기록하고 있다: 우리는 한때 하나였다; 그러나 지금 우리는 서로로부터 분리되어 있고 이러한 상태에서는 불완전하다; 자연히 우리는 완전하였던 상태로의 복원을 소원한다; 사랑이란 바로 이러한 하나 됨에 대한 그리움과 그것의 추구이다.

사랑에 대한 이러한 하나론은 온 역사를 통하여 인간의 사고를 지배하여 왔다고 생각한다. "혼자인 사람은 온전하지 않다"라는 이데올로기는 그래서 그만큼 강력하다. 그러나 '하나 된다'라는 것은 무엇인가? 이것은 무엇을 의미하는가? 이에 대한 많은 문헌들이 있음에도 이 표현을 선명하게 파악할 수 있는 단서는 요원하기만 하다. 우선 이 표현은 "두 사람이 매우 가까워진다"라는 것에 대한 단순한 은유로 생각해 본다면 이제 이 표현은 그다지 문제되지 않을 것 같다.

그러나 사랑에 대한 이러한 이해를 개진하는 하나론자들은 이러한 은유가 시사하는 것보다 더 많은 것을 주장하고자 한다. 두 사람이 신체적으로 하나가 되는 것만 가지고 하나 됨의 풍부한 의미를 나타내는 것으로 생각하지 않을 것이다. 하나 됨의 궁극적 목표는 두 사람의 분리된 대상으로서의 인식이라기보다는 한 인격으로의 통일이다. 그리고 이러한 목표의 성취는 간주관적 의식에서 이루어진다. 이러한 입장은 관념주의 그 이상도 그 이하도 아니다.

그렇다면 관념론에 대해 전형적으로 제기되는 비판들을 사랑의 하나론에 적용할 수 있을 것이다. 여기에서는 개인들이 증발되어 버린다. 하나 됨을 강조하면 할수록 그만큼 개인들은 설 자리가 없어진다. 하나 됨의 표면적 미학에 매료되어 있는 동안 전체주의적 괴물에 삼켜져 버리는 것이다. "우리 모두 하나가 되자"라는 표어 속에 개인들은 없어지고 전체만 남게 되기 때문이다.

약자는 사라지고 강자만 남는다. 그러나 이러한 결과는 사랑이 개인들의 존재를 전제한다는 우리의 기본적 상식에 어긋난다. 사랑은 개인들의 개성이 유지될 때 더 돋보이는 것이다. 신동엽(95)은 이러한 관계에 역사성까지 부여하여 다음과 같이 표현한다.

두고 가진 못할
차마 소중한 사람

나 돌아가는 날
너는 와서 살아라

묵은 순터
새 순 돋듯

(나) 순수한 사랑은 플라토닉하다: 사랑은 욕정적이거나 육욕적이 아닐 때가 더 깨끗하다는 것이다. 이것은 동어반복이 아닐까? 이러한 진리는 비구승과 비구니의 삶에서 구체화되는 듯하다. 신부와 수녀의 생활은 그리스도에 대한 헌신적 사랑의 결정체로 의도되었을 것이다. 그래서인지 많은 철학자들이 결혼하지 않았다. 데카르트 · 스피노자 · 라이프니츠가 독신이었고 로크 · 흄 · 칸트 · 비트겐슈타인이 미혼이거나 비혼이었다. 이렇듯 인간의 정서나 생각을 몸으로부터 분리하려는 전통은 기독교와 불교는 물론 대부분의 사회에서 있어 왔다.

몸과 분리된 '사랑의 순수론'은 플라톤 그 자신이 『향연』에서 옹호하고 있다. 소위 '사랑의 사다리'라고 불리는 논의에서이다: 우리는 빨간 장미와 비너스의 조각을 좋아하고 부세팔루스(알렉산더 대왕의 애마)나 다비드의 몸을 사랑할 수 있다. 물체를 사랑하는 단계이다. 그러나 우리는 여기에 만족하지 않고 그러한 물체로서의 대상에 대해 아름다운 이야기를 하기 좋아하고 이것은 특정한 해석의 사랑 단계이다. 해석이 있기 전 그러한 대상은 우리의 인지체계와의 관계에서 얼마나 의미가 있는지 의문스럽다는 것이다.

다비드의 몸이라는 물체에 대해서 그 모든 부분들이 '어울린다'라는 해석을 할 수 있기 위해서는 어울린다라는 성질이 다른 대상들에도 적용될 수 있다는 것을 알아야 하고 이것은 '어울린다'라는 보편자에 대한 사랑 단계로 올라가는 것을 뜻한다. 어울림이나 아름다움 같은 보편자들은 우리의 영혼이 어울려 있지 않고 아름답지 않다면 우리에게 인식될 수 없을 것이다. 따라서 영혼의 그러한 상태, 즉 아름다운 영혼을 사랑할 수밖에 없다는 결론이 나온다. 아름다움의 보편자와 아름다운 영혼의 만남이 아름다운 지식을 가능케 하고 이러한 지식은 아름다움이라는 진리를 상징하고 인간은 궁극적으로 그러한 진리의 근원을 명상하게 된다는 것이다.

이러한 사랑의 순수론은 "몸은 깨끗하지 않다"라는 명제에 입각하여 세워져 있고 일단 확립된 다음에는 이 명제를 함축하게 된다. 가까이 조선조의 궁궐이나 베르사유의 궁전에 욕조 시설이 없다면 멀리 삼국 시대나 구약 시대의 일반 민중의 위생 시설이 어떠하였을 것인가는 짐작할 수 있다. 그리고 그러한 시대, 그러한 사회들은 설상가상으로 신체적 불결을 사회적 · 도덕적 불결과 연결시킨 것은 물론 심지어 종교적 불결과도 연결지었다. 사랑의 순수론이 그 표면적 담백함에 반하여 약자들에 대해 얼마나 깊게 아픈 상처를 많이 남겼을 것인가?

현대적인 시각에서 이러한 사랑의 순수론을 비판하기는 어렵지 않다. 몸 자체가 더러운 것인가? 몸 없는 사랑도 사랑인가? 우리는 이것들을 쉽게 부정할 수 있다. 다음과 같은 비유를 들 수 있다. 사람에는 사람다운 사람과 사람답지 않은 사람이 있다. 그렇다면 바람직하지 않은 것은 사람답지 않은 사람이지 사람 자체가 아니어야 한다. 사랑은 몸의 개입을 포함하며 이것은 마땅히 몸의 개입이 당연한 사랑과 그렇지 않은 것으로 구분하여야 한다. 그렇다면 순수론자는 마땅하지 않은 몸의 개입 때문에 몸의 개입을 부인하는 시각에서 사랑의 모델을 선택할 수 있을 것이다. 그러나 그러한 선택보다는 몸의 당연한 개입이 고려된 그러한 사랑의 유형에서의 선택이 더 바람직하다는 것이다. 어떠한 아름다움도 따져보면 시간 공간적으로 현현하는 대상적 아름다움에 의존하는 것처럼 사랑도 그러하다는 것이다. 어떠한 사랑도 인격의 구체적 만남이요 몸은 그 인격의 구성 요소이기 때문이다.

플라톤의 전제에 문제가 있는 것처럼 그 논의 자체도 문제가 있다. 즉 사다리의 구조가 틀렸다고 생각한다. 사다리의 아랫단과 윗단은 논리적 추상의 과정으로서는 분리 가능하지만 플라톤에게 요구되는 사랑의 인지 발전의 단계로서는 분리 가능하지 않기 때문이다. 밀로의 비너스의 사랑과 그 조각의 아름다움의 사랑은 분리 가능하지 않다. 전자의 인식에 이미 후자의 인지적 내용이 들어 있기 때문이다. 뒷단계의 인지적 구조의 적용 없이는 앞단계의 인지는 발생할 수 없다. 즉 사다리 구조에서는 인지 구조의 총체론적 특징이 간과되었다고 생각한다. 플라톤에게서 이러한 것을 요구하는 것은 시대착오적이지만 그러나 사랑의 순수론에 대한 플라톤의 논리는 그만한 과오를 가지고 있는 셈이다.

(다) 사랑은 일회적이다: 사랑이란 인간의 만남이고 이것은 인간적으로 가장 실재적인 사건이다. 그러나 이러한 사건은 이성이 아니라 감성을 통하여 발생한다. 이러한 사건은 반복적이거나 지속적이기보다는 일회적일 뿐이다. 어떻게 그러한가?

인간을 이성적 존재로 파악하는 합리주의는 사랑에 대해 관심이 없다. 합리주의자들은 역사나 세계가 질서 · 조화 · 진보를 나타내는 구조로 되어 있다고 파악한다. 현상에 대한 인식은 이성에 의해 분석을 한 다음 질서의 요청에 의하여 이를 종합하고 그리고 진보로 향한다고 믿는다. 그러나 낭만주의는 이러한 합리주의에 대하여 반기를 든다. 합리주의가 말하는 세계란 단편적 현상에 나타나는 실재의 일각일 뿐 총체적 실재는 심층에 놓여 있다. 이렇듯 심층에 놓여 있는 실재나 이성의 피안에 있는 신비에의 접근은 대상 분석을 기능으로 하는 이성에 의해서는 이루어지지 않는다는 것이다. 이를 위해서는 개인의 주관성과 상상력, 자발적 정서와 직접적 감성이 요청된다. 이를 통하여 내적으로는 무의식의 자기 총체에 도달할 수 있고 외적으로는 초월적 신비에 접근할 수 있다는 것이다.

낭만적 사랑은 낭만주의가 가지고 있는 여러 가지 요소들을 그 구성 요소로 가지고 있다. 사랑이란 친지들의 소개로 그에 입문하기보다는 첫눈에 반해 버리는 것이다. 한 인격과의 만남은 있는 그대로의 진지한 만남이어야 한다는 것이다. 사랑이란 이성이 아니라 느낌에 충실하는 것이다. 필요한 정보의 축적과 이의 평가라는 합리적 과정은 인격이라는 총체적 실재에 손상을 준다. 사랑이란 질서 순종적인 예속의 구조가 아니라 질서 파괴적인 자유의 특징을 갖는다. 지속과 진보라는 개념이 없으므로 이에서 결과되는 의무라는 요소도 없다. 어디에도 매일 필요가 없는 일회적인 관계에서 느낌에 더 충실할 수 있게 된다. 그래서 사랑의 원형은 해야 하는 사랑이 아니라 해선 안 될 사랑인 것이다. 그러한 사랑이 그래서 '낭만적'이라고 불린다.

낭만주의는 그동안 등한시되었던 무의식이나 정서가 인간 삶에서 차지하는 중요한 몫을 환기함으로써 크게 기여하였다. 그러나 이성과 정서의 합리주의의 이분법을 그대로 수용하였다는 점에서 낭만주의 또한 비판받을 수 있을 것이다. 합리주의자가 정서를 비이성적이라고 격하하고 이성을 높였을 때 낭만주의는 이성은 파편적이지만 정서는 총체적이라고 맞서면서 감정을 찬양하였던 것이다. 합리주의에 대한 보다 올바른 비판적 시각은 정서도 인지적이고 따라서 이성적이라는 관점이다. 낭만주의도 낭만적 사랑도 이와 같은 문맥에서 평가받을 수 있을 것이다.

정서가 이성적인 예가 있는가? 전쟁에 나가 죽은 줄로 알았던 아들 영식이가 살아 돌아왔다는 것에 놀라는 어머니의 경우를 보자. 이 놀람은 합리주의나 낭만주의에 의하면 인지적인 것도 아니고 이성적인 것도 아니어야 한다. 이것은 단순히 심리적 정서에 불과하여야 한다. 여기에 어떤 논리적 구조도 있을 수 없다. 그러나 도날드 데이비드슨(Donald Davidson)의 이에 대한 분석의 적용을 들어보자: 어머니는 영식이가 전사하였다는 것을 믿었었다; 그러나 어머니는 자신의 목전에 영식이가 서 있다는 것을 지금 믿는다; 어머니는 자신의 과거의 믿음이 틀렸다는 것을 지금 믿는다. 어머니의 놀람은 그러한 분석의 결과에서 나온 것이다. 어머니는 놀랄 때에 자신의 과거의 믿음에 대한 평가에 의해 도달한 믿음을 가지고 있고 이것은 대상 체계에 대한 상위 체계적 반성을 통해 만들어진 결과일 뿐이다. 따라서 이 어머니의 놀람은 매우 복잡한 이성적 추리 과정을 포함하는 것이다.

(라) 사랑은 영원할 수 있다: 태양이 매일 떠오르고 보름달이 어김없이 뜨듯이 사랑은 이처럼 불변할 수 있다는 것이다. 하나님이나 부처같이 종교적 사랑의 주체나 객체가 있다면 이들을 닮은 인간의 사랑도 영원할 수 있다는 믿음이 있다. 만리장성이나 피라미드같이 인간이 만든 것들이 오래갈 수 있다면 인간의 사랑도 그럴 수 있다는 것이다.

흐르는 강물같이 변하는 것은 안 되고 금 같은 실체라야 영원할 것이다. 여기에서 '사랑의 실체화'의 필요가 생기는 것이다. 사랑의 신화는 남자들을 위하여 비너스라는 사랑의 여신을 만들고 여성들을 위하여 큐피드라는 사랑의 남신을 주었다. 남성들은 비너스 같은 사랑의 성육신을 찾아야 하고 여자들은 큐피드 같은 사랑의 결정체를 찾아 헤맨다. 그러한 사랑이면 나의 일생을 맡길 수 있고 실망이나 거짓이 없을 것이기 때문이다. 누구에게나 육신의 고향이 있듯이 영혼의 고향으로서의 사랑은 누구에게나 있어야 한다는 것이다. 그래서 사랑의 실체로서의 애인이 없는 사람은 실향민 취급을 받는다.

그러나 금을 하천에서 걸러내고 금광에서 캐듯 사랑도 대상적으로 발견할 수 있을 것인가? 차라리 사랑은 다른 사람과의 어떤 인격적 관계가 아닐까? 어떤 사람을 만나고 이야기하는 데서만 사랑의 싹이 틀 수 있는 것이 아닐까? 이러한 만남이나 이야기는 일방적이 아니라 상호적으로만 이루어질 수 있다. 그래서 만남이나 이야기의 나눔이 없이 두 사람의 인격적 관계는 이루어질 수 없다. 이야기의 나눔이 없는 두 사람의 관계는 사물적일 수밖에 없다. 이것은 고객이 어떤 상품을 고를 때의 관계와 같다. 이러한 사물적 관계에서는 그 대상을 좋아할 수는 있지만 사랑이라는 인격적 관계를 가질 수는 없다.

사랑의 실체론이 사랑의 상호 인격론에 반례를 제시할 수도 있다. 어머니의 갓난아기에 대한 사랑, 로미오의 죽은 줄리엣에 대한 사랑, 키에르케고르의 레기네에 대한 약혼 전의 짝사랑 등은 상호적이 아니므로 인격적이 아니겠지만 여전히 사랑이라는 것이다. 그러나 '짝사랑'이 일종의 진정한 사랑이라면 이것은 '미치게' 좋아함과 어떻게 구별될 수 있는 것일까? 어떤 예술 작품을 '미치게' 좋아하면서도 이것을 소유할 수 없다는 이유로 자살을 하는 경우 이 좋아함을 '사랑'이라고 불러주지는 않는다. 실체론이 함축하는 사랑의 소유성은 이리하여 수용하기 어렵다.

로미오의 죽은 줄리엣에 대한 사랑은 어떠한가? 남편이 죽은 아내를 사랑하지 않는가? 또 아내가 죽은 남편을 그렇게도 사랑하지 않는가? 어떻게 이것이 사랑이 아니라고 할 수 있는가? 그러나 우리가 "죽은 사람도 사람이다"라고 말할 때 이 문장은 동어반복적 진리로 생각한다. 그러나 그러한 해석은 죽은 자에 대한 존중에서 선택될 수는 있지만 그 문장은 거짓이다. 죽은 사람은 사람이 아니다. 죽은 사람은 주검일 뿐이다. 이에 유추적으로, '사자에 대한 사랑'은 사자나 생자에 대한 존중적 해석을 받을 수는 있지만 사랑의 인격론에 대한 반례로서 제기할 수는 없다. 그 해석은 사자의 과거의 인격에 대한 사랑의 기억과 그리움을 내용으로 갖는다.

유아에 대한 모성애는 어떻게 이해할 수 있는가? 반사적 반응만 가능한 유아가 과연 인격체인가? 탕자나 반항하는 자식에 대한 부모의 사랑은 무엇인가? 이러한 사랑은 그 자체로서 비정형적이긴 하지만 사랑의 정형에서의 기다림과 참음의 성질을 극단화한 경우라고 생각한다. 유아는 아직 온전히 발전된 인격을 가지고 있지 않지만 기다림 속에서의 사랑의 대상이 될 수 있다. 탕자는 돌아올 수 있다는 가능성으로 참음 속에서의 사랑의 대상이 될 수 있다. 유아와 탕자는 그 부모에 대하여 인격적 관계의 달성이나 복원을 현실적 가능성으로 가질 수 있다.

실체론이 내세우는 사랑의 불변성은 유지될 수 있는가? 사랑이 인격적 관계라면 그 관계는 정적인 상태가 아닐 뿐더러 심리적 상태의 화석화는 더욱 아니다. 인격적 관계는 사자들과의 관계가 아니라 생자들간의 관계이고 이러한 것은 부단히 변하게 마련이다. 이 변화는 기대하는 방향으로의 발전일 수도 있지만 예기치 못했던 방향으로의 실망일 수도 있다. 사랑은 모험이고 그래서 항상 새로운 도전이다. 사랑이 지루함을 모르는 것은 인격적 관계가 한순간의 냉동된 상태가 아니라 매순간 새로워지는 관계이기 때문이다. 사랑은 이러한 의미에서 불변적인 것이기보다는 차라리 언제나 위험을 포함하는 일종의 감격인 것이다.

이상으로 사랑에 대한 네 가지 오해를 생각하여 보았다. 위의 네 명제들은 각기 다른 역사적 시점에서 출발하여 부분적 설득력을 지니고 있고 아직 많은 사람들에 의하여 신봉되고 있다. 그러나 살펴보았듯이 이들은 참도 아니며 일관되지도 않다. 나는 이들이 사랑의 미신이라고 생각한다. 그리고 이 미신들은 사랑의 실천이라는 문맥에 있어서 약자들에게 희생을 보다 직접적으로 빚어내는 명제들을 각기 함축하고 있다. 약자들은 하나의 미신에 의해서 일면적으로만 상처를 받는 것이 아니라 십중팔구 다른 미신들에 의하여 이렇게도 할퀴어지고 저렇게도 찢기게 된다. 거짓이 인간 공동체에 의하여 간과된다면 이 간과는 체계적 성격을 갖게 되고 그로 인해 결과되는 아픔은 우리 모두가 책임져야 하는 사회적인 것이 된다.

제11장

성문화의 오늘과 내일

필라델피아미술관에서 본 그림 중에 인상적인 것이 하나 있었다. 마르셀 뒤샹(Marcel Duchamp)의 「처녀의 신부로의 변화」였다. 그 작품은 큰 유리 상자 안에 있었고 그 유리 상자는 커튼으로 가려져 있었다. 관람자가 직접 그 커튼을 열면 이름이 주는 이미지처럼 상반부는 전원적 배경 앞에 천진한 얼굴의 젊은 여인을 만날 수 있다. 그러나 그녀는 그의 나체를 작품의 중앙에 전면으로 노출시키면서 온갖 더러움과 병균과 벌레들로 가득 찬 하체를 보인다. 황급히 커튼을 닫지만 그 강렬한 역겨움으로 며칠씩이나 그 메시지를 반추하여야 한다.

뒤샹의 그림은 오늘의 성문화에 대해 매우 시사적이다. 이러한 성문화는 어떻게 이해할 수 있는가? 조선조 목가적 기생 문화를 들어 왔던 사람들은 이 시대에 형성되고 있는 성문화의 저돌적 모습에서 할 말을 잃는다. 윤일웅 씨의 『매춘』이라는 현장 추적적 저서는 한국의 사창가와 각종 성매매자들의 실태를 생생하게 그리고 있다. 창녀, 양공주, 요정 기생, 호스티스, 면도사와 맛사지걸, 남창, 포주들의 비인간적 삶의 방식을 보다 체계적으로 표출시키고 있다. 이제 성에 관련된 현대인의 삶의 방식을 이 이상 아무것도 아닌 사소한 것으로 돌릴 수도 없으며 못 본 척 무시할 수도 없다.

싫더라도 이제 그러한 삶의 방식은 '문화'라는 단어 안에 포섭하여야 할 때가 되었고 퇴폐라고 부른다 할지라도 그러한 현상을 무슨 방식으로든 간에 어떤 자리를 부여할 때가 되었다고 본다. 어떠한 자리를 부여할 수 있을 때 비로소 이러한 현상을 파악할 수 있는 것이고 이러한 성문화에 대한 대체적 문화를 모색하는 것이 가능해지기 때문이다. 우선 현재의 성문화의 특성을 살펴보는 것으로 시작할 수 있다.

(가) 성문화의 특성

첫째, 현재 성문화의 중요한 특징은 성기 중심적인 데서 찾을 수 있다. 이것은 오랜 역사를 통해 형성된 인간의 성에 대한 이해의 바탕이다. 칸트 같은 철학자는 감성을 이성으로부터 분리시켜 의지적 측면이 전혀 배제된 것으로 보았다. 여기서 성은 감성으로부터도 분리되어, 더 하급의 위치에 있다. 성에 이성이나 의지와 같은 요소를 부여할 수 있는 여지는 없다. 이러한 논리에서 성에 관련된 모든 것은 성관계를 위한 전희에 불과할 수밖에 없다.

성을 감성과 이성으로부터 분리시키는 것은 물론 잘못된 것이며 거짓이다. 먼저 이성으로부터의 분리에 대한 반론을 들여다보자. 오이디푸스는 그의 신부 이오카스테와 결혼하고 결혼 첫날밤의 경험에 대해 호기심 많은 그의 친구 크레온에게 말하였다. 크레온의 보고에 의하면, "오이디푸스는 그의 결혼 첫날밤 그의 신부 이오카스테와의 성관계를 즐겼다"라는 것이다.

그러나 몇 년 후 오이디푸스는 물론 그의 왕국의 신민들은 모두 왕의 신부 이오카스테는 바로 왕의 모친 이오카스테인 것을 알게 되었다. 크레온과 사람들은 결혼 첫날밤의 경험에 대한 오이디푸스의 고백을 떠올리고 추리하여 결국 "오이디푸스는 그의 결혼 첫날밤 그의 모친 이오카스테와의 성관계를 즐겼다"라고 말하게 되었다. 그러나 오이디푸스는 그러한 추리에 동의하지 않고 그 결론을 수용할 수 없었다. 오이디푸스는 칸트에 기대어 성적 경험은 이

성적이 아니므로 그러한 종류의 추리의 논리는 여기에 적용될 수 없다고 할 것이다. 그러나 크레온과 사람들은 칸트를 거부하고 공동체의 언어 논리에 근거하여 이 추리는 정당하다고 선언할 것이다.

성적 쾌감에 인지적 요소가 개입된다는 것은 성도 언어와 이성에 의해 규제된다는 것을 보여준다. 감각이나 지각과 같은 감성 작용은 이미 언어 의존적이라는 것이 주장되어 왔고 그렇다면 성이 감각만의 것이 아니고 그것 자체가 이성의 한 모습이라는 것을 상정할 수 있다.

둘째, 많은 사람들이 성에 중독되는 특징이 보인다. 성이 그만큼 강력하기 때문이다. 어떻게 그러한가? 경제 성장과 산업 사회가 빚어내는 소비적 여가도 한 이유이지만 기존의 종교와 문화가 약속하는 자유와 창조적 즐거움이 안고 있는 공허함이 실존적 함축을 띠고 나타나는 것이다. 니키 드 팔의 작품에서 섹시한 여성 조각인 「나나」는 이렇게 말한다: "나는 나나라는 꿈의 집입니다. 나는 4미터의 키에, 4미터 넓이의 뚱보입니다. 당신은 내 안에 당신이 원하는 아무것이나 집어넣을 수 있습니다. 방망이도 넣을 수 있고요, 침대도 좋습니다. 도서관도 넣을 수 있고요, 교회도 좋습니다. 나는 어른을 위한 인형의 집입니다. 거기서 꿈꿀 수 있는 피난처입니다."

그러나 성이 종교를 대치할 수 있는가? 종교로서의 성은 무엇인가? 종교로서의 성의 전형적인 형식은 오르가슴에 대한 해석에서 나타난다고 생각한다. 성적 절정감은 자아와 피아, 즉 주체와 객체의 대립이 극복되는 주객 합일의 체험이라는 것이다. 그러나 이러한 체험은 자유의 그것 이외의 다른 것이 아니라는 것이다. 그러나 이러한 관념적 자유론이나 오르가슴에 대한 해석을 받아들일 수 없고 그러한 것의 종교성은 더욱 의문스럽다. 여기서는 한 가지 점만 지적하겠다. 주객 대립의 극복으로서의 합일이 그 관념적 규정의 구조에 남아 있는 한 지적 내용을 갖지 못하고 공허하다. 그 허무한 체험은 약물이나 술에 의해 얻어지는 체험과 질적으로 구별할 수 없다.

셋째, 인간의 사물화는 현대 성문화의 또 다른 중요 특성이다. 성은 본질적으로 인간을 사물화한다는 주장이 있어 왔다. 성을 불순한 것으로 간주하고 있는 여러 종교들의 전통에서 이러한 사상의 싹이 보이고, 칸트도 이를 위한 철학적 논변을 제시한다. 성적인 욕구는 인격자로서의 사람보다는 그 사람의 성에만 향한 것이라고 한다. 이러한 구조에서 성적인 욕구는 이성의 성을 선호한다는 것이다. 이성에 대한 호기심은 이러한 의미에서 상대방의 인격에 대한 모독이 되는 것이다. 즉 한 남성의 어떤 여성에 대한 관심은 그가 사람이어서가 아니라 그가 여성이기 때문이라는 것이다. 그도 하나의 인격체적 사람으로서 그 남성이 관심을 두는 것이 아니라 오로지 그의 성만이 그 남자의 관심의 대상이라는 것이다. 그리하여 그의 인간 본성은 남자의 성을 통해서만 예속된다. 그러므로 성적인 욕구는 인간 관계를 동물적 관계로 격하시키는 경향성을 지닌다는 것이다.

(나) 칸트의 성관계 개념

칸트는 모든 성관계들을 부정한다. 그러면 정당한 성관계라는 것이 있을 수 있는가? 있다면 그 정당성의 구조는 무엇인가? 칸트는 결혼을 정당한 성관계의 예로 지적한다. 그리고 사물화가 극복될 수 있는 그 정당성의 구조를 제기한다: (1) 만일 내가 상대방의 온 인격에 대한 권리를 가지고 있다면 나는 그의 부분에 대한 권리를 갖게 되고, 성적 욕구의 만족을 위해 그의 성기를 사용할 권리도 갖는다; (2) 상대방의 온 인격에 대한 나의 권리는 그에게도 나의 온 인격에 대한 권리를 부여함으로써 얻어진다; (3) 이러한 상호적 권리는 결혼이라는 제도 안에서만 발생한다.

나는 이러한 세 명제가 성관계를 결혼에만 국한하는 정당한 논변을 구성한다고 생각하지 않는다. 그러나 여기에서 이를 다루기보다는 다만 "성이 본질적으로 사물적이다"라는 칸트의 논변을 검토하고자 한다. 칸트의 논변을 어떠한 시각에서 읽어야 정당할 수 있는가? 그것의 정당성을 구성하기 위해서는 적절한 상황 명제들이 필요하다: (4) 성적 경험은 지적 내용을 갖지 않을 뿐 아니라 감성적 경험과 질적으로 다르다; (5) 성적 경험의 전형은 사랑하는 두 이성 간의 관계에서보다는 강간범과 피해자의 관계에서 찾아진다. 이러한 상황 명제를 수용할 수 있다면 칸트의 논변은 정당하다고 생각한다. 그러나 이러한 상황 명제들이 맞지 않다고 본다. 칸트는 이러한 상황 명제들의 필요성을 인식하는 것 같지도 않고 이들을 지지하는 근거는 물론 제시하지 않는다.

성이 본질적으로 사물적이라고 생각하지는 않지만, 칸트의 분석을 부분적으로 적용하면 한국 사회에서의 성은 인격적이기보다는 사물적인 것으로 보인다. 적어도 성의 문화라고 말할 수 있는 윤일웅 씨가 묘사하는 공간에서는 그러하다. 성이 매매의 대상이 되고 이러한 매매 현상이 한국 사회의 구석구석에 만연되어 있다. 그리고 이러한 현상은 제도적 개입이나 적어도 제도의 의도적 간과에 의해 야기되어 온 것이다.

(다) 전인적 성 개념

이상에서 현재의 성문화의 여러 가지 특징을 살펴보았다. 성기 중심성, 종교성, 실존성, 사물화, 그리고 그 만연성과 제도성이었다. 이러한 특징들은 한편 성기 중심성에 의해 요약되거나 설명될 수 있다고 보인다. 왜냐하면 이것이 성문화의 가장 핵심적 요소로서 다른 성질들은 성적 경험의 의지적 내용의 박탈이나 감성적 경험으로부터의 분리에 의해 발생되는 것으로 보이기 때문이다. 그러나 성기 중심적 성 개념은 전인적 성 개념에 의해 대치되어야 한다. 성적 경험은 앞에서 지적한 대로 감성과 이성의 요소를 가지는 인격자들의 전인적 경험이다. 어떠한 심리적 사건도 물리적 언어로 환원될 수 없는 것처럼 어떠한 신체적 경험도 마찬가지로 물리적 언어로 환원될 수 없다. 어떠한 신체적 경험도 그것이 경험이기 때문에 심리적이다. 그리고 어떠한 심리적 경험도 근본적으로 총체적이고 체계적이며 따라서 전인적이라 믿는다.

이러한 현재의 성기 중심적 성문화와 지향해야 하는 전인적 성문화의 대립은 여러 가지 실천적 함축을 시사하는 것으로 보인다. 첫째는 "남성의 성적 욕망은 불가피하게 충동적이다"라는 고정 관념에 관한 것이다. 이 명제는 전형적으로 성기 중심적 사고 방식의 명제이다. 왜냐하면 이 명제는 성적 욕망이나 경험이 지적 내용을 담고 있지 않다는 것을 가정하기 때문이다. 그러나 그 가정은 거짓이라는 것을 쉽게 알 수 있다. 이 명제에 대한 반례는 주변에서 찾을 수 있다. 쉬운 여성에게는 성적 욕망이 불가피하다고 하면서도 사랑하는 여성에게는 그렇게 불가피한 것은 아니라는 남성들의 고백을 쉽게 들을 수 있다.

그러나 위의 명제에 대한 단순한 반례보다는 하나의 반론적 논의를 고려하여 보자. 이를 위해 먼저 동일성 대치율이라는 하나의 논리적 원리가 지켜져야 한다는 것을 확인하여 보자. "4+3y=10"이라는 문장에서 변항 y의 값은 2이다. 그러나 이 값은 '2'에 의해 표시될 수도 있지만 '1+1', '0+2', '1*w', '6/3', '3-1', '4-2' 등의 이름에 의해 지시될 수도 있다. 그리고 이들은 동일한 대상을 지칭하기 때문에 어떠한 문장에서 대치되어도 그 문장의 진리치가 변하지 않는다.

이러한 동일성 대치율이 지켜지지 않는 성적 욕망의 상황에 주목하여 보자. 오이디푸스는 결혼 첫날밤 그의 신부 이오카스테를 향하여 성적 욕망을 가지고 있었다. 그러나 오이디푸스는 그의 결혼 첫날밤 '오이디푸스의 모친 이오카스테'라는 이름하에서 동일한 여성을 바라보았을 때 성적 욕망을 가질 수 있었을 것인가? 이러한 상황에서 정상적인 사람은 성적 욕망을 가질 수 없는 것이다. 왜 그러한가? 만일 성적 욕망이 '자연적 동물적 상태'라면 동일한 대상이 어떤 이름으로 지시되었건 간에 같은 성적 욕망을 가져야 한다. 그러나 이 사례는 그렇지 않다. 그러므로 성적 욕망이 대상을 어떤 이름이나 어떤 관계하에서 기술되는가에 의존한다는 것을 읽어 낼 수 있다. 달리 말하여 성적 욕망은 인지 체계에서 사용되는 언어 의존적이다. 성적 욕망은 언어의 합리성을 따르는 것이다.

다른 하나의 실천적 함축은 성기 중심적 성문화의 만연성에서 찾아진다. 특히 주목하고자 하는 것은 부부 관계에서의 성 개념이다. 원만한 부부 관계에도 그러한 성기 중심적 성의 개념이 정당한 것으로 밀고 들어온다. 성의 개념이 일단 사회적으로 그렇게 규정된 다음 이를 개인적 차원에서 거부한다는 것은 매우 힘든 일이기 때문이다. 칸트의 성 개념은 사랑하는 사람들의 관계가 아니라 강간범과 피해자의 관계를 모델로 한 것이기 때문에 성은 인간적이기보다는 동물적이고, 언어적이기보다는 사물적이다. 칸트적 성 개념은 이성뿐 아니라 감성과도 분리되어 있는 것이기 때문에 동물적인 것으로 되었다고 생각한다. 여기에서는 성관계 행위의 언어성과 사물성을 대조해 보도록 하자.

칸트적 성 개념은 성행위가 동물적이기 때문에 자신의 오르가슴에 이르기 위하여 상대방을 인격으로가 아니라 수단으로 사용하는 것뿐이라는 것이다. 그리하여 양자 사이에는 인격적 관계가 발생할 수 없고 이들의 행위는 인과적 연쇄에 의한 상호 독립적 몸짓들에 불과하게 된다. 그러한 몸짓들에 의미가 있을 수 없고 자연적 질서의 부분으로 파악될 뿐이다. 칸트적 성 개념에서는 인간의 성행위는 근본적으로 동물이나 식물의 암수의 결합과 다를 바 없다는 관점을 반영한다.

그러나 전인적 성문화에서는 성 개념이 달리 구성될 필요가 있다. 두 사람 간의 성행위는 양자간의 언어적 관계를 표현한다고 생각한다. 전형적인 경우는 아니지만 오이디푸스의 예로 다시 가보자. 오이디푸스는 신부 이오카스테에 대해 성적 욕망과 성적 쾌락을 가졌을 때 이들은 인지적 내용을 가지고 있었다. 그러나 이제 여기서 한걸음 더 나갈 수 있다. 오이디푸스뿐 아니라 이오카스테도 그러한 인지적 내용을 갖는 욕망과 쾌락을 갖는다는 것이다. 이오카스테도 하나의 총체적 믿음의 체계를 갖는다는 것이다. 그리고 이 사실은 양자가 서로를 인식할 때 그 인지의 내용이 된다는 것이다. 오이디푸스는 신부 이오카스테를 인지할 때 단순한 하나의 사물로서가 아니라 하나의 인격자로서 인지한다는 것이다. 하나의 총체적 믿음의 체계를 가지면서 인지적 내용을 갖는 성적 욕망과 쾌락을 가질 수 있는 것이다. 그러한 인지의 구조에서라야 오이디푸스는 이오카스테에 대해 성적 욕망과 성적 쾌락을 가질 수 있다는 것이다. 그렇지 않다면 오이디푸스는 칸트가 염려하는 사물적 관계에 빠질 것이기 때문이다. 그러나 이오카스테 역시 오이디푸스에 대해 그러한 인격적 내용이 담겨진 인지의 구조에서라야 성적 욕망과 쾌락을 가질 수 있다. 양자가 서로에 대해 성적 욕망을 갖는다는 사실이 서로의 인지적 구조에서 파악될 때 그러한 인지의 욕망이 증가되는 것이다. 믿음의 체계는 언어 없이는 불가능하다. 그러므로 성행위는 두 사람의 단순한 몸짓들이 아니라 여기에 참여하는 두 사람들간의 특별한 언어 행위가 된다.

성기 중심적 성문화의 또 하나의 함축은 남성과 여성의 일반적 관계에서 찾을 수 있다. 이 관계는 남성과 여성이 비대칭적 관계를 갖는다는 것이다. 이를 발전시켜 보도록 하자. 성이 인격으로부터 분리되고 단순히 생리적인 것으로 파악될 때 이는 동물이나 식물의 암수 관계와 다를 바 없다. 그리고 이러한 성이 남성의 관점에서만 흔히 기술된다. 남성 김부남 씨가 자신의 성기를 여성 이미녀 씨에게 삽입한다는 것이다. 이 행위가 여성의 관점으로부터 기술되지 않는다. 그러나 여성 이미녀 씨가 자신의 성기로써 남성 김부남 씨의 성기를 흡입하는 것이기도 하다. 이 관계가 남성의 관점에서만 기술될 때 남성은 능동자 · 가해자 · 하늘 · 위 · 비행사 · 선장 등의 단어로써 파악되고 여성은 수동자 · 피해자 · 땅 · 비행기 · 배 · 항구 등으로 이해된다. 이러한 남성 중심적 기술만이 있고 남성에 의한 관계만이 있는 것으로 인식될 때 "남성의 성적 욕망은 충동적이다"라는 명제는 성기 중심적 사고 방식에 의해 저항감 없이 받아들여진다.

남녀 관계에서 이러한 남성 중심적 관점만 부과될 때 아래와 같은 두 가지 결과를 수반한다. 하나는 남성들의 마초 이미지이다. '마초(macho)'는 신체적 · 성적 · 심리적 또는 지적 능력이 남성이기 때문에 우월해야 한다고 생각하는 남성을 지칭한다. 남성들이 이를 좋아하건 싫어하건 간에 이는 남성들의 자연스럽지 못한 부담이다. 마초들이 지배적이거나 많을수록 남성들의 이 이미지가 하나의 큰 부담이 되어 버린다. 이것이 특권이 아니라 부담인 것은 인간의 덕목으로서 추구해야 하는 가치가 아니라 여성에 대한 편견에 힘입어 남성들에게 부과된 억압적 가치이기 때문이다. 실제 마초 이미지를 즐기는 마초들 스스로가 손쉽게 이 이미지의 포로가 된다. 왜냐하면 이들이 정작 인간으로서 추구해야 하는 인간적 수월성보다 왜곡된 남성 이미지에 더 주목하기 때문이다. 따라서 마초의 억압적 이데올로기의 희생자로 여성을 들지만 실은 마초 이미지의 강요된 광신자가 그 일차적 희생자일 것이다.

남녀의 일방적 관계의 두 번째 결과는 이중적 성윤리이다. 남성들이 유지하는 성윤리와 여성들이 지켜야 하는 성윤리가 다르다. 남성들에게는 혼전 관계나 혼외 관계가 별 큰 사회적 부담 없이 허용되지만 여성은 혼전의 순결이나 혼인에 따른 정절을 지켜야 한다는 이중적 성윤리가 통용된다. 이러한 이중성은 어떻게 정당화되고 있는가? 말할 것도 없이 위에서 살펴본 남녀 관계의 일방적 관계가 실제적이고 자연스럽다고 보고 있기 때문에 그러한 이중성이 당연한 것으로 생각한다. 즉 이는 남성 중심적인 성관계의 파악이 낳은 결과이다.

성기 중심적 성문화를 대치할 전인적 성문화가 안아야 하는 실천적 함의는 여러 가지이다. 여기서는 그중 한 가지 문제만을 제기하겠다. 칸트적 성 개념은 성기 중심적이기 때문에 성을 결혼에만 국한한다. 그러나 전인적 성문화는 성기 중심적 오리엔테이션에서 벗어나야만 가능하며 전인적 성문화가 감성의 문화와 결합될 때 그 전인성을 획득할 수 있다. 그러나 우리의 물음은 이러한 전인적 감성의 문화가 어떠한 구체적 형식으로써 실제 표출될 수 있을까라는 데 있다. 이성적 성관계가 전인적 감성 문화의 부분일 수는 있다. 그러나 자위 · 동성애는 어떤 부분이 되는가? 데이트와 사교는 마초 문화에서는 성행위의 전희로서밖에 파악되지 않지만 감성 문화에서는 그 자체로서도 독자적인 의미 단위가 될 수 있다. 그러나 성 관계가 배제된 결혼은 의미 있는 결혼이라 할 수 있는가? 칸트적 성기 중심적 문화는 신체적으로나 정신적으로 성숙한 현대의 청소년들에게 적절한 대책을 제시하기 힘들다. 그렇다면 전인적 감성 문화는 이들에게 어떠한 제시를 할 수 있겠는가?

이상에서 현재의 성문화 구조의 특징을 조명해 보았고 그 특징을 중심으로 우리가 지향해야 하는 성문화의 방향을 점검해 보았다. 이러한 논의에서 우리 스스로가 안고 있는 문제는 우리가 그러한 성문화의 언어를 계승하고 있다는 사실이다. 새로운 전인적 성문화를 모색한다고 할지라도 우리가 기존의 성문화의 틀을 견지하고 있기 때문에 그 모색에 한계를 지고 있는지도 모른다. 우리 스스로를 이해할 수 있는 수단인 언어로부터 벗어나기 어렵기 때문에 과거의 언어로부터 완전히 자유로울 수 없다. 과거의 언어가 많은 거짓과 억압성을 구조적으로 안고 있을 때 그러한 언어의 총체적 수정이 하루 아침에 이루어지기는 어렵고 많은 고통을 수반할 것이다.

그렇다면 내일의 성문화를 이룰 언어는 어떻게 얻어질 수 있겠는가? 출발적인 제안은 기초적인 것이다. 첫째로 우리의 언어에서 억압과 거짓을 제시하는 요소들을 제거해야 한다. 이것은 여성을 내자 · 안사람 · 밭 · 항구 · 함도 등의 억압적 단어로 지칭하는 것을 거부하는 것이다. 남성과 여성을 능동과 수동, 이성과 감성으로 구별하는 남녀 차별적 개념 구조를 거부함을 의미한다. 남성은 어떤 행위가 정의로운가 아닌가 하는 이성적 판단에서 인식을 하지만 여성은 그 행위가 아름답다는 감성적 느낌에 의하여 인식한다는 칸트의 이론은 거짓이다.

둘째로 여성의 경험은 여성의 관점에서 기술되어야 한다. 여성의 고통, 체험 그리고 이상을 여성의 언어로 기술할 때 남성 관점의 언어뿐인 인류 과거사는 미래에 보다 나은 총체적 언어를 가질 수 있다. 루소 일반 의지의 부정적인 함축에도 불구하고 한 가지 긍정적인 요소는 수긍할 만하다. 사회의 일반 의지는 찬성과 반성이 최대의 정보에 입각하여 절충하지 않고 제시될 때 결과되는 통합의 의지라는 것이다.

제12장

성관계 개념의 억압성

성관계는 사전에서 "남자와 여자가 육체 관계를 맺음"이라고 하여 이것이 하나의 단순한 신체적 관계인 것 같은 인상을 남긴다. 그래서 성관계는 '구타'나 '지배' 같은 사회 · 정치적 개념이기보다는 '소화'나 '배설' 같은 생리적 차원에 더 가까운 개념으로 파악되는 것 같다. 사회적 질서이기보다는 자연적 질서로 보는 것이다. 사회가 허용하지 않는 성관계는 부당하고 억압적일 수 있지만 사회가 허용하는 성관계는 '자연의 섭리'를 반영하는 것이라는 것이다. 이러한 것이 일반적으로 받아들여지는 성관계 개념의 이해가 아닌가 생각된다.

그러나 나는 이 장에서 사회가 허용하는 문맥에서의 성관계 개념조차 여성 억압적이라는 것을 주장하고자 한다. 이 주장을 위한 나의 논의는 그리 단순하지가 않다. 이를 위해 하나의 전략을 세우고자 한다. 그것은 강간이라는 현상을 통하여 하나의 물음을 묻고 이에 대한 조명과의 관계 속에서 우리의 논제의 지지를 도모하고자 한다. 강간이란 "여성의 동의 없이 남성이 폭력 · 공포 · 사기를 사용하여 여성과 불법적 육체적 관계를 맺는 범죄"라고 브리태니커 백과사전은 적고 있다. 그러나 이것은 강간의 실재를 그려내는 데 미흡하다. 이를 위해 몇 가지 긴 인용을 하고자 한다.

"집안에 들어온 남자 친구가 급변하여 당신을 강간하는 경우 그는 법원에서 기소될 수 없다. 법정의 눈으로 보았을 때 남자를 집안에 들인다는 것은 당신이 그와 성관계를 가지겠다는 동의를 함축한다는 것이다. 법정은 당신의 현관문을 남성에게 개방하는 것은 그의 남근을 향한 당신의 자궁의 개방으로 생각하는 것이다. 이것은 야하고 서투른 표현으로 들릴지 모르지만, 이것은 이 사회와 법정의 사고 방식을 나타낸다는 것을 알아야 한다"(K. Barry).

"강간은 피해자가 이중적으로 침해되는 유일한 범죄일 것이다. 첫째는 가해자에 의해서이고, 둘째는 사회에 의해서이다. 강간은 피해자를 향하여 공동체의 사회적 · 종교적 · 문화적 태도가 달라지는 유일한 범죄이다. 강간에서 사회는 여자를 탓하거나 비난한다"(P. L. Wood).

"살인은 피해자에게 가해지는 폭력의 한 형태이다. 그러나 살인은 피해자에게 성적인 상처가 가해지지 않는 동안 모욕을 주지는 않는다. 그러나 강간당한 여성에게 있어서는 상황이 다르다. 강간에서 여성은 폭력에 의해 눕혀져 성교를 당하고, 수치가 부과되고 어떠한 대처도 가능하지 않다"(S. Griffin).

"인생을 좌절시키는 사건이라 할지라도 그 좌절이 사회적 · 심리적 그리고 신체적 차원 등의 모든 분야에서의 공격이 포함되어 있지 않다면 그 고통은 진정한 것이 아니다. 이 고통은 신마저 잠시나마 부재하게 하는 고통이다. 죽어 버린 사람보다도 더 부재하게 하고 지하 감방의 빛보다 더 부재하게 하는 고통이다. 이 고통에서 공포는 온 영혼을 삼킨다. 신이 부재하는 동안 사랑할 것은 아무것도 없는 것이다. 그렇기 때문에 여성을 이러한 고통에 밀어넣는 자는 영혼의 살인자이다"(S. Weil).

강간 문제의 심각성은 상상할 만하다. 그러나 우리는 이 문제의 모든 양상에서의 심각성을 다룰 수는 없다. 우리는 이 상황의 어떤 특정한 문제에 대한 철학적 조명을 하고자 한다. 이를 위해 하나의 일화에서 시작할 수 있겠다. 몇 년 전에 구로공단에서 투신 자살 사건이 있었다는 신문 보도가 있었다. 한 여공이 잠을 자다가 강간을 당한 것이다. 그의 유서는 "볼 면목이 없다"라는 내용으로 그의 어머니와 애인에게 각기 부쳐졌다고 한다.

이 일화는 우리의 문제를 부각하는 데 하나의 중요한 단서를 제공한다. 우리의 주인공의 비극적 상황은 총체론적이지만 몇 가지를 추상할 수 있을 것이다. 먼저 강간에 있어서 인격적 모독, 또는 소외라 할 수 있을 요소를 분리하고자 한다. 이것은 심각하여 이것만으로도 자살의 충분한 이유가 될 수 있을 것이다. 그리고 어떤 작품에서 볼 수 있는 상황이 있다. 강간을 당한 여성이 샤워를 여러 번 반복하는 장면이다. 이 장면의 함축은 하나의 구별이 있다는 것이다. 샤워로써 씻어 버릴 수 있는 요소가 있고 그럴 수 없는 요소가 있다는 것이다. 전자를 물리적 더러움이라 한다면 후자는 도덕적 더러움이라 할 수 있을 것이다. 물리적 더러움을 제거하면 후자만 남는다. "볼 면목이 없다"라는 이 여성의 유서에서 우리는 물리적 더러움보다 도덕적 더러움이 지칭되고 있는 것을 볼 수 있을 것이다.

그러면 우리는 이러한 물음을 제기하고자 한다: 이 여성은 강간을 당하였으면서도 도덕적으로 더러워졌다는 사회적 인식은 어떻게 가능한가? 이것은 철학적 조명을 필요로 한다. 이를 위해 우리는 칸트의 성에 대한 논의를 보고 성관계의 개념이 어떠해야 하는가도 살피고자 한다. 이러한 조명의 과정에서 성관계 개념의 여성 억압적 구조가 드러나 보이도록 하겠다.

(가) 칸트의 성과 결혼

인간의 역사에 있어서 성관계를 결혼 제도 안에 제한시킨 전통은 그리 오래되지 않은 것 같다. 그러나 이러한 제한을 지지하는 논의라는 것이 있다면 그것은 아직도 면밀하게 검토되어야 할 것으로 보인다. 흥미 있는 하나의 논의가 있다. 그것은 칸트가 그의 윤리학 체계에 입각한 철학적 논의이다. 인격을 대상으로 취급하지 않아야 한다는 시각으로부터의 성관계에 대한 그의 성찰이다. 그러나 그의 논의가 우리의 문맥에서 어떠한 함축을 가지고 있는가를 검토하여 볼 것이다.

칸트는 적어도 세 가지 성관계의 유형을 고려한다. 첫째는 '동성 관계'의 경우라고 할 수 있는 일반적인 경우이다. 한 사람이 동성의 다른 사람을 성적으로 탐욕하는 경우 이것은 그 사람에 대한 선호가 아니라 그 사람의 성적인 기능에 대한 탐욕이다. 여기에 인간의 사랑이 들어올 수는 있다. 칸트는 사랑이란 "상대방을 향한 선한 의지, 애정, 행복의 추구 그리고 그의 행복에서 기뻐하는 것"(Kant, 163)이라고 규정한다. 그러나 성적인 탐욕만의 경우 상호 동의하는 관계라 할지라도 그러한 사랑의 요소는 들어올 수 없다는 것이다. 두 사람간의 성적 탐욕의 관계는 서로를 대상으로써 사용하는 것이고 인간 본성을 욕보이는 것이라고 한다. 그러한 관계에서는 인간의 도덕적 관계가 도대체 정지된다는 것이다.

둘째는 '자위'라고 할 수 있는 성관계이다. 이를 위한 변호는 간단하게 지적될 수 있을 것이다. 이 행위가 몸이나 사회에 발생시키는 어떤 손해가 있지만 이러한 일부적 손해를 일으키지 않는 조건에서는 그 자체로 '경멸하여야 할 것(contemptible)'은 아니라는 것이다(Kant, 164). 그러나 예상할 수 있는 바대로 칸트는 자위에 대한 반론을 편다. "사람은 그 기호의 사용에 있어서 도덕의 원리들에 일치하도록 그의 자유를 자제하여야 한다"(Kant, 165)는 것이다. 사람은 물건이 아니므로 자기가 자신의 소유주가 아니라는 것이다. 사람은 자신을 자신의 마음대로 처리해 버릴 수 없다는 것이다. 자신이 자신의 소유물이 아닌 까닭은 자신은 사물이 아니기 때문이다. 사람은 자신에 대하여 소유주이면서 동시에 소유물일 수 없기 때문이다.

셋째는 이성간의 성관계이다. 성적인 욕구는 인격자로서의 사람에 향하는 것이 아니라 그 사람의 성에 향하여 있다는 것이다. 이러한 구조에서 성적인 욕구는 이성의 성을 선호한다는 것이다. 이성에 대한 호기심은 이러한 관계에서 볼 때 상대방의 인격에 대한 욕이 되는 것이다. 한 남성의 어떤 여성에 대한 관심은 그가 사람이어서가 아니라 그가 여성이기 때문이라는 것이다. 그도 하나의 사람이라는 것은 그 남성의 관심이 아니고 오로지 그의 성만이 그 남자의 관심이라는 것이다. 그리하여 그의 인간 본성은 그 남자에 의하여 그의 성에 예속된다는 것이다. 그러므로 성적인 욕구는 인간 관계를 동물적 관계로 격하시키는 경향성을 가지고 있다는 것이다.

칸트가 세 가지 성관계의 유형에서 도입한 논의들은 다른 유형들에 변형되어 적용될 수 있을 것이다. 축첩 · 매음 · 수음 · 근친상간 등의 경우를 부인하는 논의를 구성할 수 있을 것이다. 그러면 칸트의 문제는 이것이다. 이에서 고려한 모든 성관계들이 부정된다면 그러면 정당한 성관계라는 것이 있을 수 있는가? 있다면 그 정당성의 구조는 무엇인가? 칸트는 결혼을 그 정당한 성관계의 경우로 지적한다. 그리고 그 정당성의 구조를 제시하고자 한다(Kant, 167).

(1) 만일 내가 상대방의 온 인격에 대한 권리를 가지고 있다면 그러면 나는 그의 부분에 대한 권리를 갖게 되고 그리고 성적 욕구의 만족을 위해 그의 성기를 사용할 권리도 갖는다.
(2) 상대방의 온 인격에 대한 나의 권리는 그에게도 나의 온 인격에 대한 권리를 부여함으로써 얻어진다.
(3) 이러한 상호적 권리는 결혼이라는 제도 안에서만 발생한다.

칸트가 제시하는 정당성의 구조는 이러한 세 명제로써 집약된다. 칸트는 이들에 대해 구체적 논의를 생략하고 있다. 그러나 우리는 이 명제들의 개연성을 탐구하여 볼 수 있다.

칸트의 명제 (1)은 어떻게 지지될 수 있는가? 하나의 인격자와 그의 부분들과의 관계는 무엇인가? 여기에서 인격자가 그 부분들로 환원되는 것으로 보일 수 있다. 그러나 이 인상은 사양될 수 있다. 칸트는 "인격자는 그의 부분들에 수반한다"라는 입장을 채택하여 환원론은 거부하면서 그 부분들에 의하여 인격자가 결정된다는 것을 주장할 수 있다. 그리고 이 관계는 그 인격자가 그 부분들만을 갖는다는 것이 아닌 것으로 해석될 수 있으므로 그 인격자는 다른 부분들에 의해서도 결정될 수 있다는 것을 허용한다. 환원론은 양방 결정론이지만 수반론은 일방 결정론인 점이 서로 다르다. 그러므로 (1)에서 전건이 주어질 때 후건이 거짓인 경우가 없다는 것을 보이면 된다. 그러나 그러한 경우란 무엇일까? 이러한 경우를 상상하기 위하여 다음과 비교하여 볼 수 있다.

> (4) 만일 내가 상대방의 모든 부분에 대한 권리를 가지고 있다면 그러면 나는 그의 온 인격에 대한 권리도 갖는다.

명제 (4)가 참일 수 있기 위해서는 완전한 환원론의 구조가 확립되어야 한다. 그러나 환원론은 수용하기 어렵다. 그리고 수반론을 채택하는 경우 (4)는 단순히 거짓이다. 그 인격은 그 부분들에 의해 결정되지만 그 인격은 그 부분들에 의해 갇혀지지 않기 때문이다. 일방 결정일 뿐 양방 결정이 아니기 때문이다. 그러나 (1)에 있어서 전건이 참인데 후건이 거짓인 경우란 무엇일까? 상대방이 자신의 온 인격에 대한 나의 권리를 인정하면서도 그의 부분에 대한 나의 권리는 인정하지 않는 경우일 것이다. 그러나 이것은 상대방의 편에서 일관성을 결여한 것으로 지적된다.

명제 (2)는 "대접을 받고자 하는 대로 남을 대접하라"라는 황금률의 적용으로 보인다. 그러나 문제는

> (5) 만일 내가 남에게 A-대접을 나로부터 받을 권리를 부여하면 그러면 나는 그로부터 A-대접을 받을 권리를 획득한다.

라는 명제가 어떻게 성립하는가이다. 그러나 이것은 그다지 어려운 것으로 보이지 않는다. (5)의 전건에 두 개의 전건을 첨가 확장할 수 있다.

(6) 만일 내가 남에게 A-대접을 나로부터 받을 권리를 부여하고 그도 나로부터 A-대접을 받고자 하고 나에게 그로부터 A-대접을 받을 권리를 부여하면 그러면 나는 그로부터 A-대접을 받을 권리를 획득한다.

명제 (3)은 어떻게 옹호될 수 있는가? 칸트는 여기에서 하나의 비약을 하고 있다. 그것은 윤리적인 문맥으로부터 사회적 또는 법률적 문맥으로 논의의 장을 옮기는 것이다. 그러한 전환은 권리라는 개념을 어떻게 우리의 상황에서 구성하는가에 의존하는 것으로 보인다. 이 권리를 단순히 도덕적 권리로 남겨두고자 한다면 그 전환은 정당하지 않다. 그러나 이것을 보다 제도적인 구조 안에서 이해하고자 한다면 관점에 따라 수용될 수도 있을 것이다. 여기에는 철학적 논변의 논리보다는 인위적 자의성이 곁들여지긴 하지만 해당 사회의 제도의 선호가 도입되고 있을 것이다. 명제 (3)은 철학적 명제라기보다는 해당 사회의 제도적 명제이다.

칸트의 입장에서 구성할 수 있는 위와 같은 논변은 어떻게 평가될 수 있는가? "온 인격에 대한 권리"라는 개념이 아무런 규정이 없이 사용되고 있다. 그러나 칸트의 철학의 문맥에서 볼 때 인격이라는 개념은 절대적인 것으로 보이고 따라서 여기에 '권리'라는 접미어를 붙이는 것은 일관되는 것 같지 않다. 따라서 명제 (2)는 명제 (6)을 수용한다고 할지라도 적어도 칸트의 체계 안에서는 부정되어야 하는 것으로 보인다. (6)은 본질적 성질을 다치지 않는 범위 안에서만 지켜질 수 있을 것이다.

명제 (1)을 지지하는 앞의 논변에서 이에 대한 반례는 일관성의 결여에서 오는 것이라는 것을 보았다. 그러나 이것은 형식적 고려만에 의한 것으로 보인다. 만일 이것이 옳다면 칸트는 소위 '결혼 안에서의 강간'이라는 표현은 자기 모순적인 것으로 규정하여야 한다. 그러나 이것은 우리의 상식과 일치하지 않는다. 우리는 '결혼 안에서의 강간'이라 불리는 문제의 실재성을 부인할 수 없기 때문이다. 그리고 명제 (3)의 경우에도 '해당 사회'라는 표현이 시사하는 상대성의 문제는 칸트가 일반적으로 취하는 형식적 또는 보편적 성윤리의 시각과 일치하지 않는다. 그 상대성은 러셀을 인용하여 이 문제를 나타낼 수 있을 것이다: "품위 있는 여성의 덕이 중요한 것으로 간주되는 동안 결혼이라는 제도는 매음이라는 제도에 의해 보완되어야 한다."

이러한 논의를 우리의 관심사와 관련시키고자 한다. 성을 결혼에 제한시키는 지금쯤 우리에게 친근한 이 제도에 대한 칸트의 논변에서 시대 제한적인 시각을 읽어 낼 수 있다. 성관계란 근본적으로 상호 대상화하는 관계라는 시각은 전자를 결혼에 국한시키는 논변에 이용된다. 그리고 칸트가 의도하는 정당화란 형식적이고 개념적이어서 결혼 안에서의 강간은 물론 대상화의 관계를 설명할 수 없다. 이것은 칸트의 논의의 약점이라고 지적될 수 있지만 그의 가부장적 시각의 결과로도 비판될 수 있을 것이다. 칸트의 문제는 성을 결혼에 제한하는 관점에 주의를 기울이면서 정작 성관계라는 것의 개념적 구조나 그 문제성을 '대상화'라는 개념으로 지나치게 일의적으로 해석하는 데 있다. 이러한 접근은 우리의 문제의 조명에 아쉬움을 남기는 것이다. 강간당한 이 여성이 어떻게 도덕적으로 더러워질 수 있는가라는 사회 인식적 문제에 대한 조명을 위해서는 더 많은 작업을 필요로 하는 것 같다.

(나) 관능과 성관계 개념

성관계 개념에 대해서 여러 가지 구성이 가능할 것이다. 관념론은 성관계를 두 남녀의 합일의 형식으로 본다. 성관계의 절정에서 주관과 객관의 이분법은 지양되고 양자는 무아의 동일성으로 들어간다는 것이다. 다른 하나는 칸트에게서 나타난다. 칸트는 근본적으로 성관계는 오르가슴을 향한 것으로 이 단계에서 두 사람은 몰아 또는 자신마저 잃는 체험을 한다고 주장한다. 그렇다면 여기에서 두 사람의 인격적 관계는 기대하기 어렵다. 이것은 앞 절에서 본 칸트의 성관계 개념과 일치하는 오르가슴에 대한 해석이다. 프로이트는 쾌감을 그 본질로 삼아 자체 목적적인 구조에서 성관계를 다른 활동과 구별한다. 그리고 사르트르는 성욕이라는 정서적 또는 심리적 상태를 성관계에 의해 만족시킨다는 뜻에서 육화의 개념을 도입하여 이를 설명한다.

그러나 이 구성들은 우리의 주인공의 문제를 설명할 만큼 구체적이지 않다. 겨우 할 수 있는 말은 합일이나 쾌감 또는 오르가슴에 대한 조명에 머물고 있다. 그러나 이것은 강간당한 여성이 어떻게 도덕적으로 더러워질 수 있는가에 대해서는 아무런 도움을 주지 못한다. 이제 우리는 이 문제를 위해 우리의 길을 가야 할 것이다. 여성 피해자의 문제를 설명하기 위한 성관계 개념의 구성은 가능하면 보다 일반적 문맥에서 찾을 수 있기를 바란다. 이를 위해 관능의 미학에 대한 하나의 짧은 스케치를 하여 볼 수 있을 것이다.

관능의 미학은 어떻게 나타날 수 있는가? 그것은 성을 관능과 일치시키지 않고 관능의 하나로서 파악한다. 이러한 파악은 널리 퍼져 있는 성과 관능과의 일치라는 도식과는 다르다. 그러나 우리는 여기에서 관능을 사전적 정의에 따라 인간의 모든 기관의 작용으로서 받아들이고자 한다. 문자적으로 말하자면 관능이란 여기에서 인간의 오관의 기능으로서 말하여질 수도 있겠다. 성이란 그러한 오관의 기능이 특별한 양상으로 나타나는 과정이나 그 결과인 것이다.

그러면 그러한 관능이란 무엇인가? 관능은 신체적으로 구별될 수도 있고 양상적으로 구별될 수도 있겠다. 신체적으로는 시각 · 청각 · 미각 · 취각 · 촉각으로 나뉜다. 그리고 양상적으로는 첫째, 명제적 관능이 있다. 이것은 태극기가 바람에 흔들리는 것을 보고 "국기 게양대의 태극기가 바람에 펄럭인다"라는 명제적 인식을 가능케 하는 관능이다. 이것은 또한 컵에 담긴 액체를 마시면서 "이것은 짙은 커피다"라는 명제적 인식의 관능일 수도 있다. 둘째로 미적 관능이 있다. 이것은 꽃이나 비품을 보고 "그것을 이 자리에 두면 더 좋겠는데……"라는 미적 판단을 가능케 하는 관능이다. 또는 "현악기는 피아노로 하고 관악기는 포르테로 해주시오"라는 미적 감성에 요구되는 관능이다. 그리고 셋째로 유희적 관능이 있다. 이것은 사람에 따라선 매력적인 리브 울만이나 건장한 버트 레이놀즈의 사진이나 음성을 직접으로 즐길 수 있게 하는 관능이다. 이러한 직접적 즐김은 시각이나 청각 이외의 감각에 의한 것일 수도 있다.

명제적 양상의 경우 시각이 주도적이고, 오페라 같은 미적 양상의 경우 청각이 주도적인 것처럼 유희적 양상의 경우 촉각이 주도적이다. 그러나 주도적 감각은 다른 감각들을 배제하지 않는다. 어떠한 감각도 명제적이고 미적이며 또한 유희적이기 때문이다. 또한 명제적 양상에도 미적인 요소와 유희적 요소가 있을 수 있고 미적 양상이나 유희적 양상에도 다른 양상들이 요소로서 들어 있게 마련이다.

이러한 관능은 그 여러 가지 양상적 발현에도 불구하고 어떤 유기적 관계를 갖는다. 이 관련은 인식론적으로 설명될 수 있을 것이다. 어떤 관능의 경우에도 관능의 경험자로서의 주체가 있고 주체가 경험할 때의 목적으로서의 대상이 있게 된다. 전자를 주관적이라 하고 후자를 객관적이라고도 한다. 여기에서 인식은 주관에 대립하여 객관이 주어지고 대립되는 객관이 주관에 의해 의식될 때 발생한다. 그리하여 인식이란 구조상 주관과 객관의 긴장의 형식을 취한다는 것이다. 그러나 관능의 경험 안에서 그러한 대립적 인식은 초등 단계일 뿐 높은 단계에서 주관과 객관의 합일적 또는 수렴적인 인식으로 발전하여야 한다는 것이다. 우리는 여기에서 관점적이고 애매모호한 '합일적'이라는 단어를 사용하지만 이것은 보다 정확하게 '수렴적' 또는 '가까워지는'이라는 표현들의 의미로서 이해되어야 할 것이다. 합일적 인식이란 주관과 객관 사이의 대립이나 긴장이 없고 공간이나 시간의 간격이 극복된 인식이다. 예를 들면 소외라는 체험도 결국 하나의 인식으로서 주관과 객관 사이에 마땅히 극복되어야 하는 대립이나 간격이 남아 있을 때 이루어진다는 것이다. 소외에서의 주관에 대립하는 객관은 부모나 친구일 수도 있고 단체나 역사일 수도 있지만 주관이 객관화된 그 자신일 수도 있다. 예를 들면 내가 나의 직업이나 행동을 싫어하는 경우 나는 일종의 소외를 체험한다. 나 또는 체험자로서의 주관이 있고 나의 활동이라는 객관화된 내가 있을 때 양자 사이의 어떤 거리는 극복되지 않았다는 것이다. 소외의 극복이란 주관인 나와 객관적인 나의 합일의 체험이라는 것이다. 그러므로 순수한 인식이란 주관과 객관의 합일적 인식이다.

이와 같은 관능의 미학을 구체적인 경우들을 택하여 생각해 보자. 산이나 바다의 사진을 방안에 걸어두고 감상할 수도 있다. 그러나 이들에 대한 보다 바람직한 인식은 바다에 가는 것이다. 양복을 입고 넥타이와 양말과 구두를 신고서 바다를 바라보는 것이 아니다. 바다의 모든 소리, 여러 가지 냄새, 짠맛, 멀리 보이는 수평선 등 바다의 모든 모습을 모든 감각으로써 접촉하고 여기에서 주관과 객관 사이의 거리를 최소한 줄이는 것이다. 어떤 사람과 악수를 하는 경우가 있다. 악수는 제도적 인사의 형식으로 볼 수도 있겠지만 이것은 근본적으로 두 사람 사이의 거리의 극복이나 극복의 확인으로서 해석될 수도 있다. 악수는 두 사람이 늘어뜨린 두 손들의 움직임이나 손의 촉각들의 교환만이 아니다. 악수는 두 손의 촉각을 매개체로 두 사람의 모든 관능의 형식에서 이루어지는 만남이다.

음악이나 스포츠에 대해서도 비슷한 설명을 할 수 있다. 록 음악은 어떻게 들어야 하는가? 록 음악을 대화나 식사의 배경 음악으로 들을 수도 있을 것이다. 그러나 보다 바람직한 것은 빛을 막고 방안 가득하게 음량을 올리는 것이리라. 방을 채운 소리가 나의 온몸을 채울 때 나의 의식이란 그 소리의 의식이외엔 없게 된다. 그때 어떤 의미에서 나는 음악이 되고 음악은 내가 된다는 말을 할 수 있다. 음악 작품과 감상자가 독립되어 구별되는 것이 아니라 주관과 객관의 인식적 합일이 이루어진다. 스포츠에 있어서도 우리는 그러한 것을 확인하게 된다. 개인 경기이건 단체 경기이건 간에 훌륭한 게임에서 우리는 주객의 합일이나 통일을 체험한다. 수영 같은 단일 경기에선 주체로서의 나와 나의 활동으로서의 객체의 합일이 이루어지고, 테니스나 야구 같은 단체 경기에선 객체가 나의 활동뿐만 아니라 다른 사람과 다른 사람의 활동을 포함하여 그러한 통일을 체험하게 된다.

행위에 대해서도 생각해 볼 수 있다. 어려움에 처한 사람을 돕는 행위에 착수하는 경우가 있다. 착수하기 전에는 "도움을 필요로 하는 사람이 저기에 있다"라든가 또는 "저 사람은 도움을 필요로 한다"라는 명제적 차원의 인식이다. 나와 그 사람 사이에는 그러한 명제적 인식의 보이는 거리가 있다. 그러나 착수를 할 때 그 거리는 극복되고 어떤 범위에서 그 사람과 나는 합일의 체험을 하게 된다. 이러한 행위에 관하여 또 하나의 예를 들어 보자. 4 · 19 시위에 참여했던 사람과 참여하지 않았던 사람 사이에는 4 · 19라는 역사적 사건에 대한 인식에 있어서 차이가 있다. 후자는 그 역사의 관람자로서의 인식을 하는 동안에 전자는 그 역사의 주체자로서 인식을 하게 된다. 전자가 주체로서 그 4 · 19라는 사건으로서의 객체와 합일되는 동안 후자는 그 사건과의 사이에 어떤 거리를 지니게 된다. 행위를 관능의 한 형식으로 파악해야 하는 이유도 분명하다. 시위 참여는 참여 의도라는 주지적 요소만으로는 불가능하기 때문이다. 행위는 그것이 의미 있는 것이기 위해선 몸을 필요로 하기 때문이다.

성관계는 어떠한가? 이것은 악수나 단체 경기에서 만나는 사람들간의 어떤 관계의 요소가 있지만 그 위에 유희적 요소가 가장 선명하게 표현되는 일종의 행위이다. 유희적 관능은 앞에서 직접적 즐김이라고 특징지었다. 직접적 즐김으로서의 유희적 관능과 록 음악을 들었을 때의 합일의 체험을 비교해 볼 수 있을 것이다. 유희적 관능도 명제적 관능이나 미적 관능처럼 대상을 필요로 한다. 그러나 그 대상이 의식에 관련하는 방식이 다르다. 록 음악에 있어선 의식되는 것은 소리 이외에 없다는 것이었지만 유희적 관능의 경우 의식되는 것은 리브 울만의 매력적인 사진이 아니라 그 사진에 의해 유발된 특정한 쾌감(pleasure)이라는 것이다. 그러므로 음악의 경우 내가 소리가 되고 소리가 내가 된다고 할 수 있지만 유희적 관능의 경우 나와 그 대상과의 관계에 대해 그러한 식의 합일은 말해지기 어렵다. 그러므로 성관계는 결국 오르가슴이라는 특정한 엑스터시를 목표로 한다. 두 사람은 그 엑스터시의 공유에서 합일을 체험하고 또한 그러한 쾌감의 상호 유발자라는 점에서 통일을 경험한다는 것이다. 그러므로 성관계가 가지는 즐김의 사유성(privacy) 또는 쾌감의 직접성을 유지하면서도 두 사람의 합일의 구조를 분명히 가지게 된다. 성관계에 있어서 인식은 주관과 객관이 엄연히 구별되는 것이 아니라 상호 주객성의 통일 안에서 서로가 인식된다는 것이다.

성관계의 상호 주객성에 대해 더 생각하여 보도록 하자. 우리가 '좋은 성관계'와 '나쁜 성관계'를 구별할 수 있다면 논의의 문맥은 물론 전자이다. 성관계에 있어서 그 일차적 대상은 쾌감이다. 그러나 유희적 양상은 다른 양상들로부터 독립하여 있는 것이 아니라 그들을 전제한다. 즉 명제적 양상과 미적 양상이다. 성관계의 두 사람은 두 양상이 어떠한 수준에 있건 간에 이들을 전제하고서 유희적 양상에 들어가는 것이다. 그러므로 이 사람들은 성관계를 통하여, 사르트르의 표현을 따르면, 명제적 양상과 미적 양상을 '육화'한다는 것이다. 두 양상은 명제적 내용과 미적 내용을 가지고 있으므로 두 사람의 모든 지적 그리고 감정적 관계를 포함한다. 상대방의 행복을 어느 만큼 원하는가의 내용도 여기에 포함된다. 그리고 이 내용은 육화의 과정에서 서로가 주관이 되고 객관이 되는 관계에 영향을 준다. 그리고 이것은 쾌감의 질을 결정할 것이다. 그러므로 좋은 성관계의 모델에서는 인격적 관계의 요소가 필수적이게 된다.

이러한 성관계 개념은 칸트와 관념론자의 입장과 대조될 수 있다. 관념론자는 성관계의 오르가슴에서 '합일'을 체험한다는 것이다. 그리하여 이 입장은 성을 현대의 궁극적 종교로서 발전시킬 수 있는 시각을 제공한다. 내세나 미래를 약속하는 허구적 구원이 아니라 지금 여기에서 구원을 체험시켜 주는 구체적 현장의 종교라는 것이다. 그러나 하나의 문제가 있다. 이 합일이 정확하게 무엇인가가 규정되어야 할 것이다. 칸트가 오르가슴에 대해 비판하는 요지도 심각하게 들을 만하다고 생각한다. '분별 의식의 극복'이라는 것이 어느 대상과의 합일이라 규정하기 시작한다면 이러한 합일은 오로지 지성이나 이성의 관점을 중요시하여야 할 필요가 없어지고 약품이나 심리 조작에 의한 성취를 달리 구별하여야 할 이유가 없어진다. 그러므로 '합일'에 대한 정확한 규정이 없는 동안 이것은 하나의 메타포에 지나지 않는 기능밖에 못할 것이다. 이것을 철학적으로 거부할 수 있는 유일한 구조는 존재와 인식을 관념적으로 설명하는 구조가 될 것이다.

칸트의 성관계 개념은 근본적으로 두 가지 구성 요소를 가지고 있다. 성관계는 본질적으로 대상화 유발적이고, 오르가슴은 자기 상실적이라는 것이다. 이러한 기본적 요소들 사이에서 두 사람은 인격적 관계를 가질 수 있는 희망을 가질 수 없다. 성을 '죄악시'하는 사회의 어떤 풍조는 칸트에게서 가장 강력한 철학적 지지를 얻는 것으로 보인다. 그리고 결혼이 성관계를 허용하는 구조는 상호 사용의 권리 부여라는 장치를 통하여 얻어진다. 중요한 것은 이 장치는 도덕적 허용 가능성의 장치라는 것이다. 이것은 성관계의 대상화 체험을 극복하는 장치가 아니라는 점이다. 이것은 오히려 도덕적 그리하여 법률적 축복을 받으면서 성관계의 대상적 체험을 심화시키는 역할을 한 것으로 보인다. 그러나 보다 심각한 문제는 역설적이다. 인격성을 누구보다도 먼저 강조한 칸트가 성관계에 있어서 인격적일 수 있는 구조를 간과한 것이다. 물론 이 시각은 프로이트 후기 시대에서만 역사적으로 가능한 것일는지 모른다.

그러나 이러한 성관계 개념들이 우리의 피해자의 문제를 조명하는가? 다른 것은 말할 것도 없이 유희적 성관계 개념이 어떤 도움을 주는가? 이 경우 할 수 있는 이야기는 어느 이론에서도 할 수 있을 내용이다. 이 피해자가 강간을 당하였으면서도 그가 불결하다는 사회 인식의 구조를 보아야 한다는 것이다. 그러지 않으면 이 피해자의 한은 지하에서도 풀릴 수 없는 것이다. 그러나 지금까지는 어떤 개념도 피해자의 문제를 조명할 준비가 되어 있는 것 같지 않다. 성관계 개념의 기존 이론이나 일반적 이론 안에서는 우리의 문제를 설명할 구조가 없다고 생각한다. 그러므로 보다 구체적으로 이 문제의 설명을 위한 하나의 모델을 구성하여 유희적 이론 안으로 도입할 것을 제안하도록 하겠다.

(다) 강간

강간을 당한 우리의 피해자에 대하여, 어떻게 그가 도덕적으로 더럽다는 사회 인식이 가능한가? 우리는 칸트의 중요한 논의를 보았고, 우리가 수용하고자 하는 유희적 성개념을 고찰하였지만 이 문제에 대해서는 별 도움을 주는 것 같지 않다는 것을 보았다. 이제 우리는 이 문제의 조명을 위한 몇 가지 모델을 모색하여 이를 우리의 유희적 성개념에 도입하여 볼 수 있을 것이다. 이 문제에 대하여 세 가지 모델을 여기에서 생각하고자 한다.

첫째, '저항 미수'라 불릴 수 있는 모델이다. 강간의 어떠한 시도에 대해서도 여성들은 저항하여야 한다는 것이다. '끝까지' 저항하여야 한다는 것이다. 정절은 죽음으로라도 지켜야 한다는 전제에서는 올바른 귀결일 것이다.

(7) 여성의 정절은 어떠한 상황에서도 지켜져야 한다.

(8) 여성은 강간의 어떠한 시도에 대해서도 끝까지 저항해야 한다.

이러한 명제 (7)을 받아들이면 강간의 시도에 대한 저항 미수는 저항이 아니게 되고 전제로서 주어지는 대원칙에 의해 규칙 위반이 된다. 이리하여 여성들은 강간을 당하고서도 도덕적으로 더럽다는 사회적 인식이 가능하다는 것이다. 이 모델은 앞 시대에서 강력한 영향력으로 작용한 논리를 제공하였으리라 생각한다.

그러나 이 모델의 전제는 필연적인가? 우리가 조선조 중기나 이스라엘의 구약 시대에서처럼 '정절의 신화' 속에 살고 있다면 그것은 필연적일 것이다. 이 전제의 필연적 성격의 여부를 보기 위하여 다음의 두 명제와 비교하여 볼 수 있을 것이다. 북한의 공산주의자들의 죽음의 위협 앞에서 김은국의 『순교자』에서의 성직자와 미국의 첩보선 푸에블로의 승무원들이 각기 다음과 같은 '자백'을 하였다고 하자.

(9) 나는 예수를 저주한다.

(10) 나는 미국을 저주한다.

이러한 것에 대하여 기독교 사회와 미국 사회가 받아들이는 반응은 다르다. 승무원들의 행동은 그들의 행위가 아니라고 간주되지만 성직자의 행동은 그의 행위로 묵인된다. 선원들의 행동은 자유의지에 의한 것이 아니라고 하고 목사들의 행동은 자유의지에 의한 것이라고 취급된다. 한 경우엔 생명의 포기가 선택의 여지로 요구되지 않지만 다른 경우엔 선택의 여지로 기대되고 있기 때문이다. 그래서 선원들은 영웅은 못된다 하더라도 적어도 용납은 되지만 목사들은 배교자가 된다. 그러나 우리의 피해자 여성이 절대적 정절의 신화 속에 살고 있다면

(11) 나는 정절을 저주한다.

라는 말을 하였을 때 그 여성은 자기 모순을 범하고 있는 것이 된다. 그러나 문제는 정절이 기독교의 목사에게서처럼 절대적 관념인가, 아니면 사회적·자의적 단위인 국가에서처럼 상대적인가? 우리는 정절의 비신화화는 자기 모순적이 아니라는 것을 주장할 수 있다고 생각한다. 이것이 자기 모순적이 아니라는 것은 지금의 사회에서 논의의 여지가 없다. 이것은 다수결의 수에 호소하는 것이 아니라 표현들의 의미에 호소하는 개념적 성질이다. 그렇다면 전제 (7)은 거짓이라면 필연적이 아니고 따라서 받아들일 수 없다.

둘째, '강간 유발'이라 부를 수 있는 모델이다. 이 모델은 어떤 논리적 구조

를 가지고 표현될 수 있을 것이다.

(12) 강간이란 여성이 방지하려고 하면 피할 수 있는 것이다.

(13) 여성이 강간을 피하지 못하였으면 그 여성은 강간을 방지하려고 하지 않았다.

(14) 한 여성이 강간을 당하였다.

(15) 그 여성이 강간을 방지하려고 하지 않았다.

(16) 여성이 강간을 결과적으로 유발하였다.

이 모델을 따르는 사람은 명제 (16)의 내용을 읽어낼 수 있다고 생각한다. 선정적 옷의 색깔과 차림, 암시적인 말투, 욕정 자극적인 몸놀림 그리고 '프로이트적 부주의'라고 할 수 있는 문단속의 소홀 등을 지적하여 (16)을 설명할 수 있다는 것이다. 이 모델을 받아들이면 피해자가 강간을 당하였다고 하지만 그것은 프로이트적 자기 기만일 수 있고 도덕적으로 깨끗하지 않다는 사회 인식을 설명한다는 것이다. 이 모델은 얼핏 현대 사회에 있어서도 통상적으로 영향력 있는 구조를 반영한다고 생각된다.

강간 유발 모델의 문제점은 무엇인가? 명제 (12)를 보도록 하자. 이것은 초견상 거의 자명한 것처럼 보인다. 그러나 이것은 애매하다. 두 가지로 해석될 수 있기 때문이다.

(12ㄱ) 강간 방지를 위한 여성의 모든 가능한 조치는 강간 미발의 충분조건이다.

(12ㄴ) 여성의 강간 방지의 의지는 강간 미발의 충분조건이다.

(12ㄱ)은 참이기는 하지만 그 조건이 너무 강하여 현실적이지 않고 응용성이 없다. 그러나 (12ㄴ)은 적용 가능성의 정도는 높지만 거짓이다. 두 해석의

이러한 문제점을 가지고 (13)을 보면 후자의 해석이 채택되고 있는 것을 알 수 있다. 그렇다면 (12ㄴ)이 거짓이기 때문에 (11)도 거짓이다. 강간 유발 모델은 그 중요한 논의의 단계를 오류에 근거하고 있다는 것을 알 수 있다. 그리고 이러한 결론을 뒷받침하는 하나의 관찰을 할 수 있을 것이다. 강간에 대한 많은 사회과학적 연구들은 강간과 피해자와 상관 관계를 맺을 수 있는 어떠한 피해자들의 유형이나 공통점도 보이지 않는다는 결론에 이르고 있다.

셋째, 성관계 개념의 비대칭성 모델이다. 성관계 개념에 있어서 남성과 여성의 입장에 대한 고려들이 비대칭적이라는 논의이다. 이러한 주장은 무엇인가? 이것은 성관계 개념을 구성하여 가는 과정에서 보여지리라 생각한다. 성관계란 무엇인가? 임의의 두 남녀인 김부남 씨와 이미희 씨가 성관계를 갖는다는 것은 무엇인가? 성관계를 전반 단계와 후반 단계로 나누어 생각해 볼 수 있다면 그 전반 단계는 다음의 두 조건을 충족하는 것으로 보인다.

(17) 김부남 씨는 자신의 성기를 이미희 씨의 성기에 삽입한다.

(18) 이미희 씨는 자신의 성기로써 김부남 씨의 성기를 흡입한다.

성행위는 대개 남성 경험의 관점으로부터 기술되고 여성 경험의 관점은 생략되어 왔다. 그렇게 될 때 남성은 능동자 · 가해자 · 하늘 · 위 · 비행사 · 배 등의 단어로써 파악되고 여성은 수동자 · 피해자 · 땅 · 비행기 · 항구 등의 고정 관념으로 이해된다. 그러나 이 행위가 양쪽의 관점에서 기술될 때 그러한 이분법은 없어지고 대등한 관계 위에서의 더 바람직한 성이 이루어질 것이다. 성은 삽입과 흡입의 두 의지가 만날 때 시작된다는 것이다. 그러나 성의 후반 단계는 어떠한 조건을 가지고 있는가? 그것은

(19) 김부남 씨는 오르가슴으로써 성관계를 종료한다.

에 대응하는 이미희 씨를 위한 조건은 없는 것으로 보인다. 보통의 경우 남자에게는 (19)가 필요조건 또는 일반 조건이지만 여성에게는 오르가슴이 성관계를 종료하기 위하여 필요하지도 않고 일반적이지도 않다. 여성에게 있어서는 오르가슴이 있으면 더욱 좋긴 하다는 부사적 조건 이외에 아무것도 아니다. 남성과 여성은 지금과 같은 성관계에 대한 사회적 개념 구성 안에서는 전반 단계에 있어서는 평등하게 대칭적이지만 후반 단계에서는 비대칭적이라는 것이다.

성관계의 후반 단계에 있어서의 이러한 비대칭성은 여성 문제의 하나의 뿌리라고 생각한다. 성관계의 이러한 사회적 구성을 따르는 어떠한 남성도 여성을 결국 '사용'하게 된다. 과거에 여성 존중적이었던 남성이 결혼이라는 제도에 들어와서 여성과 그러한 개념 구성하의 성관계를 갖는 삶 속에서 흔히 여성은 "주스를 빨아 먹고 버려진 레몬"(Kant, 163)처럼 버려지곤 한다는 것이다. 그 남성은 결국 이러한 사회적 성관계의 개념 구성을 따르면서 여성을 대우하는 방식을 구체적으로 배워 간다. 이 대우는 자기의 처를 합법적으로 사물화하는 것 이외의 다른 것이 아니다. 그리고 여성에 대한 이러한 인식이 일반화되고 사회에 풍미하게 된다는 것이다.

그러면 비대칭성 모델은 우리의 피해자 여성의 문제를 어떻게 조명하는가? 이 모델에 의하면 이 여성은 첫째 어떻게 강간을 당하는 것일까? 성관계의 초반 단계에 의하면 삽입과 흡입의 두 의지가 있어야 한다. 그러나 여성은 초반 단계에 있어서 흡입의 의지가 없었다. 이것은 여성이 "강간을 당하였다"라고 말할 수 있는 조건을 만족시킨다. 그러나 후반 단계에 있어서 어떠한 여성도 "오르가슴이 없이도 남편과의 성관계를 종료한다"라고 하여야 할 구조가 있다. 우리의 피해자 여성도 후반 단계에 있어서 "오르가슴이 없이도 그 성관계를 종료하였다"라고 말할 수 있는 동일한 구조가 있는 것이다. 우리의 피해자는 그렇다면 법이나 도덕이 허용하지 않은 남성과 "성관계를 종료하였다"라고 하여야 할 상황에 있는 것이다. 우리의 피해자가 강간을 당하였으면서도 도덕적으로 깨끗하지 않다는 사회의 인식은 그렇게 하여 가능하다고 생각한다. 달리 말하여 성관계 개념의 정당하지 않은 사회적 구성 때문에 이러한 사회적 인식이 이루어진다는 것이다. 성관계 개념의 비대칭성은 많은 여성 문제들의 원초적 뿌리들 중의 하나라고 생각한다.

성관계 개념의 여성 억압성은 그 비대칭성에서 보인다고 생각한다. 혹자는 비대칭성은 인정하면서도 그 억압성은 부인할는지 모른다. 그러나 여기에서 언급되고 있는 억압성은 다음과 같이 이해될 수 있을 것이다. 여성의 권리에 대한 간과로써 이루어진 성관계 개념을 여성 전체 계층에 부과하여 결과적으로 여성을 사물화하거나 극심한 고통이 결과될 때 이것은 회고적으로 말하여 억압적이라 할 수 있고 그 간과가 제도적이었을 때 그 억압은 체계적이라 할 수 있다. 억압이라는 행위는 의도적이지만 이만한 양의 고통을 결과시키는 여성의 권리에 대한 간과는 회고적으로 억압이라 할 수 있다. 이것은 조선조 중기의 '칠거지악'이라는 여권 간과적 제도에 비교할 수 있다. 이것을 '여성 억압적'이라 규정하는 데 지나친 것이 있다고 생각되지 않는다. 비대칭적 성관계 개념은 사회 구조의 기본 요소로서 그렇게 오래 전하여져 왔기 때문에 대칭적으로 전환하는 데 많은 시간이 걸릴 것이다. 그러나 기본적으로 부당한 요소가 올바른 것으로 수정될 때 보다 평등한 사회의 실재는 더욱 빨리 가까워질 것이다.[1]

1 최봉영 교수는 최근 억압의 언어성에 대해 체계적으로 주목하고 있다: 『한국 사회의 차별과 억압: 존비어체계와 현식적 권위주의』, 지식산업사, 2005.

제13장

투사적 동일화와 가족 개념의 확장성

(가) 가족 개념과 사회철학적 시대 오류

가족이란 무엇인가? 가족이란 정치적 단위이면서도 하나의 자연적 질서라고 한다. 사람들은 이 말을 적어도 얼마 전까지는 당당하게 하여 왔다. 그러나 이 말은 아직도 그러한 정당성이나 일반성을 가지고 있는가? 앞으로도 그러할 것인가? 어떻게 이 말의 수천 년간의 정통성이 의문시될 수 있을 것인가? 사람들은 인간 역사가 이해하고 규정하여 온 그러한 가족 개념 구성에 어떠한 변화를 시도할 수 있을 것인가?

가족이란 창조적 질서의 한 조직이라고도 하고 사회 정치적 기본 단위라고도 하였다. 그러나 이것은 어떠한 조직이고 무슨 단위인가? 가족에 대한 전통적 모형은 다음과 같이 구성될 수 있을 것이다.

(1) 가족이란 소속 사회가 인정하는 남자와 여자가 부부로서 결합하고 그로부터 아들과 딸이 태어나는 관계에서의 네 종류의 성원이 구성하는 조직이다.

이성의 배우자가 하나씩이면 일부일처의 가족이 결과되지만 배우자의 수에 변형을 부여함에 따라 다른 유형이 나올 수 있다. 이 모형에 의하면 일부다처와 일처다부도 한 가능성이지만 부계적 가족, 모계적 가족, 또는 군혼적 가족이 파생될 수도 있다.

전통적 가족 개념 (1)에서 논의의 가치가 있는 것은 '인정', '부부', '구성'이다. 인정이라는 개념은 가족이라는 것을 사회적 제도로 이해하는 근거이다. 인정의 개념을 필요로 하지 않는다면 가족은 어떤 인간들의 '자연적' 관계가 될 것이다. 그러한 자연적 관계에서는 남자와 여자가 서로를 알아보지 못하고 기억하지도 못하는, 오로지 서로 '지나가는' 관계만을 가질 것이다. 여기에서는 어머니도 자신의 자녀들을 알아보지 못하거나 알아본다고 할지라도 지속적 관계의 유대는 없을 것이다. 자녀들은 더 빨리 또는 출산과 동시에 어미로부터 독립하여 갈 것이다.

'부부'라고 불리는 두 인간 관계도 자연적이 아닌 그러나 극도로 제도적인 관계이다. 경제적으로 동일한 단위로 묶일 뿐 아니라 사랑과 신뢰의 심리적 유대를 그 구성 요소로 요구한다. 이 유대는 두 사람간의 관계에만 고유한 종류의 것이 되도록 배타적이다. 이 배타성은 성적인 관계에도 적용된다. 성적 관계는 대칭적일 수도 있지만 일방적일 수도 있다. 부부라고 불리는 두 사람은 전혀 남이었다가 가족의 구조 안에서 배타적 친밀성 관계에 들어가는 그리하여 두 사람은 서로를 자신의 연장으로 인식하게 된다.

'구성'이라는 것은 물리적 기술이 아니다. 이것은 물론 사회적 기술이다. 가족을 구성하는 네 사람의 유형은 그 구성을 위하여 공간적으로나 시간적으로 특정하게 매이지 않는다. 원한다면, 태평양을 가운데 두고도 가족이고, 분단 50년의 세월에도 가족이다. 그러나 원하지 않는다면 "만나 보았더니 우리는 너무 달라져 있더라"가 표현하는 것처럼 '가족'이라는 단어는 예의상의 단어에 불과할 수도 있다.

세 단어에 대한 이러한 분석은 전통적 가족 개념의 경우에도 가족의 본질성이라는 것이 없다는 점을 보여준다. 가족 개념에 들어 있는 어떠한 귀한 성질도 결국은 문화적 반영이라는 것이다. 우리의 이러한 문화가 이렇게 지속되는 동안은 우리가 포기하기 어려울 수는 있지만 절대화되지는 않는다. 미래의 변화에 열려 있다. 다른 대안적 문화가 더 올바르게 더 바람직하게 동의될 수 있다면 변할 수 없는 그러한 가족 개념의 요소란 없다는 것이다.

전통적 가족 개념은 완전한가? 여기에 부당한 요소는 없는가? 개인의 자유스러운 그리고 성원의 평등한 관계를 막는 장치는 없는가? 전통적 가족 개념에 있어서 남자 · 여자 · 아들 · 딸이라는 네 종류의 성원은 가족의 구성에 필수적인가? 남자 · 여자 · 아들 · 딸의 네 종류들은 가족 개념의 역사를 통하여 달리 해석되어 온 것으로 보인다. 조선조 중기에는 아들이 필수적이었고 딸은 필수적이 아니었다. 이러한 상황에서 딸의 불평등한 취급은 당시로서는 '자연스러운' 일이었고 이것은 개인적 차원의 불의가 아니라 개념적 구성에 있어서의 불의 또는 책임의 간과였다. 또한 아들을 '낳지 않는' 여성들을 '인간 역할을 안 하는' 또는 '짐승만도 못한' 것으로 결정하여 집에서 내보냈던 것이다. 얼마나 많은 여성들이 당하였고 또 얼마나 더 많은 여성들이 두려움과 초조로 세월을 보내야 했던가?

나는 과거 시대에는 '자연스러운' 관계로 간주되었지만 이제 '부당한' 관계로 해석되는 그러한 개념적 억압성을 '사회철학적 시대 오류'라고 부르고자 한다. 이것을 보다 정식화할 수 있을 것이다.

(2) 인간 관계 (가)는 사회철학적 시대 오류이다⟨-⟩

(2A) 인간 관계 (가)는 특정 개인간에 한정되는 개항적 관계가 아니라 개인들간의 관계 유형으로서 사회 구성적이다;

(2B) 인간 관계 (가)는 앞 시점에서 일부 성원의 고통과 불편에도 불구하고 특정 질서의 유지에 기여하기 때문에 자연스러운 관계로 간주되었다; &

(2C) 인간 관계 (가)는 뒷 시점에서 유지되어야 한다고 생각되었던 그 특정 질서의 필연성이 정당화되지 않고 결과되었던 고통은 불필요하다는 것이 보여지는 과정에서 부당한 것으로 간주된다.

이러한 사회철학적 시대 오류라는 개념 구성 (2)에 의하면

(3) 아들은 가족에 필수적이다.

라는 가족 내에서의 인간 관계는 사회철학적 시대 오류이다. 그러한 인간 관계를 강요하여 왔던 한국 사회가 책임을 져야 하고 그러한 사회철학적 오류를 지적하지 못했던 한국 철학이 반성해야 한다. 현재의 한국 사회는 (3)을 요구하지 않는다. 그러나 고통을 당했던 여성의 관점에서 보면 한국 사회는 그러한 변화에 대하여 해명을 하고 적어도 '통석의 염' 정도의 표현은 해야 할 것이다.

전통적 가족 개념에서 남자와 여자는 말할 것도 없이 가족 구성에 필수적이었다. '가족의 남녀 필수성'이라고 불릴 수 있는 이 조건은 여러 가지로 설명될 수 있을 것이다. 음양론이 동양적 전통에서 이 조건에 대한 정당화의 근거라면 '반쪽론'이라고 불릴 수 있는 "결혼하여야 온전하다"라는 명제는 서양적 정당화의 이유이다.

가족의 남녀 필수성이라는 이러한 사고의 논리에 의하면 적령기에 이른 남성이나 여성이 결혼을 하지 않으면 정정당당한 인간이 되지 못한다는 것으로 귀결된다. 이러한 상황에서의 그 당사자의 고통이 얼마나 정당화될 수 있는가는 의문스럽다. 더욱이 만일 남성이나 여성이 어떤 외부적 이유로 결혼을 할 수 없는 경우에 그 고통은 더욱 한스러운 것이었을 것이다.

가족의 남녀 필수성이라는 조건은 아직은 올바른 조건이라고 간주되고 있다. 그러나 이것은 또 하나의 사회철학적 시대 오류는 아닌가? 이 조건에 의하여 고통을 받는 사람들이 있고 그 고통의 내용은 비인간적이고 제도적이며 비

난 가능성이 본인에게 있지 않을 수 있기 때문이다.

만일 가족의 남녀 필수성이 사회철학적 시대 오류라고 한다면 그 대안은 무엇인가? 얼핏 그것은 독신 생활과 동성 짝맞춤을 허용하는 것으로 보인다. 기존의 가족 개념을 확장하여 이러한 요소들을 포함하는 것이다. 그러나 문제는 동성 짝맞춤이라는 것은 지금의 한국 사회의 정서에서 얼마나 수용 가능한 것인가라는 의문이다. 우리의 딜레마는 사회철학적 오류와 실제의 윤리적 정서의 관계에 있다. 가족의 남녀 필수성이 한편으로 만일 사회철학적 오류라면 극복되어야 하는 개념 장치이면서 다른 한편으로 이것은 지금의 사회적 풍습에 의해 지지되고 있다는 것이다.

이러한 딜레마의 상황에서라도 우리의 철학적 작업은 추구되어야 할 것이다. 전통적 가족 개념에 대해 바람직한 대안적 구성이 가능하다면 그것은 어떻게 기술될 수 있을 것인가? 나는 이 물음을 이 장에서 발전시키고자 한다. 그러기 위하여 나는

(4) 가족이란 둘 이상의 사람들이 특별 목적으로 이룩한 인간 공동체이다.

라는 가설이 어떻게 구성되고 정당화될 수 있는가를 묻고자 한다. 어떠한 요소들이 필수적인가, 그리고 어떠한 요소들은 부사적인가? 가족의 전형적 모델로부터 구성된 가족 개념 (1)보다 가족의 다원적 모델을 허용하고 요구하는 가족 개념 (4)는 얼마나 비현실적인가? 여기에서 '특별 목적'이란 무엇인가? 이것은 어떻게 얻을 수 있는가?

이러한 '특별 목적'을 탐구하는 데 있어서 고려하여야 할 사항이 있다면, 러딕(Sara Rudick)의 가족에 대한 특징 규정[1]이다. 그에 의하면 가족의 특징은

1 Sara Rudick, "Justice and the Family", Proceedings and Addresses of the American Philosophical Association, October 1992, Vol. 66, No. 2, pp. 79–80.

세 가지이다.

(5) 불평등성: 가족 성원들은 원초적으로 불평등하다; 병자 · 노인 · 어린이도 성원이지만 교육을 받지 못한 사람, 경제적 능력이 없는 사람도 성원이다;

(6) 차이: 여성만이 출산을 한다는 사실은 이상적 정의의 상황이 요구하는 임의의 타자에 의한 대치가능성의 구조를 무화시킨다;

(7) 투사적 동일화: 특히 부모와 자녀 간에 있어서 자신의 이해와 타자의 이해 그리고 인격성마저 동일화하는 투사적 감정 이입이 발생한다.

러딕의 조건은 가족 성원들의 관계의 특징을 보이는 통찰력 있는 관찰이다. 그러나 이 조건은 가족 개념이나 그의 분석을 위하여 많은 전제들이 밝혀져야 한다. 구체적으로, 가족 개념을 가부장적으로 이해할 때 러딕의 조건의 해석은 어떠한 방향성을 갖게 될 것인가? 가족의 목적은 어디에서 찾을 것인가? 투사적 동일화라는 인간 관계는 정확하게 어떠한 내용과 논리를 갖는 것인가? 이러한 논의들은 나의 확장적 가족 개념 (4)에 어느 만큼의 도움을 줄 것인가? 나는 이 논문에서 특히 투사적 동일화 개념의 어떤 구성을 통하여 가족 개념의 확장 가능성을 탐구하고자 한다.

(나) 가부장제의 논리

가족의 가부장제의 구조는 역사적 기록이 존재하는 것만큼 오랜 전통을 가지고 있다. 그리고 이것은 아직도 현대의 가족 질서를 지배하는 구조이다. 그러한 '가부장제의 논리'는 다음과 같은 명제에 의하여 표현될 수 있을 것이다.

(8) 가족의 질서는 가족에서의 남성 연장자의 판단으로 유지된다.

가족 제도가 명제 (8)에 의하여 운영될 때 이를 가부장제라고 한다. (8)은 가부장제의 논리가 되는 것이다. 이 논리는 가족의 질서를 담당할 남성 연장자의 자격을 논의하고 있지 않다. 이 남성 연장자의 가족 질서 유지적 판단력의 부여는 이차적으로 법적 또는 원칙적(de jure)인 것일 수 있지만 일차적으로는 사실적 또는 현실적(de facto)인 것이다. 가족에서의 실제의 남성 연장자가 어떤 사람이건 간에 어떤 상황에 처하여 있건 간에 그러한 가족 질서 유지적 판단 능력을 갖는다는 것이다. 명제 (8)이 전제하는 가부장의 신분 실체성은 깊은 음미를 필요로 한다.[2]

이것은 부르주아와 프롤레타리아를 나누는 계급의 실체론과 비교될 수 있을 것이다. 계급 실체론은

(9) 아버지가 부르주아이면 아들도 그렇다.

라고 주장한다. 이 주장은 경험적 일반화일 수 없고 그 정당성은 다음과 같은 수학적 연역에 의하여 주어지는 것이다: 조상 중의 한 분 할아버지(가족 성원 0)가 부르주아이면 아버지(임의의 가족 성원 i)가 부르주아이고 따라서 그의 자손들은 대대로 모두 부르주아이다. 계급 실체론은 계급을 정치 · 경제적 구조에서의 기능 역할로 이해하지 않고 수학적 연역이 적용되는 역사적으로 변할 수 없는 실체로 파악하는 것이다.

이와 비슷하게 가부장제는 남성 연장자를 가족 구조에서의 특정한 기능을 차지하는 역할 분담자로서가 아니라 실체화하고 있는 것이다. 그러나 이러한 신분 실체론적인 가부장제의 논리 (8)은 어떻게 정당화되는가? 역사적으로 그 정당화는 여러 가지 방식으로 주어져 왔다. 여기에서는 네 가지 논의를 고려하여 보자.

2 가부장제 개념에 대해 제6장 참조.

가부장제 논리를 정당화하는 첫째 논의는 남성의 근육론이다. 아이들의 골목 세계에서처럼 원시 가족 사회에서도 신체적으로 "힘센 놈이 대장이다"라는 것이다. 그리고 이 근육론은 직접적인 신체 지배만을 지칭하지 않는다. 이것은 간접적 신체 지배의 형태인 경제적 지배도 나타낸다. 농경 문화나 유목 문화에서는 근육의 힘은 경제적 힘이었을 것이기 때문이다.

힘이 센 자와 힘이 약한 자의 관계는 무엇인가? 강자는 어떻게 약자를 지배할 수 있는가? 익명의 김씨와 이씨가 처음으로 만났을 때 이들은 누가 더 힘이 강한가를 모를 수 있다. 상황은 누가 더 힘이 강한가를 보여야 하는 또는 대결을 통하여 결정하여야 할 때가 있다. 이때 구체적 대결은 발생하지 않을 수도 있다. 중요한 것은 한 사람은 자기가 더 강하다는 것을 알게 되고 다른 사람은 그것을 인정하는 관계에 들어가는 것이다. 그러나 이 관계는 강자의 욕망의 스크립트에 의하여 결정된다. 정의로운 인간적 관계로부터 패륜적인 금수의 관계에까지 그것은 천차만별일 수 있다. 약자는 오로지 자기 보호 본능의 방식으로 강자의 소망에 자신의 인격성을 맡겨야 한다.

가부장제 논리를 정당화하는 둘째 논의는 부성의 확실성 논의이다. 루소로부터 다음과 같은 논의가 구성될 수 있다는 것을 오킨(Susan M. Okin)은 보여주고 있다.[3] 남성은 자기의 부인이 출산하고 자신이 양육하는 아기가 자신의 아기라는 것을 알아야 할 필요가 있기 때문에 그의 처에 대하여 '다스릴' 권위를 가져야 한다는 것이다. 그 권위는 수시의 임신으로 몸이 부자유스럽게 되고 덜 이성적인 여성보다는 남성이 더 감당할 수 있다는 것이다.

셋째는 정예주의(elitism) 논리이다. 가족을 포함한 인간 사회는 정예를 필요로 하고 그리고 그러한 사회는 정예에 의하여 다스려지게 마련이라는 것이다. 민주적 절차를 통하여 의견을 수렴한다고 할지라도 어느 시점에서는 그러

3 Susan Moller Okin, *Women in Western Political Thought*, Princeton University Press, 1979, p. 114.

한 절차가 불가능할 수 있고 그러한 경우 엘리트 또는 최후의 결정자가 요청된다는 것이다. 이러한 논리는 니체의 철학을 통하여 발전될 수 있을 것이다.

니체에 의하면, 지배력 의지는 모든 종류의 인간 행동에서 나타나고 모든 종류의 평가에 개입한다. 지배력 의지는 모든 생물체에서 발현되고 심지어는 무기체에서도 발견된다고 한다. 그러나 니체는 "모든 개체는 지배력에의 의지를 갖는다"라는 명제를 하나의 가설로서 이해하고 이에 의하여 개체의 행위를 설명하고 그 윤리를 조명하고자 한다.

초인이란 니체에 있어서 신에 대한 이 세상의 대안적 존재이다. 그러나 이 존재는 니체나 차라투스트라와 같은 특정 개인이 아니다. 이 존재는 괴테 같은 사람이 가깝게 간 하나의 유형으로서 인간성(humanity)의 이분적 구조를 허용하지 않는다. 달리 말하여, 초인이란 남자도 아니고 여자도 아닌, 단순한 사람의 유형이다. 초인은 위대함에 대한 인간 소망의 유형으로 존재한다. 초인은 진화론적 종국 목표로서 해석되기도 하고 자기 초월의 능력으로 보여지기도 한다.[4]

니체는 얼핏 서로 상반되는 두 개의 가치를 가지고 있다. 한편으로 무자비, 전쟁, 귀족적 자신감의 가치를 주장한다. 정복적 귀족과 그 후손은 그들의 신민보다 생물학적으로 우수하다는 것이다. 다른 한편으로 니체는 철학 · 문학 · 예술 · 음악을 강조한다. 그는 이러한 상반되는 가치의 통합을 그의 초인에게서 찾고 있는 것이다. 그리하여 소수의 수월성을 얻기 위해서라면 다수의 수단화나 일상인의 고통은 문제가 되지 않는다. 니체는 진정한 덕과 일상적 덕을 구별하여 전자는 모든 사람들에게 적용되는 것이 아니고 귀족적 소수에게만 적용된다고 한다.

가부장제 논리를 정당화하는 넷째 논의는 남성의 이성론이다. 남성은 이성

4 Kathleen Higgins, "Reading Zarathustra", *Reading Nietzsche*, eds., RC Solomon & KM Higgins, New York: Oxford University Press, 1988, pp. 132–51.

적이고 여성은 그렇지 못하기 때문에 남성이 가족의 질서를 책임질 수 있다는 논의가 전개될 수 있다. 아리스토텔레스의 남성 이성론이 오킨[5]의 연구를 통하여 그의 가족의 구조 안에서 어떠한 자리를 차지하는가를 추적하여 보자.

아리스토텔레스는 이성의 계층론을 말한다. 이성적인 것은 실재적이고 선하며, 비이성적 또는 무이성적인 것은 악하다. 세계에서 자연적인 것은 본래적이며, 습관을 통하여 나타나며, 기능에 의하여 이해된다. 세계는 궁극적으로 필연적이지만 또한 목적을 갖는다. 세계의 현상들은 이성의 정도에 의하여 위계적 계층의 구조에서 한 자리를 갖는다. 위계 구조에서 아랫단계의 대상들은 윗 단계의 대상들을 위하여 존재한다.

아리스토텔레스는 이성의 계층론의 구조를 가지고 국가와 가족이라는 사회적 단위의 관계들을 명시한다. 개인이나 공동체의 단위가 작을수록 작용되고 있는 이성은 아랫단계의 이성이고 고차적 단위일수록 보편적인 상위의 이성이라는 것이다. 이러한 구조에서 가족의 존재는 자연스럽기는 하지만 도시 국가에 예속적이고 개인이나 여성은 가족에 예속적이다. 여성은 도시 국가의 필요조건이기는 하지만 부분은 아니라고 한다. 아리스토텔레스의 정체성과 필요조건의 구별은 정체성과 기능성의 구별에 입각한 것으로 보인다.

아리스토텔레스에 의하면, 남성의 유일한 기능은 이성이고 따라서 고차적 존재를 봉사하지 않는다. 여성의 기능은 남아의 출산과 가사 노동이다. 남성은 자녀의 형상 또는 영혼을 제공하고 여성은 그 자료를 마련한다. 여성과 노예와 상공자는 이성적 남성의 최선의 행복을 위한 도구이다. 여성은 정치적 정의의 대상은 아니지만 상징적(metaphorical, household) 정의의 대상이다. 결국 아리스토텔레스에 의하면 여성 예속의 가족 제도는 자연스럽다. 아리스토텔레스는 '가부장제적 사회 구조'라는 것의 원형적 모형을 도입한 것으로

5 Susan Moller Okin, *Women in Western Political Thought*, Princeton University Press, 1979, pp. 73–96.

보인다.

(다) 가족의 목적

가족에 목적이 있는가? 혹자는 가족은 '자연스러운' 것이므로 목적이라는 단어가 적합하지 않다고 할 것이다. 사람이 '자연스럽게' 태어날 때 특정한 목적을 가지고 태어나는 것이 아닌 것처럼 가족이라는 것도 그러하다는 것이다. 물론 사람이 태어날 때는 목적이 없지만 그가 이 사회에 존재하는 과정을 통하여 그는 목적을 갖게 된다. 비슷하게 사람들이 가족의 구성에 참여하지 않을 수도 있다. 종교 집단의 각종 독신주의는 외부적 이유도 있지만 가족의 목적이나 가족의 어떤 특징 때문에 기인하는 것으로 보인다. 사람들이 그렇다면 가족의 구성에 참여하거나 참여하게 될 때 인간 사회는 어떤 목적을 부여하거나 부여받게 되는 것은 무리한 것이 아니다.

그러나 가족의 목적은 무엇인가? 모든 종류의 인간 공동체가 특정한 목적을 가지고 있듯이 가족도 어떤 종류의 목적을 가져야 할 것으로 보인다. 이 목적은 내부로부터 창출된 것일 수도 있고 외부로부터 부과된 것일 수도 있다. 또는 기존의 어떤 기능을 확대하여 해석한 것일 수도 있고 투사적으로 처방적일 수도 있다. 논의되어 왔던 몇 가지 중요한 경우들을 고찰하여 보기로 하자.

아리스토틀에게 있어서 가족의 목적은 '이성적 질서의 보존의 기여'에 있다고 할 수 있다. 앞 절에서 나타나 보이는 그의 이성이 가족이라는 사회적 구조에 적용될 때 그것은 인간 역사에서 간과할 수 없는 가부장 제도라는 제도를 만들어 내지 않을 수 없었을 것이다.

그러나 아리스토텔레스의 가부장적 가족론은 여러 가지 점에서 의문스럽다. 그는 그의 이성론에 의하여 가부장제론을 정당화하고 있다. 그러나 이성의 계층론은 받아들일 수 없다. 이성은 기능일 뿐 실체화될 수 없다. 그리고 이성의 적용 대상에 따라 실체화된다고 할지라도 그러한 대상들의 계층적 분류는 수용될 수 없다. 대상들의 계층화가 가능하다면 그것은 존재론적인 것이거나 논리적일 뿐이다. 여기에서만 어떤 내재적 설득력을 가질 것이기 때문이다. 그러나 그러한 계층을 사회적 차별의 관점에서 시도한다면 그것은 어떠한 방식으로도 정당화하기 어렵기 때문이다. 그의 시대에서는 '자연스럽게' 보일 수 있었을 것이지만 그것은 불이익을 감수하여야 하는 계층의 정의의 간과에 지나지 않는다.

루소에게서 가족의 목적은 "아버지의 재산을 증식하여 그의 자녀들에게 나누어줄 수 있게 하는 것"이라고 오킨은 적고 있다. 이러한 가족의 목적은 루소의 다른 두 전제로부터 도출될 수 있을 것이다. 첫째는 사유 재산과 상속은 시민의 가장 고귀한 권리이고, 둘째, 가족은 가장 신성한 결합체라는 것이다.

오킨의 연구에 의하면 루소의 그러한 전제 뒤에는 '여성은 아무것도 아니다'라는 생각이 들어 있다. 소위 그의 '여성의 성적 환원론'이다. 자연 상태의 성은 허기증 · 피로 같은 종의 유지에 알맞는 동물적 내적 상태이다. 성에 있어서 특별한 개인 선호성이 없는 것은 비교가 불가능하고 알아보지 못하기 때문이다. 이때의 성의 도덕적 요소는 배제된 신체적 요소만을 체험한다. 성의 도덕적 요소로서의 성적 사랑은 사회의 관행에서 파생된 인위적 정서이다.

사회적 질서에서의 성적 결합은 두 사람을 일종의 도덕적 유대—이것은 일종의 결혼인데—로 인도한다. 남성은 한 여성에 만족하는 경향을 갖고 여성은 남성을 택하여 속한 다음 다른 것들은 부정하는 경향을 갖는다.

그러나 여성의 성적 환원은 어떻게 발생하는가? 남녀는 성에 관한 한 모든 점에서 보완적이지만 모든 점에서 다르다. 이들이 무엇인가를 찾아내는 어려움은 이들의 구성에 있어서 무엇이 성적이며 무엇이 성적이 아닌가를 찾아내는 것이다. 여성에게 있어서 거의 모든 것이 성적이다. 성이 관련되지 않은 한 여성은 남성이다. 완전한 여성과 완전한 남성은 얼굴에서보다는 마음에서 더 닮지 않아야 한다. 성행위는 상호 대칭적이 아니라 남성은 가해자, 여성은 피해자이다. 따라서 여성의 특징은 수치 · 겸손 · 수동 · 저항이다. 따라서

(10) 여성은 남성을 즐겁게 하고 남성에 예속되도록 만들어졌다.

라는 원리가 발생한다.

우리는 이 원리를 루소의 '여성의 성적 환원 원리'라고 부르고자 한다. 이 환원 원리에 의하면 여성은 이중성의 딜레마에 들어간다. 한편으로 유혹적이며 관능적인 역할을 담당하고 다른 한편으로 정절과 절제의 자세를 가져야 한다. 여성은 창녀와 수녀의 역할을 동시에 감당하여야 한다. 환원 원리 (10)을 수용하면 여성의 이중성은 물론 여성과 남성의 비대칭적 관계는 이해하기 어려운 것이 아니다.

루소의 교육론이나 일반 의지론에 친숙한 우리들에게 있어서 그의 가족론이나 여성론은 당혹스러운 것이 아닐 수 없다. 그의 재산 증식론이나 여성의 성적 환원론은 어떻게 평가할 수 있는가? 어떤 구조에서라야 그러한 발상이 정당화될 것인가? 한 가지 가능한 것은 이러한 주장은 그가 속한 시대나 사회 그리고 그의 계층의 경험에 대한 서술이라는 것이다.

루소는 일반 의지를 다음과 같이 규정한다: 사람들이 올바른 정보를 가지고 그 정보를 숙고하고 그리고 서로간에 담합을 하지 않는다면 사람들의 차이들의 종합은 언제나 일반 의지를 결과하고 이 결과는 언제나 선하다. 루소는 이러한 일반 의지론에서 여성을 배제하고 있음에 틀림없다. 일반 의지론의 '사람'이 모든 사람을 포용하여야 한다면 이것은 여성의 성적 환원론과 양립할 수 없기 때문이다.

루터는 가족을 인간 공동체의 모형으로 제안한 최초의 사상가로 보인다. 이때까지의 철학자들이 가족을 국가에 예속하였던 근거는 가족의 이성은 국가의 이성에 예속적이라고 생각하였기 때문이다. 이 철학자들의 논변이 공허한 것이었다면 루터의 논의는 구체적이다. 가족이란 사랑 · 염려 · 친절 · 정서의 장이라는 것이다. 그리고 가족은 어린이들이 인간으로서 '권위에의 복종'을 배우는 최초의 자리일 뿐 아니라 올바른 자리라는 것이다. 가정에서 부모의 권위에 복종하는 것을 배우지 못한 사람은 올바른 사회 생활을 할 수 있는 희망이 없다는 것이다.

루터의 자아의 사회성으로서의 가족 관계에 대한 통찰을 음미하여 보자. 루터는 가족 관계에서 자아의 사회성의 원초적 구성 단서를 보았다. 나는 이러한 단서를 최근의 관점으로부터 발전시키고자 한다. 데카르트의 원자적 자아에 대하여 최근의 연대적 자아가 어떻게 살아남을 수 있는가를 살피고 이것은 루터의 가족 관계에서의 자아의 사회성과 어떻게 연결될 수 있는가를 논의하겠다.

데카르트는 중세의 신학의 시녀로서의 철학을 만학의 기초로서의 철학으로 옮겨 놓은 사람이다. 이러한 작업은 인간 사유의 신 중심적 성격을 배격하고 인간 중심적 성격의 합리성의 부각에 의하여 이루어졌다. 그리하여 데카르트는 근세의 문을 이 역사에 열어 준 철학자로 기억되는 것이다. 모더니즘이 여러 분야에서 표출될 때 상호간에 유기성이 없는 것처럼 보이지만 데카르트의 철학과 관련하여 볼 때 그들은 하나의 체계의 부분적 양상으로 나타나는 밀접한 유기성을 갖게 된다. 그러한 유기성 속에서 다음과 같은 모더니즘의 명제들을 제안하여 볼 수 있을 것이다.

(11) 나의 존재만이 의심될 수 없다. (개인의 인식론적 우선성)

(12) 인간은 생각하는 존재이다. (의식의 사적 특권)

(13) 지식은 이성적이다. (보편적 합리주의)

예술에서의 토착성이나 의상에서의 개성의 강조는 보편주의와 상치되는 것이 아닌가? 어떻게 이들을 모더니즘의 표현으로 볼 수 있는가? 이것은 데카르트가 위의 세 명제에 부여하는 구조의 해독에 의하여 답해진다: 나는 이성적 존재이고 나의 사유는 자율성을 갖는다. 그리고 이성이란 심층적인 논리의 형식이다. 그러므로 데카르트가 주장하는 보편성은 모든 현상들의 우유적 합일이 아니라 궁극적으로 수렴되리라는 논리의 형식이다.

그렇다면 우리는 데카르트에게 있어서 표면적 긴장을 지적할 수 있을 것이다. 이 긴장은 (11)와 (12)이 함축하는 개인주의적 명제

(14) 인간은 원자적 개인이다.

와 (13)의 보편주의 명제 간에 있다. 그러나 이들의 긴장은 초견적일 뿐 데카르트의 체계 안에서 쉽게 해소된다고 생각한다. 논리의 양식으로서의 보편주의와 인식의 양식으로서의 개인주의는 양립할 수 있을 뿐만 아니라 서로를 요청하는 관계에 있다. 적어도 데카르트의 체계 안에서는 양자가 그러한 관계에 있다.

원자적 자아와 보편적 합리주의가 서로를 요청하는 관계에 있다면 상대주의의 시대에 있어서 자아의 존재 양식은 어떻게 달라질 것인가? 우리는 먼저 상대주의의 성격을 규정할 필요가 있을 것이다. 먼저 전통적 상대주의는 지각 상대주의라고 할 수 있는 그러한 것이다. 이들은 세 가지 형태로 표현된다. 동일한 대상이 동일한 감각의 상이한 사람들에게 상이하게 지각된다; 동일한 대상이 동일한 사람의 상이한 감각에 상이하게 지각된다; 인간 지성은 상대적 지각 이외에는 의존할 수 없다.

지각 상대주의는 지각의 양식이 야기하는 상이한 내용에 관한 상대주의이다. 그러나 여기에서 문제시하지 않는 것은 객관적 대상에 대한 접근 가능성이다. 그러나 현대판 상대주의는 그러한 객관적 대상에 대한 접근 가능성을 문제삼고 있다. 이들은 이론들의 다원성에 의한 상대주의이다. 타르스키는 진리란 체계 특정적 술어라고 하고 콰인은 주어진 현상에 대한 경쟁적인 두 이론들 중 어느 것이 옳은가를 판단할 사실이란 없다고 주장한다. 쿤은 이론 선택을 위한 비교는 불가능하다고 하고 굿맨은 언어들이란 각기 세계를 만드는 방식들이라고 한다.

이론 상대주의는 "진리란 이론 의존적이다"라는 약한 종류로부터 "어떠한 두 이론도 동일한 대상을 공유하지 않는다"는 강한 종류가 있다. 그러나 이론 상대주의가 부정하지 않는 것은 "내가 믿는 것은 내가 모를 수 없다"라는 데카르트의 명제이다. 소위 나의 믿음의 내용의 나에게 있어서의 확실성이다. 그러나 이러한 전통도 최근에 와서 도전을 받는다.

퍼트남은 나의 믿음의 내용의 데카르트적 좁은 성격을 비판하고 그러한 내용의 불가능성을 주장한다. 믿음의 내용은 넓다는 것이다. 달리 말하여 내가 믿는 것의 내용은 사회적으로 규정되는 것이지 나의 내적 심리 상태에 의하여 결정되지 않는다는 것이다. 나의 믿음에 대하여 원칙적으로 내가 모를 수 있다는 것이다. 내 마음 나도 모를 수 있다는 것이다.[6]

이러한 통찰은 자아의 사회적 연대성을 시사한다. 그리고 이 사회적 연대성은 출발적으로 가족적일 수밖에 없다. 가족의 목적은 자아의 연대성의 건강한 출발이다.

(라) 투사적 동일화

가족의 특성 중의 하나는 가족의 성원끼리 투사적 감정 이입이 발생하여 죽음마저 대신해 주고자 하는 관계를 갖는다는 것이다. 러딕은 이를 투사적 동일화라고 하였다. '타인을 내 몸과 같이 사랑'하는 인간 관계의 구조는 가족의 성원간에 흔히 발생하고 가족은 그렇지 않은 경우 오히려 이상하다는 관계의 공동체이다.

그러나 투사적 동일화라는 것이 가족 성원간에 국한되는 것인가? 러딕은 이를 가족의 특징적 경향이라고 생각하지만 그 배타적 성질로 보는 것 같지는

6 졸고, 「비트겐슈타인, 규칙, 사용」, 『현대사회와 철학』, 신일철 외 편, 서광사, 1991, pp. 53-74; 「성욕의 내용과 합리성」, 『한민족 철학자 대회보: 1991』, pp. 313-21.

않다. 투사적 동일화는 임의의 두 개인간에 발생할 수 있는 것이다. 그러면 나의 물음은 투사적 동일화

(15) 한 사람은 적어도 다른 한 사람과 투사적으로 동일화한다.

라는 것이 사실적인가 아니면 윤리적인가라는 것이다. 어떤 사람은 "가족 성원간에 투사적 동일화가 얻어지지 않으면 그 가족 관계는 바람직하지 않다"라고 하여 이것이 윤리적 관계이고 따라서 정상적 가족의 경우 사실적이라고 주장할 수 있을 것이다. 이 주장은

(16) 투사적 동일화 (15)가 비혈연적 관계의 경우 비당위적이지만 혈연적 관계의 경우 당위적이다.

라는 구조를 가지고 있다.

그러나 (16)의 논의는 정당화되기 어려운 것으로 보인다. 투사적 동일화의 혈연적 윤리론은 어떻게 구성될 수 있는가? 이 윤리론은 두 가지 주장을 해야 할 것이다. 첫째, 그는 투사적 동일화의 혈연적 윤리성은 그 윤리성을 혈연 관계라는 사실에 호소하지 않는다고 해야 한다. 그 사실에 호소한다는 것은 윤리의 자연주의적 환원을 하고 말기 때문이다. 윤리적 가치의 자연적 사실로의 환원은 설득력이 없기 때문이다.

둘째, 그는 여기에서 하나의 딜레마에 빠진다. 왜냐하면 그는 한편으로 그 윤리성을 비사실적 당위성에 호소하여야 하면서 다른 한편으로 그 윤리성을 혈연적 관계에 국한하여야 하기 때문이다. 그의 탈출은 그 윤리성을 제도적 당위성을 통해서만 이룰 수 있을 것이다. 흔히 말하는 '가족이기 때문에'라는 것이다.

상황이 이렇게 되면 가족 성원간의 투사적 동일화라는 것은 기대했던 것만

큼 객관적 당위성도 아니고 강력한 의무도 아닌 것이 나타난다. 그 당위성은 가족이라는 제도를 수용하는 데서부터 발생하기 때문이다. 투사적 동일화의 혈연적 윤리성을 다음 명제

(17) 한 성원의 투사적 동일화는 그가 속해 있는 공동체의 성원에 대하여 당위적이다.

와 비교할 수 있을 것이다. 같은 소대원간에 또는 방 친구끼리 투사적 동일화가 이루어져야 하고, 동창생 사이에 또는 같은 서클의 회원끼리 그러한 투사적 동일화를 서로 요구하는 것이다.

그렇다면 혈연적 투사 동일화와 공동체적 투사 동일화는 질적으로 같은 것인가 아니면 다른 것인가? '공선사후'라는 동양 전통의 한 사회 윤리를 수용한다면 양자는 질적으로 다른 것이라고 하기 어려울 것이다. 그러나 (17)은 동창회 같은 공동체만에 적용될 이유가 없다. 민족 또는 국가 그리고 인류라는 단위가 배제되어야 할 이유가 없다. 그렇다면 투사적 동일화의 혈연적 윤리성은 그 초견적 당위성보다는 낮은 설득력을 갖는 것으로 이러한 논의를 수용한다면 명제 (15)는 사실 기술적이 아니고 규범 윤리적도 아니다.

투사적 동일화 (15)는 어떤 중요성을 갖는가? 나는 이것이 개인의 정체성 의식의 논리를 표현한다고 제안하고자 한다. (15)의 논리를 조명하기 위하여 먼저 투사적 동일화를 보다 정확하게 파악하여 보자. 투사적 동일화란 무엇인가? 이것은 얼핏

(18) 김씨는 자신을 이씨와 동일시할 수 있다.

인 것으로 보인다. 그러나 이것은 너무 약하다. 왜냐하면 김씨는 이씨와 한 번도 그러한 동일시를 실제로 한 적이 없이도 (18)은 참일 수 있기 때문이다. 그

렇다면 (18)은 공허하고 인간 관계의 질서 개념으로서 무의미하기 때문이다. 이것은 보다 강화되어야 한다.

(19) 김씨는 자신을 이씨와 동일시한다.

그러나 이것은 너무 강하다. 동일시가 한순간이라도 일어나지 않으면 투사적 동일성이란 없는 것으로 되기 때문이다. 그러나 그러한 조건은 어느 누구도 만족할 수 없는 조건이다. (19)의 조건이 어느 두 개인에게 보편적으로 이루어진다면 그 두 사람은 결국 한 인격으로 융해되는 경향을 갖게 될 것이다. 그러나 이것이 우리가 원하는 결과인지는 의문스럽다.

(20) 김씨는 이씨에 대하여 이씨의 개항적 또는 유형적 이해를 자신의 그것과 자율적으로 t1에 동일시한다.

문장 (20)의 'tl'은 김씨와 이씨의 관계에서의 관심 있는 유동적 기간의 시간 설정이다. 그리고 여기에서의 '이해'는 소망이나 고통, 행복과 건강 그리고 생명까지를 포함하는 그러한 관심의 대상이다. (20)은 김씨와 이씨의 인격의 자율성은 침해하지 않으면서 유지될 수 있는 투사적 동일화를 유지할 수 있다.

투사적 동일화 (15)가 그러하다면 이것은 어떻게 개인의 정체성의 의식의 논리가 될 수 있는가? 개인의 정체성의 의식은 어떻게 얻어지는가? 나는 이것을 비트겐슈타인의 한 논의에 유추적으로 발전시키고자 한다. 아픔의 경험에 대한 비트겐슈타인의 분석을 기억할 수 있다.

(21) 한 어린이가 '아프다'라는 술어를 자기 자신에게 올바로 적용할 수 있기 위해서는 그는 이 술어를 먼저 타인에게 올바로 적용할 수 있어야 한다.

이 분석이 보이는 것은 '아프다'라는 단어의 사용의 기준은 사적이지는 않지만 사적 경험을 제거하지 않는다는 것이다. 그리고 그 기준은 공적이지만 행동주의적은 아니라는 것이다. 나는 이 분석을 '나'라는 색인사에 적용하고자 한다.

(22) 한 어린이가 '나'라는 색인사를 자기 자신에게 올바로 적용할 수 있기 위해서는 그는 먼저 이 단어가 타인(이씨)에 의하여 올바로 사용되고 있는 경우를 적어도 한 번 보아야 한다.

'나'라는 단어에 대한 타인의 사용의 지식은 본인의 사용의 필요조건이라는 것이다. '나'라는 단어를 다른 사람이 올바로 사용하는 것을 본 적이 있어야 나도 그 단어를 올바로 사용할 수 있다는 것이다. 그러나 이 관찰은 단순한 관찰이 아니다. 왜냐하면 이 관찰은

(23) 나는 저 사람을 나와 같은 종류의 인격자로 간주한다.

의 가능성을 전제하기 때문이다. 그러나 이러한 전제는 쉽게 상정되거나 논리적으로 주어지는 것이 아니다. 이 전제는 나의 선행적 결단을 필요로 한다. 그렇다면 이러한 그 필요조건은 어떻게 만족될 수 있는가?

나는 (20)의 일반화

(24) 한 사람은 적어도 다른 한 사람에 대하여 자신의 이해를 그의 이해와 동일시한다.

의 만족이 그 조건이라고 제안하고자 한다.

이를 설명하여 보자. (24)를 부인한다고 하자. 그러면 사람들은 모두 서로의

이해를 동일시할 수 있는 사람이 아무도 없는 것이 된다. 이렇게 되면 어떠한 상황이 야기되는가? 어떠한 사람도 다른 사람을 자신과 같은 인격자로 인식하는 데 있어서 제한을 갖는다. 다른 사람이 자신과 같은 믿음의 소유자인가, 자신과 비슷한 소망과 고통의 조건을 갖는 자인가에 대하여 긍정할 근거가 없다. 언어라는 것이 있지만 이러한 언어의 공유의 사실을 설명하고 정당화할 구조는 우연 이외에는 보이지 않는다. 한 사람은 다른 사람에 대하여 '또 하나의 짐승'이라는 인식 이상의 인식의 방법이 없다. 다른 사람을 자신과 같은 사람으로 인식할 정당성이 없다는 것이다. 이러한 상황에서는 명제 (22)가 성립할 수 없다. 그러나 이것은 참이 아니다. 고로 (24)는 부인되기 어렵다.

이 분석을 수용한다면 개인의 정체성 의식은 초견적 인상과는 달리 연대적이다. 그리고 이 연대성은 문화적이거나 혈연적이기보다는 더 논리적이다. 이러한 결론은 우리의 상식적 직관과 맥락을 같이한다.

개인의 정체성에 있어서 혈연이라는 것은 필수적이 아니다. 혈연이 개인의 정체성을 규정하던 시대에는 가족 관계라는 것이 본질적이었고 따라서 가족 관계란 '주어진 것', '자연적인 것'으로 이해되었다. 그러나 우리의 분석은 그러한 전통에 상반된다. 그리고 이러한 전망은 현대 문화의 방향과도 맥락을 같이한다. 사회 구조에 있어서 혈연적 지속성은 퇴조하고 있다. 왕권 세습제는 사라져 가고 교황 선출제와 민주 공화제는 살아남는다. 상속권은 완화되고 호주제, 장자 특권, 분묘 등의 장치는 무력화되고 있다. 사회적 지속성은 혈연적이기보다는 기능적으로 되고 있다. 가족 관계도 부자 관계의 우선성에서 부부 관계의 강조로 바뀌고 있다. 의학의 발전은 아버지 없는 임신을 가능케 하고 그리고 나아가서 어머니 없는 출산의 가능성을 전망하게 한다. 우디 알렌(Woody Allen)과 미아 패로우(Mia Farrow)의 양육권 주장은 혈연적 지속성의 절대성에 대한 반증의 사례이다. 인간은 혈연적 지속성에 의한 장생보다는 한 권의 자서전을 남김으로써 공동체의 기억 속에서의 지성적 영생에 보다 많은 관심을 갖게 된다. 달리 말하여 혈연에 의한 생리적 장생이나 종교적 구원의 형식은 특정 시대에 있어서 강력한 것이었지만 그것은 인위적 제도에 의한 것이었다. 그것은 논리적 설득력이 없었던 것이었다.

연대성의 경우 명제 (24)가 함축하는 바는 이 연대성이 적어도 2인적이라는 것이다. 이것은 인간의 존재가 대화를 필요로 한다면 이 대화는 기본적으로 2인적이라는 사실에 의하여 지지된다. 인간 공동체는 2인으로 구성하는 사회가 수적으로만 아니라 논리적으로 핵심적 사회라는 것을 귀결할 수 있을 것이다.

(마) 투사적 동일화와 가족의 특별 목적

확장적 가족 개념을 구성하는 데 있어서 많은 문제 중의 하나는 투사적 동일화의 가족 관계에서의 성격이다. 투사적 동일화의 논리를 수용한다고 할지라도 이것이 구체적인 상황에서 어떻게 나타나는가는 또 하나의 문제라고 생각한다. 나는 투사적 동일화에서 가족의 특별 목적을 찾고자 하기 때문에 더욱 그러할 것이다. 투사적 동일화는

(24) 한 사람은 적어도 다른 한 사람에 대하여 자신의 이해를 그의 이해와 동일시한다.

의 형식에서 일반적으로 이해된다. 이렇듯 일반적으로 구성된 투사적 동일화라는 것은 일방적일 수 있는 것을 허용한다. 이러한 일반론은 개인의 정체성의 의식을 위해 필요조건이다. 달리 말하여 그러한 정체성의 의식을 가질 수 있기 위해 그는 일방적인 투사 동일화라도 가져 본 적이 있어야 한다는 것이다.

그러나 일방적 투사 동일화는 안정적이지 못하고 충만하지 못하다. 일방적인 관계는 '짝사랑'의 관계에서처럼 오래가지 못한다는 의미에서 안정적이지 못하다. 그리고 이것은 충만할 수 없는 인간 관계인 것을 금방 알 수 있다. 왜

냐하면 인간 관계의 건강함은 신뢰할 만한 반복적 상호 관계를 통하여 얻어지기 때문이다. 이를 위한 하나의 유비적 논의를 사랑의 개념으로부터 발전시키도록 하자.

(25) 김씨는 이씨를 사랑한다.

라는 명제는 얼핏 김씨의 이씨에 대한 사랑 그리하여 한편의 다른 한편에 대한 일방적 관계만을 표상한 것으로 되어 있다. 그러나 (25)에 대한 하나의 분석을 다음의 명제

(26) 김씨는 이씨가 행복하기를 원하고 그의 행복을 위해서라면 어느 정도의 희생을 기쁘게 할 준비가 되어 있다;

에서 제안할 수 있을 것이다. 그러나 이 분석은 김씨와 이씨의 관계가 드러나 보이지 않는다. 이것은 그러한 의미에서 관계 단순화 분석이라 불릴 수 있을 것이다. 그 관계를 선명하게 보일 수 있는 분석은 다음이다.

(27) (27A) 김씨는 이씨를 사랑한다. 〈-〉
(27B) 김씨는 이씨가 행복하기를 소원한다;
(27C) 김씨는 이씨의 행복을 위해서라면 어느 정도의 희생을 기쁘게 할 준비가 되어 있다; 그리고
(27D) 김씨는 "이씨가 김씨에 대한 그러한 소원과 준비를 즐겁게 수용하지 않을 이유가 없다" 고 믿는다.

김씨의 이씨에 대한 사랑은 표면적으로는 일방적 관계이지만 분석 (27)을 수용한다면 양자의 상호적 관계가 상정된다. 왜냐하면 (27D)가 부인된다면

즉 김씨가 그러한 것을 믿지 않는다면 김씨의 소원과 준비라는 것은 거짓이거나 무의미한 것은 아니지만 부적절하기 때문이다. 이 경우 김씨는 합리적이 아니거나 정신이 건전한지가 의문스러운 상황이 되기 때문이다.

그렇다면 우리는 일방적 투사 동일화는 안정적이지 못하고 충만하지 못하다는 것을 결론내릴 수 있을 것이다. 투사적 동일화는 상호적이고 대칭적일 때 그 관계가 건강할 것이다. 그러나 문제는 일방적 투사 동일화는 적어도 한 번의 경우 논리적이지만 상호적 투사 동일화는 논리적이 아니라는 것이다. 그렇다고 하여 상호성을 규범적으로 요청할 수도 없을 것이다. 한 사람이 나를 사랑한다고 하여 내가 그를 사랑하여야 한다는 규범성은 발생하지 않는다.

그렇다면 건강한 자기의 주체 의식을 유지하기 위하여 적어도 하나의 건강한 인간 관계를 상정할 필요가 발생한다. 그러므로 상호성이 유지되는 투사적 동일화를 특정한 경우에 한정하여 개인적으로 소망하고 사회적으로 요청할 필요가 있을 것이다. 나는 이것을 가족이라고 제안하고자 한다. 가족 이외의 다른 후보가 있다면 그것은 옹호되고 실험될 수 있을 것이다. 그러나 지금의 상황 안에서는 가족만큼 오래 실험된 제도는 없을 것이다.

그리고 이러한 관련성 속에서 나는 상호적 투사 동일화

(28) 한 사람은 적어도 다른 한 사람에 대하여 자신의 이해를 그의 이해와 동일시하고 전자는 후자가 자신의 그러한 동일시를 거부할 이유가 없다고 믿고 이러한 관계는 상호적이다.

를 가족의 특별 목적으로 선택하고자 한다. 그리고 혹자는 이러한 특별 목적 (28)은 너무 수용적이라고 판단할 수 있을 것이다. 한 사람이 1인 이상의 배우자를 갖는다는 것은 심리적으로 부담스럽고 인간 관계적으로 안정적이지 못하다는 비판이 있을 수 있다. 그렇다면 여기에 배타성의 조건을 부여할 수 있을 것이다. 그리고 조건 (28)의 상호성은 사실적이긴 하지만 인지적이 아니라

는 문제점이 지적될 수 있을 것이다. 그렇다면

(29) 한 사람은 누구보다도 더 다른 한 사람에 대하여 자신의 이해를 그의 이해와 동일시하고 전자는 후자가 자신의 그러한 동일시를 알고 이를 거부할 이유가 없다고 믿고 이러한 관계는 상호적이다.

의 구성이 고려되어야 한다. '누구보다도 더'라는 한정어는 여기에서 다중적 역할을 하고 있다. 이것은 투사적 동일화가 발생하는 두 사람의 위치를 인간 사회에서 배타적으로 규정하는 것이고 또한 두 사람의 투사적 동일화의 언어 심리적 내용의 배타성을 요구한다.

투사적 동일성 (29)는 상호적이고 배타적이지만 이것은 두 사람이 가족이라는 사회적 단위를 구성하는 데 있어서 다른 어려움은 없는가? 여기에는 많은 문제들이 있을 것이다. 전통적 가족 개념을 새롭게 확장하는 데 있어서 문제되는 것들 중의 적어도 두 가지는 자녀 없는 가족, 동성 부부의 사회적 관용의 여부이다.

첫째 문제는 자녀 없는 가족이다. 얼핏 이것은 별로 문제가 되지 않는 것으로 보인다. 자녀가 없는 많은 가족들이 건강하게 존재하기 때문이다. 그러나 문제는 우리의 구성은 자녀의 유무를 필요조건이나 또는 어떤 특정 조건으로 제시하고 있지 않다는 점이다. 달리 말하여 문제는 만일 모든 사람들이 자녀를 하나도 갖지 않고 50년의 세월을 보낸다면 인류는 어떻게 될 것인가라는 것이다. 그러나 이러한 가상적 문제는 전통적 가족 개념에도 같이 적용된다고 믿는다.

소위 '동성 부부의 문제'라는 것은 이때까지 같은 성씨 또는 같은 성씨의 같은 파의 남녀간의 결합의 문제였다. 이제 이것은 민법상으로 문제가 되지 않게 되고 그 대신 남성끼리(gay) 또는 여성끼리(lesbian)의 결합의 문제가 되었다. 왜 동성 부부나 동성 연애는 사회적 금기가 되어야 하는가?

사회적 금기란 단순하게 관련 사회가 금하는 행위라고 할 것이고 여기에는 도덕적 근거가 있을 수도 있고 없을 수도 있다. '고려장', '근친상간'에 대한 사회적 금기는 도덕적 근거가 있지만 '인도 우측 통행, 차마 좌측 통행'에 대한 사회적 금기는 도덕적 근거가 없다. 따라서 모든 사회적 금기라는 것이 도덕적 근거가 있어야 하는 것은 아니다. 문제는 그러한 금기로 인하여 부당한 고통을 받거나 인권이 침해되는 경우의 금기는 없는가라는 것이다. 어떤 사회적 금기에 그러한 고통이 있다면 이것은 사회철학적 시대 오류의 경우가 아닌가라고 심각하게 반성해야 할 것이다.

동성 연애에 대한 사회적 금기는 혹시 사회철학적 시대 오류의 경우가 아닌가? 이 금기는 그러한 성향의 사람들에 대하여 고통이나 인권의 침해를 유발하는 것이 아닌가? 아니면, 동성 연애는 아직 사회적으로 금기의 대상이 되어야 하는 것이 아닌가? 동성 연애는 당당하지 못한 인격자들의 인간 관계가 아닌가? 동성 연애자들은 윤리적으로 제약되어야 하거나 병리적으로 치료되어야 하는 경우가 아닌가? 이러한 물음들은 다음의 두 명제 중 어느 하나를 전제하는 데서 물음의 방향이 달라진 것으로 보인다.

(30) 동성 연애는 사회의 미풍양속을 해치는 경우이므로 제한되어야 한다.
(31) 성관계의 배우자의 선호성은 사회적 다수의 미학적 취향에 의하여 지배받지 않아야 한다.

동성 연애 금지론의 명제 (30)을 주장하는 금지론자는 동성 연애가 어떤 의미에서 윤리적으로 바르지 않는가를 밝혀야 한다. 아니면 왜 이것은 병적 치료의 대상인가를 보여야 한다. 동성 연애자들은 어떻게 당당한 인격자의 짝맺음이 아닌가를 미학적 취미의 근거 이외의 근거로써 제시하여야 할 것이다. 금지론자는 물론 모든 사회적 금기가 도덕적 근거의 제시에 성공하여야 한다는 요구를 부인할 수 있다. 옳은 지적이다. 그러면 금지론자는 이 금기가 결과하는 고통이나 인권의 침해의 경우에 대하여 정당화할 준비가 있어야 한다.

동성 연애에 대한 자유론의 명제 (31)을 말하는 자유론자는 성관계의 배우자의 선호성이라는 것이 어떤 의미에서 보호되어야 할 사적 생활의 영역인가를 설명하여야 한다. 공공의 해를 결과하지 않는 모든 사적 생활은 보호되어야 하는가? 자유론자는 예를 들면 명제 (31)과 명제

> (32) 성인들간에 자유롭게 발생하는 근친상간 관계는 사회적 다수의 미학적 취향에 의하여 지배받지 않아야 한다.

의 지속성과 단절성을 설명할 수 있어야 할 것이다.

자유론자는 그 단절성을 분명하게 볼 수 있을 것이다. 명제 (32)의 경우 배우자들의 자유로운 결합이라고 할지라도 당사자의 불행 또는 사회적으로 결과되는 사회적 불행이 분명함에 비하여 명제 (31)의 경우는 그렇지 않다고 할 것이다. 이것은 (32)는 보편적 인류 사회의 금기에 반하는 것임에 비하여 (31)은 특정 전통의 공동체의 금기에 반하는 경우라고 할 것이다. 그러나 (31)과 (32)에 대한 이러한 구별은 얼마나 더 설득력 있게 발전될 수 있을 것인가?

결국 확장적 가족 개념의 개연성은 우리가 속하는 한국 사회의 수용성 정도에 의존한다고 하여야 할 것이다. 한국 사회가 동성 부부라는 개념을 허용할 수 있다면 그러면 상호적이고 배타적인 투사 동일화의 관계에 있는 두 사람이 사회적으로 인정되는 가족을 구성할 수 있게 될 것이다.

제14장

인문 정신으로서의 법: 여성의 삶의 양식을 중심으로

(가) 여성의 삶의 양식과 법

'여성의 삶의 양식과 법'이라는 주제는 여러 가지로 접근될 수 있겠지만, 법이라는 대상과 여성의 삶의 양식이 전제하는 관점의 관계가 무엇인가라는 물음도 한 가지 방식일 것이다. 어떤 대상 인식도 특정한 관점으로부터 벗어날 수 없다면 법이라는 현상도 어떤 관점에서 바라보았는가에 따라 다양한 법 해석의 입장이 결과될 것이다. 존재론 · 인식론 · 가치론 등의 관점들은 인간 지성사의 많은 주제들을 여러 방식으로 읽어낼 수 있다는 것을 보여주었다. 그러나 '여성의 삶의 양식'이라는 표현은 또 하나의 관점을 지칭한다고 믿고 이 관점이 법이라는 주제에 대해 어떤 조명을 할 수 있는가에 주목하고자 한다.

(가1) 이 장의 문제를 제기하기 위하여, '여성의 삶의 양식과 법'이라는 어구에 들어 있는 두 개념을 먼저 주목하고자 한다. 이 장에서 법이라는 개념은 성문율이라는 좁은 의미보다는 규범이나 가치라는 넓은 의미에 따라 이해하고자 한다. 법 개념은 통시적으로 접근하여 실재론이나 구성론, 자연주의나 인

간주의 등에 따라 달라질 수 있지만, 이 논문의 문맥에서는 차시(差時)적으로 접근하여 “가치의 선택은 세계 해석과 맞물려 있다”라는 가설로부터 해석하고자 한다. 이 가설은 시대의 차이에 따라 세계 해석이 달라졌다는 것을 허용하고 특정한 시대에 있어서 가치 선택과 세계 해석 중 하나를 알면 다른 하나를 추리할 수 있다는 것을 함축한다.

‘삶의 양식’이라는 단어는 ‘에스키모인의 삶의 양식’이나 ‘인간의 삶의 양식’에서처럼, 대개의 경우 단순히 서술적으로 사용되어 왔다고 생각한다. 그리하여 ‘삶의 양식’은 주어진 질서이거나 자연적 상태인 것으로 이해되었다. 그러나 이 표현 앞에 ‘여성의’라는 접두어를 붙이면 ‘삶의 양식’은 더 이상 서술적으로만 읽을 수 없다는 것을 볼 수 있다. 여성을 약자이거나 소수의 계급으로 인식할 때, ‘여성의 삶의 양식’은 강자나 다수의 관점으로부터 구성되었을 수 있다는 가능성에 열려 있어야 하기 때문일 것이다.

‘여성의 삶의 양식’이 서술적이기보다 외부 구성적이라고 가정하자. 그러면 그 외부적 관점은 시대에 따른 차시적 구성 때문에 두 가지 방식으로 평가될 수 있을 것이다. 첫째, 외부적 구성이 특별한 도덕성 · 형이상학 · 종교 등의 지성적 질서로부터 짜여질 수 있다. 따라서 그 평가는 그 시대의 지성사와 관련하여 평가될 것이다. 둘째, 외부적 관점이 당대의 사회적 요소들에 의하여 평가될 수 있을 것이다. 두 가지 평가 방식은 개념적으로가 아니라 도구적으로 구분된 것이다. 외부적 관점은 물론 다수가 합의하는 결과로 나타날 수 있지만 그 다수는 물론 영향력 있는 자들의 다수일 것이다.

(가2) 이 장은 “법은 인문 정신이다”라는 명제에서 논제를 선택하였다. 여성의 삶의 양식과 법이라는 주제를 추구하여 도달한 하나의 가설이다. 이 논제를 지지하기 위하여 이 장은 여성의 차시적 삶의 양식들은 동시대의 법질서의 구조를 나타낸다는 것을 논의할 것이다. 그리고 법 개념은 통시적 접근으로 보편성과 일관성에 도달하고자 하고 그리고 도달할 수 있겠지만, 차시적 접근

으로 소수 관점들의 차이를 부각하여 개선의 지점을 지적할 수 있다고 생각한다. 다행스럽게도 여성의 삶의 양식과 법질서는 발전해 왔고 발전할 것이라고 믿는다. 일종의 낙관주의를 수용하는 것이다. 그리하여 여성의 미래 지향적 삶의 양식은 어떤 가치와 접목할 수 있는가를 전망할 수 있을 것이다. 법에 대한 이러한 차시적 접근과 낙관적 발전론은 그러한 지향적 가치가 인문적이라는 결론에 이르게 할 것이다.

(나) 여성의 삶의 양식의 차시적 규범

여성의 삶의 양식은 시대에 따라 달랐고 그 양식들은 당대의 규범에 의해 구성되었다고 믿는다. 규범과 삶의 양식은 원칙적으로 구분할 수 있지만 현재의 분석에서는 양자가 맞물려 있다는 것을 상정할 수 있을 것이다. 이 절에서는 편의상 고대와 근세와 현대의 세 시대에서의 여성의 삶의 양식과 규범에 주목하고자 한다.

(나1) 고대의 천리적 규범: 여성의 삶의 양식을 규정하는 고대의 규범 중에 동양의 음양론과 구약의 청결법은 대표적이라 할 만하다. 음양 개념에 대한 실체주의 판본이 그러하다. 음양 개념은 기능주의 · 양상주의 · 구성주의 등으로 해석될 수 있지만 이 문맥의 목적을 위해서는 실체주의가 적절하다고 생각한다. 실체주의의 음양론은 해 · 남자 등은 양이고 달 · 여자는 음이라고 한다. 음과 양을 대상적으로 실체화하는 것이다. 이러한 과정에서 그 대상들의 특징적인 성질과 그 대상을 실체적으로 일치시키는 것이다.

이러한 음양론이 여성의 삶의 양식을 규정하는 규범으로 기능한다는 것은 알려져 있다. 해와 달의 관계는 음양의 실체론적 조명에 사용되곤 한다. 밝음과 어두움의 분별적 역할 기능, 밖과 안의 위치성, 앞과 뒤의 선후성, 양자 관계에서도 적극적 태도와 소극적 태도의 보완성, 명분에 있어서도 실물과 그림자의 본분 등이다. 이러한 음양론에 따라 여성은 안방에서 태어나 안상에서 식사를 하고 담장 밖의 산이나 나무보다는 담장 안의 꽃이나 나비를 그리고 안마당에서 놀고 내칙에서 용변을 보고 안방에서 잠을 자는 안채의 주민, 안사람이 되는 것이다.

실체론적 음양론은 자연주의적으로 정당화되었다. 남녀의 그러한 관계의 질서는 하늘이 내린 자연의 질서라는 것이다. 이에 어긋나는 것은 해와 달의 역할의 혼란에 견줄 만한 자연의 반역이 된다. 물이 아래로 흘러야 하는 것처럼 남녀의 음양론적 규정은 자연스러운 것이라는 것이다. 여성의 말이나 웃음소리가 담장 밖으로 나가는 것은 물이 위로 흐르는 것 같은 반륜적인 것이 된다. 음양론이 제시하는 여성의 삶의 양식은 자연의 질서로부터 베껴내는 규범과 일관되는 서술이어야 한다. 인륜은 천륜으로부터 읽어낸 것이라는 믿음을 나타낸다. 그 규범은 주어져 있고 삶의 양식은 그것을 복사해 내는 것이다.

기독교의 청결법 중의 대표적인 것은 경수에 대해 구체적으로 말하고 있는 구약성서가 유명하다. 중요한 자료이므로 그 인용을 길게 해볼 수 있을 것이다:

> 어떤 여인이 유출을 하되 그 유출이 피면 칠일 동안 불결하니 무릇 그를 만지는 자는 저녁까지 부정할 것이요 그 불결할 동안에 그의 누웠던 자리는 다 부정하며 그의 앉았던 자리도 다 부정한즉 그 침상을 만지는 자는 다 옷을 빨고 물로 몸을 씻을 것이요 저녁까지 부정할 것이며 그 좌석을 만지는 자도 다 옷을 빨고 물로 몸을 씻을 것이요 저녁까지 부정할 것이며 그의 침상과 그의 좌석에 있는 것을 만지는 자도 저녁까지 부정할 것이다. …… 그의 유출이 그치면 칠일을 센 후에야 정하리니 그는 제팔일에 산비둘기 둘이나 집비둘기 새끼 둘을 자기를 위하여 취하여 회막 문 앞 제사장에게로 가져올 것이요 제사장은 그 하나는 속죄제로 하나는 번제로 드려 유출로 부정한 여인을 위하여 여호와 앞에 속할지니라. 너희는 이와 같이 이스라엘 자손으로 그 부정에

서 떠나게 하여 그들로 그 가운데 있는 내 장막을 더럽히고 그 부정한 중에서 죽음을 면케 할지니라(레위기 15:19-31).

이러한 기록에 대한 해석은 면밀한 분석을 필요로 한다. 그러나 우리의 초견적 분석으로는 부정의 개념이 여러 차원을 넘나들고 있다는 것이다. 최초의 부정의 개념은 '불결'이라는 위생적이며 사실 기술적인 관점에서 제시된다. 당시로는 거의 모든 사람이 믿고 있는 차원의 객관적 차원의 이야기에서 출발한다. 그러나 이러한 사실 기술적 개념은 금방 "무릇 그를 만지는 자는 저녁까지 부정"하다고 하여 사실적 기술과 도덕적 평가가 공존한 개념으로 이어지는 것을 볼 수 있다. 유사 단어들에 의한 사실적 개념의 도덕적 개념으로의 확장을 볼 수 있다. 그리고 이러한 사실과 도덕의 양립이 장황한 상황 처방을 통하여 흔들릴 수 없는 도덕적 질서의 개념으로 굳혀지면서 마지막 부문에 와서 절정을 이룬다. 도덕의 질서가 종교적 질서에로 영입되는 것이다. 부정한 여인은 어느 종교적 죄인처럼 속죄제와 번제를 드려야 하는 것이다. 그리고 이러한 질서에서 벗어나지 않음으로써 죽음을 면케 하라는 염려로 종결되고 있다.

경수에 대한 이러한 부정적 사회의 태도는 여러 문화에서 나타난다고 생각한다. 구체적 기록이 구약성서만큼 되어 있지 않지만 실제의 전통들이 공통된다는 것이다. 이러한 문화의 문맥 안에서 여성이 자신의 몸에 대한 인식이 어떠하리라는 것은 분명하다. 경수의 부정성이 도덕적 그리고 종교적 함축까지 갖는 사회 인식의 구조에서 여성들의 자기 인식은 가히 분열적일 수밖에 없을 것이다. 어떻게 분열적일 수 있는가?

사람들은 다른 사람을 인식할 때 그 몸과 독립하여 개별화의 근거를 얻지 못한다. 사람들의 생각이나 가치관은 그 사람의 개별화에 대한 필요조건도 충분조건도 아니기 때문이다. 사람을 어떤 물질적 요소로도 환원할 수는 없다고 생각한다. 그러나 영국의 대처 수상의 몸은 그에게 있어서 본질적이다. 이러한 상황에서 레위기의 전통은 여성의 생리적 경험을 여성의 존재적 차원으로부터 소외시켜 버리고 있다. 그리고 레위기가 말하는 존재적 차원이란 많은 여성들의 경험에서 추상적이고 적합하지 않을 수 있는 그러한 종교적 질서일 수 있다.

대부분의 여성들이 매달 겪는 자신의 생리에 대하여 사회가 부과하는 '부정하다'는 체험은 평생 부적합자로서의 반복되는 확인일 수 있다. 어떤 사람들은 건강상의 이유로 또는 하루 세 끼를 먹는 것이 지겨워 일일 일식을 선택하기도 한다. 여성들은 사회의 그러한 가혹한 인식의 구조에서 벗어나고자 얼마나 경수로부터 해방되고자 하였을 것인가? 그러나 그러한 몸부림은 의미가 있는가? 성취가 가능하지 않은 목표에 대한 몸부림은 무슨 의미가 있는가? 여성은 자신의 몸의 '완전한' 수인이라는 말인가? 어떻게 가장 가까워야 할 자신의 몸으로부터 그렇게도 소외될 수 있는가?

(나2) 근세의 체계적 질서 규범: 여성의 삶의 양식을 규정한 근세의 규범의 사례로 『예기(禮記)』의 칠거지악과 칸트의 여성론을 들 수 있다. '칠거지악'은 아내를 내보낼 수 있는: ① 시아버지(舅)와 시어머니(姑)에게 순종하지 않음〔불순구고(不順舅姑)〕; ② 아들이 없음〔무자(無子)〕; ③ 음란한 행동〔음행(淫行)〕; ④ 질투(嫉妬) ⑤ 극심한 병〔악질(惡疾)〕; ⑥ 구설(口舌); ⑦ 도절(盜竊)의 7가지 이유를 지칭한다. 칠거지악의 목록이 놀라운 것은 여성이 책임질 수 있는 것과 책임질 수 없는 것의 구분이 없다는 것이다. 칠거지악이 그러한 구분을 하지 않는 오류를 '가부장 유일주의 오류'라고 할 수 있다. 가부장 질서의 유지를 위해서 인권 유린이나 인격 사물화를 묵인할 뿐 아니라 정당화하는 오류인 것이다.

불순구고와 음행과 도절의 세 가지는 여성이 책임질 수 있는 여성의 행위의 이름이지만, 투명한 기준의 적용 절차가 없을 때 혐의자의 인권은 유린된다. '가부장 유일주의 오류'가 개념적으로 들어 있는 칠거지악의 체계 안에서 그러한 기준의 적용은 기대하기 어려울 것이다. 그리고 무자 · 질투 · 악질 · 구설의 네 가지는 여성이 책임질 수 없는 여성의 신체적 상태 또는 사회적으로 수동적인 형편이다. 무자와 악질은 여성의 의지와 관계없이 또는 의지에 반하여 발생할 수 있는 신체적 상태이다. 그리고 무자는 남성의 신체적 결함으로 발생할 수도 있다. 무자와 악질로 여성에게 고통을 주는 것은 인격 사물화의 오류일 뿐 아니라 그러한 가치를 『예기』와 같은 대표적 규범 체계 안에 명시하였다는 것이 더욱 악질적인 오류인 것이다.

질투와 구설에 더 주목할 수 있을 것이다. '질투하다'라는 술어는 개인의 심리적 상태와 관련을 가지고 있지만 이 술어의 사용의 기준은 그 개인의 심리상태가 아니라 그의 행동 방식이다. 그렇기 때문에 그 개인의 행동 방식은 본인에 의해서보다는 그 개인이 속하여 있는 공동체의 타인에 의해서 더 인지될 수 있다. "김씨는 이씨를 질투한다"라고 박씨가 말한 경우를 보자. 이 문장은 김씨 자신의 진지한 부인에도 불구하고 박씨와 그의 대부분의 동료들이 동의할 수 있는 것이다. 질투는 개인적으로 유지되는 사적인 심성 내용이기보다는 사회적으로 구성되는 심성 내용인 것이다. 그렇다면 질투는 개인적으로 억압되거나 삭제할 수 있는 그러한 것이 아니라 삶의 사회적 구조의 총체적 변혁을 통해서만 가능한 것이다. 이것은 마치 '자식 사랑'이나 '명예 욕심'을 기존의 사회 관계나 보상 구조 안에 그대로 들어 있으면서 개인적으로 억압하거나 삭제할 것을 요구하는 것과 같다.[1]

구설의 개념은 보다 복잡하다고 생각한다. "최씨는 구설의 대상이 되었다"라는 것은 무엇인가? 이 문장은 『예기』의 문맥에서 "최씨의 이름이 사람들의 입에 부정적으로 언급되어지고 있다"는 것을 뜻하는 것으로 보인다. 이러한 구설 개념이 부인을 내보낼 수 있는 장치를 갖기 위해서는 정당화의 요소를

1 질투에 관한 한 서양 문헌은 매력적인 여성에 대하여 힘센 남성들의 관계로 묘사하는 경향을 갖지만 동북아 문헌은 그 한자(嫉妬)가 시사하는 대로 여성에게 고유한 질병으로 간주한다.

가져야 한다. 이를 위한 『예기』적 의미론은 "아니 땐 굴뚝에 연기 날까?"와 같은 구조를 도입하고 있다고 생각한다. 그러나 그러한 구조만으로는 충분하지 않다는 것을 알 수 있다. 『예기』는 구설 현상에 있어서 그러한 인과론이 유일하게 가능한 구조이고 여론 조작 같은 현상은 가능하지 않다는 주장을 할 수 있어야 하는 것이다. 『예기』의 구설 개념은 얼마나 많은 여성을 내보냈거나 내보낼 위험의 공간 안에서 살도록 했을까? 많은 여성을 얼마나 가벼운 존재로 전락시켰을까?

칸트는 특이한 인성론을 가지고 있다. "남성은 이성, 여성은 감성"이라는 능력의 이분법으로 인간을 분류하는 것이다. 한국의 어떤 유행가 제목을 상기시키는 개념이다. 칸트는 그의 시대의 다른 사람들보다 특별하게 반여성적이라고 할 근거는 없다. 그러나 칸트는 그의 철학적 명제들에 대해 선험적 또는 정험적(transcendental) 논변을 제시하고 있음에 반해 인성론의 명제에 대해서는 그렇지 않은 것이다. 예를 들어, 경험주의의 경험과 합리주의의 이성을 통합할 때는 "선험적 종합 판단이 가능하다"라는 정험적 논변을 통하여 주장하였다. 그러나 이성과 감성의 이분법 그리고 이 능력의 남녀 성에 따른 배분법은 철학적 성찰을 해보지도 않고 당대의 문화적 추이를 따르는 것으로 보인다.

"남성은 이성, 여성은 감성"이라는 이분법은 어떻게 여성 억압적인가? 모든 억압은 진실의 왜곡에 근거하여 있고 진실의 왜곡은 고통을 수반하는 구조를 가지고 있다고 생각한다. 칸트의 이분법은 표면적으로 "남성은 밖의 공적인 일, 여성은 안의 사적인 일" 같은 역할의 이분법인 것처럼 보인다. 얼핏 보아 특별하게 왜곡이 있는 것처럼 보이지 않는다. 그러나 희로애락의 모든 정서의 경험은 언어적 개념 구조에 들어 있다는 것을 분석하여 알 수 있다. 희로애락은 감성적으로 경험되지만 또한 이성적 구조에 기반하여 있는 것이다. 한 사람이 다른 사람에게 "나는 당신을 항상 사랑하지만 나는 당신과 결코 같이 있고 싶지 않습니다"라고 말한다면 그 사람은 정직하지 않거나 사랑의 이성을 지키지 않은 것이기 때문이다.

그렇다면, 감성과 이성은 분리될 수 없는 것이다. 그렇기 때문에 칸트의 이분법은 여성을 이성의 영역에서 배제함으로써 이성의 주체로서의 여성에게 고통을 주는 것이다. 칸트의 이분법이 주는 고통은 개념적이고 체계적인 것이다. 칸트의 이분법은 "남성은 '이것은 이성적이다'라고 판단하여 선한 행위를 결행하지만, 여성은 '이것은 아름답다'라고 판단하여 선한 행위를 수행한다"는 것이다. 칸트가 설정한 이러한 이분법의 전통은 여성이 논리학 · 수학 같은 분야는 말할 것도 없고 지성적인 작업에 적합하지 않다는 잘못된 고정 관념에 기여하였다고 믿는다.

(나3) 현대의 일상 언어 규범: 여성의 삶의 양식을 구성하는 고대와 근세의 규범의 사례들을 위에서 살펴보았지만 현대 사회에서는 어떤 종류의 규범의 사례들이 가능할 것인가? 사람들은 "현대 사회는 여성을 억압하는 규범을 구성할 수 없고 유지할 수도 없다"라고 말할 것이다. 현대 사회는 투명해졌고 여성이나 남성이 교육받고 깨어 있으며 진보적 공감대가 이루어졌다고 할 것이다. 그러한 일반적 관찰에 동감하지만 그러나 많은 법률 · 규칙 · 조례 · 판례들은 아직 개선되어야 한다. 그리고 일상 언어에 들어 있는 규범들 중에도 여성 억압적인 사례가 있다고 생각한다. 여기에서는 '여성'이라는 표현과 '가정파괴범'이라는 일상 언어적 표현이 여성의 삶의 양식에 가하는 규범성의 구조를 보이고자 한다.

'여성적이다'라는 술어가 '예쁘다, 얌전하다, 세련되다, 배려적이다' 등의 복합적 성질을 지칭한다면, '남성적이다'라는 술어는 '건장하다, 씩씩하다, 서투르다, 개성 있다' 등의 특성을 나타낸다고 보인다. 두 술어는 일차적 차원에서 여성이나 남성에게 각기 서술적으로(descriptively) 적용되었을 때 긍정적 의미로 사용된다고 보인다.

그러나 '여성적이다'라는 술어는 이차적 차원에서 여성에게 적용될 때 처방적으로(prescriptively) 사용되어 그렇지 않은 '남성적이다'와 대조된다. 여성들은 '여성적이다' 라는 술어가 나타내는 성질을 가져야 하지만 남성들은 그에 대응하는 성질을 갖지 않아도 되는 것이다. 남성은 남성적이 아니고 똑똑하기만 하면 환영받지만, 여성은 아무리 똑똑하더라도 여성적이 아니면 환영받지 못한다. 여성들은 '여성적'이라는 단어의 포로가 되는 것이다. 어떤 여성이 '여성적이다' 라고 평가될 수 없을 때 그 여성은 사람다움의 상실을 경험하게 된다. 사람다운 대접을 사회로부터 받지 못한다는 것을 경험하는 것이다. "여성적" 이라는 단어는 모든 여성의 삶의 양식을 규제하는 규범이 되는 것이다. 이 단어는 여성이 사람이기 위해 '예쁘다, 얌전하다, 세련되다, 배려적이다' 의 조건을 만족해야 한다는 것을 강요한다고 생각한다. 여성은 이 조건을 만족할수록 더 사람다운 것이다. 남성의 인간 조건과는 비대칭적인 것이다.

'여성적' 과 '남성적' 이라는 두 표현이 서술적인 일차적 차원에서 긍정적이지만, 이차적 차원에서 전자는 처방적임에 반하여 후자는 그렇지 않다는 것을 수용할 수 있을 것이다. 그렇다면 '여성적' 이라는 표현은 모든 여성의 삶의 양식을 체계적으로 규제하는 가치가 되는 것이다. 그리고 이 단어가 규제하는 방식이 모든 여성을 자유로움과는 반대의 방향으로 향하게 하고 있다면 이 단어는 여성을 체계적으로 억압하는 장치가 되는 것이다.

가정 파괴범이라는 개념도 흥미 있는 경우이다. 먼저 이 개념이 발생하는 일상 언어의 문맥을 구성하여 볼 수 있을 것이다. 30대의 최씨 부부가 자녀들과 같이 저녁 식사를 하고 거실에서 담소를 하고 있을 때 3인의 방문객이 있었다. 이들은 그럴듯한 이유를 말하며 거실에 들어온 다음 갑자기 강도로 돌변하여 귀중품을 강탈하고 주부를 가족들 앞에서 윤간하고 도주하였다. 최씨는 부인을 위로하고 친지들은 여인을 위해 세심한 배려를 하였다. 그러나 몇 달 후에 매체들은 "최씨 가정 파괴범 일당 체포" 라는 제목의 기사를 실었다.

여기에 구성한 문맥에 의하면 최씨와 그 친지들은 사건 직후에 그 강도단을 '가정 파괴범' 으로 인식하고 있지 않았다. 그러나 매체가 사용한 그 표현을 통하여 사회는 그 강도단을 그렇게 인식하고 있다는 것을 알 수 있다. 강도단에 대한 최씨와 사회의 인식의 차이는 어디에 근거한 것인가? 사회가 구성함직한 '가정 파괴범'의 개념을 다음과 같이 제안해 볼 수 있을 것이다: (1) 부인은 순결해야 한다; (2) 부인은 강간으로 더럽혀졌다; (3) 남편은 더럽혀진 부인과 부부 관계를 유지할 수 없다; (4) 이러한 상황의 원인 제공자는 강간범이다; (5) 고로 강간범은 가정 파괴범이다.

가정 파괴범이라는 개념을 구성하는 네 개의 전제가 모두 문제스럽지만 가장 주목할 수 있는 것은 둘째 명제이다. 그러나 "부인은 강간으로 더럽혀졌다"라는 것은 무엇을 의미하는가? 최씨도 둘째 명제를 수용할 것이지만 그 더러움을 물리적 또는 신체적인 뜻으로 이해하였을 것이다. 그러나 사회는 둘째 명제의 더러움을 빨래 세탁의 더러움이 아니라 도덕적 · 인격적 또는 그 이상의 더러움으로 간주하는 것이다.

그러나 부인은 강간을 당했을 뿐인데, 어떻게 도덕적 · 인격적으로 더러워졌다는 사회적 인식이 가능한가? 이러한 사회적 인식은 성관계 개념에 대한 하나의 가능 구조의 분석을 통해서 조명할 수 있을 것이다. 남녀 성관계의 전반 단계는 남성의 성기 삽입과 여성의 성기 흡입의 행위 관계로 구성된다. 남녀가 적극적 행위로 대등하고 대칭적으로 참여하는 것이다. 그렇기 때문에 한쪽의 행위 참여가 결여되었을 때의 관계를 '강간'이라는 술어로 기술한다. 그러나 남녀 성관계의 후반 단계는 남성의 절정감을 필요로 하지만 여성의 그것은 필요로 하지 않는다. 이 단계에서는 남녀의 참여나 상태가 대등하지도 않고 대칭적도 아니다. 법적으로 인정된 성관계 또는 부부 관계에서도 후반 단계의 이 비대칭적 구조는 유지된다. 여성은 성관계의 후반 단계에서 의미 있는 어떤 행위의 산출이 없이도, 수동적 상태 유지만으로도 "성관계를 종료했다"라는 술어의 적용을 받는다.

성관계 개념에 대한 이러한 분석은 "강간당한 여성은 도덕적 · 인격적으로 더러워졌다"라는 사회적 인식에 대한 하나의 설명 후보가 될 것이다. 최씨의 부인은 성관계 개념의 전반 적용 단계에서 '강간'을 당하였지만 성관계 개념의 후반 적용 단계에서는 "성관계를 종료하였다"라고 말해질 수 있기 때문이다. 그렇다면 더 나은 대안이 제시될 때까지는 이 후보를 수용할 수 있을 것이다. 그러나 이 분석이 보여주는 것은 무엇인가? 그것은 일상 언어의 성관계 개념이 남성 위주 관점으로부터 구성되었다는 것이다. 여성의 경험은 후반 단계의 성관계 개념의 구성에 반영되지 않은 것이다. 성관계 개념의 이러한 비대칭성이 강간당한 여성도 도덕적으로 더러워졌다는 사회적 인식을 구성한 것이라고 생각한다.

(다) 여성의 삶의 양식의 지향적 규범

(다1) 차시적 규범의 문제와 지향적 가치: 여성의 삶의 양식이 고대 · 근세 · 현대의 시대에 따라 달리 구성되었고 그 구성의 원리는 당대의 특정한 규범이 작동하고 있었다는 것을 추정할 수 있다. 그리고 현대를 포함하여 어떠한 시대에도 여성의 삶의 양식은 그리 자유로웠다고 하기 어렵다. 오히려 여성의 인간으로서의 권리에 대한 '구조적 태만' 또는 '체계적 억압'이 시대마다 존재했다는 가설을 제안할 수 있을 것이다. 그렇다면 여성의 삶의 양식에 대한 대안적 규범은 어떤 모습을 하고 있을 것인가? 이것은 추구할 만한 작업일 것이다.

여성의 삶을 위한 대안적 양식을 추구할 때 지금까지의 논의로부터 시사된 적어도 한 가지 점에 주목할 필요가 있을 것이다. 여성은 시대마다 상이한 규범에 의하여 다른 종류의 생활 양식을 유지하였다. 그리고 이것은 여성이 시대마다 가장 큰 소수였다는 점을 감안한다면 보다 일반화될 수 있을 것이다: 강한 다수는 통시적이고 보편적인 규범을 지향하고 유지하지만 약한 소수는 차시적이고 시대 특수적인 규범이 만들어지고 적용되었다. 그렇다면 우리는 다음과 같은 물음을 제기할 수 있을 것이다: 강자의 윤리가 강자를 보다 자유롭도록 기여한 것처럼 약자의 윤리는 약자도 보다 자유롭도록 기여했을 것인가? 이 물음은 긍적적이기보다는 부정적으로 대답될 것이다.

이와 같은 논의에 개연성이 있다면 이 논의는 강자 윤리의 통시성과 약자 윤리의 차시성의 구분의 극복 필요를 정당화할 것이다. 진정한 윤리의 보편성은 어떤 소수도 배제되지 않는 구조를 가져야 하기 때문이다. 그렇다면 여성의 삶의 양식을 위한 지향적 규범을 모색할 때 먼저 고려해야 하는 것은 "여성의 여성으로서의 특수한 상황이 어떻게 여성의 인간으로서의 조건을 요구하는가"라는 물음이다. 인간 규범의 역사에서 최대의 소수로서 여성의 경험은 지향적 규범의 구성에 기여할 수 있다고 믿기 때문이다. 그 경험은 고통스러운 것이었지만 미래 규범의 내용을 조정해 줄 수 있을 것이다. 여성의 경험으로부터 배울 수 있는 것은 여러 가지로 제안될 수 있지만 여기에서는 사람다움의 인간 연대성, 성기성물의 생명주의라는 두 가치에 주목하고자 한다.

(다2) 사람다움의 인간 연대성: 여성 또는 보다 구체적으로 모성의 삶의 양식이 가리키는 덕목 중의 하나는 사람다움의 인간 연대성일 것으로 제안한다. 인간 역사는 그동안 자유라는 개인주의적 가치를 강조하고 평등이라는 공동체적 덕목이 제안되기도 하였다. 그러나 이들에 대한 대안으로서 사람다움의 인간 연대성은 주목할 만한 가치이다.

인간 역사는 자유라는 가치를 강조해 온 역사라고 할 수 있을 것이다. "지렁이도 밟으면 꿈틀거린다"라는 영상적 경구가 보이는 것처럼 인간 역사가 억압의 역사였다면 자유는 가장 절실한 가치였기 때문일 것이다. 그리고 자유는 인간을 원자적 영혼으로 해석했던 서양의 중요한 전통에서 분리 불가능한 인간의 존재 방식으로 수용되었다. 물론 이러한 원자적 개인주의의 결론으로서의 자유는 황금률에 의하여 대치되고 있다고 생각한다. "대접받고자 하는 대로 대접하라" 또는 "내가 원치 않는 것을 남에게 하지 말라"라는 긍정적 황금률이나 부정적 황금률은 배려적 개인주의로 이해할 수 있기 때문이다.

자유가 인간 역사의 지배적 가치였다면 20세기는 그 어느 시대보다도 더 예외적으로 정의가 영향력을 발휘하였다. 그러나 정의는 철학사에서 지속적인 주제가 되었었다. 인간을 원자적 개인보다 관계적 개인으로 바라보는 전통에서 정의는 핵심적 개념일 수밖에 없기 때문일 것이다. 관계적 개인은 인간 연대성 안에 존재하여야 하기 때문이다. 그러나 인간 연대성 안에서의 개인들은 어떤 원리에 의하여 관계가 규정되어야 할 것인가? 그것은 두말할 것도 없이 정의라고 하였던 것이다. 그러나 이 경우의 정의란 보다 구체적으로 무엇인가? 평등일 것인가? '특정한 점에서의 평등'이란 얼마나 도움이 될 것인가? '모든 면에서 평등'이라는 것이 도대체 시행 가능할 것인가? 공평은 보다 부담이 덜할 것인가? 공평은 가진 몫을 인정할 것인가? 가진 몫은 생물학적으로만 인정할 것인가? 가진 몫의 계산은 어떻게 할 수 있는가? 편견 없는 계산 방법은 무엇인가?

자유나 정의는 인간 역사에서 가장 절실한 가치였고 우선적 가치였다고 믿는다. 그러나 이 가치들은 인간 사회의 왜곡된 가치 구조를 개선하고 본래의 자리로 올려놓고자 하는 교정적 가치로 보인다. 그렇기 때문에 이들이 현대 사회나 미래에서도 아직 중요하지만 과연 과거에서와 같은 그러한 절실성이나 우선성을 유지할 것인가? 인간 사회가 자유와 정의를 인간의 추구적 가치로 요구하여야 할 것인가? 이를 대치할 수 있는 대안이 있다면 그것은 무엇인가? 어머니의 삶의 양식은 하나의 대안으로 사람다움을 시사한다고 생각한다. 어머니 개인은 사람 대접을 받지 못하면서도 타인에 대해서는 사람 대접을 하는 삶의 양식을 유지해 왔기 때문이다. 그리고 어머니가 사람 대접을 하는 방식은 약자 우선적이라고 생각한다. 그리고 이러한 사람 대접의 정당화는 '사람다움'이라는 단어가 지시하는 개념성을 통하여 얻어질 수 있을 것이다.

한국어는 '사람다움'이라는 특별한 어휘를 가지고 있다. 한국어의 이 단어는 다른 언어의 이에 해당하는 어휘보다 '매우' 일상적이고 자주 그리고 중요하게 사용된다고 생각한다. 이 단어의 사용 방식의 선명함을 통하여 이를 확인할 수 있을 것이고 그리고 이 단어가 그러한 사용 방식을 통하여 지시하는 개념성은 우리의 논의에 도움이 될 것이다.

곤씨는 농씨와 돔씨에 대하여 각기 달리 평가하는 경우가 있다. "농씨는 사람답다"라고 하고 "돔씨는 사람답지 않다"라고 말한다. 곤씨가 그렇게 말할 때 곤씨는 농씨의 어떤 성질을 지칭하여 '사람답다'라는 술어를 농씨에게 적용하고 돔씨의 어떤 모습을 보고 '사람답지 않다'라는 수식어를 돔씨에게 사용하는 것일까? 농씨나 돔씨의 영혼이나 특정한 생각으로 이루어지는 이들의 사적이고 내면적인 본질은 곤씨의 이 술어 사용에 개입하지 않는다고 생각한다. '사람답다'나 '사람답지 않다'라는 술어 사용은 데카르트의 인간론과는 관계가 먼 것이다.

"돔씨는 사람답지 않다"라는 문장을 먼저 보자. 곤씨가 이 문장을 올바로 사용하였다면 이 문장의 의미를 보여줄 그러한 문맥을 구성할 수 있을 것이다. '사람답지 않다'라는 표현을 한국어에서 가장 전형적으로 사용하는 경우로부터 덜 전형적인 경우에 이르기까지의 조건을 나열해 볼 수 있을 것이다.

(1) 여유가 없지 않으면서 도와야 하는 문맥의 사람을 배려하지 않는다;

(2) 약자를 억압하거나 강자에 아부한다;

(3) 타인의 인격성을 고려하지 않는다;

(4) 자신의 역할을 하지 않는다.

이들은 독립적으로 '사람답지 않은' 조건이면서 또한 그러한 순서에 따른 강도를 갖는다. (1)이 (2)보다 선행적인 까닭은 (1)의 '사람'은 부모나 형제자매를 포함하기 때문이다. (2)가 (3)보다 앞서는 까닭은 전자는 인격 모독이 적극적임에 반하여 후자는 소극적이기 때문이다. (3)이 (4)보다 먼저 오는 것은 (4)는 타인의 인격 모독은 없어도 되기 때문이다.

"농씨는 사람답다"라고 말할 때 곤씨는 농씨의 어떤 성질을 지칭하는 것일까? 농씨에게서 (1), (2), (3)의 부정적 경우가 발생하는 것이라고 믿는다. 약자를 돕거나 존중하고, 강자에 비판적이거나 타인의 인격성을 인정하는 경우들이다. 그러나 조건 (4)의 부정, “자신의 역할을 한다”는 ‘사람답다’라는 술어 사용의 기준으로 채택되지 않는다. 달리 말하여, (4)는 ‘사람답지 않음’의 충분한 기준이 되지만 (4)의 부정은 ‘사람다움’의 필요 기준은 되지만 충분 기준은 되지 않는 것이다.

한국어에서 쓰이는 ‘사람다움’이라는 표현을 보면, 약자의 인격성의 존중과 배려를 사람다움의 성질로 규정하는 것을 알 수 있다. 사람다움은 인간 연대의 가치이지만 약자 우선주의의 인간 연대성인 것이다. 그리고 사람다움이라는 가치가 돋보이게 지시하는 것에 주목할 수 있다. 전통적 규범들이 인간 연대가 주어진 것으로 상정하고 있다면 사람다움의 규범은 인간 연대를 인간의 구성적 과제로 간주하는 것이다. 동양의 음양론이나 서양의 합리주의나 종교들은 인간 연대성을 주어진 질서로 파악하였던 것이다. 인간 연대성을 자연적이거나 합리적이거나 또는 창조적 질서로 수용했던 것이다. 그러나 ‘사람다움’이 보이는 개념적 필연성은 인간 연대성이 사람들의 구성적 행위와 독립하여 존재하는 것이 아니라는 인간론을 나타내고 있는 것이다.

(다3) 성기성물의 생명주의: 여성의 지난 세월의 삶의 양식이 보여주는 것은 사람다움의 가치 이외에 생명주의라고 생각한다. 여성은 출산만이 아니라 타인의 완성을 향한 방향성을 자신들의 삶의 양식에 포함하고 있다고 생각한다. 생태 여성주의의 많은 논의들이 지지하는 것처럼 여성의 생명주의는 이 시대의 가치로 주목할 만하다. 여성의 이러한 생명주의를 ‘성기성물’(成己成物: 나를 이루는 것과 만물을 이루는 것이 맞물려 있다)이라는 명제로 요약할 수 있을 것이다.

이 문맥에서의 생명주의는 생명의 출산 · 유지 · 보존만을 지향하는 것이 아니다. 이들은 생명주의의 전제 조건이고 그러한 의미에서 출발적이고 소극적 가치이다. 생명주의는 생명의 완성이라는 적극적 목표를 향하고 있다. 그리고 생명의 완성은 개인주의적으로 도달할 수 없다는 것을 인식한다. 생명 완성은 만물이 연속적이라는 총체성의 구조 안에서 얻어진다. 만물이 하나〔萬物齊同〕라는 명제가 이러한 생명주의의 지향이 된 것은 필연적일 것이다.

(라) 인문적 삶의 양식의 법

이 장의 논제를 지지하기 위하여 최소한의 주제들을 도입하면서 결론에 도달하고 있다. 설득력을 얻기 위해서는 다른 종류의 작업들이 많이 필요할 것이다. 관련된 주제의 분석이나 논의는 다음 과제로 미루고 이 장을 맺고자 한다.

(라1) 여성의 통시적 규범과 인문 정신: 사람다움과 생명성을 여성의 삶의 양식이 지향하는 통시적 규범이라 할 수 있다면 이것은 여성의 차시적 규범들과 여러 가지 점에서 다른 특성들을 갖는다. 여성의 차시적 규범들은 강자 다수가 약자 소수에게 부과한 규범이고 시대마다 강자 다수가 해석하는 세계에 따라 달라졌고 강자와 약자, 다수와 소수의 차이가 존중되는 규범이었다. 그러나 여성의 통시적 규범은 차시적 규범들이 갖는 그러한 특징들을 일거에 파기한 규범이다. 다수와 소수의 구분이 없어지고, 강자와 약자의 차이가 극복되는, 모든 사람을 위한 규범이 되는 것이다. 여성은 여성으로서 인식되는 것이 아니라 먼저 인간으로서 존중되는 삶의 양식을 향한 규범이기 때문이다.

그렇다면 우리는 다음과 같은 결론에 도달할 수 있을 것이다. "사람다움과 생명성이 모든 사람을 인간으로서 존중하는 삶의 양식을 향한 규범이다"라는 명제이다. 이 명제는 몇 가지 보조 명제들과 더불어 "법은 인문 정신이다"라는 이 장의 논제를 함축한다. 보조 명제들은 인문 정신을 규정하고 여성을 지배했던 차시적 규범이 비인문적이었고 새로운 규범은 인문적이라는 주장을 포함할 것이다.

'인문 정신'은 문자 또는 문화 활동을 통한 자유 확장의 정신을 지칭하는 것으로 이해할 수 있을 것이다. 인문학의 역사는 이러한 인문 정신의 시대에 따라 개발하고 발전시킨 역사일 것이다. 고대 희랍의 인문 교육이 도시 국가의 자유로운 시민의 육성에 있었다면 고대 동양의 인문 교육은 국가의 질서를 위한 선비 또는 지성인 육성을 지향하였다고 생각한다. 르네상스 인문학이 기독교 신 중심의 문화로부터 희랍적 인간주의적 문화로의 방향 전회를 이룩하였다면 그 이후의 인문학은 인간 자유의 확장을 추구하였다고 할 것이다.

과거의 인문학이 고전 읽기를 중심으로 이루어진 활동이었다면 고전의 이해가 그 목표였다고 간주할 수 있을 것이다. 그렇다면 고전 이해를 통해서 도달한 인간 자유의 확장의 경험은 그 인문학의 필요조건이고 또한 충분(sufficient)조건이었다고 제안할 수 있을 것이다. 이러한 인문학을 '이해 인문학'이라 부를 수 있을 것이다. 이러한 제안에 개연성이 있다면 이해 인문학은 억압이 지배적인 인간 역사에서 지속적인 자유의 확장을 꿈꾸고 지적으로 추구하였고 그리고 결과적으로 기여하였다고 믿는다.

그러나 현대 사회는 이해 인문학의 기준이나 목표만으로는 미흡한 점이 있다고 생각한다. 이해 인문학이 충분조건으로 제시하는 자유는 지금과 같은 개방 사회에서는 관념적으로 보일 것이기 때문이다. 소극적 자유인 것이다. 아직도 억압과 불의가 현실적인 문제이지만 지성적으로 또는 철학적으로는 인문학이 보다 높은 차원의 것을 지향할 수 있어야 한다고 생각한다. 보다 적극적 자유를 지향할 수 있어야 할 것이다. 현대인의 인간 조건의 관점에서 적극적 자유란 모두가 각기 표현하여 자기를 성취하는 자유일 것이다. 이러한 '표현 인문학'은 고전 이해를 논리적 필요(necessary)조건으로는 아니지만 실질적 필요(need)조건으로 요구한다. 표현 인문학은 표현만을 충분조건으로 간주하는 것이다.

인문학이 궁극적으로 인간학이라면, 이해 인문학과 표현 인문학은 상이한 인간론에 서 있다고 해야 할 것이다. 이해 인문학은 지기지물(知己知物: 나를 아는 것과 만물을 아는 것은 맞물려 있다)의 인간론이라면, 표현 인문학은 성기성물(成己成物: 나를 이루는 것과 만물을 이루는 것은 맞물려 있다)의 인간론이라고 할 것이다. 지기지물론은 소크라테스의 "너 자신을 알라"라는 명구 이후 서양의 인간론에서의 지성주의 전통을 구성하였다고 믿는다. 그러나 성기성물론은 노장의 "만물이 하나〔萬物齊同〕"라는 명제 이후 동양 인간론의 수양주의 전통을 만들었다고 생각한다. 그리하여 만일 여성의 지향적 삶의 양식이 시사하는 가치가 사람다움과 생명주의라고 한다면, 이들은 새로운 인문학의 주제와 깊은 관련을 가질 수 있다고 생각한다.

(라2) 차시적 규범의 비인문성: 여성의 삶의 양식을 규정한 차시적 규범들은 비인문적이었다고 생각한다. 실체론적 음양론이나 레위기의 청결법은 여성 조건을 인간적 관점에서 해석한 것이 아니다. 오히려 여성에 대한 당대의 특수한 해석을 음양론이나 청결이라는 개념하에서 정당화하였다고 보인다. 근세에 들어 강화된 칠거지악이나 칸트의 여성론도 여성을 온전한 인간으로 보기보다는 적자 생산의 수단이나 불완전한 인간으로 간주한 것이다. 어떻게 이러한 편파적인 해석을 할 수 있었던 것인가? 윤리 질서를 약자나 소수의 관점이 아니라 강자나 다수의 관점으로부터 해석한 결과가 아닐까? 현대의 일상언어의 규범도 '여성적이다'라는 어휘나 '가정 파괴범'이라는 단어가 시사하는 대로 여성의 조건을 전통적 해석하에서 수용하였던 사회적 삶의 양식을 그대로 반영한 결과라고 생각한다.

과거의 차시적 규범들은 여성적 관점으로부터 경험하고 표현한 결과가 아니라 강한 다수의 남성적 관점으로부터의 표출인 것이다. 강한 다수들이 약한 소수를 의도적으로 간과 · 무시 · 억압하지 않았다고 할지라도 그러한 결말은 특정한 조건하에서 결과되는 것이다. 지위 · 경제 · 언어적 영향력이 강한 다수가 약한 소수의 관점을 의도적으로, 치열하게, 또는 일관되게 추구하지 않을 때 일방적 윤리는 결과되는 것이다. 이러한 일방적 윤리는 의도하지 않은 고통을 수반하는 것이다. 약한 소수의 고통을 수반하는 규범은 현대적 의미에서 '인문적'라고 하기 어렵다.

(라3) 지향적 규범의 규정 – 인문성: 여성의 삶의 양식을 새 시대에 규정할 규범들의 후보 중의 하나로 사람다움과 생명성이라는 것을 제안하였다. 그러나 이 규범은 여성의 삶의 양식을 제시하는 차시적 규범이 아니라 통시적 규범이고 그 통시성은 성의 남녀를 구분할 필요를 갖지 않는다. 이 규범은 새로운 인간 조건에 입각한 것이다. 강한 다수가 제한적으로 말하는 '모든' 보편성이 아니라 약한 소수의 관점이 개입된 '모든' 보편성을 갖는다.

인문 정신은 문자 또는 문화 활동을 통한 자유 확장의 정신을 지칭한다고 하였다. 사람다움과 생명성은 그러한 인문 정신의 활동이라고 생각한다. 사람다움과 생명성이라는 가치는 수동적 상태의 개념이 아니라 적극적 수행의 개념이다. 이 가치는 관념적 자유라는 소극적 조건이 아니라 표현이라는 적극적 자유의 이념에 일관된 것이고, 이것은 현대인에게 요구되는 새로운 인간 조건이라고 믿는다.

인간 역사의 현 단계가 지향하는 규범은 새로운 인간 조건에 충실한 질서라야 할 것이다. 만일 역사의 현 단계를 위에서 제안한 방식대로 읽는다면 법은 인문적일 것이다. 법은 과거에서처럼 재산 · 생명 · 정의와 같은 주제를 심도 있게 발전시켜야 하지만, 그 과제에만 머무를 수 없을 것이다. 법은 새로운 시대에 그 지평을 넓히고 그 목표를 높일 수 있어야 한다고 믿는다. 인간 규범의 경험은 상태적 법만이 아니라 성기성물의 역동적 법 경험으로 승화될 수 있어야 할 것이다. 정적인 원자 질서의 인간론이 자율로서의 자기 입법성에 주목하였다면 역동적인 연대 질서의 인간론은 "나의 완성은 만물의 완성과 떠나서 이루어질 수 없다"는 적극적 연대성의 질서를 지향할 수 있을 것이다.

법은 그 정체성으로서 '질서의 옹호자'로 만족하지 않고 적극적으로 '성기성물의 인문 정신'으로 확대할 수 있다고 믿는다.

제15장

문화 방향의 시대 정신

문화에 방향이 있는가? 문화는 서 있지 않고 움직인다. 문화의 움직임이 문화의 모든 사건들에 의하여 총체적으로 나타난다면 이 움직임은 문화의 사건들간에 연결 없는 패턴이라기보다 일종의 흐름을 나타낸다. 이 흐름은 방향성을 갖는다. 김여수(金麗壽) 교수는 일련의 논문들을 통하여 문화는 첫째, 그러한 방향성을 가질 뿐 아니라 둘째, 보편자라는 존재론적 가치를 목표로 한다는 통합 문화론을 제안한다.[1] 그러나 보편자라는 것은 존재론적 부담을 가지고 있다. 그러한 형이상학적 의문이 제기되지 않으면서도 낙관적 진보의 개념을 유지할 수 있는 문화 해석학의 관점은 시대 정신이라고 생각한다. 그리하여 이 시대의 개인과 공동체를 위한 시대 정신은 '여성 시대'가 시사하는 관점에서 얻을 수 있을 것이다. 이러한 시대 정신은 한편으로 대안적 가치를 제시하면서 다른 한편으로 문화의 아젠다를 환경 · 여가 같은 주제에서 제시한다. 이로써 지구촌의 인류는 하나로 묶어질 수 있으면서 또한 한국 사회의 문제의

1 Yersu Kim, "The Idea of Cultural Identity and Problems of Cultural Relativism", Washington, D.C.: The Wilson Center, Occasional Paper Number 36(1990); "Philosophy, Universality, and Cultural Synthesis: How to Conceive Universality in Philosophy", Moscow: XIX World Congress of Philosophy, 1993; 「서양 문화종합의 미래」, 『문화에 대한 철학적 성찰과 전망』, 한국철학회, 1994년 5월 28일, pp. 29-41.

조명은 하나의 틀을 얻을 수 있을 것이다.

(가) 통합 문화론

(가1) 문화의 방향: 문화의 방향이 무엇인가를 살피는 데 있어서 여러 가지 방식이 있을 수 있다. 한 가지는 실재론적 접근 방식이라고 생각한다. 슈바이처는 인간의 본질을 그 윤리성에서 찾았고 이에 의하여 문화의 평가는 근본적으로 '생명의 존엄'이라는 윤리일 수밖에 없다고 생각하였다.[2] 그리하여 그에 의하면 서양 중세는 통념과는 달리 인류 역사에 있어서 보다 '문화적'인 시대였다고 한다. 엘리엇은 인간의 본질을 그 종교성에서 찾았고 문화의 수준은 종교성과 세속성의 사이에서 찾아질 수 있다고 생각하였다.[3] 예를 들어, 인문주의는 인간을 신으로 대치한 세속화의 한 표현이라고 진단하였다. 문화에 대한 이러한 주제적 접근은 합리성 · 지식 · 과학 · 기술 · 자유 · 평등 · 정치 · 경제 · 인공품 · 예술 등을 통하여 여러 가지로 이루어질 수 있을 것이다. 그러나 슈바이처나 엘리엇에서 엿보이는 것처럼 인간 경험의 한 단면을 절대화하는 시각으로부터 문화를 접근하는 경우 일방성을 일관성으로 쉽게 혼동하는 잘못을 저지를 것이다.

김여수 교수는 슈바이처나 엘리엇처럼 당위론적 실재론의 입장에 서기보다는 문화 현상에 대한 서술적 실재론의 입장으로부터 문화의 방향을 전제하는 견해

> (1) 문화란 사람들이 세계와 관계를 맺을 때 수단으로서 갖는 가치, 믿음, 태도, 지식 그리고 실천들이 이루어 내는 내재적으로 일관적이고 응집력 있

2 Albert Schweitzer, *Philosophy of Civilization*, 1923.
3 T. S. Elliot, *Notes Towards the Definition of Culture*, 1948.

는 집합이다.

를 피력한다. 김교수에게 있어서 "문화에 방향이 있다"라는 전제의 참은 이를 전제로 하고 있는 명제 (1)의 참에 의존한다. 달리 말하여 명제 (1)이 참이라면 이것이 전제로 하고 있는 모든 명제들이 참일 것이기 때문이다. 그렇다면 우리의 관심은 명제 (1)이 어떻게 참인가를 살펴보는 것이다.

김교수는 문화에 대한 규정 (1)의 개연성을 보이기 위하여 문화에 대한 현상적 서술을 통한 하나의 그림을 그려낸다. 명제 (1)은 "문화란 주체적 활동이다"라는 것을 나타낸다는 것이고 이러한 문화 주체성은 입장에 따라 상대적 문화 주체성과 개방적 문화 주체성으로 나뉠 수 있다고 한다. 상대적 문화 주체성은 문화 제국주의를 결과하는 문화 보편주의에 대한 20세기 초 보아스(F. Boas)의 대항적 개념으로서 특정한 문화 주체의 환원 불가능성을 그 본질로 삼는다. 그러나 김교수가 여기에서 제안하는 개방적 문화 주체성은 문화 단위의 독립성을 수용하면서도 인간의 자연적 종의 관계에 의하여 통문화적 종합의 계기를 갖는 그러한 것이다.

상대적 문화 주체성은 어떠한 개념적 근거를 갖는가? 이 물음은 상대주의가 이 시대의 지배적 정통 사상으로 수용되면서 일반적으로 철저하게 물어진 것 같지 않다. 그러나 김교수는 보아스의 이 관념이 철학적 설득력을 어떻게 가질 수 있는가에 많은 지면을 할애한다. "지시체는 체계와 독립하여 의미 있게 물어질 수 없다"라는 콰인의 논의는 존재론의 상대성을 결과하고 이는 "진리와 이성이 체계 의존적이다"라는 개념적 또는 인식론적 상대주의로 나아가며 여기에서 삶의 양식에 대한 문화 상대주의는 어렵지 않게 그 정당성을 가질 수 있을 것이다.

그러나 김교수는 이러한 상대적 문화 주체성은 수용되기 어렵다는 것을 데이비드슨적 논의에 의하여 주장한다: 두 언어의 상호 번역이 가능하면 두 언어는 동일한 개념 체계에 속한다; 우리의 언어로 번역 가능하지 않은 언어란 없다; 그렇다면 우리의 개념 체계와 다른 개념 체계는 존재할 수 없다; 왜냐하면 소리나 기호가 우리의 언어로 번역될 수 없으면 그를 언어 사용자나 생각하는 존재로 간주할 이유가 없기 때문이다; 고로 번역 불가능하거나 비교 불가능한 다른 문화란 없다. 상대적 문화 주체성은 다원성을 너무 강조한 나머지 교섭이나 발전에 대해서는 말도 할 수 없는 폐쇄적 문화 주체성을 결과한다는 김교수의 생각에 동의한다.

(가2) 보편성: 김여수 교수는 문화적 종합에서 개방적 문화 주체성을 찾는다. 그러나 문화적 종합이란 무엇인가? 그리고 이것은 어떻게 가능한가? 김교수는 상대적 문화 주체성의 철학적 근거를 콰인의 존재론에서 발견하듯이 그의 개방적 문화 주체성을 위해서도 하나의 철학적 근거를 마련하고자 한다. 김교수는 전에는 진리 대응론에 관심을 표현하였지만 최근에는 보다 조심스런 실재론을 염두에 두고 있다. 그는 실재에 대한 '최소(minimal)'의 요구만을 하겠다고 한다. 그리고 이것을 근거로 하여 평가적인 진리나 옳음의 개념을 얻어내고 나아가서 최적의 문화 종합의 기준이 얻어질 수 있을 것으로 생각한다. 김교수의 문화적 실재론을 위한 아르키메디안 포인트는 보편자이다. 보편성이 철학사를 통하여 어떻게 진화되어 왔는가를 추적하여 "보편성이란 문화적 종합이다"라는 자신의 논제를 제안한다.[4]

제1단계는 동서양을 막론하고 고대 철학은 인간과 자연을 지배하는 궁극적 원리로서의 초월적 보편성을 추구하였다. 제2단계는 계몽주의적 진보 개념에 의한 보편성을 추구하였다. 헤겔은 자민족 중심적인 자유의 진보를 이야기하였고 콩트는 과학주의의 문맥 안에서 이를 주장하였다. 제3단계는 상대주의의 도입에 의해 보편성이 급격한 변모를 겪는 단계이다. 상대주의는 "세

4 Yersu Kim, "Philosophy, Universality, and Cultural Synthesis: How to Conceive Universality in Philosophy", Moscow: XIX World Congress of Philosophy, 1993, pp. 1–13.

계를 해석하는, 동등하게 참이면서 서로 양립 불가능한 복수의 개념 체계들이 존재한다"라는 명제로서 요약되는 입장이다. 그리하여 지시라는 것도 "임의적으로 선택된 특정 언어에 상대적으로만 의미가 있을 수 있다"라고 하여 존재도 상대화된다고 믿었다. 이러한 상대주의는 문화들간에 위계 질서가 있다는 관념을 파기하게 하고 민족마다 고유한 보편성을 갖는다는 믿음을 가능케 하였다.

제4단계에서 김교수는 보다 구체적인 자신의 논의를 편다. 이 보편성은 출발에서 다원적이지만 결과에서 통합적이고, 인간 사회에 의한 구성적 특징을 가지면서 그것의 통합적 성격은 실재적인 구조에 의하여 담보된다는 것이다. 김교수의 논의는 무엇인가? 보편성이라는 것이 하나 또는 통일이라는 철학적 야망의 이름이라면 문화는 그러한 꿈을 개개의 인간 사회에서 체현하는 양식이다. 그러나 양자를 잇는 교량은 어디에서 구하는가? 김교수는 신비한 공학에 의하여 그러한 철학적 꿈이 지상에서 이루어진다는 것을 거부하고 그 자리에 오류주의적 언어의 공학을 도입하여 보편성과 문화를 매개한다.

다른 하나의 논의는 형이상학적이다. 이러한 오류주의적 언어의 교량이 다양한 문화로부터 보편성으로 인도하리라는 낙관주의의 근거는 무엇인가? 김교수는 '우리의 인식과 독립적'인 최소한의 실재론이라고 믿는다. 모든 인간은 공통적인 종특수적인 원초적 사실을 공유하며 완강한 외부 세계가 인간의 삶에 부과하는 기본적 제약들이 문화의 다양한 방식에도 불구하고 본질적으로 동일하다는 것이다.

(나) 문화 구성의 방법: 시대 정신

(나1) 보편자의 문제와 대안: 김여수 교수의 문화적 종합으로서의 논제에는 애매한 점이 두 가지 있다. 하나는 인식론적 애매성이고 다른 하나는 존재론적 애매성이다. 김교수의 보편성에 대한 인식론적 애매성은 무엇인가? '보편

성'이라는 표현을 어떻게 이해하는가에 따라 달라진다. '보편'이라는 단어가 사용되는 문맥을 들여다보자. '보편자'는 "정의라는 보편자는 실재한다"라는 중세의 논의의 문맥에서 이해되고 '보편적'이라는 표현은 "여권 신장의 추세는 보편적이다"라는 일상적 담론에서 파악된다. 그리고 '보편성'이라는 단어는 "국제연합의 인권헌장은 보편성을 가지고 있다"에서 이것이 이해될 수 있는 구체적 문맥을 갖는다. 이러한 논의(보편자의 경우는 예외이지만)로부터 상정할 수 있는 하나의 가설은 다음이다:

(2) 보편이란 한 명제가 인간 사회에 개인적으로나 집단적으로 모두 적용될 수 있다는 그 명제의 성질이다.

그러면 '문화적 종합'이라는 표현은 어떻게 파악할 수 있는가? 이것은

(3) 인간 사회의 다수의 생활 양식들이 오류주의의 언어에 의하여 결국은 하나의 생활 양식으로 통합된다.

로 이해할 수 있을 것이다. 그러나 이것의 문제점은 명제 (2)와 결합되었을 때 김교수가 원하는 바의 결과일 것인가는 의문스럽다. 그러한 문화적 종합은 너무 단순주의적이고 평면적일 수밖에 없기 때문이다.

보편성의 존재론적 애매성은 무엇인가? 하나의 해석에 의하면 김교수의 보편성은 '문화적 종합'에 강조를 두어 보편성의 문화의 구성적 성격이 드러난다. 이러한 보편성은 여러 문화들이 사후적 합일에 의하여 도달하는 그러한 결과적 성질이 된다. 그러나 다른 하나의 해석에 의하면 김교수의 문화 주체성에 대한 적합성 조건의 논의에서 '환원 불가능성'을 논의하고 있는 점에 주목할 수 있다. 이것은 그가 비판하고 있는 상대적 문화 주체성이 가정하는 번역 불가능성이나 비교 불가능성을 의도하는 것일 수는 없을 것이다. 이 표현

은 김교수의 보편성을 이미 존재하는 어떤 것으로 해석하는 근거가 될 것이다. 이것이 초기적 단계에서는 문화의 미숙에 의하여 잘 실현되어 있지 않다가 문화의 성숙에 의하여 완성되어 간다는 것이다. 그러므로 김교수의 '보편성의 진화'란 실재하는 보편자가 그 실체의 현시성이 점진적이라는 뜻으로 이해된다. 보편자에 대한 김교수의 구성적 해석을 따르건 실현적 해석을 택하건 간에 의문점은 공통된다. 그것은 문화 방향의 목표가 구성적이건 실현적이건 간에 단일하게 보편적으로 주어질 것이라는 믿음이다. 초기에서 다원적이고 과정에 있어서 상호 존중의 관점을 취하지만 목표나 결과에 있어서 그러한 보편자에 도달하리라는 믿음은 정확하게 무엇인가라는 의문을 갖게 된다.

(나2) 여성 시대의 시대 정신: 김교수는 문화의 방향을 믿을 뿐 아니라 그 방향이 보편자라는 존재론적 가치로 나아간다는 낙관론적 문화관을 가지고 있다. 그러나 보편자라는 것은 형이상학적으로 부담스럽다. 문화의 방향을 존재론적 부담 없이 낙관적으로 구성할 수 있는 방법론적 지점이 가능할까? 나는 가능하다고 생각한다. 이를 위해 시대 정신이라는 것을 고려하고자 한다.

사람은 생각하는 존재이다. 사람은 그가 속해 있는 사회와의 관계 속에서 생각의 내용이 구성되고 그리고 이 사회는 시간의 구조에서 공동체의 사고 방식의 결정체이다. 그러한 의미에서 인간 사회는 시대 특수적인 시대 정신을 가지고 있었다고 믿는다. 우리 시대의 시대 정신은 무엇인가? 개인과 공동체

5 "우리 사회가 요구하는 시대 정신이란 무엇인가"라는 주제는 두 가지 접근 방식을 허용한다. 첫째는 한국 사회가 처해 있는 구체적 · 역사적 문맥과 현실적 상황으로부터 시대 정신을 모색하는 방식이다. 이것은 한국 사회의 가치의 지향성을 모색하는 데 있어서 보다 직접적이고 효과적일 수 있다. 둘째는 우리 시대의 시대 정신을 하나의 관점으로 표상한 다음 이것으로부터 한국 사회의 상황을 조명하는 것이다. 이것은 한국 사회의 가치의 전망을 보다 넓은 문맥에 올려놓는 방식이 될 것이다. 이러한 구별은 이 논제와 다른 논제의 관계를 이 주제 아래에서 보다 유기적으로 통합하는 장치가 된다. 전자는 상향식(bottom up) 접근의 사회과학적 방법론의 성격을 지닐 것이고, 후자는 하향식(top down)의 개념적 특징을 유지할 것이다. 물론 이 글은 시대 정신의 주제에 대하여 후자의 철학적 성찰이다.

를 위한 이 시대의 시대 특수적인 상황은 무엇인가? 이 시대의 우리들은 어떠한 관심을 가지고 있는가?[5] 어떠한 시대 정신도 시대 특수적인 것이라고 한다면 이것은 그 시대의 상황에 의존하는 성격도 갖지만 후대에 기여하는 정도에 따라 등급을 매길 수도 있다. 그렇다면 우리가 바라고 싶은 시대 정신의 조건을 제시해 볼 수 있을 것이다.

인문주의를 결과하였던 계몽기의 시대 정신은 후대에 긍정적인 영향을 주고 있다. 그리고 그 영향은 총체적이고 지속적이다. 그러나 낭만주의라는 18세기의 시대 정신은 합리주의의 특정 오류에 치료적인 것이었다. 합리주의가 각 민족의 특수성을 이성의 원리로써 평준화하고 보편화하고자 할 때 낭만주의는 감성의 원리로써 그 구체성의 총체성을 주장하였다. 그러나 낭만주의는 이 과정에서 이성과 감성의 합리주의적 이분법을 그대로 수용하고 말았다.

6 '시대 정신(Zeitgeist)'이라는 단어는 헤겔에 의하여 유행되었다고 생각된다. 그리하여 이 단어의 이해는 흔히 그의 사용 방식에 따른 것이었다. 헤겔에게 있어서, "시대 정신이란 절대 정신의 발전 과정에 있어서 한 역사적 단계의 정신"일 것이다. 그러나 나는 그러한 식의 시대 정신 개념을 수용하기 어렵다. 절대 정신의 실재성도 문제이지만 그러한 역사적 단계의 필연적 연역도 이해하기 어렵기 때문이다. '시대 정신'의 모호성을 최소화하기 위하여 우선 이것을 통치 이념, 역사 의미 그리고 세계관과 구별할 수 있을 것이다. 첫째, 통치 이념은 지배자가 피지배자의 생활 양식을 규제하기 위하여 부과하는 이념이다. 김영삼의 신한국 개혁, 케네디의 뉴 프런티어, 히틀러의 나치즘, 김일성의 주체 사상, 박정희의 유신 헌법은 그러한 통치 이념으로서 이념의 외화 방식이 하향식이다. 그러나 시대 정신은 그 사회의 대부분의 성원이 자유로운 시민 사회를 전제하고 이념의 외화 방식이 상향식이라고 믿는다. 둘째, 역사의 방향과 의미는 무엇인가라고 묻는 오랜 전통의 논의가 있어 왔다. 이 물음에 대하여, 동양 전통에서의 자연 의지, 어거스틴의 신의 의지, 루소의 일반 의지, 헤겔의 절대 의지, 마르크스의 역사 의지, 1980년대 한국에서의 민중 의지가 제시된 것을 기억한다. 이러한 역사 의미론은 역사를 하나의 거시적 행위 단위로 보고 그 목적을 체계적으로 구성하고자 하는 형이상학적 시도이다. 그러나 역사 의미가 형이상학적 대상이라면 시대 정신은 인식적 대상이라고 나는 믿는다. 시대 정신은 시민 사회의 많은 성원들의 개인적 의도들의 집합도 아닐 뿐 아니라 많은 성원들의 집합적 의도도 아니다. 이러한 의도들은 '지향적' 심성 상태인 데 반하여, 시대 정신은 많은 성원들의 생활 양식을 지배 또는 영향하는 일종의 총체적 합의로서 '결과적'이다. 달리 말하여, 이 합의는 성원들에 의하여 목표로서 지향된 것이 아니라 결과의 발생 후에 비로소 인지되는 집합적 심성 상태이다. 셋째로, 세계관은 세계를 바라다보는 관점이다. 이것은 문장의 체계로 이루어져 있고 개인마다 상이한 문장들의 집합을 가질 것이고 따라서 넓은 의미에서 개인마다 다른 세계관을 가지고 있다고 할 것이다. 그러나 세계 정신은 문장들의 체계가 아니고, 모든 세계관들에 영향을 줄 수 있는 또는 많은 세계관에 공통적으로 들어 있을 수 있는 상위적 전제이다.

시대 정신의 사례들을 좀더 조사할 수 있다면, 나는 다음과 같은 조건을 얻을 수 있다고 생각한다.[6] 바람직한 시대 정신이란 그 시대의 역사적 조건을 주시하면서도 시민들의 총체적 필요를 통합할 것이다. 시민이란 개인이 공동체와의 관계 속에서 갖게 되는 조직적인 신분이다. 시대 정신은 그러한 시민 공동체의 현실적 문제를 제기하고, 설명하며, 해결할 수 있는 효과적인 능력이면서도 민족이나 국가의 차이에 매이지 않는다.

개인과 공동체의 관계는 오랜 역사를 가지고 있다. 그 관계는 개인주의와 전체주의의 비교 속에서 관찰될 수 있다. 데카르트가 "의심할 수 없는 것은 나의 존재밖에 없다"[7]라고 하여 개인의 탄생을 알렸을 때까지는 전체라는 이념이 인간 존재의 모든 부분들을 지배한다고 믿는다. 그러나 그의 선언 이후 인간 사회는 모더니즘의 이름으로 개성화되고 원자화되고 수량화되어 갔다. 개인과 전체의 관계는 자유와 평등의 관계 속에서도 보여질 수 있다. 개인의 자유는 인간 존재의 일차적 윤리 질서라는 주장에 대하여, 사람들의 평등은 건강한 인간 사회 구성의 제일 원리라는 것이다. 자유의 이념에 의하여 사회를 편성하고자 할 때 이것은 자유주의의 형식을 가지게 되었고 평등의 이념으로 사회를 운영하고자 할 때 이것은 사회주의의 옷을 입었다.

나는 새 시대가 '여성 시대'라고 불리는 현상에 주목하고자 한다. 이 이름은 무엇을 지칭하는 것일까? 여성은 산업에서 활용하여야 할 인력이기도 하고 사회 활동에 참여하여야 하는 주체이기도 하며 모든 의무와 권리의 행사자여야 한다. 그러나 이것은 그 이름의 지칭체일 수 없다. 보다 강력한 개념적 힘을 지시한다고 믿는다. 그것은 잠정적으로 문화 동력의 가치라고 믿는다. 인간 역사의 무대는 자유 · 평등을 비롯하여 여러 가지 가치들로 실험되어 왔다. 그러나 새 시대에는 인류의 최대 소수자 관점, 여성적 관점, 여성주의적 가치가 실험될 수 있어야 한다는 믿음이 작동하고 있는 것이 아닐까? '여성 시대'는

7 나는 생각한다, 고로 나는 존재한다.

새 시대의 대안적 가치를 지칭한다는 가설을 제안하고자 한다.

인간 역사는 개인과 전체의 긴장과 갈등의 연속상에서 발전하여 왔다. 자유나 평등이라는 주제들이었다. 그러나 개인과 전체의 전통적 대립의 날카로움은 이제 무디어져 가고 있다고 판단한다. 포스트모더니즘의 등장과 동구권의 몰락은 그러한 현상의 증후로 해석할 수도 있고 그 원인으로 볼 수도 있을 것이다.[8] 그러나 이제 여성주의는 다음에 상론하겠지만 다른 주제들을 제시한다고 믿는다. 그것은 여가와 환경이다. 지금 여가는 개인적 차원의 개념이고 환경은 공동체적 문제로 인식되고 있는 한에서 그러하다.

(나3) 여가와 환경: 여가와 환경을 이 시대의 문제라고 할 수 있는가? 우리의 한국 사회가 이들을 일차적 문제로 허용할 만큼 한가로운가? 한국 사회의 특수성에 의하여 다른 문제들이 일차적인 것으로 고려될 수 있을 것이다. 여러 가지 논의가 요구될 것이다. 그렇다면 한국 사회의 이러한 필요성을 하나의 지역적 관점이라고 부를 수 있을 것이다. 시대 정신의 조건들을 고려하면 그러하다는 것이다. 시오니즘과 파시즘의 잘잘못을 떠나 이들이 한 공동체의 아무리 절실한 소망이라고 할지라도, 국부성을 가지고 있는 한, 시대 정신의 후보라고 보기는 어렵다.[9]

8 전통적 한국 사회에서 개인과 공동체의 관계의 논의는 다분히 가족 공동체의 문맥에서 나타난다. 개인의 행복은 수부귀다남(壽富貴多男)의 조건의 만족에서 얻어지는 심성 상태이고 이것은 아마 실제적으로 가족 공동체의 강화에 기여하는 거의 유일한 방식이었을 것이다. 그러나 개인과 가족 공동체의 이러한 관계도 최근에 와서는 약화되어 가고 있다고 생각한다. 가족의 핵가족화가 한 요소라면 지구촌의 협소화는 다른 하나의 요소일 것이다.

9 시대 정신과 민족 정신(Volksgeist)은 구별되어야 할 것이다. 시오니즘이나 신토이즘은 민족 정신일 수 있지만 시대 정신일 수는 없다. 시대 정신은 시대를 초월할 수 없지만 국경이나 민족은 초월하여야 한다는 것이고, 민족 정신은 다른 시대들을 관통하여 흐르는 한 민족의 정신일 것이다. 그렇다면, 시대 정신이 한 단위의 공시적 정신이라면 민족 정신은 한 단위의 통시적 정신일 것이다. 그렇다면 헤겔이 규정한 시대 정신 (i)과 우리가 수용할 수 있는 시대 정신 (ii)를 다음과 같이 비교하여 볼 수 있을 것이다: (i) Ai는 시대 정신이다 〈-〉 A는 절대 정신이고, A는 모든 시대 정신들의 집합 {A1, A2, . . . , An}과 동일하고, 특정 시대의 시대 정신 Ai는 절대 정신 A로부

환경 문제는 흔히 물과 공기와 식품의 오염뿐만 아니라 쓰레기, 오존층, 원자력 발전 같은 물리적 조건에서 흔히 제기된다. 그리고 고려되어야 할 것은 정보 환경, 인간 환경, 도시 환경이 '참기 어려운 방식으로' 우리의 존재 양식에 점점 더 영향을 주고 있다는 것이다. 그리고 어떠한 새로운 환경이 우리들을 더 조건지을 것인지 예측하기 어렵다. 우리는 이러한 환경들에 대하여 어떠한 관점을 취하여야 할 것인가?[10] 우리는 '자연의 정복'이라는 서구적 모델이나 '자연과의 합일'이라는 노장적 대안에 익숙하여 왔다. 그러나 우리는 그에 대하여 '자연의 보존'이라는 보다 온건한 대안에 동의할 수 있을 것이다. 자연의 보존이라는 것은 환경의 인간적 정합성을 유지하고 개발하는 것을 목표로 하는 가치이다. 우리 인간은 그러한 환경의 정복자일 것도 거부하지만 그 환경의 노예일 것도 거부하여야 하기 때문이다.

여가(餘暇)는 그 한자의 자의에 따라 잉여 시간으로 인지되는 경향이 있다. 여가에 대한 그러한 해석은 여가를 노동과 대립적인 것으로 상정하는 것이다. 그러나 양자가 과거의 문화에서 대립적인 것이었다 할지라도 앞으로의 시대에서는 달리 파악될 수 있는 가능성을 모색하여야 할 것이다. 일과 여가의 지속성의 구조는 앞으로의 정보 사회에서 추구하여야 하는 과제일 것이다.[11] 그리고 여가라는 주제에 대해서 학교 교육은 물론 대학 사회나 공공 기관에서 체계적으로 접근하고 있지 못하다. 자연히 여가는 소비 사회의 상품의 항목으

터 연역된다; (ii) Ai는 시대 정신이다 ⟨→⟩ Ai는 어떤 명제들의 집합 s = {S1, S2, . . . , Sn}이고, s는 특정 시대 ai의 영향력 있는 사람들의 집합 h = {h1, h2, . . . , hn}에 의하여 개별적으로나 집단적으로 의도된 것은 아니지만, s는 h의 생활 양식을 결과적으로 영향하거나 지배한 시대 특수적인 명제들이다.

10 송상용, 「성장의 한계」, 『현대사회와 철학』, 김태길 외, 문학과 지성사, 1981, pp. 292-303; 이태수 · 송상용 · 김형국 · 조홍섭 · 심재룡 · 최혜성, 「특집: 현대문명과 환경」, 『철학과 현실』, 1990년 여름.

11 이훈, 「언어와 노동」, 『철학논집』 제1집, 1984, pp. 67-92; 제2집, 1985, pp. 1-20; 제3집, 1987, pp. 5-28; 황경식, 「여가의 의미와 삶의 질」, 『한국 사회와 시민의식』, 김태길 외, 문음사, 1988, pp. 202-207; 정대현, 「여가와 한국 사회」, 『철학과 현실』, 1992년 가을, pp. 111-17; 로제 카이와 지음, 이상률 옮김, 『놀이와 인간』, 문예출판사, 1994.

로 변신하고 있다. 각종의 기업에서 시민의 여가를 이윤의 계기로 파악하여 그러한 관점으로부터 상업화되는 것이다. 이 구조에서 "값비싼 여가, 돈 들인 여가가 보람 있는 여가이다"가 된다. 그렇게 될 때 반성적이고 생산적인 여가는 없어지고, 소비적이고 '시간 메꾸기'의 여가만 들어올 것이다. 자기 표현적이고 자기 존재 확인적인 여가는 사라지고, 나의 여가에서 내가 대상화되는 여가만이 남게 될 것이다.

(다) 대안적 문화론

(다1) 새로운 문화 개념을 위하여: 문화 개념은 여러 가지 방식의 논의들이 가능하다.[12] 그러나 나는 그동안의 논의를 하나의 시각에서 바라보고자 한다. '문화'는 전통적으로 고급(high class)이라는 관념에 의하여 이해되었지만, 최근에는 구체적 생활 양식(form of life)으로 파악되고 있다. 양자간에 정도의 차이는 있지만 두 경향에 공통적인 것은 정신 활동에 초점이 맞추어지면서 자연과의 관계가 중요하게 고려되고 있지 않다는 점이다. 전자는 전통적 질서에 봉사하는 개념이었고 후자는 문화상대론이 도입한 개념이다.

그러나 위의 두 경향의 문화 개념은 모두 폐쇄적이라고 생각한다. 어떻게 그러한가? 생활 양식으로서의 문화 개념은 민주적일 뿐이다. 이것은 전통적 문화 개념에 들어 있는 제국주의적인 요소에 대한 치료적 개념으로 제시되었기 때문일 것이다. 그러나 우리 시대의 상황은 이제 제국주의가 아니라 여성 시대가 요청하는 새로운 문화의 아젠다이다. 여가와 환경의 관계를 문제로 구성해 내는 것이다. 이 시대의 관점에서 보면 생활 양식으로서의 문화 개념은 문화의 평등화 이외에는 전통적 문화의 패러다임과 달라진 것이 없다는 판단이다.

12 문화에 대한 통찰력 있는 논의들이 최근에 이루어지고 있다. 이를 위해서 김여수 · 손봉호 · 김문환 외, 「문화에 대한 철학적 성찰과 전망」, 1994년 한국철학회 봄 정기학술발표문집 참조.

달리 말하여, 문화상대론의 문화 개념은 두 가지 점에서 비판될 수 있을 것이다. 이 개념은 "주어진 생활 양식에서 어떻게 자연으로부터 물리적으로 그리고 정신적으로 자유로울 수 있는가?"를 문화의 과제로 취한다고 생각한다. 여기에서도 문화는 인간과 자연이 대립된 존재로 파악되고 있다. 그리고 이 개념은 상대주의의 옷을 입고 있는 구조에서 민주적인 것으로 보인다. 여러 가지 문화들의 양식이 허용되고 있지만 이들의 관계는 보이지 않고 있다고 생각한다. 이때까지의 전통적 문화 개념은 다음과 같이 이해될 수 있을 것이다.

(4) 생활 양식 Fi는 문화적이다 〈-〉 Fi는 다른 생활 양식 Fj보다 인간에 대한 제약 조건으로서의 자연을 상대적으로 더 극복하고 있다; Fi는 Fj에 대하여 공시적(고급성으로서의 문화)으로나, 통시적(문화상대론적 문화)으로 다를 수 있다; Fi는 그 공동체의 엘리트에 의하여 마땅하게 즐길 수 있는 것으로 개발되어 아래 계층으로 확산된다.

나는 명제 (4)에 의하여 표현된 개념을 '계층적 문화'로 부르고자 한다. 계층적 문화는 그 세 가지 구성 조건이 모두 폐쇄적이라고 생각한다. 인간과 자연과의 관계에서도 양자는 '극복하는 자'와 '극복당하는 자'의 관계이다. 물론 이러한 시각은 자연을 바라보는 인류 역사의 어떤 공통된 인식과 관련되어 있다. 시대적 산물이긴 하지만 그 시각은 이 시대에는 수용되기 어렵다는 것이다.

문화상대론은 공시적 문화의 개념을 도입하여 여러 문화들의 특수성을 보도록 기여를 하였다. 그러나 이들의 연계성은 설명되지 않았고 그들은 서로로부터 닫혀져 있게 된다. 그러나 이 상대주의는 "너는 너의 관점에서 옳고 나는 나의 관점에서 옳다"는 식이다. 누가 더 옳은가는 비교될 수 없거나 말할 수 없다는 것이다. 이것은 이론에 대한 논리적 해명이긴 하지만, 양자의 관계를 무화시키는, 지성적 파업이라고 생각한다.

계층적 문화는 공시적이건 통시적이건 간에, 또는 보편적 문화론이건 상대주의적 문화론이건 간에, 고급 문화와 저급 문화의 구별을 도입한다. 저급 문화는 진정한 의미에서 문화가 아니라는 함축이 있다. 저급 문화는 그 자체로 극복되어야 할 규범성을 구조적으로 도입한다. 그리하여 고급 문화와 저급 문화는 극복하는 문화와 극복되는 문화의 관계에 들어간다.

(다2) 투명한 문화: 그러나 여성 시대의 문화론은 인간과 자연의 그러한 대립 관계를 거부한다. 이러한 관점은 우리 시대에서나 가능한 이 시대의 특권이다. 그리고 이 시대를 더불어 사는 우리 인간은 문화상대론이 요구하는 상대주의적 체계들에 의하여 문화적으로 분리될 필요가 없다. 우리는 같은 문제에 의하여 통합되고 있기 때문이다. 이것 또한 이 시대의 특권이다. 앞 시대는 우리 인간을 분리하는 이념의 체계들의 차이가 문제의 상황을 구성하였기 때문이다. 이제 우리는 "이념의 체계들이 논리적으로 어떠한 기능을 하는가?"를 이해할 수 있는 상황에 왔다. 그 기능이 과거에 잘못 파악되었을 때 얼마나 많은 역사적 고통이 있었던가도 기억한다.

이제야 인간은 여성 시대에 와서 새로운 역사적 도약의 지평에 도달한 것이다. 그 도약의 발판은 두 가지이다. 하나는 지성사적인 것으로서, 최한기가 지적한 명제이다: "천하에는 이치 밖의 물건도 없고 또한 이치 밖의 일도 없다." 인간 지성사는 그동안 많은 종류의 이분법으로 인간 사회들을 갈라놓았다. 이제는 이념 체계의 차이는 정확하게 어떤 차이인가를 알게 된 것이다. 다른 하나는 과학 기술에 의하여 결과된 여가의 빛과 환경의 그림자이다. 그러나 여가와 환경의 관계의 정립에 따라서, 이 시대는 이제야 비로소 진정한 문화의 계절을 맞이할 수 있는 것이다. 이러한 문화 개념을 다음과 같이 구성하여 볼 수 있을 것이다.

(5) 생활 양식 Fi는 문화적이다 〈-〉 Fi는 자연 보존을 인간 보존과 지속적인

과제로 인식한다; Fi는 다른 생활 양식 Fj에 대하여 그 다름을 시간적 · 공간적 다름 이외의 것으로 인정하지 않고 여가와 환경에서 하나의 연대적 문제를 인식한다; Fi는 그 공동체의 모든 성원에 의하여 마땅하게 즐길 수 있는 것으로 다양하게 개발된다.[13]

나는 명제 (5)의 문화 개념을 여성 시대의 구성적 조건으로 인식할 수 있다고 생각한다. 그리고 이 조건은 전통적 문화의 조건에 비교하여 '투명하다'라는 말로 특징짓고자 한다. 자연과 인간의 관계를 가르는 이분법적 선입관도 없고 인간 사회를 가르는 어떠한 장치도 허용되지 않는다. 상이한 생활 양식은 허용되지만 이들은 사람들을 나누는 구조로서 언급되는 것이 아니라 존재의 적극적 방식으로서 요청되는 사항이다. 투명한 문화론이 전통적 문화론과 특이하게 다른 점은 인간을 하나로 묶어내는 하나의 문제에 대한 공동의 인식이다. 여가와 환경의 관계의 문제는 모든 사람들이 같이 탈 수밖에 없는 '하나뿐인 지구'라는 상황에서 나타난다.[14]

투명한 문화 개념은 적어도 세 가지 특징을 갖는다고 생각한다. 투명한 문화론의 첫째 특징은 그 문화를 규정하는 문제가 투명하다. 여가와 환경의 문제가 모든 사람들의 연대성을 얻어내는 투명한 문제인 것이다. 그 둘째 특징은 시간과 공간을 제외하고는, 공동체의 성원들을 나누는 어떠한 장치도 허용되지 않기 때문에 의사 결정 과정이 정당한 참여적 구조를 갖는다. 셋째는 위의 두 가지 특징에 의해서 결과되는 투명한 생활 양식은 억압이나 부당성을 허용하지 않는다. 이러한 생활 양식은 두 가지 의미에서 인간적일 것이다. 하나는 모든 사람이 대접받고자 하는 방식대로의 방향에서 대접을 받아야 한다

13 문화에 대한 이 규정은 여가와 환경의 관계의 문제를 '이 시대의 문제'로 설정한 나의 해석의 결과이다. 그러나 이 시대의 문제를 달리 볼 수 있다면 그러한 문제의 이름들이 '여가'와 '환경'의 자리에 대신 들어올 수 있을 것이다. 따라서 이 구성은 하나의 후보일 뿐이다.

14 에드가 모랭 & 안느 브리지트 케른 지음, 이재형 옮김, 『지구는 우리의 조국』, 문예출판사, 1993.

는 사회적 인식이 지배적이라는 의미에서 인간적이다. 다른 하나는 그러한 사회에서의 성원들의 과제는 자기 자신의 이름이 만물의 이름과 맞물려 있다는 믿음이다. 이 믿음의 표현을 인간 존재의 양식으로 선택하는 데 있어서 장애가 없고 그리고 선택되는 최선의 가치로 존중된다는 의미에서 인간적이다.

(다3) 시대 정신과 한국 사회: 투명한 문화의 그러한 특징을 나타내는 세 가지 명제는 우리의 시대 정신이라고 제안하고자 한다. 이것은 앞에서 제시한 시대 정신의 여러 조건을 만족시킬 뿐 아니라 한국이 처하여 있는 문제 상황의 분석에도 효과적일 수 있어야 할 것이다. 나는 우리 한국 사회의 문제는 투명성의 결핍에 있다고 생각한다. 이 문제는 투명한 문화 정신의 모델에 의하여 분석될 수 있다고 믿는다.

첫째, 연대성 명제의 관점은 한국 사회에서 범죄와 부패가 우리의 체감적 심각성의 우선 순위에 있어서 높은 자리에 있다는 것을 보인다. 권위주의적인 구조에서는 범죄와 부패는 개인적 윤리의 문제로 인식된다. 통치는 전체주의적이면서 책임은 원자주의적이다. 그러나 부정과 부패는 한국 사회에서 개인적 차원의 문제로 인식하기보다는 한국 사회의 성원들을 하나로 묶어내는 공동의 문제로 인식할 수 있는 시각이 필요하다.

둘째, 참여 명제는 강조될 필요도 없다. 사회 현상의 대부분의 문제는 참여의 문제로 환원될 수 있을 것이라고 생각한다. 사회란 두 사람 이상이 만나는 구조이고 만남이라는 것은 인격자들의 생각의 나눔이고 한 성원이 이 나눔에서 제외된다면 참여는 발생하지 않는 것이 되기 때문이다. 달리 말하여 참여란 사회의 구성적 요소이다. 참여란 성원 중 어느 누구도 제도적으로 배제되지 않는 그러한 투명한 구조를 가진 개념이다.

셋째, 인간성 명제를 고려하자. "저 여자의 다리는 섹시하다"라는 문장을 보자.[15] 대부분의 남성들은 이 문장이 비폭력적이라고 생각할 것이다. 그러나 다른 남성에 의하여 이 문장이 자신의 처나 딸을 향하여 사용되었을 경우를 생각하여 보자. 아직도 이 문장이 비폭력적이라고 할 것인가? 이 문장은 한 인격자를 성적으로 환원하는 폭력을 나타낸다. 이러한 분석은 여성학이 다루는 많은 여성 문제가 남성이 여성을 사물화하는 구조에서 나타난다는 것을 보인다.[16] 남녀 관계가 인간적으로 투명하지 않다는 것이다.[17]

한국 사회가 가지고 있는 많은 문제들은 구조적으로 이러한 비투명성에 기인한다고 생각한다. 그러나 비투명성은 습관성의 구호 같은 것으로 치유되지 않을 것이다. 이것은 이 시대가 나아갈 수밖에 없는 그러한 여성 시대의 방향에의 전망에 의하여 교정될 것이다. 그 방향은 우리 온 인류가 여가와 환경의 관계의 문제의 구조에 의하여 제시되는 방향이다. 인간 역사에 있어서 어떠한 시대도 이러한 공동의 문제를 지구상의 모든 사람들이 이렇게 절실하게 한목소리로 인정해 본 적이 없다. 이러한 지구 가족의 구조에서 인간은 이제야 투명한 문화의 계절을 맞이할 수 있을 것이다.

15 이 분석은 나의 과목에 제출된 한 논문에 의한 것이다. 참고, 이선윤, 「언어에 의한 성희롱: "섹시하다"의 언어분석을 중심으로」, 이화여자대학교 철학과, 언어철학, 1994, 학기논문, 미발표.

16 정대현, 「여성해방과 한국일상 언어」, 『현대사회와 철학』, 김태길 외, 문학과 지성사, 1981, pp. 211–31.

17 투명한 문화의 인간성 개념은 한국 사회의 여가 현상에 대해서도 분석의 방향을 줄 수 있을 것이다. 연휴 때마다 대중 매체는 여가 현상의 교통 문제에 초점을 맞추는 경향이 있다. 그러나 본질적인 문제는 여가의 인간성에서 찾을 수 있다고 믿는다. 물론 이것은 여가의 새로운 패러다임을 요구할 것이고, 많은 분야로부터의 깊이 있는 연구가 이루어져야 할 것이다.

제4부

성기성물(成己成物): 여성주의적 가치

제16장

여성 문제의 성격과 여성학

다원주의 시대에 부정성 극복의 윤리가 적용될 수 있는 가장 중요한 공간이 여성이라면, 이 장은 대안적 가치를 여성주의적 가치에서 모색할 수 있는 지성 공동체적 가능성을 제시하는 자리이다. “여성학은 하나의 사회과학”이라는 논제를 보이고자 하는 것이다. 얼핏 이 논제는 지금쯤 상식이 되어 있을 수 있고 어떤 사람에게는 자명하게 들릴 수도 있다. 그러나 이 논제는 한국 여성학의 보편성과 특수성을 탐구하는 데 있어서 하나의 길잡이일 수 있다고 생각한다. 그러나 이 논제를 곰곰이 따져 본다면 당혹감을 면하기 어렵다. 무엇이 여성의 문제인가? 여성 연구(women's studies)가 언제 여성학으로 되었는가? 개별 과학의 탄생의 조건은 무엇인가? 사회과학이라는 실체는 어떻게 규정되는가? 이러한 물음들에 대해 보편적 동의의 대답은 없다 할지라도 어떤 식의 규정이 주어질 수는 있다. 이때에도 어떻게 여성학이 사회과학이 된다는 말인가? 우리는 그와 같은 물음들 이외에도 여러 가지 크고 작은 문제들 앞에서 압도될 만하다.

그러나 우리는 어디에선가 시작하여야 하고 또한 그러할 수 있다고 생각한다. 위에 열거한 문제들에 대한 설명들이 결정적으로 주어지지 않았지만 우리의 논제는 하나의 가설로서 제시될 수 있으리라는 것이다. 이 논제는 세 개의 명제를 전제로 필요로 한다. 첫째는 "여성 문제는 사회적이다"라는 것이다. 이들의 중심 부분은 한국 일상 언어의 남녀 비대칭성을 통하여 이 명제를 밝히는 데에 할애될 것이다. 그리고 둘째 명제는 "여성 연구들은 하나의 체계 안에서 통일 종합될 수 있다"는 여성학 가능성의 명제이다. 셋째는 "여성학은 하나의 개별 과학이다"라는 명제이다. 세 명제들은 몇 가지의 추가적 고려들의 도움으로 우리의 논제를 귀결하는 데 사용될 수 있을 것이다.

이 글은 이 논제의 유도를 중점적으로 다루고 있지만 이 논제의 설득력은 그 유도에서보다는 그 설명력의 정도에서 찾아질 것이다. 이 논제는 연역 논리적으로 귀결될 수 있는 것이 아니기 때문이다. 또한 사실이나 현상의 서술이나 그 일반화로써 도달할 수 있는 것도 아니기 때문이다. 이 논제는 개념적이기 때문이다. 가능한 많은 개념 체계들 중에서 이 논제가 흥미 있게 보일 체계의 서술을 통하여 이 글이 진행될 것이기 때문이다. 이 글이 의존하는 상대적 설명력은 여기에서 제안되는 어떠한 것도 정답이거나 유일한 해답 또는 절대적 해명일 수 없다는 것을 함의한다. 따라서 이 글이 가질 수 있는 설명력의 정도는 다음과 같은 물음들을 통하여 결정될 것이다: 이 논제가 다른 논제들보다도 여성 연구를 얼마나 더 체계화할 수 있는가? 이 논제에 의하면 여성학의 효과적 수행, 그 연구의 도구성, 여성 공동체의 지적 결속성은 어느 정도일 것인가? 이 논제보다도 더 강력한 패러다임이 있다면 그것은 어떠한 패러다임을 구성하며 지적 작업과 실천적 행동을 연결하여 현실적 적합성을 어느 정도 보일 것인가? 이러한 물음들에 의하여 우리의 논제는 경쟁적 논제들과의 비교 속에서 상대적으로 평가될 수 있을 것이다.

(가) 여성 문제의 체계적 인식

우리는 어떠한 대상, 그리하여 문제의 인식도 주어진 체계 안에서만 가능하다고 믿는다.[1] 이러한 믿음의 근거에 대해 여기에서 자세하게 논의할 수는 없지만 몇 가지 점만을 지적할 수 있다. 칸트는 대상 없는 개념은 공허하다는 것을 보이면서 또한 개념 없는 대상은 혼란하다는 것을 설득력 있게 주장하였다고 믿는다. 그렇다면 대상 또는 대상 인식은 개념 없이는 주어질 수 없다고 미루어 볼 수 있다. 그러나 개념이란 무엇인가? 칸트는 개념을 보편적이고 필연적인 체계의 항목으로 생각하였지만 현대의 언어철학의 성과에 의하면 그 생각은 의문스러운 것으로 거부된다. 이제 개념이란 단어, 또는 문장의 용법(논리) 이외의 다른 것이 아니라는 것이 인정되고 있다. 그리고 단어나 문장은 언어 체계의 항목일 뿐이고 언어 체계란 유일하고 필연적인 것으로 존재하는 것이 아니라 다원적으로 다양하게 구성될 수 있는 것이라는 것이다.

그렇다면 여성 문제는 어떠한 언어 체계에서 인식해야 하는가? 우리에게는 아직 이렇다 할 체계가 없지 않은가? 물론 우리는 아직 확정된 그리고 완성된 체계가 없다. 그러나 우리는 개과천선적 공학(改過遷善的 工學)을 사용하여 임의의 체계로부터 출발할 수 있을 것이다.[2]

일간 신문의 사회면이라고 하여 그것이 체계 없이 보도될 수 없다. 우리는 이것을 '상식 체계'라 부를 수 있을 것이다. 편의상 이를 '(가) 체계'라 부르겠다. 그러면 (가) 체계에선 무엇이 여성의 문제인가? 주부 도박단, 해외 남성 근로자 부인의 춤바람, 강간, 초등학교의 치맛바람, 광적인 종교 신앙, 복부인 등을 들 수 있을 것이다. 최근엔 사치성 헬스 클럽이 첨가되고 있다. (가) 체계에선 이들을 여성의 문제로 인식한다. (가) 체계의 이러한 인식의 구조의 선명성을 보고자 한다면 몇 년 전까지만 해도 그러한 신문 기사와 더불어 기재되었던 모 일간지의 사설들을 기억할 수 있을 것이다. 그러한 사설들은 특정한 관점에서 씌어지고 어떤 의미의 일관성을 유지한다. 사설을 쓰는 그 사람은 거기에서 사용되는 여러 가지 중요 개념들을 유기적 또는 상호 논리적 관계 속

1 인식과 체계의 관계에 대하여 다음을 참조: 콰인 지음, 허라금 옮김, 『논리적 관점에서』, 서광사, 1993; 쿤 지음, 조형 옮김, 『과학혁명의 구조』, 이화여자대학교출판부, 1980.

2 개과천선적 공학에 대하여 제4장 「체계의 선택과 실학적 방향」 참조.

에서 구사하면서 그의 관점이 함축하는 가치의 구조를 선명하게 반영하도록 논의를 전개한다. 사설들의 이러한 구조는 어떤 체계의 반영이고 그러한 체계가 없이 이러한 구조는 서술될 수 없다. 이 사설들이 가정하는 (가) 체계에선 도덕의 타락을 개탄하고 여성 단체들의 과제를 지적하고 여성 교육의 적합성을 강조한다.[3]

또 하나의 체계를 상상할 수 있다. 여성들이 동성 친구, 자매, 그리고 여학교 동창생, 친정어머니, 시어머니와 이야기를 주고받을 때 그 언어가 상정하는 체계이다. 이를 '안사람 체계'라 볼 수 있고 '(나) 체계'라고 부르고자 한다. (나) 체계에선 무엇이 여성들의 문제인가? 아들 낳기, 남편 출세, 자녀 교육, 주택 구입이나 확장, 자녀 결혼, 그리고 소비의 대상과 방식일 것이다. 그리고 자신의 건강도 요소이긴 하지만 대부분 식구들의 건강일 것이다. 이들이 어떻게 (나) 체계 안에서 여성의 문제로 인식될 수 있는가? (나) 체계를 이해하기 위해서 안사람이 규정되는 방식을 보자. 안사람은 조선조와 현대에 있어서 정도의 차이는 있지만 집안의 일을 생각하고 이 일을 하며, 집 안 특히 안채에 거주한다. 생각과 활동과 생활이 집 안이라는 공간에 제한되면서 부과되는 가치의 구조는 또한 그러한 제한된 공간 구조를 반영하는 것이 된다. 이리하여 안사람들은 그들 나름대로의 하나의 '세계'를 구성한다고 할 수 있다. 이러한 세계는 안사람이 규정되는 체계의 반영이라고 할 수 있을 것이다. 이러한 체계 안에서는 앞에 나열한 것들이 그 안사람들의 문제로 인식된다는 것이다. 그리고 이 문제들은 대개 돈의 부족에 그 초점을 모은다. (나) 체계에서 사람들은 돈의 가치를 선명하게 인식하고 살림을 알뜰하게, 그리고 더욱 현실적일 것을 다짐한다.

(가) 체계와 (나) 체계에서의 여성 문제의 해결은 도덕의 확립이나 경제적 여유에서 찾아질 것이다. 그러나 우리는 여기에서 여성 문제의 체계적 인식을

3 체계라는 개념을 보다 엄밀하게 규정할 수도 있다. 체계는 기호, 적형식, 공리, 추리 규칙으로 구성되는 통사 체계와 세계와의 관계 속에서 해석 규칙이 적용되는 의미 체계에 따라 조명될 수 있다.

주장하기 위해서 어떤 논의를 펼 수 있어야 할 것이다. 그것은 (가) 체계와 (나) 체계가 보다 일반적인 체계 (G)에 의해 통합될 수 있지 않는가라는 물음에 대해 어떤 식으로 답할 수 있어야 한다. 왜냐하면 모든 여성의 문제들이, 달리 말하여, 어떠한 관점으로부터서도 여성의 문제라 불릴 수 있는 모든 것들이 (G) 안에서 통합되어 나열된다면 여성 문제의 다원적인 체계적 인식은 불가능하기 때문이다. 여기엔 보편적이며 따라서 유일한 구조만이 있을 것이기 때문이다. 그러므로 우리는 (가)와 (나)가 하나의 체계 안에서 통합될 수 없다는 점을 보일 수 있어야 한다. 그렇지 않다면 (가) 체계나 (나) 체계의 여성 문제들도 여성의 '진정한' 문제들로 받아들여져야 하기 때문이다.

(가)와 (나)가 하나의 체계 안에서 통합될 수 없다는 것은 그들이 양립될 수 없다는 것을 보임으로써 지지될 수 있다. (가)의 어떤 문제는 (나)의 문제로 인식될 수 없고 (나)의 어떤 문제는 (가)의 문제로 인식될 수 없다는 것이 보여지면 된다. 첫째로 (가) 체계에선 여성들의 소위 복부인 또는 부동산 '투기'가 여성의 문제로서 지적된다. 그러나 (나) 체계에선 그러한 경제적 행위는 범법행위가 아니고 1975~1985년대의 경제 구조에서, 재산의 보호 그리고 증식의 길이 그 이외에는 어려울 때 정당한 것으로 인식될 수 있고 이러한 경우 그것은 여성의 문제가 아니다. 둘째로 (나) 체계에선 '아들을 낳지 않는 것'이 여성의 문제로 인식된다. 그러나 (가) 체계에선 이것은 여성의 문제로 인식될 수 없다. "아들 딸 구별 말고 둘만 낳아 잘 기르자"라는 구호 아래에서 그것은 누구의 문제일 수도 없다.

그렇다면 (가)와 (나)는 서로에로 환원될 수 없을 뿐 아니라 (G) 같은 일반체계 안에서 통합될 수도 없다. 이들은 하나의 체계 안에서 양립 가능하지 않다. 이러한 상황에서 무엇을 여성의 문제로 볼 것인가라는 문제는 어떠한 체계를 선택하느냐의 문제와 동일하게 된다. 체계에 따라서 인식되는 여성의 문제가 달라지기 때문이다. 그리하여 우리는 (가)와 (나)에 대하여 그러한 것들이 여성의 진정한 문제인가를 물을 수 있다. 달리 말해서 (가) 체계와 (나) 체계는 누가 만들었는가? 누구의 관점과 관심과 이해에 의하여 구성되었는가? 어떠한 체계의 조성도 그 조성자의 관심에 의해 지배를 받는다면 우리는 그 체계들의 구성자의 이익의 소재를 물어볼 수 있을 것이다. 표면상으로 (가) 체계와 (나) 체계는 각기 상식적 체계이고 안사람 체계로 보이는 점에서 이해가 얽힌 것처럼 보이지도 않고 '안사람'으로 불리는 여성들 이외의 세력 집단이 만든 것 같지도 않다. 그러나 실제에 있어서 그러한가?

우리는 (가) 체계와 (나) 체계에 있어서 '여성'이라는 단어 대신에 '노예'라는 단어를 대치해 볼 수 있을 것이다. 그러면 각기 새로워진 (고) 체계와 (노) 체계에 있어서 노예의 문제는 각각 도덕의 타락이고 경제적 빈곤일 것이다. 그 문제의 해결은 각기 도덕의 확립이고 경제적 여유가 된다. 여기에서 분명히 보이는 것은 사람들이 도대체 노예라는 문제성은 (고) 체계나 (노) 체계에 의해선 인식할 수 없다는 점이다. (고) 체계와 (노) 체계는 노예들에 의해서 만들어진 것이 아니라 노예와 주인의 관계가 승인되거나 요구되는 제도 안에서 구성되었다는 것이다. 노예들이 (노) 체계 안에서 스스로 자신들의 문제라고 하면서 제시하는 것들이라고 할지라도 (노) 체계가 노예 주인들의 이해의 구조를 물을 수 없게 하는 한 그들은 그들의 진정한 문제이기가 어렵다.

여성들에게 있어서도 (가) 체계와 (나) 체계는 여성들의 관점에 의해서라기보다 어떤 지배적 세력의 집단이 취하는 관심에 의해 부과된 체계이다. 그러므로 노예의 문제를 인식하기 위해선 노예들 스스로의 관점이 반영된 체계를 필요로 하듯 여성 문제를 올바로 인식하기 위해선 여성의 관점으로써 구성하는 체계를 필요로 한다. 그것은 여성 문제는 보다 조직적으로 이루어진 문제라는 관점에서 출발한다. 대부분의 여성의 문제들은 (가)나 (나)에서 보이는 것처럼 단편적이지도 않고 독립적이 아니며 연계성이 없는 것이 아니다. 오히려 이들은 표면적으로는 잘 보이지 않는 심층의 하나의 뿌리로부터 파생되는 것이다. 이 뿌리란 인간으로서의 여성에 대한 그 조직적 태만(negligence)이라 생각한다. 우리는 이러한 시각의 구조를 '해방 체계' 또는 '(다) 체계'라 부르고자 한다.

'해방 체계'로 들어가기 전에 두 가지 관찰을 지적하고자 한다. 첫째는 여성 문제의 체계적 인식이 불가피하다는 점, 그리고 그것이 가능하다는 것이다. 본 절에서 보이고자 했던 이 점들이 그럴듯하다면 이것은 우리의 작업에 어떠한 함축을 가지고 있는가? 이것은 여성학 가능성의 명제라고 생각한다. '학(-logy)'이라는 접미어가 어떤 표현에 붙을 수 있는 조건은 무엇일까? 이것을 우리는 다음과 같이 제안해 볼 수 있을 것이다. x학이란 사회의 어떤 그룹이 설명 · 이해 · 해석을 필요로 한다고 관용할 수 있게 선택하는 문제 x에 대한 체계적이며 과학적인 탐구의 노력이다. 그러므로 여성 연구가 단편적이고 나열적이며 개인적인 관심의 차원에서 이루어질 수 있었다면 여성학은 앞의 정의에 의한다면, 체계적이고 과학적이며 공동체적인 성격을 갖는다. 달리 말해 여성 문제가 설명을 필요로 하는 문제라고 하는 점이 일단의 여성에 의해 주장될 뿐 아니라 이 사회가 일반적으로 그 문제성을 적어도 묵인하여야 한다는 것이다. 그리고 이 문제가 흥미 있는 체계적 설명의 대상이며 계속적 탐구의 대상일 만큼 복합적 구조를 지녀야 한다는 것이다. 이러한 조건을 만족할 수 있는 만큼의 정도에서 여성 연구는 여성학일 수 있다.

둘째는 여성 문제는 체계적으로 인식되어야 하지만 이 체계는 다원적이라는 점이다. 이것이 함축하는 바는 문제의 인식이나 설명을 위하여 체계들을 만들어 보면서 어떤 체계가 바람직하지 않은가를 분별한다는 것이다. 개과천선의 공학은 잘못된 체계나 가설을 버릴 때 더욱 바른 체계나 가설에 가까워진다는 명제에 의한 공학이다. 그러므로 우리는 무엇이 여성 문제인가를 물으면서 우리가 처하여 있다고 생각하는 상식적인 (가) 체계에서 출발하였다. 그러나 이 체계의 문제 인식이나 문제 설명에 승복할 수 없었고 그리하여 친숙한 '안사람'이라 불리는 성질을 함유하는 (나) 체계를 둘러보았다. 그러나 이것 역시 표면적이고 현상적이어서 거부할 만하다고 생각한다. 이제 우리는 (다) 체계를 구성하고자 한다. 그러나 이것도 완성적이거나 정답적인 체계라고 할 수 없다. 어떠한 가설도 개과천선의 공학의 구조에 의해 새롭게 미루고 다시 헤아려지면서 미래의 수정에 열려 있어야 하기 때문이다.

(나) 한국 일상 언어를 통한 문제 인식

우리는 그러한 (다) 체계의 구성을 위하여 한국 일상 언어에 나타난 남녀 비대칭성의 구조를 분석하고자 한다. 여기에선 정체성 개념과 강간 개념의 두 가지를 분석할 것이다.

정체성은 여성의 경우 일반적 정체성과 개별적 정체성으로 나누어 고려해 볼 수 있을 것이다. 먼저 일반적 정체성에 대해 생각해 보자.[4] 일반적인 상황에서 어떤 여성에 대하여 "김씨는 여성적이다"라고 말하는 경우가 있다. 김씨는 '여성적'이라고 불릴 수 있는 집합의 성원이라는 것이다. 그러한 집합과의 관계 속에서 말하여졌다는 뜻에서 김씨는 그러한 일반적 정체성을 갖는 것으로 보여진다.

그러면 '여성적'이라는 단어를 어떻게 이해할 수 있을 것인가? 이 이해의 시각을 위하여 다음과 같은 세 가지 관찰들을 하여 보자. 첫째, 어떤 부류의 사람들은 '여성'이라는 단어로 호칭되고 다른 어떤 종류의 사람들은 '남성'이라는 말로 불린다. 여성과 남성의 이러한 구분은 자연 종류 개념에 의한 구분으로 생각된다. 둘째, '여성적'이라는 형용사를 김씨에게 적용할 때 이 단어는 무엇을 지칭하는가? '빨강'이라는 단순 형용사는 어떤 물체의 색채의 성질 즉 빨간 성질을 지칭하고, '단아한'이라는 복합적 형용사는 어떤 대상의 단정하고 아담한 성질을 가리킨다. '여성적'이라는 형용사는 복합적인 성질들의 집합을 표시한다. 아름답고 우아하고 잘난 체하지 않고 고분고분하며 겸손하고

4 아래의 '여성적'에 대한 논의는 기존의 논법(졸저, 『한국어와 철학적 분석』, 이화여자대학교출판부, 1985, p. 150)을 확장한 것이다.

희생적이며 내조하는 성질들의 집합을 가리킨다고 생각한다. 이에 대하여 '남성적' 이라는 형용사는 용감하고 씩씩하며 건장하고 근육적이며 배짱 좋고 소신 있는 성질들의 집합을 지칭한다. 또는 그러한 집합의 어떤 성원들의 하위 집합을 지시한다.

첫 번째 관찰에서 보이는 여성과 남성의 구분이나 두 번째 관찰에서 지적된 두 형용사들의 구별은 모두 남녀 대칭적이다. 그러나 이제 우리는 세 번째 관찰을 하여 보도록 하자. 어떤 규수 이양에 대하여 "이양은 여성적이 아니다" 라는 말과 어떤 총각 박군에 대하여 "박군은 남성적이 아니다"라는 표현을 생각하여 보자. 결혼 중매자가 여자 집에 가서 "박군은 남성적은 아니지만, …… 하여 훌륭하다"라고 말할 때 이 문장은 적절하게 사용된 것으로 보인다. 그러나 그 중매자가 남자 집에 가서 "이양은 여성적은 아니지만, …… 하여 훌륭하다"라고 할 때 이 문장은 현재의 한국어의 문맥에서 일관성이 의문스러운 것으로 이해된다. 의미론적으로 거의 자기 모순적인 분위기를 담는 문장으로 파악된다. 박군의 경우 '훌륭하다' 라는 술어의 적용은 실속 있는 수식어로 들리지만 이양의 경우 '훌륭하다' 라는 술어의 적용은 '여성적이 아니다' 라고 이미 말하여졌기 때문에 공허하게 들린다는 것이다.

이러한 일상 언어 사용에 대한 우리의 셋째 관찰이 받아들여질 수 있다면 그러한 언어 사용의 구조를 밝혀봄직하다. 첫 번째와 두 번째의 대칭성이 어떻게 세 번째에 와서 무너지는가? 이에 대한 설명은 일상 언어의 그러한 사용 방식에 대한 성찰에서 찾아질 수 있는 것으로 생각된다. 한국 사회는 '남성적' 이라는 단어를 남성적이라는 성질을 지칭하거나 기술(description)하는 경우에 사용하고 그 이외의 경우의 사용은 일반화되어 있지 않다고 보인다. 그러나 한국 사회는 '여성적' 이라는 형용사를 두 번째 관찰에서 지적한 대로 여성적이라는 성질을 기술하는 데 사용할 뿐 아니라 더 나아가 여성을 규정 또는 처방(prescription)하는 가치 언어로 사용한다. 남자는 남성적이 아니라도 똑똑하기만 하면 되지만 여자는 뭐니뭐니해도 여성적이어야 한다는 가치가 들어 있다.

'남성적'은 남자가 만족하는 경우 더욱 좋을 뿐이지만 '여성적'은 여자가 만족하여야 하는 표준이 된다. 그러므로 여자는 사실에 있어서(descriptively) 여성적이 아닌 경우에도 당위적으로(prescriptively) 여성적이어야 한다. 이러한 구조에서 여성들은 '여성적'이라는 언어의 포로가 된다. 여성의 정체성은 그 일반적 관계에서조차 남녀의 비대칭적 구조를 갖는다는 것을 알 수 있다.

여성의 개별적 정체성에 대해 한 가지 분석을 하여 보자.[5] 일반적으로 사람의 정체성(identity)은 그가 하는 일에 의하여 확인(identify)된다. "그분은 누구십니까?"라는 질문이나 "그분은 무엇을 하십니까?"라는 물음이 함의하는 것은 그 사람의 정체성의 물음이고 이에 대한 대부분의 올바른 답은 영혼의 주민등록번호나 도덕적 자격증이 아니라 그 사람이 이 사회에서 주로 또는 생계와 관련하여 하는 일의 지적으로써 이루어진다. 그러나 여성이 결혼을 하면 '가정주부'라 불린다. 그리고 사전은 이것이 (i) 한 집안의 주인의 아내이며, (ii) 안주인이고, (iii) 한 집안의 제사나 살림을 맡은 사람의 아내를 뜻하는 것으로 적고 있다. 이것은 여성이 자신의 정체성을 인식하여야 하는 방식이며 실제로 그렇게 인식하고 있는 방식이 되었다. 그러한 방식을 구체적으로 지적하여 보자. 오랜만에 만난 여학교 동창들 사이에 묻는 진정한 인사는 "넌 요즘 뭘 하니?"가 아닌 것 같다. 피상적 안부에서 벗어나면 진정한 인사는 "네 신랑은 요새 뭘 하니?"로써 조심스럽게 묻는다. 대개의 경우 이것은 친구의 신랑에 대한 개체적 관심의 표현으로서가 아니라 친구의 정체성에 대한 관심의 표현으로서 물어진다. 가정주부가 여성의 제일차적 존재 방식으로 되어 있는 사람들 사이에선 더욱 그러할 것이다. 가정주부의 정체성은 남편의 정체성에 의존하여 있기 때문이다.

문제는 가정주부가 남편의 정체성을 차용하여 갖는 기생적 정체성에 만족

5 아래의 개별적 정체성에 대한 토의는 이미 제시된 것(『한국어와 철학적 분석』, pp. 166-68)을 확장한 것이다.

하는가 않는가의 문제가 아니다. 만족해하는 노예도 있기 때문이다. 문제는 하나의 사람이 노예로 존재한다는 사실이다. 문제는 많은 여성이 남편의 정체성에 기생적이라는 사실이다. 많은 여성이 자신의 정체성을 자신의 활동에 의해서가 아니라 다른 사람의 활동에 의해 가져야 한다는 사회적 제도에 문제가 있다. 가정주부를 제일차적 존재 양식으로만 가져야 하는 여성의 경우 "가정주부는 다른 사람이 됨으로써 자기 자신이 된다"라는 명제가 인도하는 갈등을 체험하지 않기가 어렵다.

부부가 이체일심(異體一心)의 관계에 있을 수 있다면 여성의 차용된 정체성은 적어도 심리적으로 만족스러울 수 있다. 그러나 이체일심의 관계가 가능한가도 문제이고, 바람직한가는 더 문제이다. 이체일심 또는 일심동체(一心同體)가 불가능하다는 것은 분명하다. '일심'이라는 것을 한 사람이 특정한 시간에 가지고 있는 모든 믿음들의 한 체계라고 정의하여 보자. 그렇다면 한 사람에게 있어서도 두 개의 다른 시점에서 동일한 믿음들의 체계를 유지하기가 어렵다. 더욱 두 사람이 특정한 같은 시간에 동일한 체계를 가질 수는 없다. 왜냐하면 그러기 위해서 양자는 동일한 기간 내의 모든 인식의 상황에서 동일한 시간 공간뿐 아니라 동일한 관점에서 인식의 경험을 했어야 한다는 것이다. 그러나 이것은 불가능하다. 한걸음 더 나아가 이체일심은 바람직하지도 않다. 이체일심의 관계가 가능하다고 하자. 그렇다면 이 관계에 있는 두 사람은 대칭적(symmetric) 관계가 아니라 재귀적(reflexive) 관계에 있게 된다. 그러나 대화 · 사랑 · 반려 · 동료 등의 부부 관계에서 우리가 원하는 관계는 재귀적 관계가 아니라, 대칭적 관계에 근거하여 세워지는 관계이다. 물론 우리가 부부 관계에서 완전한 복종, 완전한 합의, 불변하는 평정 같은 것을 추구한다면 이들은 재귀적 관계에서 얻어질 수 있을 것이다. 따라서 이체일심이나 일심동체라는 표현은 이러한 것을 바람직하다고 속단하여 이루어질 수 있기를 소원하는 구조에서 만들어진 메타포일 수 있다. 그러나 우리의 분석에 의하면 이체일심은 가능하지도 않고 바람직하지도 않은 것이라 생각된다. 이러한 메타포를 강자가 약자에게 강요할 때 약자는 정체성의 위기나 분열을 체험하지 않기가 어렵다. 이견이나 대립, 싸움이나 증오, 갈등이나 경멸의 순간에도 약자는 그러한 구조 안에서 강자의 정체성에 기생하여야 하기 때문이다.

이제 강간의 개념을 분석하여 보자. 시골에서 상경한 여성 근로자 최모 양이 고층 빌딩에서 투신자살을 한 경우가 있었다.[6] 시골의 모친과 남자 애인에게 남긴 유서에 의하면, 최양은 친구가 일하러 간 사이 자취방에서 혼자 잠을 자다가 강간을 당하고, 더럽혀져, 모친이나 애인을 볼 면목이 없다는 것이었다. 강간에는 여러 가지 요소들이 있다. 그중 하나는 한 인격이 다른 인격을 사물로써 사용한다는 요소이다. 대상화라 불리는 이러한 소외의 관계는 창녀와 노예의 경우 널리 인정되고 있지만 강간의 경우 그 강도가 가장 짙은 것이 아닐까 생각된다. 여기에선 이 사물화의 요소는 편의상 제쳐두고자 한다.

강간의 개념에서 주시해 보고자 하는 요소는 '더럽혀졌다'라는 것이다. 여기에서 이 표현은 애매하다. 이것이 두 가지 의미를 가지고 있기 때문이다. 어떤 소설의 여주인공이 강간을 당한 후 집에 와서 샤워를 몇 번이나 계속한 경우가 있었다. '더럽혀졌다'의 첫째 의미는 샤워로 깨끗해질 수 있는 종류의 더러움이고 둘째는 반복된 샤워로도 깨끗해질 수 없는 종류의 것이다. 첫째가 사물적인 더러움이라면 둘째는 도덕적 또는 인격적 더러움이라고 생각된다. 강간 피해자 최양의 처절한 인식은 둘째 의미의 더러움에 대한 것이라 믿는다. 그리고 최양은 그의 부모와 애인 그리고 친구들, 즉 사회도 이 사실을 아는 경우 도덕적으로 더러워졌다는 인식을 한다는 것을 알고 있다. 물론 최양은 강간을 당했을 뿐이고 도덕적으로 책임져야 할 아무런 행위도 하지 않았다. 그런데도 최양은 그의 '더럽혀졌음'에 대해 책임을 져야 한다. 여기에 개념적으로 풀려야 할 매듭이 있다고 생각한다.

6 강간 개념에 대한 이 분석은 한(恨)의 개념을 논의하는 과정에서 다루어졌었다. 『한국어와 철학적 분석』, 「한의 개념적 구조」, pp. 69-83.

최양이 강간을 당했다는 것은 성관계의 첫째 단계에서 필요로 하는 여성 흡입[7]의 의지가 없이 남성의 일방적인 삽입만이 있었다는 것을 뜻한다. 그런데 최양이 강간을 당했는데도 도덕적으로 더러워졌다는 것은 무엇인가? 최양이 아무런 행위도 하지 않았는데도 도덕적으로 책임져야 하는 것은 어떻게 설명될 수 있는가? 이것은 성관계의 종료 단계에서 여성의 절정감의 유무와 무관하게 남성의 절정감만으로 성관계 행위가 완성된다는 구조에서 찾아질 것이다. 이러한 비대칭성의 관계에서도 여성은 성관계의 참여자가 된다는 뜻에서 "최양도 성관계를 가졌다"라고 말할 수 있는 구조가 발생한다는 것이다.[8] 이러한 구조에서라야 "최양은 강간을 당했지만 성관계를 가졌다"라는 명제가 성립하고 최양이 도덕적으로 더러워졌다는 사회 인식이 가능하게 된다.

(다) 여성 문제의 성격

앞 절에서 우리는 여성의 정체성 개념과 강간 개념의 두 가지를 언어적으로 분석하였다. 본 절에서는 이 두 분석을 모델로써 여성 문제로 보고 싶은 것의 어떤 성질들을 추출하여 여성 문제의 성격을 규정하면서 (다) 체계의 여성 문제 인식의 시각을 제시하고자 한다.

7 여기에서 '흡입'이라는 단어가 너무 강하다고 생각되어 '수용'이라는 단어를 더 좋게 생각할 수도 있을 것이다. 그러나 후자는 전자에 비하여 너무 수동적이라고 생각된다. 후자는 특히 남성들의 '삽입'이라는 단어와 대조할 때 능동적인 행위의 대칭성을 모색하는 우리의 과제로부터 빗나가 있다고 생각된다. 어떤 영어 문헌에서 이들이 'penetration'과 'engulfment'로 대조된 것을 본 적이 있다. R. Baker & F. Elliston, *Philosophy and Sex*, Buffalo, N.Y.: Prometheus Books, 1975 참조.

8 우리는 성관계 개념의 분석을 "성관계를 하였다"라는 표현으로써 시작하였다. 이것은 성관계의 처음 단계에서는 남녀 모두에게 대칭적으로 적용될 수 있는 표현이다. 그리고 남자의 경우 종료 단계에서도 그대로 적용된다. 그러나 여성의 경우 종료 단계에서 이 표현은 너무나 능동적이어서 구조적으로 적합하지 않다. 성관계의 종료 단계에서 여성의 수동적인 참여자로서의 구조를 반영한다면 "성관계를 가졌다"라는 표현이 보다 정확하다고 할 것이다. 제12장 성관계 개념의 억압성 참조.

정체성과 강간의 개념에 대한 앞의 분석을 받아들일 수 있다면 거기에서 제기된 문제는 개인적이며 심리적 차원의 문제인가, 아니면 사회적이며 구조적 차원의 문제인가를 따져 볼 수 있을 것이다. 먼저 그러한 문제는 개인적이라고 하는 입장은 어떻게 이해될 수 있는가? 이 입장에 의하면 어떠한 여성도 여성적이(예쁘)고자 하는 본능이 있고, 그런데 실제에 있어서 여성적이(예쁘)지 않을 때 여성적이(예쁘)고자 하는 노력, 또는 야기되는 갈등은 개인의 문제라는 것이다. 그리고 여성이 남편과 이체동심이 못되어 남편의 정체성을 자신의 것으로 인식하는 데 있어서 발생하는 알력도 대부분 여성 개인의 문제이기 십상이라는 것이다. 강간의 경우도 여성의 부주의, 선정적 몸가짐 등에 의해 유발되는 것이어서 "도덕적으로 더러워졌다"라는 사회적 판단은 전혀 근거가 없는 것은 아니라는 것이다.

그러나 앞의 문제들에 대한 이러한 설명은 어떤 개인에 대하여 환기해 볼 만한 타당성이 없는 것은 아니지만 문제의 표면에 머물고 있다고 생각된다. 논의의 초점은 무엇인가? 한국어의 구조에 있어서 분석 명제 또는 논리적 진리라는 것이 있다: "총각은 결혼하지 않은 성인 남자이다", "화자는 청자가 어른인 경우 '하시오' 언어를 사용하고, 아이인 경우 '해라' 언어를 사용한다" 등이다. 이들이 한국어를 구성하는 논리적 진리인 까닭은 한국어의 체계란 그러한 진리들을 규칙으로 하여 구성되어 있기 때문이다. 그러나 한국어는 우리들의 분석에 의하면 다음과 같은 명제들도 구성적 진리도 가지고 있다고 생각된다: "여성은 여성적이어야 한다", "가정주부는 그의 남편의 정체성을 자신의 정체성으로 갖는다", "여성은 강간을 당한 경우에도 도덕적으로 더럽다." 이들은 한국어 안에서 "아버지는 남자이다"처럼 분석 명제들에 의해 서로 연결되고 함축되어 일관성을 유지하면서 한국어라는 하나의 체계를 이루기 때문이다. 따라서 한국 사회에 태어나는 어린이나 한국 사회를 받아들이는 사람은 한국어를 배운다는 것이고, 한국어를 배운다는 것은 한국어에 구조적으로 들어 있는 세계관을 수용한다는 것이다. 세계관이란 세계를 바라보는 질서의 시각이다. 여기에는 사물을 인식하는 구조뿐 아니라 인간 관계 그리고 가치의 질서가 포함되어 있다. 따라서 한국어를 받아들이는 사람은 앞의 명제들의 분석 명제적 당위적 세력을 거부할 수 없다. 앞의 개인론자는 문제의 초점을 "어떤 여성 개인들은 위에 든 명제들과 조화롭게 살지 못한다"라고 하여 그 책임은 그 개인에게 있다는 것에 초점을 모으고 있다. 그러나 이것은 노예 생활에 불평하는 노예에게 그 노예의 개인의 성격 결함을 지적하여 불평의 발생의 소재를 밝히려는 노력과 같다.

이러한 상황에서 우리는 정체성과 강간의 개념이 제기하는 문제는 사회적이며 구조적이라고 믿는다. 이 주장에 대한 보다 구체적인 논의는 다음과 같다. 여성에 관한 앞 문단의 세 명제에 관하여 생각하여 보자. 어떤 여성이 세 명제를 부인한다고 하자. 그러면 그는 한국어의 구조 안에서 조화로운 언어 사용을 하고 있지 않다. "나는 여자이지만 여성적이 아닐 수도 있다"라든가 "나는 강간을 당하였지만 나는 도덕적으로 더러워지지 않았다"라고 말하는 경우이다. "나는 결혼한 여성이지만 가정주부는 아니다"라거나 "나는 가정주부이지만 집안일은 하지 않겠다"라고 말하는 경우의 부자연스러움은 한국 사회가 구조적으로 한국어에 불어넣은 가치관에 입각한 언어 구조와의 불일치 속에서 설명된다. 그 부자연스러움은 그렇게 말하는 여성 개인의 '너무 진취적인 성격 결함'으로는 궁극적으로 설명될 수 없다.

그렇다면 정체성과 강간의 개념이 보여주는 한국어 안에서의 여성과 남성의 비대칭성 특징은 어떻게 들어왔는가? 이 물음은 사실 서술적 대답을 요구하지만 우리는 여기에서 그러한 시도보다는 가설 구성을 하여 볼 수 있을 것이다. 그것은 다음과 같다. 남성 중심의 집단이 위계 질서를 만들고 규칙들을 제정하고 제도들을 설치한다. 그러나 이들을 만든다는 것은 이들에 대한 사적인 남성들의 관심이 공적인 언어에로 표현되면서 사람들에게 부과된다는 것이다. 그러나 그 집단은 남성 중심 또는 대부분 남성만의 집단이었기 때문에 여성들의 입장 · 이해 · 관심 · 인권 등에 대해서 태만(negligence)했을 수 있다.[9] 이 태만이 남성 집단의 이해의 체계적인 관점과 대비될 때 이 태만은 여성의 관점에서 체계적 태만으로 인식된다. 그러나 불공평(unjust)한 제도는 고통을 초래하기 마련이다. 그렇다면 이 체계적 태만은 고통자의 체험으로부터 체계적 억압으로 인식되지 않을 수 없다. 우리는 우리가 관심 가져야 할 여성 문제의 성격을 이 사회가 여성의 관심에 대한 체계적 태만에서 출발한 과정이 조직적 억압으로 결과된 그 사회구조적 특징에서 찾았다고 생각한다.

여성 문제의 특징의 이러한 파악은 함축하는 바가 많다. 여성들의 도덕적 해이나 타락 또는 여성들의 경제적 빈곤이나 가족 성원에 대한 내조 등이 제기하는 문제들은 (다) 체계 안에서 무시되는 것은 아니지만 문제의 우선 순위에 있어서 앞자리에 오지 않는다. 또 하나의 함축은 여성의 생리적 또는 산부인과적 문제는 여성의 문제이긴 하지만 우리의 논의의 문맥에서 우리가 관심 가져야 할 문제의 범위에서 제외된다는 것이다. 이를 위한 하나의 논의를 생각하여 보자.[10]

대상 인식의 매핑(mapping)은 여러 가지 방식으로 분류될 수 있을 것이지만 그중의 하나는 자연(과학)적 매핑과 사회(과학)적 매핑의 구별이라고 생각한다. 전자는 자연 현상의 존재적 구조에 의해 지배를 받고 후자는 사회 현상의 존재적 구조에 의해 규정된다. 이러한 일반적 구별의 시각에서 여성의 권리에 대한 조직적 태만이나 체계적 억압은 자연적 매핑에서는 발생하지 않고 사회적 매핑에서만 야기된 것으로 생각된다. 물론 자연적 매핑과 사회적 매핑

9 조혜정 교수는 태만의 개념은 소극적인 것이 아닌가라는 의문을 제기하였다. 물론 모든 태만이 비난받을 만한 것(culpability)이 아니기 때문에 태만 개념은 우리의 문맥에서 너무 약하게 보일 수 있다. 그러나 이것을 강화하기 위하여 이 단계에서 '억압'으로서 서술한다고 하자. 그러기 위해서는 그 남성 중심의 집단은 여성의 권리를 억압하고자 하는 구체적인 의도를 가지고 있었어야 할 것이다. 그러나 이것은 개연성이 빈약하다고 보인다. 그러면 억압과 태만 사이의 어떤 개념이 그럴듯한가? 그러한 개념이 아직 보이지 않는 동안 우리는 태만 개념이, 약하긴 하지만 그 남성 집단의 태도의 서술로서 받아들일 수 있다고 생각한다. 어떤 종류의 태만은 비난받을 만하고 여성의 고통을 이렇듯 결과한 그 태만은 바로 그러한 종류라고 주장할 수 있을 것이기 때문이다.

10 신옥희 · 장상 교수와의 이야기를 통해 사실 지평과 언어 지평의 구별은, 소위 '갈비뼈 논쟁'의 해결에도 적용될 수 있다는 것을 볼 수 있다.

의 구별은 실제에 있어서 엄밀하게 그려내기 어렵다고 생각한다. 그러나 자연적 매핑으로 내세워진 것이라 할지라도 여기에 여성 억압적인 구조가 있다면 이것은 사회적 매핑이라 생각된다. 이를 위해 음양 논의들을 생각해 보겠다.

어떤 음양론자가 다음과 같은 논의를 전개한다고 가정하자. 여기에서 이 사람이 실제로 또는 정확하게 이렇게 주장하는가 않는가는 문제가 아니다.

(4) 모든 현상은 양(陽)적 질서에 속하거나, 음(陰)적 질서의 지배를 받거나, 아니면 두 질서의 조화의 관계 질서에 속한다.

(5) 양의 대상과 음의 대상은 각기 태양과 지구, 남자와 여자, 기수와 우수 등이고 조화의 대상은 부부, 중앙, 자연, 정수의 총체 등이다.

(6) 양의 성질은 위 · 밝음 · 밖 · 낮 · 하늘 · 주장 · 명령 · 생명 · 우측 등이며, 음의 성질은 아래 · 어둠 · 안 · 밤 · 땅 · 침묵 · 복종 · 좌측 · 죽음 등이다.

(7) 그러므로 양의 대상은 양의 성질을 가져야 하고 음의 대상은 음의 성질을 가져야 한다.

(8) 그러므로 남자는 양의 성질을 가져야 하고 여자는 음의 성질을 가져야 한다.

위의 다섯 명제는 하나의 논의를 이루고 있다. 처음 세 명제는 표면상 사실 서술적 형태를 취하고 있고, 마지막 두 명제는 앞의 전제들로부터 귀결된 가치 처방적 형식을 취하고 있다. 명제 (7)은 규칙 (일반) 당위적 명제이고, 명제 (8)은 행위 (개별) 당위적 명제이다.

음양론자의 이 논의를 어떻게 평가할 수 있겠는가? 물론 명제 (7)까지 주어질 수 있다면 명제 (8)은 그로부터 정당하게 귀결될 수 있을 것이다. 그러나 명제 (7)이 앞의 세 명제들로부터 정당하게 귀결될 수 있는가? 부정적인 이유 몇 개를 지적하고자 한다. 첫째로 앞의 세 명제의 사실 서술성의 문제이다. 먼저 명제 (4)는 세계의 존재론적 분류에 대한 유일한 방식의 명제인가? 아니면 이것보다 더 나은 존재론적 분류는 없는가? 이것은 자연과학과 사회과학의 현행의 실천에 가장 설득력 있는 모델인가? 우리는 이 물음들에 대해 불행히도 부정적이다. 명제 (5)는 어떠한가? 모든 현상이 세 범주 중의 하나에 실제로 속하여 있는가? 태양에 대해 지구가 음이라면 지구에 대해 달은 무엇이며 달에 대해 달의 주위 궤도를 돌 수도 있는 인공위성은 무엇인가? 남녀가 양과 음으로 분류된다면 어른과 아이는 어떻게 분류되는가? 통치자와 피통치자가 양과 음으로 분류된다면 피선출자와 선출자는 어떻게 규정될 것인가? 이러한 문제들을 해결하기 위하여 얼핏 기능론적 음양론을 도입하는 유혹이 있지만 이것은 도움이 안 된다. 결론 (8)을 위해서는 기능론적 음양론보다는 실체론적 음양론이 필요할 것이기 때문이다. 왜냐하면 기능론적 음양론에 의하면 어떤 기능의 구조 안에서 어떤 여자는 양이고 어떤 남자는 음일 수 있어야 하기 때문이다. 그러나 이것은 명제 (8)과 모순이고 따라서 기능론적 설명을 할 수 없다면 앞의 문제들은 실체론적 음양론이 풀어야 할 문제로 남는다. 명제 (6)의 성질들은 모두 확정적 성질이 아니다. 대부분이 상대적 성질이어서 기능론적 이해를 요구하지만 기능론은 이미 거부되었기 때문에 메타포로서만 의미를 가질 것이다. 그러나 이러한 메타포에 대한 이해의 방식이 규정되지 않는다면 논의의 명제 안에 이를 들여오는 데 문제가 있다.

명제 (7)이 부당한 결론이라는 둘째 이유는 무엇인가? 논의의 편의를 위하여 앞의 세 명제가 사실 서술적이고 그리고 참이고 따라서 법칙적이라고 가정하자. 그렇다 할지라도 이 세 명제에 의해서 결론 (7)은 귀결되지 않는다. 흄과 칸트가 지적한 대로 가치 명제는 순수하게 사실적인 명제로부터 유도될 수 없다. 우리가 앞에서 본 '남성적'과 '여성적'의 경우에서처럼 남자는 대부분 사실적으로 남성적이라 할지라도 어느 특정한 남자가 현실적으로 남성적이 아닌 경우 당위적으로 남성적이어야 할 근거가 없다는 것이다. 음양론이 보이고자 하는 사실적인 전제들과 당위적인 결론과의 연결은 또 하나의 전제를 필요로 한다. 그것은

(9) 어떤 개별자 a는 그것이 속하여 있는 종류 A가 일반적으로 가지고 있는 성질 P를 가져야 한다.

라는 형식의 전제이다. 그러나 (9)는 사실적으로 참일 수 없다. 이것은 다만 특정한 언어 공동체가 자의적으로, 또는 선택하는 가치의 질서에 따라 부과할 수 있는 형식일 뿐이다. 한국어 공동체 안에서 '남성적'은 남성들에게 당위적으로 사용되지 않지만 '여성적'은 여성들에게 처방적으로 사용되고 있다. 이것이 보이는 방향은 분명한 것 같다. 사실 또는 자연의 언어의 차원에서 억압은 발생하지 않고, 가치 또는 사회의 언어의 차원에서만 억압은 발생한다는 것이다. 음양론에서 보이는 것처럼 가치적인 결론 (8)이 사실적인 전제들에서 귀결되는 것처럼 꾸밀 때에만 여성 억압이 자연스러운 것으로 보일 수 있다는 것이다. 그러므로 이를 일반화하여 말할 수 있다. 생리적 현상의 언어에 억압이 있는 것처럼 보인다면 여기엔 호도된 가치 언어가 숨어 있다는 것이다. 그렇다면 생리적 문제는 여성들의 부차적인 문제일 수 있고 여성의 일차적인 문제는 사회적이라는 우리의 주장은 지지될 수 있을 것이다.[11]

(라) 여성학의 사회과학적 성격

앞 절에서는 (다) 체계의 제시를 통하여 우리가 관심을 갖고자 하는 여성 문제는 사회적이라는 것을 보였다. 이것은 여성의 일차적 문제는 도덕적도 아니고 경제적도 아니며 자연적 또는 생리적이 아니라는 것을 뜻한다. 그리고 앞의 세 장에서 주시한 문제의 체계적 성격을 근거로 하여 우리는 여성 연구들이 근본적으로 하나의 체계 안에서 통일되고 종합될 수 있다고 믿는다. 이러한 믿음이 정당화될 때 여성 연구들은 비로소 여성학이라 불릴 수 있을 것이

11 음양론의 여성학적 함축은 윤후정 교수가 시사하여 주었다.

다. 물론 여성학은 여성 연구들의 체계성을 필요로 하지만, 유일한 체계가 아니라 다원적인 체계들을 요구한다.

그리고 여성학은 더 나아가 하나의 개별 과학이라고 생각한다.[12] 개별 과학은 전문적 문제를 필요로 한다. 전문적 문제란 전문가 사회의 꾸준한 연구를 통하여 설명을 필요로 한다. 그러나 어떤 문제가 전문적 문제가 될 것인지 아닌지는 세계 학문 공동체의 관심에 의해 유도된다. 그리고 여성학은 그러한 세계 학문 공동체의 관심에 의해 인정된 전문적 문제를 가지고 있다고 믿어지는 범위에서 하나의 개별 과학이라 생각한다. 위의 명제들을 받아들일 수 있다면 우리는 어떤 설명들을 통한 여성학이 하나의 사회과학이라는 주장에 도달할 수 있을 것이다.[13]

우리는 앞 절에서 여성 문제가 일차적으로 생리적이 아니라는 점을 주장하였다. 이러한 주장에 의해 우리가 관심을 가지고 있는 의미의 여성학은 자연과학이 아니라는 점을 지적할 수 있을 것이다. 다음으로 여성학은 간접적으로만 인문학과 관련되어 있다는 것을 논의하고자 한다. 인문학의 전형적인 경우는 종교학 · 문학 · 사학이라고 믿는다. 이들 인문학은 우리들이 여기에서 관심을 가지고 있는 의미의 여성 문제, 즉 여성의 체계적 억압의 문제를 종교 현상, 문학 작품, 역사 현상에서 나타나는 대로 다루고 있고 앞으로 더욱 취급할 것이다. 그런데도 이들이 여성 문제에 간접적으로만 관련되어 있다는 주장의 의미는 무엇인가? 우리는 이를 위해 세 가지 고려를 하여 볼 수 있을 것이다.

인문학이 다루는 문제는 첫째로 간접적이 아닌가 생각된다. 여성학이 다루는 문제는 그 문제의 성격 때문에 '지금 여기에서'라는 현장적인 특징을 가지

12 개별 과학의 개념에 대하여 졸고, 「학제적 과학으로서의 간호과학: 개별과학의 동일성을 위한 사례연구」, 『현상과 인식』, 1981 가을, pp. 165–81 참조.

13 주경란 교수는 "여성 문제가 사회적이다"라는 근거만으로 여성학이 사회과학이라는 결론에는 비약이 있다고 지적하였다. 이 명제는 형식적으로 충분조건이 아니지만 사회과학 공동체가 여성학을 학문으로 인정할 수 있는 조건으로서는 충분하다고 보인다.

고 있다고 생각한다. 이것은 대부분의 사회과학의 분야들과 공유하는 특징이라 생각된다. 그러나 종교학 · 문학 · 사학에서 다루는 여성 문제는 사회 구조적일 수 있지만 현장적이면서 직접적인 그러한 요소가 결핍되어 있다. 문학작품은 본래 하나의 허구이고 역사 현상은 '지금 여기에서'가 강조되긴 하지만 이것은 역사가의 시각의 관점에서의 강조일 뿐 그 문제의 시간적 속성과는 연결되지 않는다. 종교의 경우에도 종교 제도에 의해 현실 사회나 비종교인 또는 타종교인으로부터 분리되어 있다는 점에서 학술이나 언론 또는 사회의 비판으로부터 떨어져 있다고 보인다.[14]

인문학과 여성학의 표준들은 반드시 양립 불가능한 것은 아니면서도 표준이 인도하는 시각의 방향이 다르다고 생각된다. 어떤 문학 작품이 아무리 훌륭하고 용감하게 여성의 억압의 구조를 그렸다고 할지라도 문학적 가치는 의문스러울 수 있다. 전통적인 종교들은 종교적 구원과 여성 해방을 반드시 동일한 것으로 보지 않을 것이다. 그리고 어떤 여성 문제의 역사적 중요성과 여성 문제로서의 심각성은 실제로 같은 것으로 간주되어 오지 않았다. 인문학과 여성학의 이러한 거리감에 대해 불평을 할 수는 없다. 왜냐하면 이들은 각기 분야의 자율성을 주장해야 하기 때문이고, 그리고 그 분야의 독립성은 인정되어야 하기 때문이다. 그러므로 여성학은 종교학 · 문학 · 사학으로부터 그 분야에서 이룩한 정보나 해석을 얻을 수는 있지만 인문학 분야의 방향을 제시(dictate)할 수는 없다.

인문학은 여성학에 간접적으로 관련되어 있다는 셋째의 고려는 인문학 일반과 사회과학 일반의 목표들의 관련성 속에서 찾아질 수 있을 것이다. 인문학은 대상에 대한 해석을 목표로 하고, 사회과학은 이해를, 그리고 자연과학

14 정세화 교수는 이 점을 시사하여 주었다. 종교인이 보는 그 종교의 여성관과 비종교적인 여성학자가 보는 그 종교의 여성관 사이에는 차이가 있을 수 있다는 것이다. 그렇다면 전자는 그 종교의 쇄신이나 정립이 궁극적 목표일 것이고, 후자는 그 종교 안에서의 여성의 억압의 구조를 밝히는 것이 목적일 것이다.

은 설명을 추구한다고 생각한다. 해석과 이해와 설명의 개념들에 대한 자세한 분석은 독립된 연구를 필요로 할 것이다.[15] 이러한 차이는 세 분야가 취급하는 대상의 존재의 구조와 관련되어 있다고 생각한다. 설명은 반복 가능한 대상 조작을 통하여 실험 가능한 자연 현상의 필연적 구조를 찾고자 한다면, 이해는 인간의 의도성과 문제성에 대한 현실의 사회적 연결의 구조를 밝히고자 하는 행위이고, 해석은 인간의 필연적인 제약이나 현실적 한계로부터 벗어나, 보다 나은 가능한 구조의 모색으로 생각될 수 있다. 설명과 이해와 해석은 이리하여 그 목표적인 구조 개념을 각기, 필연성과 현실성과 가능성에서 갖는다고 생각한다. 종교학과 문학과 사학은 그 해당 분야에 대한 현실 사회의 이해가 아니라 가능 구조의 해석을 목표로 한다고 보인다. 그러나 여성학은 여성 문제의 성격 규정에 따라 그 분야의 현실 구조의 이해를 지향할 수 있다고 믿는다. 이러한 차이에도 불구하고 인문학과 여성학이 간접적으로 관련되어 있다는 것은, 인문학에서 이룩한 바람직한 가능적 구조에 대한 해석이 사회과학의 방향성에 기여해야 한다는 점에서 찾아진다. 또한 사회과학이 취급하는 문제의 인식의 구조에 기여할 수 있다는 점에서 그러하다.

여성학이 하나의 사회과학이라는 논제를 보기 위하여 이는 자연과학이 아니라는 것을 주장하였고, 또한 인문학은 여성학에 간접적으로만 관련한다는 것을 시사하였다. 이제는 이 논제를 위하여 여성학과 여성 운동과의 관계에 대하여 생각해 보고자 한다.[16] 앞에서 지적한 대로, 여성 연구란 여성 문제에 대한 단편적이고 나열적이며 개인적인 관심의 차원에서 추구된 이해의 노력이라면, 개별 과학으로서의 여성학은 전문적 문제로서의 여성 문제에 대한 체계적인 이해의 노력이다. 그러나 여성 운동은 여성학에 어떠한 관련을 갖는

15 인문학과 사회과학과 자연과학의 관계에 대하여 박이문, 『인식과 실존』, 문학과지성사, 1982; 이명현, 『이성과 언어』, 문학과지성사, 1982; 소흥렬, 『과학과 사고』, 경문사, 1983 참조.

16 조형 · 장필화 교수는 많은 대화를 통하여 이 논문의 여러 문제에서처럼 여기에서도 그 문제성을 지적하고 이 정도의 균형이라도 가질 수 있도록 도움을 주었다.

가? 양자의 관계, 겹치는 면과 접촉점 그리고 거리를 어떻게 이해하여야 하는가? 어떤 학자들은 "여성학이란 여성 운동이며 여성 운동은 여성학이다"라고 말하여 양자의 동일성을 주장하는 입장을 취하기도 한다. 그러나 이렇게 강한 입장을 취하지 않는다 할지라도 양자의 겹치는 면을 거리보다 더 강조하는 경우, 그 관심은 '이론과 실천'이라는 표어에 의해 잘 나타난다고 생각된다.

이론과 실천이 '과'라는 접속사를 통하여 얻어지는 복합적 실체가 나타내는 관심은 무엇인가? 이것을 주장하는 밀접론자는 기존의 과학 또는 학문의 현학적 성격을 염려하고, 현실에 대한 무감각을 걱정하며, 학문의 과제에 대한 태만과 나태를 비판하고, 지행불일치를 비난하고, 언행 상반성을 성토한다. 밀접론자의 주장이 그러하다면 아무도 그러한 염려나 비판에 승복하지 않을 수 없을 것이다. 이들은 올바른 태도, 마땅한 도덕의 표현이기 때문이다. 바로 이러한 성격 때문에 이것은 학문적(academic)이기보다는 도덕적이라고 생각된다. 그렇다면 이론과 실천의 밀접론자에 대해서 이론과 실천의 분리론자는 갈등이나 모순을 느낄 필요가 없다. 밀접론자가 제시하는 도덕적 과제는 분리론자의 학문적 입장과 양립하여야 하기 때문이다.

밀접론자와 분리론자가 어떻게 양립할 수 있는가? 분리론자는 이론과 실천에 대해 어떠한 파악을 할 수 있는가? 분리론자의 파악은 도덕적이 아니라 학문적이고 이론적이기 때문에 분리론자와 밀접론자는 시각의 방향에 차이가 있긴 하지만 양립 가능하다는 것이다. 그러면 이 파악은 무엇인가?

먼저 이론적인 파악을 하여 보자. 분리론자는 이론과 실천의 분리 가능성을 위해 두 개의 명제를 지지할 수 있을 것이다.

(10) 알고서만 행동할 수 있다.

(11) 알고서도 행동하지 않을 수 있다.

명제 (10)은 지식 또는 이론이 행동 또는 실천의 필요조건이라는 주장이고,

명제 (11)은 지식이 행동의 충분조건이 아니라는 언명이다. 우리의 문맥 안에서 '행동'은 넓은 뜻으로가 아니라 좁은 뜻으로 해석되어야 할 것이다. 넓은 뜻으로 택하는 경우 동작이나 자연적인 몸짓(경련이나 소화 기관의 운동)을 포함하여야 하기 때문이다. 좁은 의미로 취하는 경우 이것은 행위를 뜻한다. 그러면 명제 (10)의 근거를 보도록 하자. 의도(intention)란 자각(awareness)의 일종으로서 지식에 속한다. 사람들은 산보할 의도가 없이는 산보할 수 없고 때릴 의도가 없이 남을 구타할 수 없다. 그러한 의도들이 없이 외양상으로만 산보나 구타 같은 동작이 있는 경우 그 사람은 몽유병 환자이거나 기지개를 켜다가 남의 몸을 스친 경우가 된다. 어떤 여성이 자원 봉사자로 가서 사랑의 전화 상담을 하는 경우를 보자. 이 여성의 이 행동은 어떤 의도 · 자각 · 지식이 없이는 발생할 수 없다는 것이다. 가정에서의 여성의 구타 문제에 대한 인식 없이, 이 문제가 여성의 권리의 침해라는 자각이 없이는 "사랑의 전화 상담을 하겠다"라는 의도가 귀한 의도가 될 수 없고 이 의도 없이는 그러한 행위는 발생할 수 없다.[17]

명제 (11)은 이미 흄과 칸트에 의해 지지되었다. 지식의 대상이 되는 사실 명제는 행위의 질서에 속하는 도덕 명제를 함의하지 않는다는 것이다. 예를 들어 보자. "'머리에 수건을 써라'는 하나님의 명령이다", "'대학에 진학해라'는 부모님의 말이다"와 같은 것이 사실 명제라고 하자. 이때 "그러므로 나는 머리에 수건을 써야 한다", "그러므로 나는 대학에 진학해야 한다"라는 당위 명제가 함의되지 않는다는 것이다. 물론 서얼(John Searle)이 주장하는 대로 어떤 종류의 사실 명제는 당위 명제를 함의한다. "김씨는 이씨에게 빌린 돈 5만 원을 내일 갚겠다고 약속하였다"라는 사실 명제로부터 "김씨는 이씨에게

17 이론이나 지식이 실천, 그리고 행위의 필요조건이라는 주장은 약간은 다른 맥락에서도 제안될 수 있을 것이다. 소위 '의식화'라고 하는 개념이 어떻게 이해될 수 있는가를 보자. 이것은 뜻있는 실천이나 행위에 앞서 이루어져야 하는 단계이다. 그런데 이것은 어떤 이슈에 대하여 상식 체계 안에서의 인식이 아니라, 우리가 귀하게 선택하는 체계 안에서의 문제 인식을 통하여 시작되는, 그리하여 그 문제의 구조 · 역할의 파악이라 할 것이다.

빌린 돈 5만 원을 내일 갚아야 한다"라는 당위 명제가 함의된다. 여기에서 문제의 초점은 "어떤 사실 명제는 당위 명제를 함의할 수 있다"는 것이 아니다. 초점은 "모든 사실 명제가 당위 명제를 반드시 함의하는 것이 아니다"라는 주장에 있다. 밀접론자가 필요로 하는 것은 전자의 주장이 아니라 후자의 반박이기 때문이다.

분리론자가 (11)을 주장할 수 있는 또 하나의 근거는 당위(ought)와 우선(must)의 구별이다. 일반적으로 받아들여지는 이 구별은 동시에 행위할 수 없는 많은 당위의 행위의 후보가 있다는 사실에 기초한다. 사르트르가 지적한, 나치 저항 운동에 참여하는 것과 병든 어머니를 간호하는 것의 당위들의 갈등, 화란 시민의, 거짓말을 하지 않아야 하는 것과 나치로부터 유태인을 보호해야 하는 것의 당위들의 알력에서 당위와 우선이 구별된다. 우리는 '해야 한다'라는 당위의 의무들을 모두 동시에 할 수가 없기 때문에 어떤 평가 체계에 의한 우선 순위를 정하여 맨 앞의 것을 하여야 한다. 그러므로 우선 순위의 뒤에 오는 것은 차례를 기다릴 수 있는 것이라면 다행히 실천될 수 있고 그렇지 않다면 불행하게도 제거된다. 이러한 상황에서의 제거는 지행불일치라고 규정될 수 없다. 언행 상반이라 불릴 수는 더욱 없다.

다음으로 분리론자가 이론과 실천에 대해 학문적으로 어떻게 파악하는가를 보자. 개별 과학들은 모두가 담당하고 있는 전문 문제에 대한 조직적인 설명 · 해석 · 이해의 체계들이라는 점에서 이론들이다. 물론 이 과학들이 그 이론들 안에서의 설명이나 이해 또는 해석의 노력이라는 점에서 '행위'라 불릴 수도 있다. 그러나 우리는 이러한 행위는 과학 안에서의 행위라는 뜻에서 지적 행위라 부르겠다. 그리고 사람의 조건을 개선하는 직접적인 행위만을 대상적 행위라 부르겠다. 그러므로 모든 지적 행위는 이론적 작업에 속하고, 모든 대상적 행위들은 실천적 작업으로 분류될 수 있을 것이다.

그러므로 이론과 실천은 아카데믹한 차원에서 사회가 요구하고 인정하는 범위 안에서 전문적 분업의 개념으로서 분리될 수 있을 것이다. 정치학 · 경영학 · 의학 · 간호학은 개별 과학으로서는 각각 하나의 이론 안에서의 지적 활동이지만, 현장에 적용될 때 공학(technology)적인 실천적 활동일 수 있다. 이론과 실천의 이러한 접촉성에도 불구하고 분리 가능성은 전문적 분업에서 찾아진다. 어떤 사람이 정치학 논문도 많이 쓰고 정치도 현장에서 할 때 우리는 그를 '정치학자'라고 부르는 데 주저한다. 전문적 문제가 요구하는 전문가란 해당의 문제들에 대한 전문적 연구를 하여야 하기 때문이다. 그러므로 그 사람이 정치학자이기 위해선 그의 어떠한 활동도 그의 전문적인 활동을 해치지 않는 범위에서 이루어질 것을 요구한다. 그러므로 일 주일에 한 번씩 잡문을 쓰거나 고아원의 자원 봉사를 하는 것은 그의 전문적 활동을 해치지 않을 수 있지만 일 주일 내내 현장 정치를 하거나 고아원 증설을 위하여 전국을 돌아다니는 것은 해칠 수 있다는 것이다.

여성학과 여성 운동을 전문적 여성 문제에 대한 지적 활동과 대상적 활동으로서 규정할 수 있는 차원에서 양자는 이론과 실천으로서의 개념적인 관계를 갖는다. 이 관계는 지식은 행위의 필요조건이라는 차원에서의 관계이다. 그러나 양자가 분리될 수 있다는 것은, 지식이 행위의 충분조건이 아니라는 구조에서 주장될 수 있다. 여성학은 이리하여 한편 여성 운동과 밀접한 관계를 가지면서, 다른 한편 분리 가능한 하나의 사회과학이라 할 수 있다. 그리고 사회과학으로서의 여성학의 전문적 문제들의 분야는 전문가 사회의 논의에 의해 수렴될 수 있을 것이다.

"여성학은 하나의 사회과학이다"라는 우리의 논제는 한국 사회 안에서 현재 이루어지고 있고 앞으로 발전할 여성학의 보편성과 특수성에 어떠한 조명을 할 수 있는가? 이를 편의상 '한국 여성학'이라 부른다면 한국 여성학은 어떠한 특징들을 갖게 될 것인가? 이들은 한국에 있는 여성학자들이 취급하고자 하는 여성 문제의 성격에 의존한다고 생각한다. 문제의 성격 이외의 다른 어떤 것을 근거로 한국 여성학의 보편성과 특수성을 논의할 수 있는가는 의문스럽다. 이제 앞에서 논의된 문제의 성격을 중심으로 한국 여성학의 보편성과 특수성에 대하여 적어도 세 가지 점에서 고찰할 수 있을 것이다.

첫째, 일반적으로 '인식의 순서'는 인식의 주체에 가까운 것으로부터 시작하여 먼 것에 미치는 순서로 알려져 있다. 가까운 (가)와 (나) 체계에서 시작하여 이들이 부정되고 (다) 체계가 제안되었다. 그러나 (다) 체계가 지금은 가까운 체계로 보일 수 있지만 더 바람직한 (라) 체계가 항상 미래에 가능하다. 그리고 지금 우리가 다루는 여성 문제의 인식도 (다) 체계 안에서이지만 한국 여성, 아시아 여성, 세계 여성의 순서로 이루어질 것이다. 그러므로 인식의 순서에는 특수성으로부터 보편성으로의 단계들이 있다.

그러나 또 하나의 특수-보편의 구별이 그어질 수 있다. 그것은 '문제의 구성'의 과정에서 보인다. 아들을 '안 낳는' 여성이 추방당하는 여성 문제는 비교적 특수한 문화권의 구성물이었지만, 정체성이나 성관계 개념에서 비롯되는 문제는 아직은 중요한 문화권의 거의 보편적인 여성 문제가 아닐까 생각한다.

마지막 구별은 한국 여성학의 '사회적 성격과 과학적 성격'에서 찾아질 수 있을 것이다. 한국 여성의 문제는 한국이라는 특수한 지역, 역사, 인적 구성, 그리고 종교들의 특정한 방식의 기여를 통하여 이루어졌다는 점에서 한국 사회와 독립하여 이해될 수도 없고 극복되기도 어려울 것이다. 그러나 그러한 특수성에도 불구하고 강력하고 설득력 있는 체계를 통하여 한국 여성학이 그러한 문제들에 대하여 과학적 설명을 해낼 수 있다면 이러한 작업은 어떠한 문화권에 의해서도 보편적으로 타당한 작업이 되리라는 것이다. 한국적 여성 문제가 있을 수 있다는 뜻에서 한국 여성학이 특수한 과제를 가질 수 있지만 "그 문제에 대하여 한국적 설명만 가능하다"는 것을 부인할 수 있다는 점에서 한국 여성학은 보편적 언어의 사회과학일 수 있다고 생각한다.

제17장

음양 관계 개념의 유기적 분석

만일 모든 가치가 특정한 세계관에 기반한 것이라면 여기에서 추구하고자 하는 대안적 가치도 하나의 세계관에 기초하고자 한다. 그 세계관은 음양론으로서 동북아 전통 중에서 한 선택지이다.[1] 그러나 음양론은 다양하게 전개되어 왔다고 한다.[2] 자연역이 있고 문자역이 있다. 유가역이 있고 불교역이 있다. 역사적으로도 선진 시대의 역과 한대역은 구분된다. 송대역과 청대역은 또 다르다고 한다. 그렇다면 '음양론'은 하나의 통일된 이론을 나타내는 것이 아닌 것이다. 그래서인지 일반적으로 음양론은 복잡하고 혼란스러운 인상을 준다고 느껴진다. 이러한 상황에서 음양 관계 개념을 명료하게 이해하고자 하는 것이 이 장을 마련하는 하나의 이유이다.

음양론은 이원론이 의문시되면서 더 매력적인 선택지로 보인다고 생각한다. 데카르트적 이원론은 서구의 주류적 세계관을 단일한 체계에서 종합한 노력이다. 세계는 물질과 정신의 두 실체로 구성되어 있고 어떤 대상이나 성질

1 이 장의 초고는 '한국철학자대회 한국분석철학회'(원광대학교, 2001.10.26~27)에서 읽은 것이다. 이좌용 교수의 논평과 참여한 여러분의 비판과 토론을 통하여 많이 확장되고 개선되었다. 감사를 드린다.

2 곽신환, 『주역의 이해』, 서광사, 1990, p. 3.

도 두 실체와 동일하거나 그로 환원된다고 믿는 것이다. 물리주의는 이원론을 거부하면서도 이원론이 규정한 두 실체 중에서 하나를 선택한 결과이다. 연장을 가진 물질 또는 이 개념의 확장인 물리 현상만이 존재한다. 모든 대상 · 사건 · 현상 · 성질은 물리적인 현상으로 환원되거나 그 언어로 설명될 수 있다는 것이다. 과학의 성공으로 물리주의가 설득력을 얻는가 했지만 물리주의는 의식이나 신체라는 현상을 설명할 수 없어 보인다. 예를 들어, 이원론이나 물리주의는 신체를 "마음이 실현되고 있는 몸"이라는 구성을 수용할 수 없다고 생각한다. 전혀 다른 두 실체나 성질이 실현의 관계를 어떻게 가질 수 있는가를 보일 수 없기 때문이다.[3]

음양론은 한국의 일상 언어에 뿌리 깊게 들어 있는 사유 체계로 보인다. "몸이 말을 안 듣는다"라는 표현을 어떻게 이해할 수 있을 것인가? 몸과 마음이 전혀 다른 실체의 이원론에서는 양자의 상호 소통성은 처음부터 배제된다. '몸가짐'이라는 표현도 한국어에서의 몸이 언어적 의미를 넘어 윤리적 함축을 갖는 것을 나타낸다고 생각한다. 그리하여 이원론에서는 모순적일 수밖에 없는 "몸으로 생각한다"라는 표현이 한국어에서는 설득력을 갖는다. "고개를 숙인다", "머리를 긁는다", "몸을 닦는다"와 같은 한국어가 나타내는 신체적 행위는 음양론적 세계관에서의 신체성을 보이는 것으로 생각한다. 한국어로 철학을 하기 위해서는 음양론의 이해는 도움이 될 것으로 믿는다.

국내의 두 철학자의 최근 논의가 이러한 작업을 위하여 도움을 줄 수 있을 것이다. 이명현의 논리적 음양론과 김혜숙의 총체적 음양론이다. 두 학자의 논의는 음양 관계 개념에 대한 유기적 모형[4]을 만드는 데 기여할 수 있다고 믿는다. 그리고 음양론에 대한 어떤 반대를 고려할 수 있을 것이다. "음양 관계

3 최영진 · 이기동 지음, 변영우 그림, 『주역』, 두산동아, 1994, 상권, pp. 20-21.

4 '유기적' 음양 개념은, 첫째, 실체론적(남자는 양, 여자는 음이라는 방식으로 해석한다), 기능론적(대상은 기능에 따라 음양의 성질을 달리 갖는다), 양상론적(음과 양은 대상의 실재적 성질이 아니라 부사적 단면이다) 음양 개념에 대조되는 의미이고, 둘째, 유기적 음양 개념이 제시하는 조건들의 특징을 나타낸다. 정대현, 제14장, 『심성내용의 신체성』, 아카넷, 2001 참조.

는 표현할 수 없다"라는 식의 반대인 것이다. 그러나 이 반대도 음양 관계를 시간성에서 바라볼 때에 극복할 수 있지 않는가라는 가능성을 탐구할 수 있을 것이다.

(가) 음양의 논리 모형

이명현은 음양 관계에 대한 논리적 분석을 하고 있다. 음양 관계 개념에 대한 여섯 가지 조건을 제시하고 있는 것이다. 음양 개념에 대한 논의에서 그 동안 보지 못했던 종류의 분석이다. 그의 분석의 결과를 인용하고 그 내용에 대해 검토하고자 한다.

> X와 Y가 음양과 비슷한 관계에 놓여 있다는 것은 다음과 같은 조건들이 충족되었다는 것을 말한다. (1) X는 Y와 다르다. (2) X가 없이는 Y도 없다. (3) Y가 없이는 X도 없다. (4) Y가 a와 같은 방식으로 작용하면 X는 비-a와 같은 방식으로 작용한다. (5) X와 Y는 상호보완적이다. (6) X와 Y는 전체를 구성한다.[5]

처음에 눈에 띄는 것은 "음양과 비슷한 관계"라는 표현이다. '음양 관계'라는 어구를 직접적으로 사용하지 않는 까닭은 무엇일까? 보다 넓은 일반화를 예상하고 있거나 아니면 이 분석에 대하여 유보적이고 미래의 수정에 열려 있겠다는 의도의 표현으로 보인다. 아마 이러한 종류의 작업에서 취할 수 있는 조심스러움이 아닐까 생각한다. 이 문맥에서 전자보다 후자로 해석할 수 있다면 논의의 간결성을 위하여 '음양 관계'의 의미로 간주할 수 있을 것이다.

둘째로 주목하게 되는 것은 "조건들이 충족되었다는 것을 말한다"라는 표

5 이명현, 『신문법서설: 다차원적 사고의 열린 세계를 향하여』, 철학과 현실사, 1997, p. 71.

현이다. 이 표현은 애매하다. 이 표현의 일상적 의미를 지적하는 것일 수도 있고 논리적 조건으로 해석될 수도 있다. 이명현은 논의의 초기 단계에서 일상적 의미를 의도했을 가능성이 높다고 생각한다. 그러나 이 장에서 지향하는 개념적 모형을 구성하기 위해서는, 약간은 자의적이긴 하지만, 논리적 조건의 뜻으로 해석하는 것이 도움이 된다고 생각한다. 이명현도 궁극적으로 같은 논리적 모형의 지향성을 가지고 있을 것이다. 논리적 조건으로 이해할 때에도 양항이 필요조건인지, 충분조건인지 또는 필요충분조건 관계인지에 대한 논의도 따로 요구될 것이다.

"X는 Y와 다르다"라는 첫째 명제는 일견 자명한 것으로 보인다. 아무도 이 명제의 진리치에 대해 이견을 가질 수 없을 것이기 때문이다. 이 명제는 참이라고 믿는다. 그러나 의문은 다른 점에서 제기된다. 이 명제는 음양 관계에 대한 독립적 조건일 것인가? 이 조건은 "X와 Y가 음양 관계에 있다"라는 피분석항에 대해 동어반복적인 것이 아닐까? 자세히 살펴본다면, 분석하고자 하는 "X와 Y가 음양 관계에 있다"는 "X는 Y와 다르다"라는 문장을 함축이 아니라 전제하고 있다고 해석될 수 있다. 후자가 참인 경우 그리고 그러한 경우에만 전자는 참이거나 거짓일 수 있기 때문이다. 양자는 함축보다 강한 전제의 관계에 있다고 보인다.[6] 그렇다면 첫째 명제는 참이지만 음양 관계의 독립된 논

6 이병덕 교수는 이 글의 초고에 대해 다음과 같은 비판적 관찰을 편지로 보내왔다. "X와 Y가 음양 관계에 있다"는 "X는 Y와 다르다"라는 문장을 전제한다고 보기 어렵다는 것이다. "X = Y"인 경우에도 "X와 Y가 음양 관계에 있다"는 문장이 무의미한 문장인지는 분명치 않기 때문이라고 한다. 이 경우 "X와 X는 음양 관계에 있다"는 문장을 거짓이라고 간주한다고 해서 큰 무리는 없을 것이라고 해석한다. 이교수의 관찰은 표면적으로 설득력이 있어 보인다. 그러나 이 사안에 대해 다음과 같은 해석이 가능하다고 생각한다. "X와 X는 음양 관계에 있다"는 문장은 적어도 두 가지 방식으로 해석될 수 있다. 이 문장은 "X와 X는 동일성 관계에 있다"나 "X와 X는 사제 관계에 있다"라고 해석하는 것이다. 이교수는 이 문장을 전자의 방식으로 해석하여 "최한기와 혜강은 동일성 관계에 있다"는 참이지만 "최한기와 혜강은 음양 관계에 있다"는 거짓으로 해석할 수 있다는 것이다. 그러나 후자의 방식으로 해석할 수도 있다. 그러면 "최한기와 혜강은 사제 관계에 있다"와 같은 해석을 허용하여 거짓이 아니라 의미가 없는 것으로 판정할 수 있는 것이다. '사제 관계'가 명확하지 않으면, "X와 X는 부자 관계에 있다"로 부연할 수 있을 것이고, "최한기와 혜강은 부자 관계에 있다"는 문자 나열이 나타내는 무의미성을 읽어낼 수 있을 것이다. 그렇다면 문제는 이것이다: 음양 관계는

리적 조건으로서는 사양될 수 있을 것이다.

둘째 명제와 셋째 명제는 함께 논의될 수 있을 것이다. 양자의 대칭성과 동일한 논리적 구조에 의하여 단일한 명제로 쉽게 표현될 수 있을 것이기 때문이다. 음양 개념의 논리적 조건을 경제화하는 것이다. 그러나 여기의 두 명제의 중요성에 주목할 필요가 있을 것이다. X와 Y의 음양 관계의 핵심적 특성을 보이고 있기 때문이다. 이 조건은 세심한 관찰을 필요로 한다. "~ 없이는 …도 없다"라는 표현은 여러 가지 해석에 열려 있다. 그러나 이 문맥에서 하나의 입장을 가지고 해석에 임할 수 있을 것이다. 이명현의 여섯 조건은 구체적 음양 관계의 개항 조건이라기보다는 유형 조건으로 해석할 수 있을 것이다. 그리고 현재의 이 조건은 '없다'라는 표현이 시사하는 것처럼 존재 조건보다는 기능조건으로 간주하는 것이 보다 자연스럽다. 그리고 하나의 요소의 실현을 위해 다른 요소를 필요로 한다라는 필요조건보다는 하나의 요소는 다른 요소의 개입으로 온전한 기능을 실현할 수 있다는 구성 조건으로 볼 수 있을 것이다. 개항 조건, 존재 조건, 필요조건들은 너무 약하거나 너무 강하게 보이기 때문이다. 그렇다면

(7) X와 Y는 음양 관계에 있다.

라는 조건은

(8) X와 Y는 하나의 대상, 사건 또는 기능 z1을 구성하기 위한 상호 불가피한 요소로서의 특징을 갖는다.

라는 명제를 함축한다고 할 것이다. 음양의 불가피성 조건 (8)은 "~ 없이는 …도 없다"라는 표현이 초견적으로 시사하는 존재 조건보다는 강한 조건이다.

동일성 관계 같은 것인가 아니면 부자 관계 같은 것인가? 이교수는 전자를 선택하지만 나의 직관은 후자로 기운다.

존재 조건은 존재에 대한 서술적 조건이라면 불가피성 조건은 존재를 가능케 하는 조건이기 때문이다. 장재가 "음양대대(陰陽對待)의 쌍방을 겸하는 겸체(兼體)"를 말했을 때 이러한 불가피성 조건을 나타내는 것으로 해석할 수 있을 것이다.[7]

이명현의 넷째 조건과 다섯째 조건은 맞물림 조건이라 이름 붙일 수 있을 것이다. 그러나 넷째 조건은 그가 말하고자 하는 것을 약식으로 표현한 것으로 보인다. 그의 생각을 온전하게 표현한다면, "Y가 a와 같은 방식으로 작용하면 X는 비-a와 같은 방식으로 작용한다. 그리고 그 역도 성립한다"가 될 것이다. 이것은 그의 다섯째 조건과 더불어 이명현의 맞물림 개념의 핵심적 요소를 나타낸다고 할 수 있다. 그렇다면 "a와 같은 방식"과 "비-a와 같은 방식"이라는 표현은 오해의 우려가 있으므로 넷째 조건과 다섯째 조건은 하나의 명제 안에서 나타낼 수 있을 것이다.

> (9) X와 Y는 하나가 요(凹)와 같은 방식으로 작용하면 다른 하나는 철(凸)과 같은 방식으로 보완 작용한다.[8]

이명현의 맞물림 개념은 조금 더 음미될 수 있을 것이다. 음양 조건은 필요조건이기보다는 구성 조건이라고 이미 제안하였다. 양자의 차이는 무엇일까? 형식론자는 위나 간은 사람의 필요조건으로 말하고 있다면 음양론자는 사람의 구성 조건으로 말하고 있을 것이다. 그 필요조건은 형식 체계의 관점에서

7 朱伯崑 외 지음, 김학권 옮김, 『주역산책』, 예문서원, 1999, p. 155.

8 이병덕 교수는 음양 관계를 요와 철의 방식으로 기술하는 것은 충분한 설명력이 없다고 비판한다. 예컨대, "김갑돌이 박갑순에 대해 요와 같이 작용한다"는 것이 무엇을 뜻하는지 그리고 이 문장의 진리 조건이 어떤 것인지 분명치 않다는 것이다. 이 비판은 요철의 관계가 구체적 내용을 담지 않고 있다는 의미에서 참이다. 그러나 이 문맥에서의 이 기술은 구체적 내용의 제시보다는 서양 언어의 이원적 구조에 대안적인 일반 존재론의 구조를 지적하는 것으로 만족하고자 하는 것이다.

참이고 이 구성 조건은 유기적 체계의 관점에서 맞는 말이다. 그러나 어떤 사람은 위나 간을 떼어내고도 살아남을 수 있다. 아직도 형식론자는 할 말이 있을 수 있지만 유기론자의 설명이 더 자연스러운 것으로 보인다. 형식론자는 어떤 사태를 영원한 현재의 단면에서 보편적으로 읽어 낼 관심과 필요를 보는 것이다. 그리고 이러한 작업은 어떤 목적들에 중요하다. 그러나 그러한 추상적 읽기는 모든 목적에 적합한 것은 아니다. 유기체나 생명을 조명하거나, 총체적 관계나 과정의 현상을 설명하는 데는 적합하지 않을 수 있다. 맞물림은 시간이 배제된 형식적 관계만이 아니라 시간이 도입되는 유기적 관계도 나타낸다.

이명현의 여섯째 조건은 해석하기 어려운 조건이다. 애매모호하기 때문이다. "X와 Y는 전체를 구성한다"에서 '전체'와 '구성'이라는 표현들이 여러 가지 해석에 열려 있기 때문이다. '전체'는 한편으로 구체적 대상을 지칭하는 것으로 보이다. 그러나 다른 한편 음양 관계가 발생하는 체계 전체를 대상으로 나타내는 것으로 해석될 수도 있다. 음양론의 여러 가지 측면들을 고려하면 이 해석도 불가능한 것이 아니라는 느낌이 든다. 그리고 또한 체계의 모든 다른 대상들을 나타낼 수도 있을 것이다. 하나는 모든 것과 연결되어 있다는 것을 음양론에서 부인하기 어려울 것이기 때문이다. 그리고 '구성'도 대상에 대해 어떤 관계를 지니는가에 대한 다양한 해석에 열려 있다. 음양의 두 요소가 그 대상에 대해 존재론적인 형성의 요소라는 해석이 일차적인 것으로 보인다. 그러나 '구성'은 또한 두 요소가 그 대상을 '낳는다', '영향한다', '생기게 한다' 등의 뜻으로도 보이고 또한 의미론적 관계의 해석도 불가능한 것은 아니라고 생각된다. 두 표현에 대한 여러 가지 해석이 가능하지만 두 표현의 일차적인 의미에 따라

(10) X와 Y는 하나의 대상이나 기능 z1을 구성하는 요소이다.

라고 이해된다. 음양은 대상의 구성 조건인 것이다.

(나) 음양의 설명 모형

김혜숙은 인과적 사유에 대조하여 음양적 사유를 명료화하고자 한다. 인과적 사유는 근거론적 사유의 특징을 갖는다면 음양적 사유는 설명적 사유의 특징을 갖는다고 한다. 김혜숙은 음양적 사유에 있어서 포괄적 · 맥락적 · 상호감응적 특징들에 주목한다.[9] 그의 세 가지 함축적인 특징들을 관찰하면서 이들이 총체론적 모형을 구성하면서 유기적 모형을 세밀화하는 데 어떻게 도움을 주는가를 논의하고자 한다.

김혜숙은 음양 체계가 하나의 설명 체계로서 기능한다는 점에 착안한다. "한 사물이나 현상에 관한 지식은 그것이 다른 사물들과 지니고 있는 의미 연관을 파악함으로써 획득된다"는 것이다. 따라서 "얼마나 많은 사물 연관에 대한 이해를 가지고 있는가에 따라 한 현상에 대한 설명의 설득력이 확보된다"면 그래서 한 체계의 모든 사물들에 대한 연관 이해를 하게 된다면 보다 온전한 설명에 도달한다는 결론이 귀결될 것이다. 물론 하나의 체계에 "사물 연관은 무한히 추가될 수 있는 것이므로 지식의 체계는 언제나 유동적이고 열려진 구조를 갖는다"라고 해야 한다. 김혜숙의 음양적 설명의 포괄성은 음양론의 존재론적 총체성을 전제한다고 보인다.

인식론적 포괄성과 존재론적 총체성이 대칭적이라면 이것은 흥미 있는 가설을 시사한다고 생각한다. 그것은 "음양 관계는 단순한 단위로서의 두 요소간의 관계가 아니라 하나의 체계 안의 모든 다른 대상들과 관련되는 총체적 관계이다"라는 것이다. 인과 관계는 단순히 두 사건간의 관계이다. 만일 두 사건이 개념적으로 연결되어 있다면 그 연결성은 양자가 인과 관계가 아니라는 것을 반증하는 것이 된다. 예를 들어, 돌 던짐과 창문 깨짐은 독립된 사건이므로 인과 관계에 들어갈 수 있지만, 김씨의 이씨를 미워함과 김씨의 이씨를 만

9 김혜숙, 「음양적 사유와 인과적 사유」, 『철학적 분석』, 한국분석철학회, 2000 봄(창간호), pp. 52-77.

나기 싫어함의 사건들은 심리적 사건으로서 개념적으로 분리 가능하지 않기 때문에 그 자체로 인과 관계에 들어갈 수 없다고 한다.

그렇다면 총체적 관계 가설은 보다 구체적으로 제시될 수 있어야 할 것이다. 우리가 분석하고자 하는 명제는

(7) X와 Y는 음양 관계에 있다.

라는 표현이 나타내는 것이다. 이 명제는 총체적 관계 가설에 따라 다음의 두 명제를 함축하는 것으로 구성할 수 있을 것이다. 구성 조건 (11)과 총체성 조건 (12)이다.

(11) X와 Y는 대상들 z1, z2, …… zn로 이루어지는 총체의 체계 Z 안에서 특정한 대상 zi를 구성하는 두 요소이다;[10] &

(12) X와 Y는 Z 안의 다른 대상들 zj로부터 영향을 받는다.

김혜숙이 고려하는 음양 관계의 둘째 특징은 존재들의 맥락적 연관성이다. "존재들은 시간적 · 종적이 아니라 공간적 · 횡적 성격을 갖는다"고 한다. 김혜숙은 '존재'라는 단어를 사용하여 음양 관계의 두 항을 지칭하는 것으로 보인다. 그러나 그의 '존재'는 대상이나 실체를 나타내기보다는 여기에서 논의되는 바의 요소 또는 성질을 지시하는 것으로 해석될 수 있을 것이다. 그렇다면 인과의 두 항의 관계와 음양의 두 항의 관계를 대조해 볼 수 있을 것이다.

10 이 명제는 복합적인 대상 존재론을 전제한다. 예를 들어, 김갑돌과 박갑순이 각기 X와 Y라는 음양의 요소로써 하나의 관계적 대상 예를 들면 부부 또는 연인을 구성할 수 있다. 또한 김갑돌이라는 개체가 X와 Y라는 음양의 요소를 가질 수 있고, 더 나아가 김갑돌의 신체의 특정 부분이 X와 Y라는 음양의 요소를 가질 수도 있는 것이다. 달리 말하여, 세포의 개체들이 미세한 음양의 요소를 가질 수 있듯이, 남한과 북한이 거시적 음양의 요소로서 하나의 통합된 개체를 구성할 수도 있는 것이다.

인과 관계는 시간적으로 종적일 뿐이지만 음양 관계는 공간적인 횡적 성격도 갖는다는 것은 무엇을 뜻하는 것일까?

인과 관계는 시간적 종적 특징인 두 가지 요소를 갖는다고 생각한다. 첫째, 인과 관계는 시간적으로 일방적 방향성을 갖는다. 결과는 원인을 선행할 수도 없고 원인과 동시적일 수도 없다. 원인 사건은 결과 사건을 선행하여야 하는 것이다. 둘째, 인과 관계의 두 사건들은 대칭적 관계에 있을 수 없다. 첫째가 둘째를 야기하고 둘째가 셋째를 야기하면 첫째는 셋째를 야기하는 이행적 관계일 수 있지만, 두 개의 사건들이 서로의 원인이거나 서로의 결과일 수 없는 것이다.

그러나 음양 관계는 인과 관계와는 대조되는 두 가지 특징을 갖는다. 첫째, 음양 관계는 대칭적이다. 음양 관계의 두 요소는 서로에 대해 음의 방식으로 그리고 양의 방식으로 영향하고 관계를 갖는다. 방식은 다르지만 그 영향하는 관계는 대칭적인 것이다. 둘째, 음양 관계는 과정적이다. 음양 관계는 인과 관계에서처럼 일회적인 것이 아니라 지속적인 과정에서 나타나는 관계이다. 음양 관계는 사물적이기보다는 유기적이고 생명체적이라고 할 수 있는 것이다. 그렇다면 "X와 Y는 음양 관계에 있다"는 것은

(13) X와 Y는 체계 Z의 zi에서 대칭적으로 영향한다; &

(14) X와 Y의 관계는 Z에서 과정적이다.

를 함축하는 것으로 이해될 수 있다. 대칭 조건 (13)과 과정성 조건 (14)이다.

음양 관계의 서술에서 음양 관계의 두 항이 서로에 "영향한다", "불러온다", "낳는다", "야기한다", "생기게 한다" 등의 표현을 사용하는 경우들이 있다. 그러나 이때의 그러한 표현들은 인과적 관계의 양항의 단일 사건적이고 일방향적인 관계를 나타내는 것이 아니라고 해야 한다. 이 표현들은 음양론의 문맥에서 대칭적이고 과정적인 관계의 양항이 시간적 단면에서 가질 수 있는 사

물적 성질들의 측면을 나타내는 것으로 보아야 할 것이다. 음양 관계의 규칙의 지배를 받는 특정한 종류의 사물적인 관계라고 할 수 있을 것이다.

음양 관계의 특징으로서 김혜숙이 셋째로 제시하는 것은 자연과 인간의 상호 감응성이다. "자연의 질서와 인간의 질서는 같은 존재론적 분류 체계 내에 있는 것으로 상호 교감적인 관계에 있다"는 것이다. 두 가지 질서는 서로 공변적인 관계에 있는 것이다. 임금의 실정이 자연 재해를 불러오고 혜성의 변화는 인간 사회의 변화를 낳는다고 믿었다. 그러나 자연과 인간의 상호 감응성은 김혜숙의 앞의 포괄성과 맥락성의 두 특징에 의하여 보다 일반화될 수 있을 것이다. 그렇다면 "만물이 상호 감응적이다"라고 하여야 한다. 손바닥이 온몸과 상호 감응적인 관계에서 수지침이 발생하였고, 인간의 몸을 소우주라고 보아 온 전통은 상호 감응적 일반론을 지지할 만하다. 주희가 '대대(對待)'라고 말하는 교차의 법칙은 이러한 상호 감응설을 지칭하는 것으로 보인다.[11] 그리고 이러한 전통은 유전자나 프랙탈(fractal) 현상에서 확인되고 있다.[12] 이러한 요소들도 음양 관계의 독립적 조건으로 제시할 만하다고 생각한다. 그렇다면 "X와 Y는 음양 관계에 있다"라는 생각은 다음의 조건들을 포함한다고 제안할 수 있을 것이다. 상호 감응 조건 (15)와 표상 조건 (16)이다.

(15) 대상들 z1, z2, …… zn로 이루어지는 총체의 체계 Z에서, 어떤 대상들 zi와 zj는 각기의 음양적 요소들 Xi와 Yi 그리고 Xj와 Yj의 관계에 의하여 상호 감응의 관계에 들어갈 수 있다; &

11 朱伯崑 외 지음, 김학권 옮김, 『주역산책』, 예문서원, 1999, p. 156.

12 프랙탈(fractal)이란 시핀스키 삼각형(The Sierpinski Triangle: 하나의 정삼각형 중심에 또 하나의 정삼각형을 거꾸로 앉히면 전체로 5개의 정삼각형이 결과되고, 이 과정을 여러 번 반복하는 경우의 삼각형)에서처럼, 하나의 하위 대상이 속해 있는 직접적 제1단계의 상위 대상만이 아니라 모든 단계의 상위 대상 그리고 나아가 결국에는 발단된 최초의 전체 대상의 요소를 닮는 '자기 유사성(Self-Similarity)'을 유지하는 경우이다. http://www.fractalzone.be/questions.html#what

(16) 대상들 z1, z2, …… zn로 이루어지는 총체의 체계 Z의 구조는 이들의 음양적 요소들에 의하여 Z의 적어도 하나의 특정한 대상 zj에 의해 표상될 수 있다.

(다) 음양 관계의 불측성 반대론

음양론에 대한 여러 가지의 반대가 있어 왔다. 그중에 세 가지만을 이 문맥에서 고려하고자 한다. 양계초[13]는 공자의 이원 철학과 음양론의 허망한 술수를 구분하여 후자를 비판한다. 공자는 우주에 두 가지 힘이 있어서 이를 강유 · 동정 · 소식 · 굴신 · 왕래 · 진퇴 · 흡벽 · 음양 등으로 표현한다고 한다. 공자의 음양에는 어떠한 신비적인 의미도 존재하지 않는다고 한다. 그러나 『여씨춘추』와 『회남자』 이후 음양론은 체계적으로 허탄해졌다고 한다. 일년 사시를 오행에 분배하여 봄은 목, 여름은 화, 가을은 금, 겨울은 수라고 하고, 토는 남는 계절이 없기 때문에 여름과 가을 사이에 위치시켰다고 한다. 오방(동 · 서 · 남 · 북 · 중), 오색(청 · 적 · 황 · 백 · 흑), 오성(궁 · 상 · 각 · 치 · 우), 오미(신맛 · 쓴맛 · 짠맛 · 매운맛 · 단맛), 오충(털 있는 것, 껍질 있는 것, 비늘 있는 것, 깃털 있는 것, 껍질이 없는 것), 오사(우물 · 부엌 · 길 · 문 · 낙수받이), 오곡(메기장 · 찰기장 · 벼 · 보리 · 콩), 오축(말 · 소 · 양 · 개 · 돼지), 오장(심장 · 간장 · 폐장 · 비장 · 신장), 오제(태호 · 염제 · 황제 · 소호 · 전욱), 오신(구망 · 축융 · 후토 · 욕수 · 현명) 등을 모두 오행에 분배하여, 우주에 존재하는 모든 사물과 사리는 다섯 가지 종류로 나누어 이른바 오행 속에 편입하였다는 것이다. 양계초는 "이러한 이상야릇한 체계는 마침내 이천 년 동안 모든 사람들의 심리에 뿌리 내렸고, 모든 사람의 일을 지배하였다"고

13 양계초, 「음양오행설의 역사」, 『음양오행설의 연구』, 양계초 · 풍우란 외 지음, 김홍경 편역, 신지서원, 1993, pp. 27-52.

개탄한다.

풍우란[14]은 음양론에 들어 있는 유물론적 측면과 신비주의적이고 관념론적인 측면을 구분하면서도 양자를 독립적으로 비판한다. 한편으로, "유물론적 노선의 특징은 음양과 오행을 물질적인 것으로 파악하고, 사물의 상호영향을 기계적인 '감응'으로 이해하여 세계의 변화가 아무런 의식과 목적도 가지지 않은 채 음양과 오행의 기계적 법칙에 따라 진행된다"고 비판한다. 다른 한편으로, 추연이나 동중서를 대표로 하는 신비주의 음양론은 종교적 미신과 굳게 결합하여, 자연계와 인류 사회에 통일적 해석을 가하려 하였다고 한다.

김혜숙[15]은 음양론이 과학적일 수 있는가를 묻는다. 김혜숙은 "음양오행 체계 내에서 설명력과 어떤 종류의 예측력을 인정한다고 하더라도 그것이 검증과 반증을 허용하는가에 대해서는 의심이 간다"라고 적고 있다. 음양론은 회고적 설명 체계일 뿐 예측적 설명 체계가 아닐 수 있다고 생각하는 것이다. "수없이 많은 풍수지리 사상의 예견이 빗나갔어도 음양오행론은 반증되지 않은 채 지속적 설명틀로서 받아들여져 왔던 것이다"라고 주장한다.

음양론에 대한 양계초의 술수론, 풍우란의 미신론, 김혜숙의 반증 불가능론은 모두 하나의 개념으로 집약될 수 있다고 믿는다. 그것은 역설적으로 『역전』에 나타나는 구절에서 요약되고 있다고 생각한다.

(17) 음과 양의 작용의 헤아릴 수 없음을 일러 신이라 한다(陰陽不測之謂神).[16]

음양 관계의 작용이 헤아릴 수 없다는 것이다. 『역전』이 음양 관계에 대해

14 풍우란, 「유물론적 요소를 가진 음양오행가의 세계관」, 『음양오행설의 연구』, 양계초 · 풍우란 외 지음, 김홍경 편역, 신지서원, 1993, pp. 273-310.

15 김혜숙, 「음양적 사유와 인과적 사유」, 『철학적 분석』, 2000(창간호), pp. 52-77.

16 『周易傳義大全』, 「繫辭傳」 상 5장, 재인용: 곽신환, 『주역의 이해』, 서광사, 1990, p. 131.

제기한 불측성은 어떻게 이해할 수 있는가? 『역전』은 이를 '신'이라 하였지만 이는 불측성을 정당화화기 위한 해석일 것이고 그 불측성에 대한 성격 규정은 아니라고 생각한다. 나는 『역전』이 제기하는 불측성은 음양 관계의 작용이 명제화하기가 불가능하다는 것을 나타내는 것이라고 해석하고자 한다. 표현 불가능하다는 것이다. 불측성을 표현 불가능성으로 간주하였을 때 술수론, 미신론, 반증 불가능론의 반론들은 불측성 반론의 하위 유형들로 종속되어 하나의 일반론 안에서 통합되는 것이다. 음양 관계가 명제화될 수 없을 때 기준을 제시하기 어려울 것이다. 이러한 상황에서 술수적인 말이나 미신적인 이야기들은 음양의 옷을 쉽게 입을 수 있는 것이다. 그리고 그러한 미신하에서는 어떤 주장도 반증이 불가능해지는 것은 당연할 것이다.

그러나 음양론에 대한 위의 반론들은 근거가 약하다고 생각한다. 양계초와 풍우란과 김혜숙은 '음양론'이 하나의 단일한 이론을 지칭하는 것으로 간주하고 있지 않는가라는 의문을 버릴 수 없다. 곽신환이 지적하는 대로,[17] 『주역』은 "참으로 다양한 해석의 가능성을 갖고 있다"라고 하여야 한다. 그렇다면 음양론에 대한 맞는 해석과 어긋난 해석의 기준이 제시될 수 있을 것이고 음양론에 대한 정당한 비판은 맞는 해석에 향하여 있어야 한다고 믿는다. '이원론', '물리주의', '불교', '기독교' 등의 표현들이 단일한 이론이나 체계를 지칭하지 않을 때 이들에 대한 설득력 있는 비판은 이들에 대한 그릇된 해석 판본보다는 올바른 해석 판본을 향하여 있을 때 얻어지는 것과 같다.

물론 양계초 · 풍우란 · 김혜숙의 염려나 회의주의는 근거가 없는 것이 아니다. 오랜 세월 동안 음양에 대해 제안된 많은 말과 실천들 중에서 사실적인 근거를 제시하고 있는 것이다. 여기에는 술수, 점성술, 또는 "오상의 각각의 덕은 오행상의 위치를 갖는다(인-목, 의-금, 예-화, 지-수, 신-토)"는 명제 등이 포

17 곽신환, 『주역의 이해』, 서광사, 1990, p. 3: "천지 자연의 역이 있는가 하면 봉도 문자의 역이 있고 유가역이 있는가 하면 도가 불가의 역이 있고 선진 시대의 역이 있는가 하면 한대역, 송대역, 청대역의 구분이 있고, 공자의 역이 있는가 하면 일부의 정역도 있다."

함되고 그러한 것들에 근거해 구성된 생활 양식은 하나의 거대한 믿음 체계를 구성할 수 있다. 그러한 구조는 미신이고 따라서 반박 가능성에 열려 있을 수 없는 것은 자명하다. 그렇다고 음양론을 통째로 버려야 하는가? 그러나 이것은 목욕통을 아기와 함께 버리는 것이다. 음양 관계의 포괄성, 맥락성, 만물 상호 감응성을 세계관의 한 모형을 구성하는 요소로 제안하였을 때, 많은 사람은 이를 수용할 수 있다. 그리고 그중에서 어떤 사람들은 이러한 특징들을 확장하고자 했을 것이고 그러한 확장에 오류 · 비약 · 오만 등이 개입할 수 있는 것이다. 그리하여 쉽게 미신 체계로 떨어질 수 있는 것이다. 그러나 어떤 위대한 사상이나 이론은 그러한 오류 현상의 역사 속에서도 살아남을 수 있었다. 올바른 해석과 그른 해석의 섬세한 구별을 할 수 있었기 때문이다.

(라) 음양 관계의 명제성: 관계의 시간성

음양론에 대한 술수론, 미신론, 반증 불가능론의 세 가지 유형의 반론들은 결국 음양 관계의 불측성 논의로 귀결되는 것으로 보인다. 불측성 논의가 성립된다면 술수론, 미신론, 반증 불가능론의 반론들은 반박되기 어렵기 때문이다. 그렇다면 불측성 논의를 반박할 수 있어야 한다고 믿는다. 음양론을 세계관에 대한 하나의 선택지로서 남겨 둘 수 있기 위해서는 불측성 논의는 비판될 수 있어야 한다고 믿는다. 데카르트의 이원론과 같은 세계관의 선택지들에 개연성을 부여하는 경우 음양론의 불측성 논변은 보다 쉽게 설득력을 얻을 것이고 이원론에 설득되지 않는 경우 음양론의 불측성 논변은 보다 비판적으로 검토할 수 있을 것이다. 세계관에 대한 선택지 후보들이 이원론과 음양론으로 압축되어야 한다면 이 논의는 더욱 절박해질 것이다.

음양 관계의 작용을 헤아릴 수 없다는 것은 어떤 종류의 주장인가? 먼저 헤아릴 수 없는 음양 관계의 작용을 나타내는 명제들을 찾아볼 수 있을 것이다. 동중서의 "남자는 양이고 여자는 음이다"라는 명제, "우주에 존재하는 모든 사물과 사리는 다섯 가지 종류로 나누어 이른바 오행 속에 편입할 수 있다"라는 주장, "오상의 각각의 덕은 오행상의 위치를 갖는다(인-목, 의-금, 예-화, 지-수, 신-토)"는 해석 등이 그러한 후보들일 것이다. 이 명제들은 적어도 두 가지 의미에서 헤아려질 수 없다고 할 것이다. 첫째, 이 명제들이 참인 조건과 거짓인 조건, 또는 맞는 조건과 어긋난 조건을 구분해 주지 않는다는 의미이다. "남자는 양이고 여자는 음이다"라는 명제가 어떤 조건하에서 참이고 어떤 다른 조건하에서 거짓인가의 구별이 없다는 의미이다. 둘째, 공동체가 이 명제의 거짓일 수 있는 가능성을 허용하지 않는다는 의미에서 이 명제는 헤아릴 수 없다고 하는 것이다.

『역전』의 불측성 논변은 "음과 양의 작용의 미룰 수 없음을 일러 신이라 한다(陰陽不推之謂神)"라는 다른 표현하에서 고려해 볼 수 있을 것이다. 헤아림〔測〕보다는 미룸〔推〕이 음과 양의 작용의 표현 불가능성에 보다 직접적인 단계로 보이기 때문이다. 그러나 미룰 수 없는 음양 관계란 무엇인가? 음양 관계를 천지인의 해석 원리로 간주한다면 그 관계를 미룰 수 없다라고 하는 것은 이해되지 않는다. 그래서 『역전』의 불측성 논변은 미룸보다는 헤아림 개념을 사용하였을 것이다.

그러나 『역전』의 불측성 논변은 특정한 종류의 명제들이 헤아려지지 않는다는 것을 뜻하는 것으로 보이지 않는다. "음과 양의 작용의 헤아릴 수 없음을 일러 신이라 한다"라는 표현은 불측성을 다른 차원에서 이미 정당화하고 있기 때문이다. 특정한 명제들이 헤아려지지 않는 경우 이들은 의미가 없거나 비과학적인 표현으로 간주할 수 있기 때문이다. 그렇다면 불측성 논변의 '헤아림'을 조명할 수 있는 방식은 두 가지라고 보인다. 첫째는 음양 관계가 신비하다는 것이고 둘째는 음양 관계는 표현 불가능하다는 것이다. 그러나 둘은 배타적인 양자 택일 관계가 아닐 수 있다.

『역전』의 불측성 논변은 "음양 관계가 표현할 수 없는 것이 신비스럽다"로 해석된다. 그러나 여기에 들어 있는 "표현할 수 없다"라는 양상적 개념은 너무 강하여 설득력이 없다고 보인다. 많은 음양 관계들은 이미 표현되었고 또 다른 어떤 음양 관계들은 아직 표현되지 못했지만 앞으로 표현될 수도 있기 때문이다. 그렇다면 시초적인 불측성 논변은 약화될 수 있다고 생각한다. "陰陽不測之謂神"은 "음양 관계가 지금 여기에서 표현되지 못하는 것이 신비스럽다"로 해석하는 것이 불가능하지 않다고 생각한다.

이러한 해석에 개연성이 있다면 『역전』의 불측성 논변은 음양론에 대한 반론이기보다는 음양론의 과제로 읽혀질 수 있을 것이다. 신비스러운 음양 관계가 하나씩 표현될 수 있어야 한다는 것이다. 예를 들어, 인과 관계는

(18) a는 b를 야기(인과)한다 ↔ a는 b를 야기(인과)하는 데 있어서 필요하지 않지만 충분한 한 조건의 충분하지 않지만 필요한 부분이다.[18]

라는 명제에 의하여 제시되면서 인과 관계의 표현의 구조를 나타낸다고 생각한다. 그렇다면 음양 관계도 인과 관계의 (18) 같은 표현 가능성의 도식을 제안해 볼 수 있을 것이다.

불측성 논변이 주목하는 난점은 음양 관계가 가지는 시간성이라고 생각한다. 예를 들어, 음양 요소가 그 체계의 다른 대상들로부터 영향을 받는다는 총체성 조건 (12)와 음양의 과정 조건 (14) 같은 것이 시간성 조건을 어떻게 명제화할 수 있는가라는 점이다. 총체적 영향성이나 과정성은 시간에 열려 있고 명제성이 요구하는 안정성을 갖지 않는 것으로 보이기 때문이다. 사태의 안정성이 유지되지 않는 경우 이들은 진리치가 식별될 수 있는 명제를 표현할 장치가 보이지 않는 것으로 보이기 때문이다. 흐르는 물의 단면들을 명제적으로 표현할 수 있는 것으로 보이지 않기 때문이다. 초견적 설득력이 있는 것으로

18 J. L. Mackie, "Causes and Conditions", *Causation and Conditionals*, ed., Ernest Sosa, Oxford University Press, 1975(1965), pp. 15–38. 정대현, 「언어적 사건과 인과」, 『필연성의 문맥적 이해』, 이화여자대학교출판부, 1994, pp. 177–202 참조.

보인다. 영원한 것만이 명제적인 것으로 보였기 때문이다.

그러나 음양 요소들이 다른 대상으로부터 영향을 받을 때 그 영향은 원칙적으로 명시될 수 있다고 믿는다. 체계의 대상들은 무한하거나 또는 거의 무한할 수 있다. 그러나 이것은 음양 요소들이 받는 영향들을 표시할 수 없다는 불가능성을 함축하지는 않는다. 만일 모든 영향들이 근본적으로 추적 가능하다면 그 영향들은 표현될 수 있는 것이다. 그리고 그 영향들은 종류에 따라 음과 양의 역할이 변할 수 있다. '추이(推移)의 법칙'인 것이다.[19] 그리고 음양 요소들이 상호 작용하는 과정성도 유의미한 시간적 단면으로 분류될 수 있을 것이다. 음양 요소들은 시간적 색인사를 부여할 수 있고 시간적 색인사의 음양 요소들이 갖는 상호 영향 관계는 명제화될 수 있을 것이다. 이러한 표현 가능성의 구조는 음양론이 요구하는 유기적이고 총체적인 체계성을 손상하지 않고도 유지될 수 있을 것이다.

지금까지의 논의들을 다음과 같이 요약할 수 있을 것이다.

(7) X와 Y는 음양 관계에 있다?

(19) X와 Y는 대상들 z1, z2, …… zn로 이루어지는 총체의 체계 Z 안에서 특정한 대상, 사건 또는 기능 zi를 구성하는 상호 불가피한 두 요소이다;

(9) X와 Y는 하나가 요(凹)와 같은 방식으로 작용하면 다른 하나는 철(凸)과 같은 방식으로 보완 작용한다;

(15) 체계 Z에서, 어떤 대상들 zi와 zj는 각기의 음양적 요소들 Xi와 Yi 그리고 Xj와 Yj의 관계에 의하여 상호 감응의 관계에 들어갈 수 있다;

(16) 체계 Z의 구조는 이들의 음양적 요소들에 의하여 Z의 적어도 하나의 특정한 대상 zj에 의해 표상될 수 있다;

19 이좌용 교수가 지적한 것처럼 동일한 여성이 남편과의 관계에서 음적일 수 있지만 아들과의 관계에서 양적일 수 있고, 회사의 사장으로서 사원에 대해 양적이지만 회사의 회장에 대해 음적일 수 있는 것이다. 朱伯崑 외 지음, 김학권 옮김, 『주역산책』, 예문서원, 1999, p. 156.

(20) X와 Y는 다른 대상들 zj로부터 영향을 받아, X(zj)와 Y(zj)로 행동하고, 그 영향의 성격에 따라 X와 Y의 관계는 추이될 수 있다;

(21) X와 Y의 관계는 그들의 시간적 단계들 Xi, Xii, Xiii ……과 Yi, Yii, Yiii …… 간에 대응하는 관계들로 구성되는 과정성을 갖는다; &

(22) 앞의 단계들 (20)과 (21)은 단일성이 아니라 반복성으로 지속된다.

접속사 '?'는 양자의 관계가 필요조건인지, 충분조건인지 또는 필요충분조건인지에 대해 미확정적인 관계를 나타낸다. 앞으로의 논의가 이 접속사의 성격을 명료화해 줄 수 있으리라 믿는다. 그리고 (19)는 (8), (10), (11), (13)의 통합 조건이다. 그리고 (20), (21) 그리고 (22)는 음양의 두 요소가 다른 대상들로부터 영향을 받는다는 조건 (12)와 과정성 조건 (14)의 시간적 구조와 반복성 조건을 제시한 조건이다. 그리고 유기주의 모형의 7조건은 더 간소화될 수 있을 것이다.

음양 관계의 이러한 유기주의 모형은 더 정교화되고 세련될 필요가 있다. 그러나 이러한 방향의 이해가 옳다면 음양 관계에 대한 실체론 모형, 기능적 모형, 양상적 모형들은 위의 하나 또는 하나 이상의 조건을 위반하고 있는 경우에 음양에 대한 어긋난 해석 모형으로 평가될 수 있을 것이다. 물론 그 쪽 모형에서는 유기주의 모형에 대해 비슷한 요구나 평가를 할 수 있을 것이다. 만일 음양 관계에 대한 유기주의 모형이 더 세련되지 못하고 다른 모형과의 상대적 평가의 논의에서 개연성을 확보하지 못한다면, 이좌용 교수가 비판한 것처럼 음양 개념은 심신 관계 논의에 기여하기 어려울 것이다.[20] 물리주의나

20 이좌용 교수는 음양 개념의 세련화를 위한 한 방향으로서, 음양 개념을 2차적 성질로 해석할 것을 제안하였다. "나는 지난 토요일 원광대학교에서 남경희, 이좌용, 정인교, 김혜숙, 김기현, 이승종, 선우환, …… 등의 교수들과 악수하였다"와 "나는 지난 토요일 원광대학교에서 한국분석철학회의 몇 분 회원들과 악수하였다"라는 두 문장에서, 전자의 술어는 1차적 성질을 나타낸다면 후자의 술어는 2차적 성질을 나타낸다는 것이다.

이교수의 제안은 두 가지로 해석될 수 있을 것이다. 첫째는 1차 개념이 지칭하는 것만 실재적

이원론에 대한 앞으로의 논의가 개연성을 가질수록 음양 개념의 전망은 그만큼 더 어려워질 것이다. 그러나 나는 물리주의나 이원론의 논의는 어떤 한계에 도달하고 있다는 가설을 전제하고 음양 개념이 하나의 대안으로서 탐구할 가치가 있다는 점을 이 논문에서 제안한 것이다.

이 논문에서는 주역의 괘와 효에 대해 언급하지 않았다. 괘와 효가 유기주의 모형에서 수용될 수 있는지는 앞으로 검토되어야 할 것이다. 만일 괘와 효가 실체론적 음양론에서만 수용되어야 한다면 실체론이 위의 유기주의 조건을 만족하기 어려운 조건하에서 괘와 효는 다른 평가를 받게 될 것이다.

이고 2차 개념이 표시하는 성질은 1차적 성질에 수반할 뿐이라는 해석이다. 이 해석의 수반성 주장은 앞으로 고려할 수 있지만 그 비실재성 주장은 수용하기 어렵다고 생각한다. 둘째는 음양 개념은 형이상학적으로 상위적 분류 개념일 뿐 비실재성의 함축은 없다라는 해석이다. 이것은 데카르트의 심신 이원론이 처한 상황과 같다. 데카르트에게서도 심과 신은 2차적 성질이지만 실재성의 분류 개념인 것과 같다. 이 제안에 대한 제3의 해석이 가능하다면 우리의 논의에 도움이 될 것이다.

제18장

성(誠)의 지향성: 이원적 지향성에서 음양적 지향성으로

동양 전통의 세계관에 입각하여 대안적 가치를 구성하고자 할 때 만나는 문제 중의 하나는 서양 전통의 인간-자연 이분법이다. 왜냐하면 서양 전통은 인간만이 지향성(intentionality)을 표현하는 도덕적 주체자이고 자연은 그렇지 않다는 것이다. 그렇다면 이 장의 과제는 동양 전통의 인간-자연 지속성의 자연 친화성, 즉 음양론을 유지하면서도 어떻게 인간이 도덕적 주체자일 수 있는가를 조명하는 것이다.

서양 전통은 인간-자연 불연속성을 논변해 왔지만, 인간-자연 지속성은 어떤 논변으로 제시할 수 있을 것인가? 자연 친화성은 윤리 · 환경 · 태도에서 매력적이고 당위적으로 나타나지만 그 철학적 조명은 아직 미흡하다. 반면에, 인간-자연 불연속성은 양자 사이에 넘나들 수 없는 틈이 있다고 주장하여 질적으로 다른 존재라는 논변이 서양 문화사를 압도해 왔다. 인간-자연 지속성 여부의 논의의 핵심에는 지향성이라는 주제가 자리하고 있다. 인간은 그리고 인간만이 지향성이라는 성질을 만족하는 사유의 능력을 가지면서 그 이외의 존재는 그러한 능력을 갖지 않는다는 것이다.

이 글은 인간-자연 불연속성은 심신 이원론을 전제할 때 설득력을 갖지만 이원론에 기초한 지향성은 주장되기 어렵다(가절)는 점을 주장한다. 그 대신,

『중용』이 제시한 만물의 작동 원리로서의 성(誠) 개념은 마음을 정보 처리의 복합성의 정도를 갖는 구조로 해석될 수 있다(나절)고 믿는다. 그리고 마지막으로 이러한 성의 능력은 음양적 지향성으로 이해할 수 있는 그림을 그릴 수 있다(다절)고 생각한다.

(가) 이원적 지향성에서 언어적 지향성으로

(가1) 브렌타노의 이원적 지향성:

> 모든 심성 현상은 중세 철학자들이 '지향적 비존재(the intentional and also mental inexistence of an object)'라고 불렀고, 우리들이 '내용의 지칭, 대상의 방향성 또는 내재적 대상성'이라 부르는 것으로 규정된다. …… 말할 때 무엇인가가 제시되고, 판단할 때 무엇인가가 긍정되거나 부정되고, 사랑에서 무엇인가가 사랑되고, 증오에서 무엇인가가 증오되고, 욕망에서 무엇인가가 욕망된다. …… 이러한 지향적 비존재는 심성 현상에 특수한 성질이고 어떤 물리적 현상에서도 비슷한 것이 나타나지 않는다."[1]

브렌타노(F. Brentano)는 지향성에 대한 전통 철학의 존재론적 논의를 위와 같이 요약하면서 이를 자신의 심리학적 입장과 동일화하고 있다. 그러나 후기에 가서는 전통 철학의 존재론적 요소를 포기하고 자신의 심리적 요소만을 유지한다. 그리하여 물리적 현상은 비지향적인 문장으로 표현되지만

(I1) 심리적 현상은 대상 지향(directedness upon an object)적이고 내용 연관

1 Franz Brentano, Psychologie vom empirischen Standpunkt(1874), Quoted in: Roderick Chisholm, "Intentionality", *The Encyclopedia of Philosophy*, Macmillan, 1966, Volume 4, p. 201.

(relatedness to content)적이다.

라고 주장하는 것이다.

브렌타노가 존재론적 요소를 포기한 것은 잘한 것으로 판단된다. 분석철학자들이 지향적 명제의 특징으로 그 부속절의 비존재 문장 함축, 단칭 명사 대치 가능성, 지칭 불투명성으로 제안하였지만 모두 만족스럽지 않았기 때문이다. 그러나 브렌타노가 그의 심리적 요소를 유지하여, 이는 인간을 물리주의로 환원할 수 없는 특징적 근거로 채택하여 후대의 분석 철학에 많은 영향을 주었다.

(가2) 치즘 지향성의 언어적 구조: 치즘(Roderick Chisholm)은 분석 철학에서 지향성을 분석하기 시작한 최초의 철학자이다. 그는 한동안 다음과 같이 주장하였다:

> (I2) 표현 E는 지향적이다 ↔ 단칭 명사를 사용하고 있는 단순 직설 문장 E는 그 문장도 그것의 부정도 그 단칭 명사가 지시하는 것의 존재나 비존재를 함축하지 않는다; 또는 명제절을 가진 문장 E와 또 그 부정문의 어느 것도 그 명제절의 진위를 함축하지 않는다.

그러나 치즘은 지칭 불투명성, 대치율 실패 같은 기준처럼 이러한 진리치 함축 기준 (I2)도 지향성 여부를 보여주지 않는다고 판단한다. 치즘은 그 반례로, "저 여성은 인어공주를 닮았다"라는 명제의 존재 일반화는 어떤 명사절의 참도 함축하지 않기 때문이다. 그 대신 치즘이 제안하는 것은

> (I3) 모든 단순 접두문 M, 모든 문장 p에 대하여, M(p)는 논리적으로 우유적이다 → M은 지향적이다.[2]

라는 기준이다. 예를 들어, "이것은 동어반복이다"와 "그는 믿는다"라는 두 접두문을 "한 국가의 수도는 그 수도의 가장 큰 도시를 의미한다"에 적용하여, 접두문들은 기준 통과 여부에 따라 전자는 비지향적이지만 후자는 지향적이라는 것이다.

이러한 치즘의 지향성 분석은 브렌타노의 이원론적 지향성 논의를 이원론의 형이상학적 부담으로부터 보다 자유로운 언어 논리 차원으로 올려놓았다고 믿는다. 치즘적 분석 철학의 기여라고 보인다. 그러나 치즘은 정당성 개념의 논의 등에서 보이는 것처럼 어떤 이원론적 경향성으로부터 얼마나 자유로울 것인가? 그는 아직도 언어적 표상의 지향성은 정신적 표상의 지향성에 근거한다고 믿는 것이 아닐까?

(가3) 이원론 극복의 지향성 논의: 데이비드슨(Donald Davidson)은 존재론적으로 물리주의를 지지하면서도 심성의 자율성을 주장하여 믿음과 합리성의 총체성을 그 핵심적 요소로 선택한다. 물적 사건과 심적 사건 간의 유형적 관계를 거부하여 무법칙성을 제안하지만 개항적 사건들 간의 약한 수반에 기초하여 지향성을 믿음과 합리성의 총체적 성질로 파악할 수 있다고 믿는다.[3] 지향성이 이원론적 전통으로부터 단절되는 획기적 제안인 것이다.

데이비드슨이 지향성을 언어와 관련짓지 않고 있었다면, 민찬홍은 치즘과 데이비드슨을 종합한 관점을 채택하여, 의미와 믿음의 상호 의존성에 주목한다[4]고 생각한다. 그리하여 지향성에 대한 그의 관점은 다음과 같이 시도될 수 있을 것이다.

2 Roderick Chisholm, "Intentionality", *The Encyclopedia of Philosophy*, Macmillan, 1966, Volume 4, pp. 203-4.

3 Donald Davidson, "Intending", *Essays on Actions and Events*, Oxford: Clarendon Press, 2nd edn., 2001.

4 민찬홍, 「지향성과 분석철학-해석론, 인과론, 자연화」, 『시대와 사상』, 한국철학사상연구회, pp. 33-62; 민찬홍, 「믿음 : 명제태도의 일반이론을 위한 연구」, 서울대학교 대학원, 1995.

(I4) 표현 E는 지향적이다 ↔ E의 의미는 E와 관련된 믿음과 상호 의존적이다.

명제 (I4)의 과제는 치즘이 이룩한 언어적 전회 안에서 어떻게 이원론을 극복하는 데이비드슨 관점을 유지할 수 있는가라는 점이다. 명제 (I4)는 다음과 같이 달리 표현될 수 있다.

(I5) 표현 E는 지향적이다 ↔ E는 달리 해석 또는 생활될 수 있다.

그렇다면 문제는 이것이다. 의미와 믿음, 또는 이들을 해석이나 생활 가능성 개념으로 단일화하여 어떻게 비이원론적으로 이해할 수 있는가? 이 물음에 주목하고자 한다.

(가4) 지향성의 비이원적 구조–생활 양식성: 명제 (I4)과 (I5)를 어떻게 지지할 수 있는가? 한 가지 방식은 "지향성은 이원론적이 아니다"라는 가설을 생활 양식 개념에 주목하여 다음과 같은 논변 (F)를 구성하는 것이다:

(F1) 언어는 그 의미를 진리론적으로가 아니라 언어 공동체의 생활 양식에 의하여 부여받는다;
(F2) 언어 공동체의 생활 양식은 개인이나 집단의 심리적 상태가 아니라 언어 공동체가 자연사의 부분으로서 살아내는 것이다;
(F3) 자연사로서의 생활 양식은 이원적 뿔의 어느 쪽도 아니다.

논변 (F)의 전제들은 다른 기회에서 구체적으로 논의된 적이 있다.[5] 그러므로 여기에서는 총체적 관찰을 제시하고자 한다. 한국어에는 '안다'와 '믿는

5 정대현, 『심성내용의 신체성』, 아카넷, 2001.

다'의 표현들이 쌍을 이룬다. 어떤 사람은 '믿는다'의 행위에서 거짓 명제를 대상으로 할 수 있지만 '안다'의 행위에서는 그럴 수 없다. 두 표현의 이러한 관계의 논리는 어떻게 구성되었을까? 한국어의 시원적 공동체가 그렇게 제정하고 합의하였을까? 더욱 놀라운 것은 두 표현의 쌍은 영어 · 일본어 같은 다른 자연 언어에서도 나타나고 동일한 관계의 논리를 유지한다. 그렇다면 자연 언어 공동체들의 조상들이 합의하였을까?

의미 부여로서의 생활 양식 개념이 초견상 의문스러워 보였다. 그러나 '안다'와 '믿는다'의 표현들의 의미가 많은 자연 언어에서 부여되었을 방식의 후보로 고려되었을 때 설득력을 갖는다고 생각한다. 그리고 이것은 제정 · 합의 · 선포의 형식으로 이루어진 것이 아니라 언어 공동체들이 인간으로서의 삶을 유지해 가는 과정에서 도달한 의미 부여라고 보인다. '사랑한다'와 '좋아한다'의 짝을 비롯한 인간 자연 언어들의 공통된 논리는 달리 설명하기 어렵다고 생각한다.

(나) 성(誠): 마음 복합성의 정도

"지성(至誠)이면 진성(盡性)하여 성기성물하고 성(聖)의 경지에 이른다." 이것은 『중용』의 대의라고 생각한다. 『중용』은 이 대의를 인간만이 아니라 만물에 적용하고 있다.[6] 여기에서 주목하고자 하는 것은 이 가설이 전제하고 있는

(M1) 성은 인간만이 아니라 만물의 마음 능력이다.

6 남경희 교수는 "성(誠)이 만물의 능력이라 한다면, 만물들도 성(聖)의 경지, 일종의 도덕적이고 종교적인 경지라 할 수 있는 성의 경지에 이른다 말할 수 있어야 한다. 그러나 정말 그러한가?"라고 묻는다. 성(聖)을 특정 질서의 인격적 개념으로 제한할 때 그러한 의문은 정당하지만 『중용』은 만물 중화의 내재적 과정으로 해석한다고 믿는다.

라는 명제이다. 이 절에서는 『중용』의 이 전제를 어떻게 지지할 수 있는가를 고려하고자 한다. 『중용』의 전제를 지지하기 위해서 하나의 전략적 명제를 제안하고자 한다:

(M2) 마음은 단일한 실체의 종이 아니라 복합성의 정도를 갖는 개념이다.

마음은 영혼도 아니고 인간 사유의 능력도 아니라, 0_____1 사이의 정보 처리[7]의 복합성의 정도를 허용하는 개념이라는 것이다. 도식적 편의성으로 예시한다면, 무기물은 0.1; 식물은 0.2; 동물은 0.3; 인간은 0.4와 같은 방식의 복합성의 정도를 갖는다고 상정할 수 있을 것이다. 지성이 발달된 외계인이 있다면 그 위의 복합성을 가질 수 있을 것이다. 전략 명제 (M2)는 드레츠키(F. Dretske), 밀리칸(R. G. Millikan) 등의 믿음의 자연화 논변이나 차머즈(D. J. Chalmers)의 기초 현상성(proto-phenomenal)[8] 같은 기존 논변으로 지지될 수 있지만 여기에서는 진화 개념과 경우 적용으로부터 논의를 제안하고자 한다.

(나1) 종의 진화와 마음의 진화: "마음은 단일한 실체의 종이 아니라 복합성의 정도를 갖는 개념이다"라는 전략적 명제 (M2)는 진화 논변을 통해 지지될 수 있을 것이다. "종이 진화하였다면 종의 마음도 진화하였다"는 것이다. 종의 진화는 단순한 개체 진화가 아니라 종의 개체들의 체계의 진화이다.

최근에 새로운 종의 발견이 보고되었다.[9] 피에롤라피테쿠스 카탈라우니쿠스(Pierolapithecus catalaunicus)라는 종이다. 스페인에서 발견된 새로운 유인원 화석은 오랑우탄 · 침팬지 · 고릴라 · 인간 등 현존하는 범유인원의 가장

7 '정보'를 참 문장, 신빙할 만한 공표, 인과적 상관 관계의 의미가 아니라, 사태의 통사적 구조로 파악한 섀논의 제안을 수용하고자 한다. C. E. Shannon, "A Mathematical Theory of Communication", *Bell Systems Technical Journal*, 27(1948), pp. 379-423.

8 David J. Chalmers, *The Conscious Mind: In Search of a Fundamental Theory*, New York: Oxford University Press, 1996.

가까운 공통 조상으로 추정된다고 한다. 1300만 년 전에 살았던 피에롤라피테쿠스 카탈라우니쿠스는 바르셀로나 인근 엘 호스탈레트 드 피에롤라에서 발견된 것이다.

마음이 복합성의 정도를 지니는 것이 아니라 단일한 실체의 종이라는 전통적 가설을 지지하기 위해서는 "종이 진화하였다면 종의 마음도 진화하였다"라는 조건문을 부정하거나 그러한 단일 실체 후보를 제시하고 설득력 있는 논의를 제시할 수 있어야 할 것이다. 그러한 논변이 제시될 때까지는 진화 논변은 유지될 수 있을 것이다.[10]

(나2) 마음의 경우 유형: 전략적 명제는 보다 구체적으로 논의될 수 있을 것이다. 예를 들어, 사람만이 마음을 갖는 것이 아니라면 사람의 마음은 다른 마음과는 어떤 차이를 가지며 유사성을 가질 것인가? '마음'이라는 개념을 동물 · 식물 · 무기체에 부여할 수 있다면 그것은 어떤 의미에서일 것인가? 여러 가지 마음들의 차이는 정도의 차이일 뿐 정보 처리의 체계라는 점에서 유사하다고 생각한다. 이하에서는 이들의 차이에 주목하고자 한다. 이 논의는 그 논의의 성격상 잠정적이고 개괄적일 수밖에 없을 것이다.

로저스(C. R. Rogers)와 매슬로우(A. Maslow)의 심리학적 통찰[11]에 주목할 수 있을 것이다. 로저스는 "유기체가 가진 한 가지 기본 경향 및 추구인은 유기체를 실현하고 유지하고 향상시키고자 하는 것이다"; "유기체 내에는 자기

9 http://news.independent.co.uk/world/science_technology/story.jsp?story=584397(20 November 2004 11: 59).

10 남경희 교수는 "종은 실체가 아니라 개념이다. 진화의 주체는 종도, 개체도 아니라, 유전자이기 때문이다. 그렇다면 보편 개념인 종이 마음을 지녔다는 명제는 의문스럽다"라고 지적하였다. 남 교수의 첫째와 둘째 명제에 동의하지만 셋째는 아니다. 자연종이란 설명의 최대화가 결과한 이론의 구성물이지만 그 자연종 단계 Si를 구성하는 유전자 공유의 개체들은 그 앞단계 Si-1 단계를 구성하는 유전자 공유의 개체들과는 달리 더 진화된 정보 처리의 원초적 심성 상태에 있다는 것을 상정할 수 있다.

11 E. Jerry Phares 저, 홍숙기 역, 『성격심리학』, 박영사, 1987, p. 155 & pp. 174–76.

자신을 유지하고 향상시켜 주는 방향으로 그가 가진 모든 능력들을 개발하려는 경향이 자리하고 있다"라고 말한다. 로저스의 단일 동기론에 대해 매슬로우는 이를 세분화하여 인간 욕구의 서열을 제시하였다. 로저스와 매슬로우를 종합하여 '개체 경향성 서열'을 제안해 볼 수 있을 것이다: 개체 유지; 개체 적응; 생리적 욕구; 안전 욕구; 소속과 사랑의 욕구; 존중 욕구; 심미적 및 인지적 욕구; 개체 실현. 두 심리학자는 인간 마음의 문맥에서 논의하고 있지만 그들의 언급은 다른 존재자들에게도 적용될 수 있을 만큼 포용적 언어로 표현되고 있다는 점에 주목하고자 한다.

인간 마음은 위의 '개체 경향성 서열'을 모두 구현하고 있다고 생각한다. 한 걸음 더 나아가, 인간 마음은 철학적으로도 관찰할 수 있을 것이다. 인간 마음은 다른 존재자들과는 구별되는 여러 가지 특징 중 반성적 능력을 현저하게 갖는다. "김씨는 그의 생각 P를 반성한다"라는 것은 "김씨는 지금까지 P를 참이라고 믿었지만 이제 P가 참이 아닐 수도 있다는 것을 생각한다"는 것이다. 이러한 김씨의 반성은 "나도 틀릴 수 있다"라는 오류 가능성이나 비판에 대한 개방성을 함축한다. 이 능력은 다른 존재자들이 정보 처리에 있어서 갖지 못하는, 인간이 현저하게 수행하는 능력이다.

그러나 인간이 문자 언어를 갖게 된 1만 년 전에 이러한 반성적 사유를 얼마나 명료하게 할 수 있었을 것인가? 문자 언어가 없었을 때의 인간들이 "나도 틀릴 수 있다"라는 오류 가능성을 허용했을 것인가? 문자 언어 없이 추상적 사유에 한계가 있었다면 개념적 사유나 논리적 사유에도 어려움이 있었을 것이다. 문자 언어가 없었던 시절의 인간의 반성 능력은 지금의 반성 능력과는 차이가 있는 것이었을 것이다.

동물 마음은 '개체 경향성 서열' 중에서 일부만 구현한다고 생각한다. 동물 마음과 인간 마음이 비교되는 지점이다. 또 하나의 비교점이 반성 능력에서 나타난다고 보인다. 한편으로, 벌의 반성 능력은 인간의 그것과 다르다고 생각한다. 벌은 꿀춤을 통하여 꿀이 있는 방향 · 거리 · 종류의 정보를 나타낸다는 의미에서 통사적 구조를 가지며 관찰자 벌들은 그에 따라 해석하여 행동한다. 그러나 카를 폰 프리쉬(Karl von Frisch)는 실험 조작에 의하여 한 마리 벌의 꿀춤이 거짓 정보를 계속 나타낸다고 할지라도 그 벌과 그 공동체는 그 벌의 잘못을 인식하는 구조를 갖지 않는다는 것을 보이고 있다.[12] 벌에게 언어가 있다면 참과 거짓의 구분을 하지 않는 언어이다. 따라서 반성이 발생하지 않는 것이다.

다른 한편으로, 동물에게도 '유사 반성' 능력이 있다고 생각한다. 동물들은 먹이에 대한 취사 선택 행동 패턴에서 유사 반성 행동을 보이는 것이다. 먹이가 고통이나 해를 주었을 때 그 먹이를 다음번에는 피하는 것이다. 새는 색깔, 쥐는 맛, 벌은 발 감촉으로 피하는 것이다. 동물의 정보 처리의 구조는 '먹이 후보-고통 여부-먹이 선정 여부'의 틀을 가지고 있는 것이다. "나는 틀릴 수 있다"라는 인간 언어적 반성은 아니지만 동물의 '개체 경향성 서열'에 맞는 반성은 발생한다고 해석될 수 있을 것이다.

식물 마음은 '개체 경향성 서열'의 8개의 항목 중에서 적어도 세 개의 경향성은 갖지 않지만 네 개나 다섯 개는 갖고 있다고 보인다. 개체 적응이나 생리적 욕구의 경향에서 식물들은 토양·물·빛의 입력만을 갖는 것일까? 소리·냄새의 자료나 정보가 입력된다는 보고는 어떻게 평가할 것인가? 만일 이들 자료의 입력을 허용한다면 식물에도 인간 언어적 의미에서는 아니지만 식물적 차원의 희미한 시각·청각·취각의 입력 양상을 인정할 수 있지 않을까? 땅속줄기(rhizome)[13]가 선명하게 보이는 것처럼, 식물은 어떠한 순간에도 그 체계 안에서 정보 처리 과정이 발생한다고 해야 하지 않을까?

무기물에 마음의 자리를 허용할 수 있다면 그것은 어떤 의미에서 가능할까?

12 Karl von Frisch, *The Dance Language and Orientation of Bees*, Harvard University Press, 1967.

13 *A Thousand Plateaus: Capitalism and Schizophrenia* by Gilles Deleuze and Felix Guattari. Translated by Brian Massumi. University of Minnesota Press, Minneapolis. 1987, p. 21.

울산바위는 상온에서 아무런 반응을 하지 않을 것이다. 그러나 온도 변화의 어떤 치역을 넘을 때 울산바위는 수축 반응을 할 것이다. 이러한 수축은 새 정보 입력에 대한 체계 내적 정보 처리의 조정과 반응의 결과일 것이다.

이러한 문맥에서 차머즈(David J. Chalmers)의 온도계 논변[14]은 음미할 만하다. 온도계는 세 가지 정보 상태들을 가지고 있다: 식음, 더움, 무동. 각각의 정보 상태에 감질 현상 상태가 대응되어 있을 것을 상상할 수 있다. 그렇다면 정보 상태의 변화는 감질 현상 상태의 변화를 결과한다. 온도계가 된다는 것은 어떤 기분일까? 정보 처리 과정이 단순하다면 대응되는 감질 현상 상태도 단순할 것이다. 온도계에 경험 능력을 귀인하는 것에 대한 저항의 까닭을 먼저 제시하고: 그리고 그러한 태도를 설명할 수 있다. (2.1) 경험이 요구하는 성질을 온도계는 갖지 않을 수 있다: 그렇게 자명한 성질은 없다. (2.2) 온도계와 쥐가 정보 처리하는 과정에서 핵심적 요소의 차이가 있을 것이다: 경험에 필요한 그러한 처리 요소는 보이지 않는다. (2.3) 온도계 체계에 의식의 역할이 보이지 않는다: 인간 뇌에서도 의식의 역할은 보이지 않고, 의식을 상정하지 않고도 정보 처리 과정을 이해할 수 있다. (2.4) 온도계를 우리는 너무 잘 이해하여 의식을 요청할 필요가 없다: 온도계는 인간 뇌와 다를 바 없다. (2.5) 의식을 삽입하지 않고도 온도계를 만들 수 있다: 우리가 인간 뇌를 만들 때도 의식은 공짜로 들어온다. (2.6) 온도계는 살아 있지 않다: 신체 단절적 실리콘 뇌는 살아 있다고 하기 어렵지만 의식을 가질 수 있다. (2.7) 온도계의 어디에 주체가 있을 것인가? 주체는 '소인간'이 아니고 전체 체계이다. 경험이 기본적 성질이라면 경험이 편재적이라고 가정하는 것이 더 합리적이다.

14 David J. Chalmers, *The Conscious Mind: In Search of a Fundamental Theory*, New York: Oxford University Press, 1996, pp. 293–96.

(다) 성(誠)의 음양적 지향성

성(誠)이란 무엇인가? 이 단어의 어원은 무엇일까? 박종홍은 경(敬)을 도입하여 성에 대한 실존적 해석으로써 성의 중요성을 일찌기 강조하였다. 말씀 '言'변에 이룰 '成'의 조합은 무엇을 나타내는 것일까? 어떻게 성이 만물의 소이연〔지성(至誠)이면 감천(盡性)〕과 당이연(지성으로 성기성물)으로서의 질서를 담아내는 것일까?

중용의 다음과 같은 문헌은 그러한 물음의 조명에 도움이 된다: "誠으로 말미암아 밝아지는 것이 性이다(自誠明 謂之性)"(21장); "誠이 있으면 표현이 있다(誠則形) (23장); "誠이 없으면 만물도 없다(不誠 無物) (25장)." 이를 근거로 여러 가지 가설이 가능하겠지만 다음의 명제도 그 후보 중의 하나라고 생각한다.

(S1) 개체의 성은 만물의 도리와 맞물린 그 개체의 도리를 이루는 개체의 수행의 성질이다.

이 가설에서 주목하고자 하는 것은 만물에게 성이 있고 이 성이 그 개체나 상태의 정체적 활동이라는 점이다. 그렇다면 이 성을 어떻게 이해할 수 있는가가 하나의 과제가 될 것이다. 이 절은 이 성을 음양적 지향성으로 파악할 것을 제안하고자 한다. 이를 위한 작업을 단계적으로 접근해 보고자 한다.

(다1) 음양적 지향성의 모색

'음양적 지향성' 개념을 구성하고자 할 때 요구되는 것은 먼저 음양 개념일 것이고 다음으로 이 음양 개념이 어떤 의미에서 지향성을 갖는가의 조건을 제시하는 것이다. 음양 개념은 여러 가지로 접근될 수 있을 것이다. 여기에서는 그중의 한 연구[15]를 참조하여 논의를 진행하고 한다.

(Y1) (D1) X와 Y는 음양 관계에 있다 =○=

(D2) X와 Y는 대상들 z1, z2, …… zn로 이루어지는 총체의 체계 Z 안에서 특정한 대상, 사건 또는 기능 zi를 구성하는 상호 불가피한 두 요소이다;

(D3) X와 Y는 하나가 요(凹)와 같은 방식으로 작용하면 다른 하나는 철(凸)과 같은 방식으로 보완 작용한다;

(D4) 체계 Z에서, 어떤 대상들 zi와 zj는 각기의 음양적 요소들 Xi와 Yi 그리고 Xj와 Yj의 관계에 의하여 상호 감응의 관계에 들어갈 수 있다;

(D5) 체계 Z의 구조는 이들의 음양적 요소들에 의하여 Z의 적어도 하나의 특정한 대상 zj에 의해 표상될 수 있다;

(D6) X와 Y는 다른 대상들 zj로부터 영향을 받아, X(zj)와 Y(zj)로 행동하고, 그 영향의 성격에 따라 X와 Y의 관계는 추이될 수 있다;

(D7) X와 Y의 관계는 그들의 시간적 단계들 Xi, Xii, Xiii ……과 Yi, Yii, Yiii …… 간에 대응하는 관계들로 구성되는 과정성을 갖는다; &

(D8) 앞의 단계들 (D6)과 (D7)은 단일성이 아니라 반복성으로 지속된다.

음양 관계에 대한 이러한 규정은 단언적일 수도 결정적일 수도 없다. 잠정적인 이해에 의하여 다음으로 물을 수 있는 물음은 이러한 음양 관계가 어떤 의미에서 지향성을 갖는 것인가라는 점이다. 문맥에 따라서는 X와 Y의 음양 관계만으로 충분하지만 경우에 따라서는 그렇지 않을 수도 있다. 음양 관계는 양자뿐 아니라 총체적 문맥에서 나타나는 것이기 때문에 구체적 논의를 필요로 하는 문맥에서는 충분하지 않을 것이다. 지향성은 X와 Y의 음양적 관계 안에서도 구체적 요소나 국면들의 관계의 명시를 요구하는 것이다. 그렇다면 (Y1)과 (나)절의 마음 복합성 명제를 근거로 다음과 같은 명제가 가능할

15 제17장 「음양관계 개념의 유기적 분석」 참조.

것이다.

(Y2) x와 y는 tn에 음양적으로 지향적이다 =◯=

x와 y는 체계 Z1에 속하고 Z1의 tn-1에서 tn에 이르는 변화 C에 따라 x와 y는 tn-1에서 가졌던 관계와는 다른 요철(凹凸)의 (Y1) 관계를 tn에 현저하게 갖는다.

마음 복합성 명제와 음양 관계 명제는 지향성이 어떤 운동 상태의 '관심 있는 현저 성질'이라는 것이다. 이러한 논의 방식은 원인 개념에 의해 지지될 수 있을 것이다. 맥키(J. L. Mackie)가 원인 개념을 다음과 같이:

(S2) a는 b를 야기(인과)한다 ↔ a는 b를 야기(인과)하는 데 있어서 필요하지 않지만 충분한 한 조건의 충분하지 않지만 필요한 부분이다.[16]

로 제안하였을 때, 결과 사건 b를 야기하는 원인 사건 a는 그 인과 관계 고리 연쇄상에서 배타적 유일성으로 선정되는 것이 아니라 가능한 많은 사건들 중 '관심 있는 현저 성질'의 사건이다.

그렇다면 성의 지향성 개념은 명제들 (Y2)와 (S1)에 의하여 다음과 같이 도달할 수 있을 것이다.

(Y3) x는 y를 향하여 tn에 (至)誠을 다한다 =◯=

x는 y를 향한 tn-1 관계에서 tn 관계로의 전환에서 도리(道理)를 구성하는 참다움을 기준으로 음양적 지향성 전환을 수행한다.

16 J. L. Mackie, "Causes and Conditions", *Causation and Conditionals*, ed., Ernest Sosa, Oxford University Press, 1975(1965), pp. 15-38.

그러나 성의 지향성 명제 (Y3)은 단순한 모델이다. x와 y가 동일한 체계 안에서 발생하는 경우를 상정한 것이다. 그리하여 이를 다음처럼 일반화할 수 있어야 할 것이다.

(Y4) x는 y를 향하여 tn에 (至)誠을 다한다 ⇔

x는 y를 향한 tn-1 관계에서 tn 관계로의 전환에서 x와 y가 각기 속하는 공동체의 체계들 S1와 S2의 간주관적 체계의 도리(道理)가 제시하는 성물(成物)을 기준으로 음양적 지향성 전환을 수행한다.

(다2) 존재 유형의 성(誠):

정보 처리의 복합성의 정도에 따른 마음의 음양적 지향성의 성의 능력을 만물에 부여할 수 있다면 그러한 모습은 어떻게 나타날 것인가? 무기물 · 식물 · 동물 · 인간에게서 나타나는 성의 능력은 확인할 가치가 있다.

무기물의 성 능력은 개체의 정보 체계가 그 자체 내부에서뿐만 아니라 주변 체계와 갖는 상호 작용(유지, 적응, 양위)에서 나타난다. 예를 들어, 울산바위 또는 남극의 '라르센-B' 빙붕[17]은 그 개체의 정보 체계가 새로운 환경 정보 입력으로 유지 체계를 바꾸어 적응하거나 경우에 따라서는 붕괴하는 과정을 겪는다.

식물의 성 능력은 무기물과 달리 방향적 운동성을 갖는다. 흙으로부터 자양의 정보를 입력할 뿐 아니라 그 신진대사를 위해 빛이나 물의 방향으로 잎이나 뿌리를 뻗어 유기체의 활성화된 정보 처리를 이룩해 낸다. 주변의 개체들과도 상호작용을 하며 역동적 적응을 해내는 경우들이 보고되고 있다.

동물의 성 능력은 보다 복합적 구조를 갖는다. 동물은 목적적 운동성을 갖는다. 먹이 채취, 새끼 보호, 공격, 먹이나 위험의 보고, 도피, 메이팅, 군집으

17 http://sejong.kordi.re.kr/literature/polar_sense/21_larsen_retreat_webslaves/text.htm

로 불리는 행동 양태를 나타낸다. 물론 이들은 인간 언어 체계에서의 채취 · 보호 · 공격 · 보고들이 갖는 논리와는 다르다. 예를 들어, 인간 언어에서의 보고는 참말과 거짓말의 구분이 전제되지만 동물 언어에서는 그렇지 않을 수 있다. 이것은 단순히 정보 처리의 복합성의 차이라고 간주된다.

인간의 성 능력은 우리가 주목하는 대로 충분히 복합적이다. 인간은 무기물 · 식물 · 동물의 국면을 가지고 이 차원의 성기(成己)의 성(誠) 능력을 가지고 또한 인격자로서의 성기의 성 능력을 가진다. 인간은 더 나아가 타자(사람 · 동물 · 식물 · 무기물)에 대하여 이들이 각기 체계에서 표시되는 도리의 성물 기준에 따라 성물의 부정적 조건을 제거하고 긍정적 조건을 지원하는 방향의 행위를 수행한다.

제19장

성기성물의 개념 구조: 대안적 가치

자유와 평등은 그 일상적 의미에서 인간 존재의 범주로 중요한 가치이다. 그러나 이 가치는 인간 존재가 왜곡된 경우에서만 중요한 가치이다.[1] 달리 말하여, 자유와 평등은 인간 존재의 전제적 가치이다. 자유나 평등의 가치 조건이 만족되어 있지 않다면 참다운 인간 존재는 아직 탄생하지 않았기 때문이다. 자유와 평등은 인간 존재의 목적적 가치가 아니다. 많은 논의들은 인간 존재의 왜곡 상황에서 이 가치들의 우선성 · 절실성 · 긴박성에 압도되어 이들이 인간 존재의 목표적 가치인 것으로 설정하는 유혹을 받는다. 그러나 그 설정은 오류이다.

자유와 평등을 원초적 가치로 설정하는 경우, 자유와 평등은 이율배반적이다. 개인 우선적 가치로서의 자유나 전체 우선적 가치로서의 평등은 궁극적 문맥에서 양립하기 어려운 것은 자명하다. 더 나아가 그 양립 불가능성은 두 가치가 정초하여 있는 존재론적 · 논리적 고려들의 비일관성에서 보여져야 한다. 침범 불가능 권리로서의 자유나 전체에 의해서만 의미 부여를 받는 평등은 원초적으로 설정하여 병렬할 때 일관성의 위협을 받는다. 자유와 평등을

1 제5장 가치론: 자유와 평등의 자리 참조.

원초적 가치로 설정하는 거의 모든 인간 사회가 갈등을 겪는 구조적 까닭은 자유와 평등의 이러한 이율배반성 때문이라고 생각한다.

그렇다면 인간의 목표적 가치는 무엇일까? 인간 존재가 왜곡되지 않는 상황에서 추구할 만한 가치는 무엇인가? 인간 존재의 전제적 가치가 실현되었다면 인간 활동으로써 채워야 하는 가치는 무엇인가? 전제적 가치가 실현되어 비로소 참다운 인간 존재가 공동체로서 탄생하였다면 인간의 고귀한 활동으로서 실현할 만한 가치는 무엇인가? 정치 사회적으로 자유나 평등의 가치가 아직 실현되지 않은 지구촌의 지점들에 주목하여야 하지만, 지성 법률적으로 이 가치들이 실현되어 있다면, 그렇다면 참다운 인간 존재의 공동체는 무엇을 원하여야 하는가?

이 장은 그러한 목표적 가치의 후보로서 성기성물(成己成物: 나를 이룸과 만물을 이룸이 맞물려 있다) 명제를 제안한다. 이 가치는 자유나 평등이 제기하는 이분법이 아니라 총체론적이다. 이 명제의 총체론적 가치의 개연성을 『중용』의 문헌을 숙독 해석하여 제시하고자 한다. 이를 위해 먼저 이 문헌의 핵심 개념을 드러내는 성(誠)의 의미론을 구성하고자 한다. 인도(人道)로서의 성의 의미와 천도(天道)로서의 성의 의미를 찾아보고 양자의 연결 고리를 제시하고자 한다. 그리고 『중용』의 인간론은 중용(中庸)이 총체성 논리를 제시하고, 중용의 황금률의 부정법적 구성은 인격론에 기초하고, 성기성물의 개과천선 방법론은 사건적이 아니라 과정적이라는 세 명제들로써 제안될 것이다.

(가) 『중용』의 성(誠) 의미론

(가1) 성(誠)의 의미 구성론: 『중용』[2]의 대의는 여러 가지로 접근될 수 있지만

2 이 장에서 『중용』의 언급에 대한 쪽수는 달리 표시하지 않는 한 다음의 책의 쪽수이다: 楊祖漢 지음, 황갑연 옮김, 『중용철학』, 서광사, 1999.

다음과 같은 명제로 요약하고자 한다: 『중용』은 지성-진성(至誠-盡性)의 성기성물(成己成物) 철학이다. 성(誠)을 지극히 하면 성(性)이 드러나 나를 이루는 것과 만물을 이루는 것이 맞물려 있는 성(聖)의 상태에 도달한다는 철학이다. 이 명제는 어떻게 이해할 수 있는가? 성(誠)이 무엇이기에 성(性)이 드러난다는 것인가? 드러나는 성(性)은 무엇이기에 성기성물의 과정에 연결되어 있다는 것인가? 이러한 물음들에 조명하기 위해 먼저 『중용』 제20장에서 제26장에 이르는 제3편을 통해 성(誠)의 의미를 구성하여 지성-진성의 형이상학을 살피고 그 다음 (다)절에서 성기성물의 인간론을 고찰하고자 한다.

『중용』에서 성(誠)은 인간만이 아니라 자연의 논리이다. 『중용』의 이러한 성(誠) 일원론은 "인간은 지향성, 자연은 법칙성"의 논리로 규정되는 이원론 전통과 대조된다. 성(誠) 일원론은 어떻게 유지되는가? 이 물음의 조명을 위해 "성(誠)은 도리(道理) 드러냄이다"라는 가설을 제안하고자 한다.

이 가설을 "성자 천지도야 성지자 인지도야(誠者 天之道也, 誠之者 人之道也)" (265)[3]라는 명제를 중심으로 옹호하고자 한다. 이 표현에 대한 몇 가지 번역본을 살펴볼 수 있다: "정성이란 것은 하늘의 도요, 정성되게 하는 것은 사람의 도이다" (김학주); "정성이라는 것은 하늘의 도요, 정성되게 하는 것은 사람의 도이다" (김시준); "정성이라는 것은 천의 도리이다. 정성스럽게 하는 것은 사람의 도리이다" (황갑연); "진실은 하늘의 길이고 진실 달성은 사람의 길이다" (J. Legge).

'성(誠)'을 '정성'이나 '진실(sincerity)'로 옮기는 데는 어려움이 있다고 생각한다. 『중용』의 성(誠)은 인간과 자연의 존재의 양식을 동시에 드러내고 있음에 반하여, 두 단어는 인간적 양식에 한정하는 인상을 주기 때문이다. 그렇

3 김학주, 『대학 중용』, 명문당, 1970, p. 263; 김시준, 『대학 중용』, 혜원출판사, 2003, p. 195; 楊祖漢 지음, 황갑연 옮김, 『중용철학』, 서광사, 1999, p. 265; "Sincerity is the way of Heaven. The attainment of sincerity is the way of men": James Legge's translation of The Doctrine of the Mean in 김학주, 『대학 중용』, 명문당, 1970, p. 365.

다면 이광세가 제안하는 '통합(integration)'은 보다 일원적 번역이고 박종홍이 중용의 성(誠)을 실존주의의 성실(誠實)과 관련시키고,[4] 이강수[5]와 이규성[6]이 성(誠)을 포괄적 성실(誠實)로 해석하는 것은 의미 있다고 생각한다. 다만 성실의 '실(實)'을 인간론적으로가 아니라 실학적으로 해석하여 '성(誠)'을 '성실(誠實)'로 해석할 수 있을 것이다. 그리고 "정성되게 하는 것"의 수동형은 "정성스럽게 하는 것"의 능동형보다는 낫지만 아직도 인간의 의지적 행위 양식에 치우쳐 있다고 보인다. 이에 비해 '달성'이라는 단어는 보다 중립적일 것이다. 그렇다면 이러한 관찰을 근거로, "성실은 하늘의 도리이다. 성실 달성은 사람의 도리이다"라는 문장이 우리의 명제를 덜 위험하게 나타낸다고 믿는다.

(가2) 인도(人道)로서의 성실 달성(誠實達成)의 의미: 천도로서의 성실과 인도로서의 성실 달성의 의미는 무엇일까? 후자에 먼저 주목하고자 한다. 『중용』은 성실 달성에 대해 수행 논변(제20장, 262-90), 일다 논변(제21장, 291-95), 과정 논변(제22장, 295-300)의 세 가지 논변을 제시한다고 생각한다. 이 논변을 차례로 관찰, 그 구조에 주목하고자 한다.

성실 달성의 수행 논변은 동북아인들에게는 익숙한 어휘들로 구성되어 있다. 성실 달성에는 5달도(군신간 · 부자간 · 부부간 · 형제간 · 붕우간), 3달덕(智仁勇)의 일반적 윤리가 있고, 군주를 위해서는 9경(수신, 어진 사람 존경, 부모 친애, 대신 공경, 신하 체찰, 백성 사랑, 백공 근면, 타지인 관대, 제후 보

4 박종홍, 「중용의 사상」, 『철학논고』, 『박종홍 전집』, 형설출판사, 1980, 3권 pp. 608-20; 성과 성실성: p. 612; 중용과 알맞음: p. 620.

5 이강수, 「중용의 인간 철학」, 『중국 고대철학의 이해』, 지식산업사, 2003, pp. 105-11.

6 이규성, 「성실성」, 『왕성산 생성의 철학』, 이화여자대학교출판부, 2001, pp. 240-43: "성실성은 본질의 실재성, …… 도의 영원한 역동적 근거성, …… 본체의 자연적 법칙성, …… 본체의 부단한 운동성, …… 우주적 영역에서나 실천적 영역에서 체용일원적 통일의 가능 조건으로서의 가치이다."

호)을 통하여 이루어진다는 것을 말하고 있다.

그러나 명령문 형식에만 주목할 때 수행 논변은 선명하게 나타나지 않을 것이다. 제20장이 하나의 논변을 구성한다고 생각하는 까닭은 수행 양상이 언어적, 또는 천도적 구조 안에서 제시되고 있기 때문이다. 명령문은 단순한 명령문이거나 문맥 없이 제시되는 절대적 계시가 아니라 '천도'로 언급되는 언어적 구조 안에서 나타나고 있기 때문이다.

구체적으로, 예(禮)는 어떻게 발생하는가? "친인을 친애하는 차서"와 "어진 사람을 존경하는 등급" 때문에 예가 발생한다는 것이다. 5달도 · 3달덕 · 9경은 사람의 도리의 문맥 안에서만 수행될 수 있고 사람의 도리는 천의 도리에 연결되어 있다는 것이다. 사람의 도리와 천의 도리가 비언어적으로 어떻게 알려질 수 있을 것인가? 사람의 도리와 천의 도리는 배워야 하고, 깨달아야 하고, 수행될 수 있어야 한다면 이들은 언어적으로 표상될 수 있는 것이다. 언어적 표상 안에서만 이들의 수행은 '하나다'(263)라고 말할 수 있는 것이다.

성실 달성의 일다(一多) 논변은 이해도 어렵고 구성은 더욱 어렵다. 전체 내용은 다음과 같다: "성(誠)으로 말미암아 밝아지는 것을 성(性)이라 하고, 명(明)으로 말미암아 진실무망하게 되는 것을 교(敎)라고 한다. (그러므로) 진실무망하면 밝아지고, 밝아지면 진실무망해진다"(291)[7]이다. 여기에서 흥미 있는 것은 성(誠)과 성(性), 성(誠)과 명(明), 명(明)과 교(敎)가 각기 어떤 종류의 쌍조건문 형식의 관계에 있다는 점이다. 우리의 물음은 이러한 문헌상의 형식적 형태로부터 내용적 구조를 향하여 제기될 수 있을 것이다.

명(明)과 교(敎)는 둘 다 성(誠)의 1차적 성질이 아니라 2차적 성질이라고 생각한다. 성(誠)은 밝지 않을 수도 있고 교(敎)가 아닐 수도 있고, 밝은 것이나 교(敎)는 성(誠)이 아닐 수도 있기 때문이다. 나는 "이규성 교수와 오늘 아침 악수했다"라는 표현으로 나의 1차적 성질을 표상할 수 있지만 "이대 교수

7 自誠明 謂之性, 自明誠 謂之敎, 誠則明矣 明則誠矣.

한 사람과 오늘 아침 악수했다"라는 표현으로 나의 2차적 성질을 표상할 수도 있다. 후자는 전자 없이도 만족될 수 있지만 그 역은 가능하지 않기 때문이다.

성(誠)과 명(明)의 관계를 『중용』은 대칭적으로 간주하지만 정확한 쌍조건문 형식에 놓지 않는다. 성(誠)이 밝아질 때의 성(性)과 밝아질 때의 성(誠)의 교(教)는 같은 차원에서 읽히지 않기 때문이다. 전자는 존재론적이고 기술적이라면 후자는 수행적이고 실천적이기 때문일 것이다. 전자는 필연적이지만 후자는 우연적이다. 전자는 모든 사람에게 적용되지만 후자는 눈과 귀가 있는 자에게만 적용된다.

성(誠)과 성(性)의 관계는 무엇인가? "성(誠)으로 말미암아 밝아지는 것이 성(性)이다"라는 명제는 어떻게 해석할 수 있는가? 이 명제는 더 세분되어 물음을 물을 수 있을 것이다. 첫째, "성(誠)으로 말미암아 밝아지는 것이 성(性)인 이 성(誠)은 어떻게 구현되는가? 둘째, "성(誠)으로 말미암아 밝아지는 성(性)"은 어떻게 나타나는가? 셋째, 양자의 관계는 어떻게 연결되는가?

이 세 가지 물음을 동시에 답할 수 있는 대답의 한 후보는 '일(一)과 다(多)' 가설이다. 많은 개체들은 성(誠)의 주체이고 이들이 각기 지성(至誠)으로 밝아질 때 각 개체들은 성(性)을 드러낸다. 그러나 드러난 성(性)은 각 개체에 한정된 것이 아니라 그 성(性)을 소유하는 모든 개체들의 성(性)이다. 물론 이때의 '모든 개체들'이라는 것은 이들이 각기 처해 있는 우주의 문맥에서 규정되는 개체의 성이다. 문맥으로부터 추상될 수 있는 차이가 없지 않지만 이들이 공유하는 그 부분을 성(性)이라고 하는 것이다. 그렇다면 성(誠)의 주체로서의 많은 개체들은 공유하는 성(性)의 항상성으로 천도가 나타나는 것이다.

『중용』의 인도로서의 성실 달성에 대한 셋째 논변은 과정 논변이다. 핵심적인 명제는 "오직 천하의 지성자만이 자신의 본성을 다할 수 있다(唯天下至誠爲能盡其性)"(295)이다. 그렇다면 지성(至誠)과 진성(盡性)의 관계가 무엇일 것인가? 이 관계가 무엇이기에 다음에 이어지는 명제들이 나타나는 것일까? 자신의 본성, 사람의 본성, 사물의 본성, 천지의 화육, 천지와 병립의 명제들이 연결되어 나타나기 때문이다.

이러한 문맥에서 지성과 진성의 관계는 추측해 볼 만하다. 지성과 진성은 이러한 문맥에서 단일 사건들의 관계일 수 없다. 지성과 진성은 과정들의 지속적인 관계들의 그물망이라고 해야 한다. 그렇지 않으면 제22장은 이해될 수 없다고 생각한다. 이러한 해석학적 관점을 부인한다면 어떤 관점이 제안될 수 있을 것인가? 제3의 관점이 제안될 때까지는 과정론적 가설을 수용할 만하다. 그렇다면 인도로서의 성실 달성은 그 주체가 일상의 개인이거나 군자이거나 간에 과정적이고 전체 그물망의 부분으로서의 성실 달성이라 할 것이다.

(가3) 천도(天道)로서의 성실(誠實)의 의미: 천도로서의 성실은 어떤 의미가 부여되는가? 천도로서의 성실에 대해서도 세 가지 논변이 주어져 있다고 믿는다. 표현 논변(제23장, 301-4), 지식 논변(제24장, 304-6), 도리 논변(제25장, 307-12)에 차례로 주목하고자 한다.

표현 논변이 제시되는 제23장은 천도만이 아니라 인도도 함께 포괄하고 있다. 성(誠)함, 표현, 드러남, 빛 발현, 감동, 변화 가능, 교화 공덕의 7단계가 차례로 연결되어 있기 때문이다. 그러나 여기에서는 그 첫 명제인 "성(誠)함이 있으면 어떤 표현이 있다(誠則形)[8]" (301)에 주목하겠다.

먼저 성실과 표현은 의지적 관계가 아니다. 성실한 사람이나 사물은 의도적으로 이 성실 표현을 드러내는 것이 아니다. 성실이 이루어지는 주체는 표현의 의도가 없이도 성실이 표현되어진다는 것이다. 그러므로 이 표현은 역설적이게도 능동적 표현이 아니라 '수동적 표현'이다. 달리 말하여 이 표현은 성실의 '결과적 표현'이라 할 수 있을 것이다.

8 '성즉형(誠則形)'은 "정성되면 곧 나타나고"(김학주, p. 270: 김시준, p. 201)로도 번역된다. 현재의 문맥에서, '정성'보다는 '성(誠)'을, '나타남'보다는 '표현'을 선호하게 된다. 그러나 '감동'을 언급하면서 '(타인을) 감동'으로 표기하는 것은 제23장의 7단계 과정을 인간과 자연에 적용할 수 있는 양방향 문맥을 인간에 기우는 일방향 문맥으로 돌리는 데 기여한다고 믿는다.

그러나 성실과 표현과의 이러한 관계는 어떻게 가능한가? 제23장은 명시적으로는 아니지만 7단계 과정을 제시하는 데서 이 물음에 대한 단초를 주고 있다고 보인다. 7단계 과정이 우연적 단계들이 아니라 천도(天道)라는 도리(道理)로써 구조화되어 있다는 것을 가정하는 것이다. 이 가정을 수용하면 성실과 표현의 관계는 설득력을 얻게 된다. 도리의 구조화를 부정하면 이 관계는 달리 설명되어야 한다. 다른 설명은 무엇일 수 있는가?

지식 논변이 제공되고 있는 제24장은 또 하나의 어려운 문본이다. "지성의 도는 일이 닥치기 전에 예상하여 알 수 있다(至誠之道 可以前知)"(304)라고 적고 있다. 지성과 전지는 어떻게 연결되는가? 흥망(興亡)이나 화복(禍福)의 조짐이 지성자에게는 알려진다는 것이다. 어떻게 그럴 수 있는가? 이 단서에 대해 문본은 다시 선명하진 않지만 침묵을 지키는 것도 아니다. 그 조짐은 "시초점과 거북점에 나타나며 사체에 동한다(見乎蓍龜 動乎四體)"라는 문장으로 표현된다. 지성자는 점으로나 사람들의 거동으로부터 조짐을 알 수 있다는 것이다. 지성자의 이러한 지식 가능성은 지성(至誠) · 전지(前知) · 상서(祥瑞)의 조짐의 관계들에 유전자나 프랙탈[9] 구조를 도입할 때 설득력을 높일 수 있고, 그 역으로 이러한 설득력에 의하여 성실과 전지의 관계에 입각한 지식 논변은 천도에 근거한다는 것을 가리킨다고 믿는다.

도리 논변은 두 부분으로 되어 있다. 첫째는 "성(誠)은 사물이 스스로 이루어지는 원리이다(誠者 自誠也)"(307)라는 명제가 보이는 바 성(誠)의 비의지성이다. 이러한 성(誠)은 자연의 본연의 모습이고 인간의 자연화의 근거이다. 이러한 성(誠)을 '지향성' 개념으로 규정해야 한다면 그것은 이원적 지향성이 아니라 음양적 지향성[10]이라고 믿는다. 이원적 지향성이 자연과 인간의 이분법을 전제한 것이라면 음양적 지향성은 자연과 인간의 총체적 · 일체적 관계

9 http://www.fractalzone.be/questions.html#what

10 제18장 「성(誠)의 지향성: 이원적 지향성에서 음양적 지향성으로」 참조.

를 유지하는 논리라고 생각한다. 천도는 이러한 구조에서 주어지고 인식되는 것이라고 보인다.

도리 논변의 둘째 부분은 "정성은 만물의 처음이며 끝이니, 정성이 아니라면 만물은 없는 것이다(誠者 物之終始, 不誠 無物)"(김시준 204)라는 문장으로 요약된다. '정성' 대신에 '성(誠)'이나 '성실(誠實)'을 대치할 수 있을 것이다. 성실이 만물의 시종이고 성실이 없으면 만물도 없다는 명제는 매우 강한 구조를 가지고 있다. 이 명제의 구조는 만물에 대한 다음과 같은 해석을 허용한다고 믿는다: 만물의 동일성이나 정체성은 바로 그 개체의 성(誠)이다.

만물의 동일성으로서의 성(誠)은 무엇일 것인가? 이 물음에 대한 조명은 성(誠)이 천도(天道)로서 말하여져 온 문맥에서 얻을 수 있을 것이다. 만물의 개체마다 천도를 담지하고 있고 이 개체가 그 천도의 도리를 이룩할 때 그 개체는 성(誠)의 주체가 되는 것이다. 이러한 해석이 가능하다면, '誠'자의 조합에 대해 사전에서는 언급하지 않는 어떤 가정을 해봄직하다: '誠'자는 천도(天道)의 도리(道理)를 나타내는 '言'과 그 도리의 이룸을 향한 과정을 표시하는 '成'으로 구성되어 있다.

(가4) 천도 성실과 인도 성실 달성의 연결 고리: 천도로서의 성실과 인도로서의 성실 달성의 의미를 살펴보았다. 양자는 성(誠)의 개념으로 표현되지만 그러나 둘 사이에는 어떤 간격이나 차이가 있다고 생각한다. 이원론 전통을 도입하지 않는다고 할지라도 양자는 자연스럽게 다르다는 차이가 드러나 보인다. 인간이 성(誠)에 따라 처신하는 방식과 자연이 성(誠)을 수행하는 방식을 동일한 구조 안에 넣고자 할 때 견강부회 · 갈등 · 모순 등의 인상을 지우기 어려울 것이다.

『중용』은 이러한 물음들을 해소할 방식을 가지고 있는가? 두 가지 논변을 고려할 수 있을 것이다. 무식(無息) 논변(제26장, 312-9)과 천도와 도덕 본심의 연계성 논변(제22장, 295-96)이다.

첫째, "지성자는 중단이 없다(故至誠無息)"라는 명제가 드러내는 무식 논변은 어떤 내용인가? 이어지는 문장들을 읽어 보자: "중단이 없으면 끊임이 없게 되고, 끊임이 없으면 징험이 나타나게 되고, 징험이 나타나면 아득하게 멀게 되고, 아득하게 멀게 되면 넓고 두텁게 되고, 넓고 두터우면 고명하게 된다. 넓고 두터우니 만물을 실을 수 있고, 고명하니 만물을 덮을 수 있고, 유구하니 만물을 완성할 수 있다. 넓고 두터움은 땅과 어울리고, 고명함은 하늘과 어울리며, 유구하니 무궁하다. 이런 사람(이 같은 것)[11]은 일부러 보여주지 않아도 스스로 드러나며, 움직이지 않아도 변화되니 무위로써 만물을 완성한다."

『중용』의 이 문단은 현상 기술인가, 이해 가설인가? 자연사 요약인가, 우주적 소망인가? 이 문단은 자연스럽고 상식적으로 보이지만 표면적 인상일 뿐이다. 이 문단은 특정한 형이상학을 천명하고 있는 것이다. 그 형이상학은 외재적이 아니라 내재적이다. 세계의 존재 구성이나 유지가 외부로부터가 아니라 내부 관점으로부터 주어지고 있는 것이다. 『중용』은 이러한 의미에서 진화론이나 과정론 같은 어떠한 내재적 형이상학과도 통하여 있다고 생각한다.

천도로서의 성(誠)에 대한 『중용』의 무식(無息) 논변은 내재적 형이상학의 선언으로 끝나는 것이 아니다. "천지의 도는 한마디 말로써 다할 수 있다. 천의 도는 순일불이하니 만물을 생성하나 그것을 짐작할 수 없다"라는 명제의 함축은 중요하다. 만물 생성의 현상을 짐작할 수 없지만 그러나 천의 도는 하나라는 것이다. 이것은 천의 도가 하나이어야 한다라는 '형이상학적 요청'이다. 내재적 형이상학의 기본 구도인 것이다. 어떤 형이상학도 그 출발점이 요청적이라면 『중용』의 요청은 이 지점이 아닐까?

둘째, 천도와 도덕 본심의 연계성 논변의 내용은 『중용』의 여러 문본에서 나타난다: "정성스러운 자는 힘쓰지 않아도 도리에 합치하고, 사려하지 않아도 얻으며, 자연스럽게 도에 합치하니, (이런 사람이) 성인이다"(제20장, 265);

11 "如此者"를 황갑연은 "이런 사람"(p. 313)으로, 김시준은 "이 같은 것"(p. 206)으로 번역한다.

"오직 천하의 지성(至誠)자만이 자신의 본성을 다할〔盡性〕 수 있다" (제22장, 295). 지성자, 자기 본성, 인간 본성, 사물 본성, 천지 화육, 천지 병립의 6단계들이 이어져 있는 것이다. "도덕 본심은 천도이다"라는 요청적 명제는 『중용』의 기본 전제라고 생각한다. "지성(至誠)과 진성(盡性)은 『중용』 전편 주지이다" (296)라는 양조한(楊祖漢)의 지적은 정당하다고 믿는다.

도덕 본심과 천도의 연계성 논변을 수용할 수 있다면 도덕 본심의 '심(心)', 그리하여 '성(誠)'의 성격은 보다 명료화될 수 있을 것이다. '성(誠)'이나 '심(心)'은 공동체적 개인, 우주 안의 개체에서 발생하지만, 원자적 개인이나 독립적 개체에서 발생하는 것이 아니다. 원자적 개체를 요구하는 외재적 형이상학에서는 '지성감천(至誠感天)'의 명제가 성립할 수도 없고 이해될 수도 없다. '지성-진성'의 명제는 공동체적 개인, 우주 안의 개체를 요구하는 내재적 형이상학에서 필연적이고 정당한 것이 된다.[12]

(나) 『중용』의 성기성물 인간론

『중용』의 지성-진성(至誠-盡性) 형이상학은 성(誠)의 의미론을 수용하는 경우 설득력을 갖는다고 생각한다. 이제 그러한 의미론이 함축하는 성기성물(成己成物)의 인간론을 살펴보고자 한다. "성실(誠實)이 하늘의 도(誠者天之道也)이고 성실 달성은 사람의 도(誠之者 人之道也)" (제20장, 265)라는 명제는 인간이 다른 만물과 다른 과제를 갖는다는 인간론을 함축한다. 사람과 만물은 이원적이 아니라 동일한 성(誠)의 주체이면서도 달리 갖는 국면성으로 구분되고 있다. 이러한 만물과 사람이 다른 점은 무엇일까? 사람 이외의 만물

12 윤성범(『한국적 신학-誠의 해석학』, 선명문화사, 1972, pp. 254-5)은 誠 개념 중요성에 주목하여 자신의 학문적 작업을 본격적으로 시도하여 기여하였다. 그러나 '誠'이 '알맞다'에서 유래되었다는 그의 가설에는 유보적이지만 '멋', '계시' 등 여러 개념과 동일시하는 것에 대해서는 의문을 갖는다.

도 성(誠)의 주체이다. 그리하여 첫째, 그들은 스스로 지성(至誠)으로 진성(盡性)에 이른다. 둘째, 만물 각개는 다른 만물과 더불어 함께 생육하지만 서로의 생장을 방해하지 않는다(제30장, 334).

그러나 사람 이외의 만물 각개는 주변의 개체의 이룸에 도움을 줄 수 있지만 자기 이외의 만물의 이룸에 관심을 갖지 않는다. 그러나 사람은 자기뿐만 아니라 자기 이외의 만물의 이룸에도 관심을 가질 수 있고 그리고 그러해야 한다. 더 나아가 사람은 자기의 이룸과 다른 만물의 이룸이 맞물려 있다는 것을 알아야 하고 이에 따른 과제를 수행하여야 한다. "성기는 인의 덕이고, 성물은 지의 덕이다(成己仁也, 成物知也)"의 명제는 사람과 만물의 차이를 선명하게 나타낸다. 만물은 어질 인(仁)의 성향을 갖지만, 알 지(知)의 성향도 갖는다고 할 수 있을 것인가? 『중용』의 문맥은 전자를 허용하지만 후자는 인간에게만 국한하는 것으로 보인다.

『중용』은 전통적으로 군자적 인간론으로 읽혀져 왔다. 시대적 제약도 있고, 문헌의 뒷받침도 없지 않다. 그러나 독자 관점으로부터의 책읽기는 당대의 관심으로부터의 읽기라고 생각한다. 그렇다면 군자적 인간론보다는 성기성물 인간론으로 정당하게 읽힐 수 있다고 생각한다.

『중용』의 성기성물적 인간론은 여러 가지로 이해되고 해석되고 구성될 수 있을 것이다. 한 가지 방식은 내재론적인 것이다. 성(誠)의 의미론에 입각한 『중용』의 형이상학을 수용한다면 이것이 함축하는 내재론은 크게 세 가지 요소를 유지하여 성기성물적 인간론을 구성한다고 믿는다: 사람들은 자연계 안에서 다른 만물과 더불어 서로 연결되어 있다; 사람들은 이 자연계 안에서 서로에 대한 처신의 기준을 갖는다; 이러한 가치는 사건적으로가 아니라 개과천선의 과정의 결과로 나타난다. 이러한 세 가지 요소를 차례로 살피고자 한다.

(나1) **『중용』의 총체성 논리: 중용(中庸)**: 『중용』 인간론의 첫째 명제는 "사람들은 자연계 안에서 다른 만물과 더불어 서로 연결되어 있다"라고 생각한다.

"자연계 안에서"라는 구절은 형이상학적 외재주의를 부인하는 것이고 인간이 처하여 있는 삶의 공간이 세계관의 내용이라는 것을 함축한다. "다른 만물과 더불어"는 다른 전통의 인간론이 다른 만물 배제적인 것을 고려하면 자연 총체론적 관점을 보이는 것이다. "서로 연결되어 있다"라는 것은 인간 윤리가 외부적이거나 인간 공동체 독립적이 아니라 공동체 총체성의 문맥에서 나타난다는 것을 함의한다.

인간 윤리가 공동체 총체성의 문맥에서 나타난다는 믿음은 『중용』의 중용 개념에서 보인다. 『중용』의 중용 개념은 단순히 산수적 평균을 나타내는 것이 아니다. 『중용』의 중용 개념은 지성(至誠)을 통한 천도와 천명으로서의 진성(盡性)(174)이다. 내재론적 형이상학의 반영으로서의 중용이다. 이 중용이 밖으로 나타나는 바는 치우치지 않고 알맞은 것으로서의 중(中)과 변함없이 일정하고 바른 것으로서의 용(庸)이다(김학주 220). 중은 공시(共時)적이고 용은 통시(通時)적이라 할 수 있을 것이다.

『중용』의 중용 개념에서 주목할 수 있는 요소는 성(誠)의 주체로서의 나와 시중(時中)이다. 『중용』에서 나는 원자적으로 실체화되지도 않지만 총체론적으로 관념화되지도 않는다. 나는 수기·수신에서 부단히 강조되지만 원자적 실체로서의 절대적 책임이 아니라 공동체 성원으로서의 도덕적 책임이 부여된다. 나는 공동체 성원으로서의 관계적 책임이 물어지지만 그 책임의 존재론적 기초를 위해 '전체가 먼저'라는 명제로 관념화되지 않는다. 군자가, 사람이 '만물 화육'(162)의 중심에 있기 때문이다. "사람이 도를 넓히는 것이지, 도가 사람을 넓히는 것은 아니다"라는 공자 명제의 응용이다(김학주 231).

중용은 또한 "때에 맞게 하는 것(時中)"(제2장)이다. 시중은 제1장의 중화(中和)에 대비를 이룬다. 중화가 천하의 대본이고 천하의 달도라면 시중의 존재론적 내용이고 시중은 그러한 존재론의 윤리적 지침이라 할 것이다. 시중이 그러한 존재론적 내용의 반영이라는 전제를 부인한다면 시중은 단순한 기회주의적 편의에 지나지 않을 것이다. 중화와 시중의 이러한 구조에서 공자는 중용의 어려움을 다음과 같이 말하고 있다: "중용의 도리는 지극하다. 그러나 (중용의 도리를) 실행할 수 있는 사람이 적은 지는 오래 되었다"(제3장, 198).[13] 중용은 중화의 존재론을 가지고 있기 때문에 상리(常理)이고 상도(常道)이지만, "총명한 자는 지나치고 어리석은 자는 부족하기 때문이다"(제4장, 199)라고 적고 있다.

(나2) 『중용』의 황금률 – 공자에서 중용까지의 발전: 『중용』 인간론의 둘째 명제는 "사람들은 이 자연계 안에서 서로에 대한 처신의 기준을 갖는다"라고 생각한다. 『중용』의 지성(至誠)을 통한 진성(盡性) 개념은 공자의 인(仁) 개념에서 비롯된 증자의 충서(忠恕)가 맹자의 진심(盡心)으로 발전하여 이어진 것으로 해석하고자 한다.

『논어』는 공자의 인(仁)에 대한 언급을 많이 소개하고 있다. 대부분 서술적이지만 규정적인 언급도 없지 않다.

> 자장이 공자께 인(仁)에 관하여 물었다. 공자께서 말씀하셨다. "다섯 가지를 천하에 실행할 수 있다면 인(仁)한 사람이다." "삼가 그것을 여쭙겠습니다" 하니, 공자가 말하였다.
>
> "공(恭)손, 관(寬)대, 신(信)의, 민(敏)첩함과 은혜(惠)다. ……"[14]

이 언급은 인(仁)의 규정으로 해석할 수 없을까? 다른 서술적 언급과는 대조되는 문법을 가지고 있다. 규정적 문법에 따른 언급인 것이다. 그렇다면 공·

13 "시중이란 무엇입니까"라고 묻자, 말했다. "중이란 글자는 가장 알기 어려우니, ……"(주희 여조겸 편저, 이광호 역주, 『근사록집해』, 아카넷, 2004, p. 132).

14 동양고전연구회 번역 주석 해설, 『논어』, 지식산업사, 2002, 제17장 제6절, p. 243. 공자의 이어지는 풀이는 다음과 같다: "공손하면 모욕을 당하지 않고, 관대하면 많은 사람들이 따르고, 시의가 있으면 사람들이 일을 맡기고, 민첩하면 공을 세울 수 있고, 은혜로우면 충분히 남을 부릴 수 있을 것이다."

관 · 신 · 민 · 혜는 인(仁)의 각기 필요조건이고 합하여 충분조건이라 할 수 없을까? 공 · 관 · 신 · 민 · 혜에 대해 이어지는 공자 스스로의 풀이는 이러한 해석을 지지하는 것이 아닐까? 이러한 해석에 대한 유예나 반대가 있다면 그것은 무엇일까?

『논어』의 인(仁)에 대한 규정 중에 많이 알려진 것은 서(恕)와 같은 동격의 내용의 풀이로 나타난 문장이다.

> 자신이 원치 않는 일을 남에게 베풀지 말 것이다(己所不欲 勿施於人).[15]

따라서 앞의 5조건을 인의 원리로 뒤의 1조건을 서의 원리로 해석하는 것은 옳지 않다. 앞의 5조건은 문본에서 뒤에 나타나지만 인의 필요충분조건이라는 의미에서 인의 일차적 규정이라 할 수 있을 것이다. 그리고 위의 1조건은 문본의 앞에 나타나 있지만 인의 필요충분조건의 실천 논리라고 해석할 수 있을 것이다. 그렇다면 이것은 인의 이차적 또는 상위적 규정이라 해야 할 것이다.

인의 상위적 규정은 소위 황금률의 형식으로 되어 있다. 그러나 공자의 황금률은 두 가지로 해석되고 있다. 첫째는 공자 자신이 논어에서 언명한 부정적 형식의 내용이다. 둘째는 주희(朱熹)와 전목(錢穆) 등의 전통이 서(恕)를 문자적으로 해석한 내용이다. 즉 "자신을 미루어 남에게 미친다(推己及人)"는 긍정적 형식의 내용이다.[16] 공자는 인이나 서를 상위적으로 규정하는 문맥에서 둘째 해석을 허용한다고 생각하지 않는다. 왜 공자는 말하기 까다롭고 이해하기 어려운 부정적 형식으로 그의 황금률을 제시하였을까? 황금률의 긍정적 형식과 부정적 형식의 차이는 무엇일까?

황금률의 긍정 형식은 지혜의 구조이다. "자신을 미루어 남에게 미친다(推

15 동양고전연구회 번역 주석 해설, 『논어』, 지식산업사, 2002, 제12장 제2절, p. 161; 제15장 제24절, p. 221.

16 재인용, 楊祖漢 지음, 황갑연 옮김, 『중용철학』, 서광사, 1999, pp. 68-89, 76.

己及人)", "대접받고자 하는 대로 대접하라(Do unto others as you would have them do unto you)"로 나타난다. 그러나 황금률의 부정 형식은 윤리의 구조이다. "자신이 원치 않는 일을 남에게 베풀지 말 것이다(己所不欲 勿施於人)", "네가 싫어하는 것을 남에게 하지 말라(What you dislike don't do to others)"는 초견적으로 긍정 형식과 다를 바가 없는 것처럼 보인다. 부정 형식은 긍정 형식의 이중 부정을 포함하고 있으므로 통사적으로 동치이다. 그러나 부정 형식의 의미적 구조는 복잡하다.

두 형식의 차이를 보이는 논의를 다음과 같이 구성해 볼 수 있을 것이다. 두 형식에 나타나는 자기와 타자에 대한 해석에는 두 가지가 있을 것이다. 단수적 단위(나와 그)와 복수적 단위(우리와 그들)이다. 자기와 타자를 개별적 단위로 해석할 때 두 형식은 개인적 차원에서의 행동 지침이 되고 두 형식의 차이는 크게 보이지 않는다. 그러나 자기와 타자를 공동체적 단위로 해석할 때 자기와 타자는 유형으로서의 자기와 유형으로서의 타자가 되어 유형적 행위가 나타난다. 지침이나 평가의 단위 행위가 개별적일 때 그 기준은 자의적이지만 단위 행위가 유형적일 때 그 기준은 공동체적이고 객관성을 갖게 된다. 두 가지 해석의 구분에 따라 행위 황금률과 규칙 황금률의 구분이 가능할 것이다.[17]

행위 황금률에서는 황금률의 긍정 형식과 부정 형식의 차이는 존재하지만 선명하게 드러나 보이지는 않는다.[18] 그러나 규칙 황금률에서는 그 긍정 형식과 부정 형식의 차이는 선명하게 나타난다. 규칙 황금률의 긍정 형식은 자기와 타자 간의 거래의 관계를 나타내고 상호 관계에서 최선 관계를 지향한다.

17 행위 황금률과 규칙 황금률의 구분은 황금률에 대한 칸트의 비판(황금률은 남에게 도움을 받기 싫어하는 자에게 선행의 의무를 강제하지 못하며 감옥에 가고 싶지 않는 범죄자에게 형벌을 강제하지 못한다)에 답할 수 있을 것이다. 칸트의 비판은 전자에 유효하지만 후자에는 적절하지 않다.

18 심헌섭 교수는 두 형식의 차이를 지적하고 있다. 긍정 형식은 선행을 추천하지만 명할 수는 없고 부정 형식은 유해한 행위를 피해야 하는 구조를 갖는다고 한다(「황금률과 법」, 『법률연구』, 법문사, 제2권(1982), pp. 91-108, 103.

그러나 어려운 점은 행위의 기준이나 수위의 제시가 목록 나열적이고 끝이 없고 자의적이다. 따라서 이를 일반화하기가 불가능한 것은 사회의 행복의 조건을 일반화하기가 불가능한 것과 같다. 규칙 황금률의 긍정 형식의 다른 어려운 점 하나는 이 황금률을 수용하는 자가 강자인가 약자인가에 따라 그 해석이 달라질 수 있다는 점이다. 이것은 약한 동물이 강한 동물에게 취하는 계산적 생존 양식일 수 있지만 강자가 약자에게 보이는 행동 방식은 아니다. 이것은 더 일반화될 수 있다. 타자가 자기와 같은 내범주(in group)에 있는가 다른 외범주(out group)에 속하는가에 따라 긍정 형식은 효력이 있을 수도 있고 없을 수도 있다. 규칙 황금률의 긍정 형식은 진화 과정에서 습득된 지혜의 격언으로 보인다.

그러나 규칙 황금률의 부정 형식은 행위의 기준의 제시를 허용한다. 유형적 자기와 타자 간에 이루어지는 것을 원하지 않는 그러한 종류의 유형의 행위들에 합의할 수 있기 때문이다. 이러한 합의는 인격의 최소 조건의 합의이다. 그리고 이 합의는 우연적 합의이기보다는 일반화할 수 있는 것이다. 어떠한 비인격적인 것도 사람들은 원하지 않고 사람들이 원하지 않는 것은 비인격적 요소를 가지고 있기 때문이다. 인간의 고통은 개인적이고 단편적일 수 있지만 그러나 인간 공동체는 고통의 부정성의 정도에 대해 합의할 수 있기 때문이다. 공자 황금률의 부정 형식은 사람과 사람의 관계에 최소 조건의 일반화를 도입한 것이다.[19] 이러한 구조에서 규칙 황금률의 부정 형식은 자기와 타자 간의 내범주나 외범주에 상관없이 적용된다. 이것은 도덕성을 향하여 있다고 판단할 수 있을 것이다.[20]

지성(至誠)에 기초한 성기성물은 공자의 부정적 형식의 황금률을 어떻게 발

19 『논어』 황금률의 부정적 형식은 다른 내용으로도 나타나 있다: "선생님께서 말씀하셨다. '남이 자기를 알아주지 않는 것을 근심할 것이 아니라, 내가 남을 알아보지 못할까 근심해야 한다'"(위 『논어』, pp. 1-16, 19); "자공이 말했다. '내가 남이 나를 업신여기기를 바라지 않듯이 나도 남을 업신여기는 일이 없었으면 합니다'"(위 『논어』, pp. 5-12, 64).

20 황금률의 긍정 형식과 부정 형식의 구분에 대한 논의는 남경희 교수와의 논의를 통해 발전되었다.

전시킨 것인가? 그 발전 과정을 다음과 같이 해석하고자 한다. 공자는 도덕적 개념으로서의 인을 서라는 윤리적 개념으로 규정하였다고 믿는다. 그리고 증자는 인으로서의 서를 충서로 요약하였고 맹자는 이를 진심으로 중용은 지성으로 발전시켰다고 믿는다.

증자는 충서(忠恕)로서 공자 학문을 이해하였다고 한다. 충은 온 마음을 가운데 두는 내적 질서이고 서는 다른 사람의 마음을 자신의 마음으로 미루는 외적 원리라는 것이다(양조한 55). 그리하여 증자 스스로 논어 이인편에서 "공자의 도는 충과 서일 따름이다"(김시준 164)라고 했다는 것이다. 이러한 전통에서 중용도 "충과 서는 도에서 멀리 어긋나지 아니하니, 자기에게 베풀어짐을 바라지 않는 것을 또한 남에게 베풀지 말아야 하느니라"(제13장, 김시준 227)고 말할 수 있었을 것이다. 이러한 전통에서 주희도 "자기 마음을 다하는 것"이 충이고, "자기를 미루어 남에게까지 미치게 하는 것"이 서이다. 곧 충이란 "성심(誠心)을 다하는 것"이고 서란 "남의 입장을 이해해 주는 것"이다(김학주 251)라고 생각한 것이다. 쉬푸관은 아예 "충서와 중용은 본래 하나이다"라고까지 나아간다(양조한 232).

맹자의 진심(盡心) 개념은 "자신의 본심을 다하는 자는 본성을 자각할 수 있고, 본성을 자각할 수 있으면 천도를 자각할 수 있다"(양조한 60)는 말에서 나타난다. 성과 천도는 모두 진심의 실천 과정에서 체험된 것이기 때문에 인식 대상이 아니라 실천 이성의 대상인 것이다. 그러므로 주희가 맹자의 진심을 지의 측면으로, 중용의 진성을 행의 측면(양조한 82)으로 해석했을 때 오해라는 비판은 정당하다고 생각한다. 양조한의 지적대로 주희의 심은 인식적이고, 맹자의 심은 실천적이어서 심성천의 일체론(양조한 89, 61)인 까닭일 것이다.

『중용』의 지성(至誠) 개념은 그 진성(盡性) 개념과 분리될 수 없다는 점에서 맹자의 심성천 일체론을 명료화한 것이라고 생각한다. 중이라는 것은 "안으로 사려하여 마음을 다하는 것(盡心)"이고 "스스로 진심을 추구하는 것"이다(양조한 65). 탕쥔이가 "중용의 진성은 맹자의 진심을 계승 발전시킨 실천 공부”이고 진심이 시교(始教)(바로 그 자리에서 드러나는 도덕심 확충)이고 진성이 종교(終教)(모든 것을 포괄, 도덕 생활 완성) (양조한 95-96)라고 할 때 “진성은 사욕 제거만이 아니라, 타인의 본성과 만물의 본성을 확충한다는 의미까지 포함한다”는 양조한의 지적은 정당하다고 보인다(양조한 98-99).

공자의 도덕적 인은 자사의 윤리적 서 개념으로 발전하고, 맹자는 이를 진심 개념으로써 인간론에 도달하였고 중용은 내재론적 형이상학으로 승화하였다고 보인다. 공자의 도덕적 성인(成人) 개념[21](논어, 14-13)은 중용의 성기(成己) 개념으로 발전되었지만 또한 양자 사이의 차이도 선명하다고 생각한다.[22]

(나3) 『중용』의 개과천선: 이룸은 사건인가 과정인가: 『중용』은 개과천선을 그 인간론의 명시적 개념은 아니지만 구조적 개념으로 가지고 있다고 생각한다. “개과천선(改過遷善)”은 “잘못을 버리고 선으로 나아간다”[23]는 것이다. “잘못을 버리면 선이 나타난다”는 것이 아니다. 과(過)와 선(善)은 과정적 관계의 개념들이지 이분법적 단칭적 일회적 관계의 개념이 아닌 것이다. 그리고 이 문맥에서의 잘못과 선은 넓은 의미로 해석될 수 있을 것이다. ‘과(過)’는 잘못 · 허물 · 거짓 · 불행 등 부정적 인간 경험을 총칭하는 것으로 볼 수 있고, ‘선(善)’은 선뿐만 아니라 착함 · 좋음 · 진리 · 행복 등 인간 경험의 긍정성을

21 “자로가 인격이 완성된 사람에 관해 물으니, 선생님께서 말씀하셨다. ‘장무중과 같은 지혜와 맹공작과 같은 과욕과 변읍의 장자와 같은 용기와 염구와 같은 재주에 예악으로써 격식을 갖추면 인격이 완성된 사람이라고 할 수 있다’ ”(논어, pp. 14-13, pp. 195-96).

22 김태길은 공자의 인(仁)으로부터 ‘나’가 ‘우리’를 품는 ‘大我的 自由人’ 개념을 끌어내고 있다. ‘우리’가 가족에 한정되지 않고 확장적 보편성을 유지할 때 나와 우리의 동시적 성숙에서 이 개념은 실현된다는 것이다: 「한국가족의 과거와 현재 그리고 미래」, 『철학과 현실』, 제55권(2002 겨울), pp. 30-41; 『韓國人의 價値觀 研究』, 문음사, 1982. 박정근은 인(仁)의 내용을 극기복례(克己復禮: 나를 넘어 예로 돌아감), 군자불기(君子不器: 된 사람은 그릇이 아니다), 지인무기(至人無己: 지극한 사람은 나라는 것이 없다)의 명제에서 찾아 “나와 나 아닌 것의 전부가 하나가 된 삶의 드러남”이라 제시한다: 「아름다운 삶-개인의 완성에 대한 중국철학적 접근」, 『현대의 위기: 동양철학의 모색』, 중국철학회편, 예문서원, 1997, pp. 13-43.

23 주희, 여조겸 편저, 이광호 역주, 『근사록집해』, 아카넷, 2004, pp. 513-14.

총칭하는 것으로 이해할 수 있을 것이다. '개과천선'은 인간 경험의 총체성에서 그 구조의 방향성을 보이는 것이라고 생각한다. "부정성의 극복으로부터 긍정성으로의 점진적 전진"이라는 구조적 방법론의 명제인 것이다. 이러한 이해로부터 하나의 논변을 구성할 수 있을 것이다: 논어에서 개과천선 개념이 구성 가능하다면 중용에서도 그러하다는 것이다.

먼저, 논어에서 개과천선 개념이 어떻게 가능한가? 논어에서 두 개의 명제에 주목하고자 한다.

> 사람이 도를 넓힐 수 있는 것이지 도가 사람을 넓히는 것은 아니다(人能弘道 非道弘人, 15-29).
>
> 잘못을 하고도 고치지 않는 것, 이것이 잘못이다(過而不改 是謂過矣, 15-30).

첫째 명제는 사람이 도의 주체이지 도가 사람의 주체가 아니라는 점을 분명히 하고 있다. 도가 사람의 주인이고 주체인 경우, 이것은 도 본질주의를 함축한다. 이러한 경우 도와 비도는 이분법적으로 나누어지고 그러한 도의 실체론적 형이상학에서는 인간 사회의 선악 이분법이 지배하게 될 것이다. 그러나 사람이 도의 주체가 되는 경우 인간이 도를 실현해 가는 점진적 과정론이 발생한다. 선악의 이분법은 존재론적으로도 인식론적으로도 입지의 여지를 가질 수 없는 것이다.

둘째 명제는 부정성 극복에 향하여 있다. 부정성 극복의 당위성 · 정당성 · 필연성이 시사되고 있는 것이다. 교통사고로 피흘리고 무의식 상태에 빠진 희생자는 그가 누구이건 간에 우선적으로 구호되어야 한다. 이 부정성 극복은 당위적이고 정당하고 필연적이다. 비슷한 구조로 어떤 부정성의 극복도 당위적이고 정당하고 그리고 우선 순위에서의 차이에 따라 필연성의 상대적 정도가 부여될 수 있을 것이다.

첫째 명제와 둘째 명제를 수용할 수 있다면 그러면 수용되는 두 명제를 일반화하여 이론화할 수 있을 것이다. 달리 말하여, 두 명제가 배제할 수 있는 윤리 질서, 세계관의 질서가 무엇인가를 명료화할 때 논어의 질서가 명료화되는 것이다: 이 세계는 이데아, 논리, 초월적 존재에 의하여 구성 · 규제 · 지배받는 것이 아니라 내재적으로 주어져 있는 질서이다; 맞음 · 옳음 · 착함 · 참 · 정의 · 정당성 · 합리성 등 인간의 인식이나 윤리의 기준은 내재적이다; 부정성에 효과적으로 대처하는가에 따라 생의 종은 진화한다; 기준들은 인간 공동체의 발전에 따라 점진적으로 나아진다. 이렇게 명료화된 논어의 윤리 질서는 개과천선으로 요약될 수 있다고 믿는다.

논어에서 개과천선 개념이 도출될 수 있다면 중용에서도 그럴 수 있다고 믿는다. 중용도 개과천선 명제를 도출할 수 있는 근거들을 구성해 볼 수 있을 것이다. 중용 전체의 체계로부터 궁극론 · 문맥론 · 과정론의 세 요소를 읽어낼 수 있고 이 요소들에 의해 결론을 도출할 수 있다고 믿는다.

첫째, 중용의 궁극론은 중용이 궁극적인 의미에서 얼마나 어려운가를 보이는 데서 얻어진다. "중용의 도리가 지극히 아름다운 것은 중용의 도리를 오랫동안 지속하여 실행한 사람이 드물기 때문이다" (제3장, 198)라고 정현은 이해한다. 이를 더 강하게 표현하는 문본도 있다: "천하와 국가를 다스릴 수 있고, 작위와 봉록을 사양할 수 있고, 날카로운 칼을 밟을 수 있지만, 중용의 도리는 실천할 수 없다(中庸不可能也)" (제9장, 212). 중용이 불가능하다는 것은 윤리로서의 불가능이기보다는 현재라는 미완성의 문맥에서 온전한 중용의 실현의 불가능으로 보아야 할 것이다. 달리 말하여, 중용의 온전한 실현은 역사의 온전한 완성의 단계에서 이루어진다는, 중용의 궁극성을 나타낸다고 믿는다. 중용의 궁극론은 다음의 문장으로 지지될 수 있을 것이다: "만물은 함께 생육하지만 서로의 생장을 방해하지 않으며 도리는 병행하지만 서로 위배되지 않는다. 작은 덕성은 끊임없이 흐르는 냇물과 같고, 큰 덕성은 화육을 돈후하게 한다" (30장, 334).

둘째, 중용의 문맥론은 자명하다고 생각한다. 중용은 "때에 맞게 하는 것(時中)" (제2장, 김시중 147)을 그 중심 내용으로 삼는다고 생각하기 때문이다. "순임금은 …… 양극단을 잡고 그 중을 일반 백성에게 사용하니, 이것이 바로 순임금으로 될 수 있는 까닭이다" (6장, 206). 중용은 절대 악도 절대 선도 허용하지 않는다고 해석된다. 선악의 본질주의를 부정하는 것이다. 이러한 문맥주의는 윤리적 가치뿐만 아니라 인식적 내용에서도 선명하다: "중립하여 어디에도 치우치지 않으니 강하고 출중하구나" (10장, 215). 또한 일종의 다원주의에 의해서도 지지된다. 공자는 하나라 · 기나라 · 은나라 · 송나라 · 주나라의 예의 제도를 각기 인정하고 있기 때문이다(28장, 325) .

셋째, 중용의 과정론도 어렵지 않게 추리해 낼 수 있을 것이다. 이러한 과정론의 단서로 "도는 사람을 떠나 멀리 있는 것이 아니다" (제13장, 226)라고 하여 처자 · 형제 · 부모와의 윤리에서부터 출발할 것을 강조한다(15장, 242). 이것은 순자가 대효자였고(17장, 251) 문왕의 가계를 통해서도 지지된다(18장, 255)고 할 것이다. 군자는 "현재 처한 위치에 따라 행하고, 그 밖의 것을 추구하지 않고(14장, 233), 윗대의 것이나 아랫대의 것보다는 "자신에 근본을 두어 백성들에게 징험케 하"는 것이다(29장, 김시준 217).

(다) 인간론 안의 환경론

(다1) 성기성물의 윤리학 – 환경 포함적 윤리학: 성기성물의 가치는 일차적으로 인간을 향하여 있지만 이 가치는 만물을 포함하는 포용적 인간론의 문맥에서 제시되고 있다. 이 점은 자유나 평등이 인간 중심적 인간론 안에서 제기되는 것과 대조된다. 타인의 자유나 평등을 해치지 않는 범위에서의 자유나 평등인 것이다. 인간 이외의 존재자에 대한 관심은 적어도 표면적으로 표현되고 있지 않다. 오히려 사물이나 재산은 개인이나 공동체의 소유의 대상으로만 제시되어 있다. 자연이 소유의 대상이고 소유권의 부분으로서 처분권이 주어진 것

이라면 인간 중심의 '발전'론의 문맥에서 환경 문제는 불가피한 것일 것이다.

성기성물의 윤리학은 어떻게 만물을 그 체계 안에 포용하는가? 성(誠)은 인도(人道)일 뿐 아니라 만물의 천도(天道)이고, 인간만이 성(誠)의 주체인 것이 아니라 만물이 성(誠)의 주체인 것을 앞에서 논의하였다. 만물은 중용(中庸)이면 지성(至誠)하여 진성(盡性)하고 성기성물(誠己誠物), 천지인 합일하여 온전히 인간적으로 되는 것이다. 만물은 誠(chèng) · 性(xing) · 成(chéng) · 聖(shêng)의 네 가지 양상을 갖게 된다. 여기에서 주목하게 되는 것은, 만물이 성(誠)의 주체성을 가질 뿐 아니라 성(聖)[24]이라는 온전한 인간성 단계에 이른다는 것이다. 자연은 단순히 소유의 대상이 아니라 사람들과 더불어 공존하는 '인격적 동반자'가 되는 것이다.

그렇다면 넓은 의미의 인간 윤리학은 환경 포함적 윤리학이 된다. 전통적으로 자연은 인간 위협적 존재로 파악되거나 소유의 대상으로 인식되었지만 성기성물 윤리학은 환경을 인간의 부분 또는 인간의 연장으로서 파악하는 것이다. 기존의 윤리학이 자연을 이익 수단으로서 보호하는 윤리학이었다면 성기성물 윤리학은 자연을 인간 지속적 존재로서 목적적 환경론을 추구하는 것이다.[25]

(다2) 군자 양식과 모성 양식-가치 언어의 의미 정착: 자유나 평등의 가치를 원초적 가치로 제안하는 문맥은 이 가치를 존재론이나 논리학에 정초하는 것이라고 생각한다. 그러나 모더니즘을 수용할 수 없다면 존재론이나 논리학은 다원적이고 그러한 정초의 시도는 정당할 수 없다. 그렇다면 성기성물의 가

24 성(聖)의 이러한 유학적 개념은 더 본격적으로 추구되어야 한다. 중요한 것은 이 개념이 서양 전통에서 '수직적 구조의 전혀 다른' 성질을 유지하는 동안 유학적 전통은 '수평적 구조의 근사(近思)적' 성질을 요구한다는 것이다.

25 성기성물은 이강수 · 이규성 교수, 김애림 선생과의 오랜 논의에서 도달한 명제이다. 이를 위해 정대현 · 박이문 · 유종호 · 김치수 · 김주연 · 정덕애 · 이규성 · 최성만, 『표현인문학』, 생각의 나무, 2000, pp. 309-22 참조.

치는 어떻게 정초될 수 있을 것인가? 존재론이나 논리학이 가치 어휘나 언어의 의미를 규정할 수 없다면 무엇이 '성기성물'의 의미를 확보해 줄 수 있을 것인가?

『중용』은 성기성물의 가치의 내용을 제시하는 데 몰두하고 '성기성물'의 내용 언어의 의미를 확정하는 데 소홀하였다고 생각한다. 오히려 그 가치 언어 의미를 자연 질서로부터 읽어낼 수 있는 것으로 상정하고 군자들이 이 가치를 준수하는 데 열중하였다고 믿는다. 불행하게도 군자의 생활 양식은 이 가치의 실현 미흡이거나 반실현적이었다고 믿는다. 그렇다면 성기성물의 가치 내용은 제안되었지만 그 가치 언어 의미는 확정된 적이 없다고 하여야 하는가?

역설적으로, 성기성물의 가치 언어는 모성 생활 양식을 통하여 의미 부여를 받았다고 생각한다. 『중용』은 성기성물을 군자의 덕목으로 제안하고 상인 · 노비 · 여성은 그 덕목의 의무에서 제외하고 있는 동안, 이 가치의 언어 의미는 모성 생활 양식에 의하여 구성 · 유지 · 확장되었다고 보인다.[26]

26 의미, 생활 양식, 규칙 역설 등의 주제들은 다음의 졸고들에서 논의한 바 있다: 「그런 사실은 없다-사실 문장의 의미 규칙 규범성을 위한 모색」, 『철학적 분석』, 한국분석철학회, 10(2004 겨울), pp. 1-24; 「모호성과 맞음」, 『철학』, 한국철학회, 74(2003 봄), pp. 129-46.

제20장

'성기성물'의 의미 부여: 모성 생활 양식

(가) 언어 의미와 규칙 역설

성기성물의 가치는 동양의 고전적 가치로 상정되지만 경쟁적인 가치들은 학자들의 안락의자에서 얼마든지 만들어질 수 있다. 가치 언어도 다른 언어들처럼 의미 부여를 받는 방식은 개인의 상상이나 사실성도 아니고, 규칙이나 제도로 주어지는 것이 아니다. 언어 의미는 생활 양식을 통하여 주어진다는 것이다. 이 점을 명료화한 사람이 비트겐슈타인과 크립키이다. 이들의 문제 제기를 먼저 관찰하고 어떻게 생활 양식이 그러한 역할을 할 수 있는지, 그리하여 성기성물이 어떤 생활 양식을 통하여 의미를 부여받을 수 있는가를 살피기로 한다.

비트겐슈타인은 소위 규칙 개념에 주목한다. 규칙 개념에 대한 우리의 상식적 이해는 어떤 사람이 규칙을 어기거나 따른다고 생각할 때 그러한 생각을 지지하여 줄 사실이 있다고 믿는 그러한 것이다. 그러나 비트겐슈타인은 규칙 관념은 그렇듯 사실적이 아니라는 것이다. 이것이 바로 비트겐슈타인의 규칙 문제이고 크립키는 이 문제의 심각성에 주목한 것이다. 소위 '규칙 역설'이라는 것이다. 어떠한 규칙도 다양한 해석에 열려 있다고 한다. 그리하여 경쟁적인 규칙들이 동일한 사실이나 상황에 의하여 동등하게 지지된다는 것이다. 이 규칙 역설은 의미 기반으로서의 개인의 상상 · 사실성 · 제도에 다같이 적용된다. 비트겐슈타인은 다음과 같이 적고 있다.

> 어떠한 규칙에 의해서도 한 노선의 행위가 결정될 수 없다. 왜냐하면 어떠한 노선의 행위도 그 규칙에 일치하도록 만들어질 수 있기 때문이다. …… 만일 어떠한 것도 그 규칙에 일치하는 것으로 만들어질 수 있다면 그것은 또한 그 규칙과 갈등을 짓는 것으로도 만들어질 수 있을 것이다.[1]

크립키는 비트겐슈타인의 이 구절에 근거하여 규칙 역설을 구체화한다. 다음과 같이 구성해 볼 수 있을 것이다:

> 영희는 유치원 3년을 졸업하고 지금 초등학교 1학년생이다. 영희는 지난 4년 동안 덧셈을 처음 배우고, 숙제와 연습을 열심히 하여, 경시 대회에 참가하고 입상을 몇 번 하더니 드디어 고양시 일산구의 '덧셈 여왕'이라는 호칭까지 받았다. 그러나 지난 4년의 기간은 유한하고 영희나 영희와 덧셈으로 관계한 자들의 시간도 유한하여 영희가 실제로 수행한 덧셈의 경우들도 유한하였다. 그래서 영희가 덧셈을 실제로 하여 본 최대의 수는 7385였다. 이러한 문맥에서 덧셈(plus, +) 함수에 대조되는 컷셈(quus, ∗) 함수를 자의적으로 도입할 수 있다: x∗y = x, y≤7385 일 때 x+y이고 그렇지 않으면 0이다.

물음은 이것이다: 영희는 지난 4년 동안 덧셈을 하였는가 아니면 컷셈을 하였는가? 영희의 지난 4년 동안의 산술 경험은 "영희는 지난 4년 동안 덧셈을 하였다"와 "영희는 지난 4년 동안 컷셈을 하였다"라는 두 진술을 동등하게 지

1 비트겐슈타인 지음, 이영철 옮김, 『철학적 탐구』, 서광사, 1994(1953), S201.

지한다. 문제는 덧셈과 컷셈이 경쟁적인 함수인 데 있다. 따라서 영희는 둘 중 하나를 했어야 한다. 그런데도 영희의 유한한 산술 경험은 어느 한쪽의 손을 들어주지 않는 것이다. 영희의 산술 경험이 너무 제한적이어서 발생하는 문제일 것인가? 은행 직원이나 은행장은 더 큰 숫자의 수를 더하고 있을 것이지만 그들도 시간 · 경험 · 의식 · 접촉이 유한하기는 마찬가지이고 경쟁적인 함수의 고안은 쉽고 다양하게 만들어질 것이다. 그렇다면 인간의 어떤 경험도, 세계의 어떤 사실도 유한한 까닭으로 그에 의해 규칙은 일의적으로 확정되지 않는다. 단어의 의미도 규칙을 따르는 구조를 갖는 것이므로 의미도 같은 처지에 빠지고 만다.

언어 의미가 유한한 경험적 사실에 의해 확정되지 않는다면 의미 구성의 대안적 모델은 무엇인가?[2] 사실이나 진리라는 것도 유한한 제약은 동일한 부담을 갖게 될 것이다. 그러나 많은 철학자들은 사실이나 진리의 외연적 성질에 매력을 갖게 되어 진리론적 의미 이론을 구성하였다: 문장 S의 의미는 S가 참인 조건들의 집합과 S가 거짓인 조건들의 집합의 순서쌍이다. 진리 의미 이론을 이러한 방식으로 이해하였을 때 초견적 설득력이 있어 보인다. 그러나 문제는 진리 개념이 생각보다 안정적이지 못하다는 것이다. 진리를 문장에 제한하였을 때 가장 구체적이다. 하나의 문장이 참이거나 참이 아니라고 말할 수 있어야 한다. 그러나 문장이 참인 조건은 무엇인가? '그 문장에 대응하는 사실'이라는 조건으로 얼핏 대답할 것이다. 그러나 '대응하는 사실'이라는 것은 밝힐 수 없다. 이곳은 문장의 의미를 규정하는 이론이기 때문에 선결 문제를 전제할 수 없다. 바로 그 문장을 사용하지 않고 '대응하는 사실'을 지적할 수 없기 때문이다. 사실이 문장과 독립하여 있다는 것을 가정하는 것은 더욱 의문스럽다. 그 사실을 손가락을 사용하여 지칭하거나 다른 사실로부터 경계지

2 정대현, 『맞음의 철학: 진리와 의미를 위하여』, 철학과현실사, 1997.
3 정대현, 「그런 사실은 없다: 사실문장의 의미규칙 규범성을 위한 모색」, 『철학적 분석』, 한국분석철학회, 제10호(2004 겨울), pp. 1-24.

을 수 있을 것인가?[3]

비트겐슈타인은 언어 의미를 부여하는 대안적 방식을 생활 양식 개념에서 제안한다. 먼저 이러한 생활 양식 개념의 성격을 규정하고 그리고 성기성물의 가치 언어가 어떻게 그러한 생활 양식에 기반하는가를 모색하고자 한다. 여기에서는 생활 양식 중에서도 모성 생활 양식에 기반한다는 가설을 제안하고자 한다.

(나) 생활 양식: 의미 부여와 두 차원

(나1) 생활 양식과 가족 유사: 앞에서 우리는 비트겐슈타인이 주목한 규칙 문제는 심각하다는 것을 보았다. 그러면 언어는 불가능할 것인가? 다행히도 비트겐슈타인 스스로 언어 가능성에 대해서 언급하고 있다. 여기에서는 그 가능성의 구조를 확인하고자 한다.

규칙 문제에 있어서 비트겐슈타인이 주시한 핵심적 요소는 '규칙을 따른다'는 것과 관련한 사실이 없다는 문제가 모든 언어적 표현의 내용을 비사실적이게 하면서도 그런데도 그 표현이 객관적으로 사용될 수 있는 그 내용의 객관성이 유지된다는 점이다. 그러면 표현의 사용에 의한 표상이 비사실적이면서도 객관적일 수 있는 구조는 무엇인가? 비트겐슈타인은 이 구조를 생활 양식이라는 관념에서 찾고 있다.

생활 양식이란 무엇인가? 생활 양식이란 인간이 그 모든 신체적 환경 속에서 삶을 이루어 나가는 방식으로 이해된다. 삶을 이루어 나가는 방식이란 특징적으로는 공동체적 의도가 객체화된 경우라고 말할 수 있을 것이다. 이러한 삶의 방식이 언어(de dicto)에 의존하는 경우, 예를 들어, 한국의 생활 양식과 일본의 생활 양식이 그 언어의 구조와의 관계에서 규정될 수 있을 것이다. 이러한 생활 양식은 설명의 대상이 되기도 하고 생활 양식의 개별화(individuation)가 그 언어에 의하여 주어질 것이다. 그러나 인간의 생활 양식이면 인간 모두가 공유하는 생활 양식으로서의 그러한 면모가 있다. 이것은 생활 양식의 존재적(de re) 차원의 성질로서 사람이면 누구나 함께하는 인간 생활 양식의 동일성(identity)의 기준이 된다. 따라서 생활 양식은 이러한 구조에서 설명의 대상이 아니라 어떠한 설명도 전제하여야 하는 배경으로서 존재한다.

공동체적 의도가 객체화된다는 것은 무엇인가? 먼저 개인적 의도가 객체화되는 경우를 보자. 피서지의 자동차 사고 현장에서 희생자가 정규 안경은 주머니에 넣고 색안경을 끼고 있는 상황에서 우리는 "그가 여름의 그날 태양빛 아래에서 색안경 착용을 의도하였다"라는 것을 읽어낼 수 있다. 철학 교수가 정부의 부당한 어떤 정책에 항의하여 삭발하는 경우나 야구 감독이 선수들을 독려하고자 삭발하는 경우도 그 삭발에서 그의 의도가 객체화되어 있다고 생각한다. 그림이나 조각을 비롯한 소위 작품들이란 이러한 개인적 의도의 어떤 객체화라고 생각한다.

결혼 반지는 공동체적 의도가 객체화된 전형적 경우라고 생각한다. 어떤 배우자가 결혼 반지를 주말 술값으로 사용하였거나 상대방에게 돌려주었다면 이것은 단순히 '사용'이나 '돌려주다'의 행위만에 제한된 의도가 아니라 상위 수준의 의도가 전제된 행위가 된다. 이러한 상위 수준의 의도가 당사자들뿐 아니라 공동체 성원들에 의해 이해될 수 있다는 것은 그 결혼 반지의 제도적 객체성에서 비롯된다. 따라서 결혼 반지에 대한 공동체적 해석의 구조가 얻어진다. 물론 이 구조는 고정된 것이 아니라 유동적이지만 관련된 의도가 객관적일 수 있을 만큼은 안정적이다.

생활 양식이 공동체적 의도의 객관화로서 이해 가능하다면 이러한 장치가 언어의 가능성을 향한 과정에서의 규칙 문제를 어떻게 극복할 수 있는가? 먼저 비트겐슈타인의 가족 유사 개념이 어떻게 생활 양식을 통하여 구성되는가를 살펴보자. 공통 개념은 전통적으로 그 개념하의 성원들의 공통된 성질 이외의 다른 것이 아니라고 이해되었다. 포유류라는 개념은 이 개념에 포섭되는 모든 성원들, 이를테면, 사람들 · 호랑이들 · 개들 · 고래들 · 박쥐들 등이 모두 가지고 있는 공통된 성질, 즉 '태생으로서 젖을 먹고 자란다'라는 특징을 갖는다는 것이다.

그러나 게임이라는 가족 유사 개념은 어떻게 구성되는가? 모든 게임들이 어떤 단일한 공통점을 가지고 있는가? 비트겐슈타인에 의하면 그렇지 않다는 것이다. 게임의 개념에 포섭되는 모든 경우들은 그 측근의 경우들에 유사할 뿐이라는 것이다. 그렇다면 문제는 이것이다. 세계의 모든 대상들이 어떤 하나의 공통점을 다른 대상과 공유하지 않는 그러한 대상은 없다는 것이다: 사탕은 맛있고 맛있으면 바나나, 바나나는 길고 길면 기차, 기차는 빠르고 빠르면 비행기, 비행기는 높고 높으면 백두산, 동해물과 백두산이…… 그러므로 가족 유사 개념이라는 것이 상호 유사성만에 의하여 구성될 수 있는 것으로 생각할 수는 없다. 여기에 어떤 적절한 제약이 들어와야 한다.

우리는 여기에서 필요로 하는 적절한 제약이란 특정한 표현에 의하여 나타난 언어 공동체의 관심이라고 생각한다.[4] 게임이라는 개념에 포섭되는 경우들은 상호 유사성을 가지고 있지만 그러한 유사성은 전쟁이나 학회 활동, 기업 활동 등의 개념에 포섭되는 경우들의 유사성과 특징적으로 구별되지 않는다. 그러나 전자의 경우는 언어 공동체가 '게임'이라는 단어에 의해 표현하는 그 공동체의 관심이 객체화된 경우이다.

이렇게 하여 도달된 생활 양식 개념이 어떻게 언어의 가능성을 확보한다는 것인가? 그 가능성은 '규칙을 따른다'의 비사실성과 게임이라는 가족 유사 개념의 성원들간의 상호 유사성의 비제한성의 특징을 비교함으로써 보여질 수 있을 것이다. 특정한 규칙을 따를 때 그에 고유한 사실이라는 것이 없는 까닭은 그 규칙이 준수되었다고 말하여질 수 있는 그러나 그 사실과 양립할 수 없는 그러한 사실이 얻어질 수 있기 때문이다. 그러나 이와 비슷하게 게임의 성

4 가족 유사 개념의 엄밀한 정의에 대해 정대현, 「인식과 가족 유사」, 『한국문화연구원논총』, 이화여자대학교 한국문화연구원, 제31집(1978), pp. 63-77 참조.

원간의 상호 유사성과 비게임의 성원간의 유사성을 경계지을 수 있는 한계적 성질이라는 것은 없다는 것이다. 다행하게도 생활 양식이 그러한 상호 유사성의 관계에 들어와 어떤 영역의 상호 유사성과 다른 영역의 상호 유사성을 갈라놓을 수 있다고 생각한다. 여기에서의 경계는 형식적인 것도 아니고 성질이라는 객관적 표준에 의한 것도 아닌 사회 성원들의 관심이다. 바로 이러한 생활 양식의 틀이 규칙의 준수에 대해서도 적용될 수 있다고 믿는다.

(나2) 언어적 논리: 생활 양식 개념은 언어(de dicto)적 논리를 가지고 있다. 생활 양식들이 언어적으로 인식될 때 나타나는 논리가 있다는 것이다. 임의의 두 사회의 생활 양식들은 그 사회의 언어들을 통하여 선명하게 대조되며 비교되고 이것이 일반화되어 생활 양식 개념의 언어적 논리가 보여질 수 있다는 것이다. 우리는 여기에서 생활 양식 개념의 언어적 논리로서 세 가지를 논의하고자 한다. 첫째, 두 사회의 생활 양식의 체계들은 그 사회들이 구별되는 정도에서 서로로부터 독립하여 있다. 둘째, 생활 양식을 결정하는 두 사회의 요소들은 그 사회의 이해적 관심이다. 셋째, 각 사회의 생활 양식을 규제하는 규칙은 자의적이다.

세 명제들을 지지하기 위하여 비트겐슈타인의 세 가지 관찰을 소개하고자 한다. 첫째, 가족 유사 개념의 중요한 특징은 각기 사회의 관심에 따라 이 개념이 형성된다는 데 있다고 할 수 있다. 어떻게 그러한가? 관념론자들의 주장대로 이 세상의 어떠한 것도 부분적 유사점을 가지고 있다. 그렇다면 두 개의 가족 유사 개념을 구별할 수 있는 근거는 어떻게 얻어지는가? 그 사회가 일련의 대상들에 대해 갖는 관심의 범위에 따라 구별된다고 할 수 있다. 야구와 바둑, 줄넘기와 수영은 놀이의 개념 아래 포섭시키지만 국가나 전쟁 회사 경영이나 토론회는 여러 놀이들과 부분적 유사점을 가지면서도 놀이의 개념 아래 포섭시키지 않는다. 우리 사회의 관심에 따라 이들은 놀이 개념의 관심 밖에 제외시키기 때문이다.

이러한 관심은 해당 사회의 생활 양식을 결정하는 요소가 된다. 어떤 사회는 그 이해적 관심에 의해 생활 양식을 선택하고 결정하며 그 방향을 그 사회에 맞게 만들어 나가기 때문이다. 예를 들어 보자. 사랑이라는 개념은 한국 사회의 가족 유사 개념이고 'love'라는 단어가 나타내는 개념은 영어 사회의 가족 유사 개념이다. 이 개념들에 포섭되는 하위의 모든 경우들은 어떤 하나의 공통점을 가지고 있는 것이 아니라 다만 어떤 부분적 유사점들을 서로 가지기 때문이다. 그러나 '사랑'과 'love'의 단어들이 표시하는 개념은 동일한 논리나 범위를 갖는 것이 아니다. 한국 사회와 영어 사회의 관심이 다르기 때문에 두 개념이 중첩되는 논리와 범위가 있기도 하지만 그렇지 않은 부분도 있다. 'love'는 'love generation'이나 'making love'에서와 같이 다른 표현들과 연쇄됨으로써 그 개념을 특정한 모습으로 확장하여, '사랑'이 한국어에서 다른 표현들과 연쇄될 수 있는 범위에 차별성을 준다. 'love'와 '사랑'이 다른 단어들과 연쇄의 가능성 여부는 영어 사회와 한국어 사회가 해당 가족 유사 개념에 대해 갖는 관심의 논리나 방향이 동일하지 않다는 데 달려 있다. '사랑'의 논리는 한국 사회에 의해 결정된다.

둘째로 규칙의 개념에 대해 생각하여 보자. 규칙 개념에는 여러 가지 중요한 성질들이 있지만 여기에서 지적하고자 하는 것은 그것의 자의적 성격이다. 모든 규칙은 해당 사회가 자의적으로 정한다는 것이다. 예를 들어 보자. "쓰리 스트라이크이지만 왜 아웃을 해야 합니까?"라는 물음은 해당 타자가 심판에게 물을 수 있는 물음이 아니다. 왜냐하면 타자와 심판은 야구 게임을 하고 있는 중이기 때문이다. 심판은 고집스런 타자에게 "야구 게임을 하고 싶다면 쓰리 스트라이크일 때 아웃을 하는 것입니다"라고 말할 것이기 때문이다. 타자는 그러한 규칙의 정당성이나 필연성을 묻고 있는지 모른다. 그러나 그 물음은 야구 게임의 밖에서나 물을 수 있을 것이다. 야구 게임 안에선 그 물음은 물을 수 없다. 야구 게임은 바로 그러한 규칙으로 만들어져 있기 때문이다.[5] 그리고 그 규칙은 야구 게임을 만드는 사람이나 받아들이는 사람이 자의적으로 만들고 선택한 것이다. 그러므로 야구 게임 밖에서 그 게임의 규칙의 정당성이나 필연성은 구성원의 관심과 독립하여 물어질 수 없다. 그 사회가 원하면 바꿀 수 있고 폐지할 수도 있기 때문이다. 규칙은 자연 법칙과는 달리 사회와 독립하여 있는 것이 아니다. 규칙은 사회에 의존되어 있고 사회에 의해 자의적으로 만들어진다. 사회가 선택하는 생활 양식의 규제성이기 때문이다.

셋째, 언어의 독립성에 대해 알아보자. 한 사회의 관심이 그 사회의 생활 양식을 정하는 데 있어서 결정적이고 그리고 생활 양식의 선택이 그 사회에 전적으로 의존되어 있다는 점에서 규칙의 선택이 자의적이라면 관심과 규칙에 따라 이루어지는 한 사회의 언어는 다른 사회의 언어에 대해 독립적일 수밖에 없다. 모든 사회의 언어를 규제할 지배 언어는 있을 수 없기 때문이다.

한국어가 불완전하고 영어가 불완전하다는 말이 있다. 그러나 한국어는 한국 사회가 그 생활 양식을 유지해 나가는 데 아무런 불편이 없다. 영어도 영어 사회의 생활 양식에 대해 논리적 불편이 없다. 우리는 한국어 안에서 생각하고 설명하며 이야기하고 논쟁을 한다. "너는 남자가 아니고 여자란 말이다. ……"하고 한국의 부모는 그 딸에게 한국어의 논리로 설득을 하고자 한다.[6] 여대생은 기차나 음식점에서 담배를 피워서는 안 된다는 것이다. 적어도 전통적 한국어의 논리는 아직 그러하다. 그러나 이 논리가 영어 안에서도 그대로 적용될 수 있을까? 영어 안에서 그것은 한국어에서만큼 힘을 갖지 않는다.

한국어는 그 안에서 우리가 생각하고 논쟁을 하는 언어일 뿐 한국어 자체가 논쟁이나 비교를 거쳐 만들어진 것이 아니다. 다른 자연 언어들도 마찬가지이다. 이러한 의미에서 우리의 언어는 우리의 사고나 논리에 정험적(定驗的, transcendental)이다. 다른 언어도 그러하다. 그렇다면 임의의 두 언어는 서로로부터 독립하여 있고 논리적인 차원만으로는 두 언어는 비교되거나 또는 그

5 John Searle, *Speech Acts*, Cambridge University Press, 1969, pp. 33ff.

6 정대현, 「여성해방과 한국일상 언어」, 『현대사회와 철학』, 김태길 외, 문학과지성사, 1981, pp. 211-31 참조.

우열이 가려질 수 없다. 그러므로 나타난 언어의 논리에 따라 그 밑에 놓여 있는 생활 양식도 사회에 따라 다를 수 있고 언어 논리적 차원에서는 서로의 가치 평가나 비교가 어렵게 된다.

(나3) 존재적 논리: 생활 양식 개념에는 존재(de re)적 논리가 있다. 한 사회 안에서의 어떤 표현의 사용도 언어적 논리에 의해 규제되지만 이 표현에 대한 해석은 그 생활 양식이 전제하고 있는 존재의 질서와 관계하여 이루어진다. 생활 양식 개념에 존재적 논리가 없다면 다르기만 할 뿐인 인간 공동체들의 여러 가지 생활 양식들이 어떻게 인간의 '하나의 생활 양식'이라 불릴 수 있는가에 대한 설명이 어려워지게 된다. 그러므로 생활 양식의 언어적 논리는 생활 양식에 대한 개별화(individuation)의 표준을 제시한다면 그 존재적 논리는 생활 양식의 동일성(identity)의 기준을 부여한다고 해석될 수 있다. 동일성 표준은 다음과 같이 표현될 것이다: 임의의 양식 Q가 존재적 논리 P를 만족하는 경우 그리고 이 경우에만 A는 인간의 생활 양식이다. 그리고 개별화 표준은 다음과 같이 말해질 수 있다: 임의의 생활 양식 A와 B는 동일한 언어적 논리 Q에 의해 규제되고 달리는 규제되지 않는 경우 A와 B는 같고 그렇지 않은 경우 같지 않다.

생활 양식 개념이 동일성 표준을 가져야 한다면 우리는 이것을 그 존재의 논리로 삼고자 하는 것이다. 즉 모든 생활 양식들은 단순히 어떤 부분적 유사점이 아니라 어떤 공통점을 갖는다는 것이다. 어떤 동일한 논리에 의해 그들이 하나의 인간 생활 양식이 된다는 것이다. 우리는 이 공통점을 "인간은 자연사의 부분이다"라는 비트겐슈타인의 시사에서 찾고자 한다.[7]

인간은 자연사의 부분인 한 하나의 독특한 자연적 종류(natural kind)라 할

7 Ludwig Wittgenstein, *Philosophical Investigations*, New York: Macmillan, 1958, para. 25, 415.

수 있다. 의자 같은 인공품은 경우에 따라 탁자나 책상 또는 발판이나 침대와 같은 다른 가구들로부터 구별하기 어려운 경우도 있고 또한 그러한 것과의 겸용인 경우도 있다. 그러나 비트겐슈타인이 인용하는 물은 금이나 나무와 같이 자연적 종류이기 때문에 "단일한 개체이며 결코 변하지 않는다."[8] 인간은 독특한 자연적 종류로서 다른 자연적 종류로부터 구별되며 적어도 현재 어떠한 인공품과도 혼동되지 않는다. 인간이 독특하다고 하는 것은 물이 독특하다고 하는 것과 같은 의미에서이다. 물은 어떤 조건에서도 H_2O이며 물로 남아 있는 한 H_2O가 아닐 수 없다는 것이다. 어떠한 것이 H_2O라면 그것은 물이라는 것이다. 물은 고체나 액체나 기체의 상태에서도 H_2O이고 어느 가능한 세계에서도 H_2O라는 것이다. 이러한 의미에서 물은 다른 자연적 종류로부터 구별되며 어느 인공품과도 판별된다. H_2O는 물의 배타적 그리고 전유적 본질이다. 이러한 의미에서 물은 독특한 자연적 종류이다.[9]

물이나 금은 화학적으로 확인될 수 있는 본질이 있지만 인간은 독특한 자연적 종류이면서도 아직 모두가 동의할 수 있는 배타적 전유적 본질이 제시되지 못하고 있다. 비트겐슈타인 역시 그러한 본질을 보이고 있지 않다. 그러나 그러한 본질보다는 약하지만 인간들의 어떠한 공통점 같은 것을 지적하고 있다. 먼저 인간의 다른 인간에 대한 반응을 생각하여 보자. 어떤 사람이 신음소리를 내고 피를 흘리며 눈살을 찌푸리고 몸을 비틀 때 우리는 그 사람이 아프다는 것을 믿는다. 그 사람이 어떠한 문화적 배경에 있거나 어느 시대 어느 사회에 속해 있다 할지라도 대부분의 경우 그리고 정상적인 경우 그 사람이 아프다는 것을 안다. 단순히 '아프다'라는 단어를 그에게 적용할 수 있다는 것이 아니라 그 사람이 아프다는 것을 우리 인간은 안다는 것이다. 아픔이라는 것

8 Ibid., p. 46; 우리는 여기에서 Saul Kripke와의 어떤 유사점을 보지만 그렇지만 지나치게 관련시킬 수는 없을 것 같다. 크립키 지음, 정대현 · 김영주 공역, 『이름과 필연』, 서광사, 1986 참조.

9 G. Hallett, *A Companion to Wittgenstein's Philosophical Investigations*, Ithaca: Cornell University Press, 1977, pp. 189–90.

은 어떠어떠한 조건 아래에선 인간들이 보편적으로 경험하는 것이며 인간들은 이 경험에 서로 비슷하게 반응하기 때문이다. 인간의 이러한 반응은 자연적 반응이라 할 수 있다. 이 반응은 사회나 교육, 시대나 문화의 차이에도 불구하고 그렇게 일어나기 때문이다. 이 반응은 그 사람의 어떤 외적 조건에 의해 설명될 수 있는 것이 아니라 그 사람에 대한 설명의 근거와 시작이 된다는 뜻에서 '자연적(natural, primitive)'인 것이다. 또한 이것이 설명의 근거와 시작이 될 수 있는 것은 이것이 자연적임에도 불구하고 사람들끼리 서로 이 아픔을 알아볼 수 있기 때문이다.

그러나 다음과 같은 상황을 생각하여 보자.[10] 다른 우주에서 온 여행자들이 지구의 지팡이 형체를 가지고 있다고 하자. 여행자가 어떠한 경우라야, 우리는 이 여행자가 아프다는 것을 알 수 있는가? 이 여행자는 흘릴 피도 없고 찌푸릴 눈살도 없다. 입이 없으니 신음도 못 낼 것이고 지팡이의 형체이므로 몸을 비트는 경우가 어떤 것인지를 우리는 알 수 없다. 달리 말해서 우리는 이 여행자의 무엇을 관찰함으로써 아프다는 것을 알 수 있을지 모르게 된다. 그 여행자는 지구의 인간과는 다른 자연적 종류로 분류될는지도 모른다. 그를 '여행자'라고 부름으로써 어떤 인격을 그에게 부여하고 있지만 인격이라는 단어는 지구의 사람들이 자신과 같은 자연적 종류에 속하는 자들의 어떤 성질을 일컫는 단어이다. 생각을 하고 행동을 하며 책임을 지는 등의 성질들이다. 우리가 사람들을 인격자라고 부를 수 있는 까닭은 아픔과 같은 자연적 반응을 알아볼 수 있기 때문이다. 그러나 그 여행자에게서 그러한 반응을 알아볼 수 없다면 그는 우리와는 다른 자연적 종류가 될 것이다.

사람들은 아픔 이외에도 다른 많은 자연적 반응을 한다. 사람들이 서로 알아볼 수 있는 반응들이다. 좋음과 싫음도 아픔처럼 설명의 대상이라기보다 설명의 전제가 되는 것들이다. 사람들은 정상적인 경우 서로의 좋음과 싫음을

10 서광선 · 정대현 편역, 『비트겐슈타인』, 이화여자대학교출판부, 1980, p. 175.

알 수 있을 뿐 아니라 이 공통성이 전제되어 사람들의 행동이나 다른 상황들이 설명된다. 아픔(pain)과 기쁨(pleasure)에 비교하여 좋음(like)과 싫음(dislike)은 가르칠 수 있는 가치로 파악될 수 있고 이러한 의미에서 자연적이라기보다 사회적이라 반박할 수 있을지 모른다. 그러나 좋음과 싫음이 가르쳐질 수 있는 것은 인정할 수 있지만 이것에 의해 그러므로 이것은 오로지 사회적 반응이라는 것은 귀결되지 않는다. 인간의 행위 중에는 아픔과 기쁨의 양상 이외에도 좋음과 싫음을 자연적 반응으로 하여 설명되어야 하는 것들이 있다. 전자를 강한 자연적 반응이라 할 수 있다면 후자는 약한 반응이고 약한 반응에 관련된 행위들도 있겠기 때문이다.

좋음과 싫음보다는 더 복잡하긴 하지만 사랑과 미움도[11] 자연적 반응이라 할 수 있겠다. 보다 단순한 것으로 웃음과 한숨도 있다. 사랑과 웃음은 의도와 독립되어 있는 반응이다. 미움과 한숨도 결정이나 계획 없이 발생하는 사건이다. 이들은 모두 문화 의존적이다. 특정 시대의 문화가 그 시대의 언어에 의존한다는 의미에서 이들은 또한 언어 의존적이다. 이들이 시대나 문화에 따라 여러 가지로 변형된다. 그러나 여기에서 지적하고자 하는 것은 사람이 하나의 자연적 종류로서 이들의 다양한 표출에서도 공유하는 영역이 있다는 점이다. 문화간, 시대간 아무런 교류가 없었음에도 불구하고 공유하는 영역의 현저성은 인간종 단일성의 자연적 특성일 것이라고 제안한다. 또한 걷고 먹고 마시고 노는 것도 사람들의 자연적 반응이라 할 수 있을 것이다.[12] 성관계를 하며 아이를 낳고 기르며 죽는 것도 그렇다 할 것이다. 이것들은 언어에 의존하고 언어로 규제되는 면이 있지만 다른 동물들에게서도 분명히 보이는 것만큼 반응의 자연적 요소를 갖는다고 생각한다.

인간을 규정하고 정의하는 배타적이고 전유적인 본질은 아직 제시되지 못

11 소흥렬 · 정대현 외 공저, 『철학하는 방법』, 이화여자대학교출판부, 1980, pp. 216-18.
12 Wittgenstein, *Philosophical Investigations*, para., p. 25.

하고 있다. 그러나 인간은 하나의 독특한 자연적 종류임이 분명하다. 하나의 종류로서 사람들은 위에서 열거한 여러 가지 자연적 반응들을 나타내고 있다. 이 반응들은 사람을 사람되게 하는 정의적(定義的) 반응이라기보다 사람이 사람이기 때문에 갖게 되는 결과적 반응이라 해야 할 것이다. 이들은 사람들이 하나의 자연적 종류로서 갖는 반응이라는 것이다.

여기에서 다시 강조되어야 할 점은 자연적 반응은 설명의 대상이 아니라 설명의 전제라는 것이다. 이 반응들이 설명의 대상이라면 설명의 체계에 따라 반응은 달리 부각될 것이다. 설명이 되어지는 언어에 따라 상이하게 인식될 것이다. 그렇다면 이 반응들을 '자연적'이라 할 근거가 없어진다. 이 반응들은 설명의 대상이 아니고 설명의 전제이다. 인간의 어떠한 행동이나 상황도 이 반응과의 관계하에서 설명되는 것이다. 인간의 역사나 정치 · 경제가 이 반응을 출발점으로 그리고 전제로 하여 이해되며 평가된다는 것이다. 인간 사회의 문제에 대하여 여러 가지 체계나 언어들이 제시될 때 그 비교나 평가는 이러한 인간 반응에 비추어 수행된다. 어떤 정책이 인간의 행복을 최대화하는가? 어느 방법이 이 사회의 고통을 최소화하는가? 이러한 정당화의 물음들은 인간의 자연적 반응은 설명의 전제라는 것을 보이는 물음이다.

그러므로 인간의 어떠한 언어도 인간의 자연적 반응을 전제로 한다. 그리고 인간은 하나의 자연적 종류이고 이들의 자연적 반응을 전제로 하여 이루어지는 인간의 여러 자연 언어들은 어떠한 유사성이나 공통성을 갖게 마련이다. 이러한 문맥 속에서 비트겐슈타인은 명령 · 물음 · 셈 · 이야기도 인간의 자연사의 부분이라고 말하였을 것이다.[13] 인간의 자연적 반응과의 관계 속에서 인간의 그러한 행위가 발생했을 것이기 때문이다. '원한다', '믿는다', '안다'의 경우도 그렇게 해석될 수 있는 한 자연사의 부분이라 해야 할 것이다. 독립된 자연 언어들에서, 예를 들면, '안다'라는 단어의 개념이 독특하고 그리고 그

13 Ibid.

특징적인 논리가 동일하다는 것은 안다는 개념도 자연적 반응과의 관계 속에서 이루어진 하나의 자연적 종류에 속하는 사람들의 행위로 파악될 수 있을 것이다. 이러하기 때문에 상이한 사회와 문화 속에서 수천 년을 두고 독립적으로 발전된 자연 언어들이 대상의 의미만으로도 서로 번역될 수 있다는 것이다. "다음달 중순쯤 가고 싶습니다"라는 한국어 문장은 인간의 어느 자연 언어로도 원칙적으로 번역될 수 있는 것과 같다. 그러나 이것이 개의 언어나 원숭이 언어로 번역될 수 있는가는 의문스럽다. 이러한 번역의 가능성과 불가능성은 인간 생활 양식의 공통된 존재적 논리에서 설명될 수 있다고 생각한다. 비트겐슈타인이 일상 언어의 우위성을 말하고 있을 때 이는 인간의 자연적 반응을 전제로 하여 만들어진 자연 언어의 우위성임에 틀림없다. 그리고 인간이 하나의 자연적 종류라는 사실을 인정하게 될 때 번역 가능성에 의해 맺어지는 인간의 모든 자연 언어는 인간의 자연적 반응에 기초하고 있다는 것을 다시 확인하게 된다.

(나4) 맞음의 생활 양식: 진리가 의미를 고정하기 어렵다는 것을 수용하고 의미 부여자로서의 생활 양식이 제안되었다. 이제 이 개념을 보다 구체화할 수 있을 것이다. 맞음 기준을 기초로 하는 생활 양식 모델을 요약적으로 소개하고자 한다.

'맞음'이라는 개념도 다른 모든 가치처럼 시간성을 갖는다고 생각한다. 첫째, 모든 동물은 좋음과 싫음의 기제를 갖는다. 생존에 유익한 성질은 좋아하고 불리한 성질은 싫어한다. 둘째, 동물들은 초기 단계에서 재인의 능력이 없었을 것이다. 그리하여 현재의 자연종인 개가 주인을 알아보는 것은 상당히 복잡한 단계의 재인의 능력인 것이다. 그러나 개의 재인은 단순히 진리론적으로 설명되기보다는 총체적 문맥에 맞는 상황의 인식으로 설명될 수 있을 것이다. 초기의 재인 인식은 친숙이었을 것이고 친숙은 생존에 유익한 성질의 좋음이었을 것이다. 그리하여 자연종 개는 진화론적으로 맞음의 유무의 인식적 장치를 획득하였다고 할 수 있다. 셋째, 인간은 습득된 맞음의 인식 장치에 의하여 맞음의 습관을 구성한다. 생존에 맞는 습관을 구성하는 것이다. 습관은 편리할 뿐 아니라 효율적이고, 경제적일 뿐 아니라 기계적이기 때문이다. 넷째, 습관이 구성되었을 때 특정한 맞음 관계는 하나의 가치로 발생하는 것이다. 습관은 좋음과 싫음의 구조를 수반하고 이 구조를 유형화하기 때문이다. 다섯째, 맞음의 가치로부터 공동체가 이루어진다. 인간 자연종은 인간 무리를 수반하고 맞음의 가치를 공유하는 무리끼리 모일 때 공동체는 얻어진다. 여섯째, 이 공동체의 생활 양식은 의사 소통의 노력을 포함하고 의사 소통의 수단인 언어는 공동체적으로 부여하는 의미를 획득한다.

이러한 맞음 의미 이론은 규칙이나 의미가 형식적 또는 함수적으로가 아니라 구체적 삶의 양식에서 맞추어질 때 고정된다는 것에 착안한 것이다. 의미나 해석의 안정성이 삶의 구체적 문맥에 뿌리 내려 있다는 사실은 이론보다는 담론, 공론보다는 자서전의 설득력을 의미론적으로 함축한다. 생활 양식이 언어 또는 가치 언어에 의미를 부여하는 것이라면, 성기성물의 가치는 어떤 생활 양식에서 찾을 것인가? 모성 양식이 한 후보라면 모성 양식이란 무엇인가?

(다) 모성 양식: 약자 관점의 우선성

(다1) 성기성물과 여성 시대: 20세기를 마감하고 21세기를 맞이하면서 새 천년은 '여성 시대'라고 한다. 많은 사람들이 그렇게 말하고 더 많은 사람들이 이 명제에 공감을 표시하였다. 그러나 새 시대는 어떤 의미에서 '여성 시대'인가? 여러 가지 이유를 제시할 수 있다고 믿는다. 첫째, 여성들이 부당한 손해와 억압적 고통을 받은 역사 왜곡을 치유한다는 의미가 지적될 수 있다. 사회 제도적으로 반영되어야 하는 관찰이다. 둘째, 현대 경제 구조에서 인력의 절반이 선용되지 않고서는 경쟁적 위치에 도달하기 어렵다는 사실이 강조된다. 누구나 인정하여야 하는 현실적 사실이다. 셋째, 현대 문화는 특정 개인을 위

한 것이 아니라 모두를 위한, 모두의 활동이라는 공동체적 관심이 표현된다. 소외되는 계층이 없어야 한다는 당위론적 이유이다.

그러나 이러한 세 가지 이유는 이 문맥 안에서의 당위성에도 불구하고 "새 시대는 여성 시대다"라는 명제를 정당화하기에는 미흡하다. 세 가지 이유는 새 시대가 고려해야 하는 특별한 조건이나 성질을 나타내는 것일 뿐이기 때문이다. 민주화 유공자, 청년 실업자, 청소년 등에 대한 정부 시책을 사회 전체가 공감한다고 하여 이 시대를 그들의 이름으로 부르지 않는 것과 같다. 새 시대를 '여성 시대'라고 부르는 것은 격려를 위한 완곡 어법이 아니라, 보다 강한 개념적 강제성이 있다고 생각한다.

그 후보는 모성적 양식에서 나타나는 성기성물의 가치이다. 새 시대는 이러한 가치의 방향으로 나아가야 한다는 '집단적 분위기'가 조성되고 있다. 많은 다른 가치들이 순서를 다투어 인간 역사를 지배하여 왔지만 지구촌의 인간 공동체는 그 실험의 결과에 만족할 수 없다는 사회적 공감대가 이루어져 있다. 사람들은 새로운 가치를 꿈꾸면서 그 꿈을 '여성 시대'라는 단어로 표현하고 있다고 생각한다.[14] 그러나 모성 양식이란 무엇인가?

성기성물이 지기지물이나 주객합일에 대조되는 하나의 세계관을 나타낸다면 이 세계관은 누구보다도 어머니들의 삶의 양식에서 나타난다는 의미에서 모성적이라고 믿는다.

성기성물의 명제는 공자의 생각을 『중용』이 해석한 것이므로 '공자적', '유학적', '중용적', '동양적'이다. 그러나 이러한 성질 규정은 부분적으로 정당하지만 모든 규정일 수 없다. 이 규정은 그 명제의 창안, 역사적 소유, 발생적 자리, 전통의 연결 등의 관점에서 부당하다고 생각하지 않는다.

14 장필화(「여성, 여성적, 여성주의적 리더십」, 『여성적 가치와 여성 리더십』, 이화리더십개발원 개원 1주년 기념학술대회, 2004년 9월 17일.)와 이상화(「새천년: 여성적 가치의 시대 정신」, 『새천년의 한국문화』, 이화여자대학교출판부, 1999)는 '가치'라는 단어가 '여성적', '모성적'이라는 단어와 합성될 때의 혼란, 오도, 오류 가능성을 지적하여, 일상 언어에서와는 달리 개념 언어에서는 보다 숙고된 단어 선정이 필요하다는 것을 보이고 있다.

그러나 규칙 역설의 관점에서 보면 그러한 명제는 다른 이론으로부터도 과거의 같은 사태를 만족하는 그러나 경쟁적으로 조성될 수 있는 것이다. 중요한 것은 이 명제가 생활 양식에서 어떻게 착근되어 그 의미를 유지하는가의 문제이다. 『중용』의 유학자들은 성기성물을 해석할 때도 여성 · 서민 · 노비와 같은 당대의 약자들에게는 '수신 제가 치국 평천하'의 명제가 적용되지 않는다고 한 것이다. 기독교가 유태인들에 의하여 시작되고 불교가 인도 사람들에 의하여 창안되었지만 역사는 이 종교들을 파악할 때 그 역사적 생성의 뿌리보다는 그 종교들의 실천적 발전의 궤적에서 그 마땅한 주체를 인정한다고 생각한다. 이러한 논의에 개연성이 있다면 성기성물의 명제는 발생적으로 '유학적'이지만, 주체적으로 '유학적'이라 부르기 어렵다.[15] 그러한 의미에서 성기성물은 모성적 명제이다. 그러나 모성 양식은 얼마나 선명한가? 모성 양식에는 어려움이 없는가?

(다2) 어머니의 인간적 모성 양식: 모성 양식이라는 주제는 남성과 여성에 따라 달리 해석되는 주제로 보인다. 그러한 의미에서 조심스럽고 복잡한 주제이다. 남성에게는 일반적으로 긍정적 주제이고 여성에게는 양가적이기 때문이다. 이 주제에 대한 성별적 차이도 하나의 중요한 논의의 후보이다. 그러나 이 문맥에서는 모성 양식을 '인간적 모성 양식'과 '가부장적 모성 양식'으로 나누어 문제의 복잡성을 한 차원에서 간소화하고자 한다. 이 구분은 모성 양식의 개념화 작업을 위한 방법론적 구분이다. 그러나 이 방법론은 극복하여야 하는 역사적 왜곡의 모성 개념과 발전시켜야 하는 모성 고유성의 내용을 명료화할 수 있다면, 그 범위에서 정당화될 수 있을 것이다.

15 홍윤기(3-34)는 동북아의 자본주의와 국가주의의 정당화로서의 유학론을 비판하고, 유학의 진정한 현대적 활성화를 위해 두 조건에 주목한다. 첫째는 인간 관계의 생명성이 우주에 대한 형이상학적 통찰에서 얻어진다는 총체적 비전이고, 둘째는 이러한 비전으로써 이 시대의 문법을 재구성하여 유학의 진면목에 이를 수 있다는 가능성이다.

어머니의 원초적 영상은 무엇일까? '갓 태어난 아기를 안고 바라보는 어머니'가 아닐까? 열 달 동안 몸의 일부인 것을 밖에서 확인하는 어머니는 낯선 거리를 극복하고자 꼭 껴안으며, 성한 몸인 것을 감사하고 성한 몸과 마음으로 키우겠다는 어머니 정체성을 중심에 세우는 영상이 아닐까? "내 몸과 같이 사랑한다"라는 문장의 의미를 더 구체적으로 파악할 수 있는 삶의 양식이 또 있을 것인가? 자녀가 악마로 되는 경우 단절을 선언하는 아버지는 있지만 어머니는 그렇게 하지 못한다. 원초적 영상으로부터 벗어나기 어렵기 때문일 것이다.

어머니의 구성적 성질은 무엇일까? 가족 성원 중 '가장 약한 자에 대한 돌봄'이 아닐까? 어머니의 돌봄은 강하고 잘난 권력자도 아니고, 친지나 이웃이라는 추상적 대상이 아니라, 가족 안에서 아기 · 문제아 · 병자 · 장애인 · 노인, 신체적 · 사회적 생존에 위협을 받는 자에 향하여 있는 것이 아닌가? 그렇기 때문에 어떤 여성이 다른 인간 사회 관계 없이 어머니 관계만을 가질 때 그는 돌봄의 대상과 공의존성(co-dependency, 약자의 약자 억압성, 여성의 어머니 관념 기피성)에 빠진다. 소위 '효부', '열녀'로 불리는 여성은 이 점에서 칭송보다는 치료 대상일 수 있다.

어머니의 이상적 영상은 무엇일까? 어머니 이외의 역할을 갖지 않는 여성은 쉽게 치료의 대상이 되는 그 불안정성 때문에 이상적 어머니일 수 없다. 이상적 어머니는 자녀와 더불어 서로를 완성해 가는 존재이다. 인간과 문화에 대한 지식과 전망을 가지면서 자신과 자녀의 최선이 이웃들과의 유대 속에서 나타나도록 하는 것이다. 이러한 어머니는 약자 관점으로부터의 세계 해석을 하게 된다. 생명 · 상생 · 소통 · 평화 가치를 향하여 있는 것이다.

(다3) 어머니의 가부장적 모성 양식: "어머니, 당신 속에 우리의 적이 있습니다." 박노해 시인은 모성 양식의 그림자를 역설적 구조로 표현하고 있다.[16] 사랑하는 어머니가 모성 양식에 들어 있는 가부장제 억압으로 신음하면서 또한

그 제도를 유지 확장할 수밖에 없는, 가슴 아픈 모습을 증언하고 있다. '모성 양식' 이라는 단어가 부담스러울 수밖에 없는 것은 가부장제의 가치와 세계관이 한국 '어머니의 모성 양식' 을 지배하여 왔기 때문이다. 가부장제가 우리의 어머니에게 강요한 모성 양식은 적어도 세 가지로 고려할 수 있을 것이다. 인간 관계 단절성, 내외 역할 분담론, 음양적 인간론이다.

첫째, 조선조의 가부장제는 여성을 어머니 또는 주부 이외의 인간 사회 관계를 원천적으로 봉쇄하고 있다. '어머니' 관계 이외의 관계가 허락되지 않은 상황에서 여성은 가족 성원들과 공의존성(co-dependency) 관계에 빠질 수밖에 없고 쉽게 치료적 상황에 들어가게 된다. 우리의 어머니가 '어머니' 이외의 인간일 수 있는 길을 봉쇄한 것이다. 어머니 이외의 역할이나 인간 관계를 단절한 것이다. 조선조 여성의 한이나 화병은 이러한 인간 관계 폐쇄성에서 찾아질 수 있지 않을까?

둘째, 조선조의 가부장제는 어머니를 '안사람' 으로 해석하는 인간론을 요구하였다. 여성은 안방에서 자고 안상을 먹고 안채에서 살며 내칙에서 일을 보고 사랑채로부터 분리된 공간 속에 존재한다. 그림의 대상도 담장 밖의 세계가 아니라 안채의 세계에 들어 있는 대상으로 한정되어 있다. 여성을 '안사람' 으로 인식하는 인간론은 내외 역할 분담론으로 정당화되고 있다. 남성의 모든 관계는 부성(바깥일: 권력; 돈; 명예) 중심성으로 규정되고, 여성의 모든 관계는 모성(안일: 착하다; 예쁘다; 알뜰하다) 중심성으로 규정되는 것이다. 이러한 가부장제 모성 양식에 충실할 경우 가족 이기주의가 결과되는 것은 자연스럽다. 그러나 밀 & 테일러(J. S. Mill & H. Taylor)가 지적한 것처럼 여성의 고용 배제는 가족에서의 예속을 만들어 낼 뿐이다. 가족의 공존 역할은 빛도 공도 없는, 착취와 희생의 강요로 인지될 뿐이다. 안일의 성격이 요구하는 지성과 능력의 평등성은 여성 '인격의 마멸' 을 경험하게 할 뿐이다.

16 박노해, 「어머니」, 『노동의 새벽』, 느린 걸음, 2004.

셋째, 가부장적 인간론은 '안사람'을 형이상학적 필연성으로 정초시킨다. 음양론에 입각한 자연의 질서로서 남녀의 음양론을 제시하는 것이다. '안사람' 인간론이나 남녀 역할론은 이 단계에 오면 사회적이나 문화적인 것이 아니라 자연의 필연적 섭리가 된다. 가부장제의 뿌리는 이와 같은 '천륜'에 근거한 것이다. 조선조의 모성 억압은 단순히 사회적인 것이 아니라 종교적 · 형이상학적 차원에까지 이른다.[17]

(다4) 인간적 모성 양식의 우선성 논변: 앞 두 절의 논의가 설득력이 있다면, 어머니의 인간적 모성 양식과 가부장적 모성 양식은 구별할 만하다. 혹자는 구체적으로 '부엌일'이라고 불리는 동작들이 두 모성 양식 중 어느 것인가를 물어 구분의 유의미성에 의문을 제기할 수 있다. 물론, 부엌일 자체는 일의적으로 둘 중의 하나라고 할 수 없다. 이 동작들은 인간적 모성 양식에서 구성될 수도 있고 가부장적 모성 양식에서도 구성될 수 있기 때문이다. 실제 생활에서 구분하기 어려울 수 있지만 개념적으로는 구분이 가능하다고 생각한다. 모성 양식의 두 조건 중 어느 것을 만족하는가에 따라 판단이 가능하기 때문이다.

어머니의 가부장적 모성 양식은 극복의 대상이지만 어머니의 인간적 모성 양식은 앙양할 만하다. 이제 어머니의 인간적 모성 양식은 약자 관점을 우선시한다는 가설하에서 어떤 생활 양식보다도 윤리적으로 현저하다고 생각한다. 이 점을 지지하기 위하여 연대성 · 개과천선 · 담론성의 세 논변을 구성하고자 한다.

첫째, 약자 관점 우선성은 이분법적 사고에 입각한 자유나 평등 가치보다는 인간 연대를 나타내는 가치이다. 이 점을 세 가지로 생각해 볼 수 있을 것이

17 어머니의 가부장적 모성 양식은 한국에 국한된 것도 옛 시절에 한정된 것도 아니다. 최근의 한 경우는 이러한 양식이 도처에 있다는 것을 보인다. 그러나 그러한 기록에 대한 긍정적 · 부정적 평가도 흥미 있다. Judith Warner, *Perfect Madness: Motherhood in the Age of Anxiety*, Freedom House, 2005; 〈http://www.amazon.com/exec/obidos/tg/detail/-/1573223042/102-4618673-5416102?v=glance〉

다. 유구한 인류 역사의 금세기까지 공존보다는 생존이 우선적 가치였다. 생존이 절박한 문제였기 때문이다. 그러나 이제 생존은 문제되지 않고 공존이 인류의 절박한 문제가 되어 가고 있다. 부성보다는 이제 모성의 역할이 그 중심적 자리에 설 때가 되었다고 본다. 이러한 문화사적 전환기의 의미를 놓친다면 지성의 전략에 큰 차질을 빚을 것이다. 공존의 논리는 미소 · 해학 · 긍정성 · 좋아함 · 배려 · 서(恕) · 유머를 요구하고 생명 · 상생 · 소통 · 평화 · 성물을 가치로 제시한다.

새 천년을 '여성 시대'라고 할 때, 1만 년의 문자 역사 시대에 이러한 시대가 또 있었던가? 많은 가치들이 역사의 무대를 바꾸어 가면서 실험되어 왔지만 얼마나 만족스러웠던가? 이제 지구촌의 공감대는 새로운 가치를 꿈꾸면서 그 꿈을 '여성 시대'라는 표현이 함축하는 연대적 가치로 전망하는 것이 아닐까? 모든 사람이 성취하도록 개발되는 그러한 시대를 바라는 것이 아닐까? 가족구조에서 어머니가 보였던 연대적 역할을 모든 사람이 해낼 수 있기를 소망하는 것이 아닐까?[18]

『중용』의 다음과 같은 문장은 그러한 물음의 조명에 도움이 된다: "성(誠)으로 말미암아 밝아지는 것이 성(性)이다(自誠明 謂之性)"(21장); "성(誠)이 있으면 표현이 있다(誠則形)(23장); "성(誠)이 없으면 만물도 없다(不誠無物)"(25장). 이를 근거로 여러 가지 가설이 가능하겠지만 다음의 명제도 그 후보 중의 하나라고 생각한다: 개체의 성(誠)은 만물의 도리와 맞물린 그 개체의 도리를 이루는 개체의 수행의 성질이다. 이 가설에서 주목하고자 하는 것은 만

18 많은 학자(Sara Ruddick; Virginia Held; Iris Young; Eva Feder Kittay; Nancy Frazer; Joan Toronto; Julie Nelson; Nancy Folbre, etc.)들이 최근에 어머니 역할, 가정 내 보살핌 개념에 주목하는 것은 우연의 일치보다는 '여성 시대'의 반영이 아닐까? 허라금, 「변화하는 페미니즘」, 『조선일보』, 2004년 10월 14일, A10.

19 x는 y를 향하여 tn에 〔지성(至)誠〕을 다한다 =○= x는 y를 향한 tn−1 관계에서 tn 관계에로의 전환에서 x와 y가 각기 속하는 공동체의 체계들 S1와 S2의 간주관적 체계의 도리(道理)가 제시하는 성물(成物)을 기준으로 음양적 지향성 전환을 수행한다. 참고: 제18장 「성의 지향성」.

물에게 성(誠)이 있고 이 성(誠)이 그 개체나 상태의 정체적 활동[19]이라는 점이다. 모성 양식은 이러한 성의 모델로 논의될 수 있을 것이다.

둘째, 어머니의 인간적 모성 양식은 약자 관점을 우선한다는 가설은 개과천선(改過遷善)의 논리를 통해서 지지될 수 있다고 믿는다. 개과천선은 잘못을 바꾸면 선 또는 진리에 가까이 간다는 혜강 최한기가 제시한 명제이다. 이 명제는 일차적으로 그의 추측론(推測論)이라는 과학 탐구론에서 나타나지만 이차적으로 그의 실사구시의 사회공학의 논리로 사용된다. 이 점에 착안하여 모성 양식도 그러한 구조를 반영하고 있다는 가설을 구성하고자 한다.

개과천선은 가설 반박의 구조를 나타낸다. 거짓 가설들을 제거하면 진리에 점점 가까이 간다는 것이다. 과학 안의 모든 명제는 새로운 실험이나 미래의 반박에 열려 있어야 한다. 과학의 모든 명제는 이러한 의미에서 진리가 아니고 언제나 가설로 남는다. 과학이 개방적인 까닭은 윤리적 성질이 아니라 탐구 논리의 특성이다.

개과천선은 사회공학의 방법론으로도 작용한다. 사회의 행복의 조건은 일의적으로 주어질 수도 없고 따라서 사회 구성원들에 의해 합의될 수 없다. '수귀부다남'의 순서나 대학가의 '좋은 논문'도 사회의 행복의 조건으로 주어질 수 없다. 개인에 따라 달라지게 마련이다. 그러나 사회의 불행의 조건은 일의적으로 주어질 수 있고 따라서 성원들에 의해 합의될 수 있다. 치명적 자동차 사고에 의한 환자는 그가 어떤 사람이건 간에 사회가 일차적으로 주목하여야 하는 부정성 극복의 조건으로 합의할 수 있는 것이다. 사회의 부정성 조건들을 극복한다면 사회는 점점 개선된다는 것이다.

어머니가 가족 내의 약자를 우선적으로 돌보는 것은 무엇일까? 학생들은 실력 있는 교수를 찾아 강의 듣고 기자들은 정보를 만들어 내는 권력 있는 사람에게 몰린다면 왜 어머니는 가족 내의 약자에 먼저 주목하는가? 왜 어머니의 마음은 그런 방식으로 쏠리는가? 왜 가족 내의 약자는 어머니의 사랑과 정성을 가장 많이 받는가? 이러한 현상을 설명하기 위해 "모성 양식의 돌봄은 개과천선이다"라는 가설을 제안할 수 없을까? 돌봄이라는 개념은 모성 양식에 있어서 윤리적 성질이 아니라 탐구 논리나 사회공학 구조에처럼 상호 투사적 동일화의 '기본값'이 아닐까? 이러한 모성 양식의 국면은 돌봄이 학생이나 기자에게 윤리적 성질인 점과는 대조된다.[20]

기본값으로서의 돌봄과 윤리값으로서의 돌봄의 구분은 주목할 만하다. 한 사람의 성인 여성은 그가 속한 사회 안에서 어머니 이외의 관계들을 성취할 수 있어야 한다. 그리고 그는 가족 내의 한 약자에 대하여 '어머니'로 지칭되는 관계를 가질 때는 어머니라는 개념이 요구하는 당위성(ought)과 우선성(must)을 그 관계의 요소들로 포함한다. "나는 돌봄을 우선적으로 필요로 하는 너의 어머니이지만 너의 어머니의 역할을 하지 않겠다"라는 말은 일관성이 없다. 그러나 학생이나 기자는 돌봄을 우선적으로 필요로 하는 길가의 사람에 대하여 당위성은 갖지만 우선성은 갖지 않는다.

셋째, 어머니의 인간적 모성 양식 이외의 어떤 생활 양식이 보다 더 약자 관점을 우선시할 것인가? 모성 양식은 약자 관점을 우선시하는 담론적 가치를 나타낸다고 생각한다. 어머니의 인간적 모성 양식은 상위적 계시 · 법률 · 명령 · 의무 등에 따라서가 아니라 자신의 삶에서 우러나는 가치, 담론적 가치로 약자 관점을 우선하는 것이다.

이에 반하여, 자유나 평등은 담론적 가치가 아니라 형이상학적으로 설정된 이론적 가치이다. 인간을 원자적 개인으로 파악할 때 개인이 우선적이고, 인간을 전체적으로 이해할 때 개인은 뒷전으로 밀리고 평등이 전면으로 부각된다. 그러한 선택의 형이상학에 의하여 두 가치는 중요한 계기를 만날 때마다 충돌을 일으키게 마련이다. 이론적 가치는 이론적으로 고귀하게 만들어질 수 있지만 그 설득력을 선정한 형이상학에 기초할 때 경쟁적인 형이상학과 갈등

20 개과천선론에는 혜강 최한기(정대현, 『맞음의 철학』, 철학과현실사, 1997, pp. 397-419 참조)와 포퍼(포퍼 지음, 이한구 옮김, 『추측과 반론』, 2003)의 독립된 기여를 참고할 수 있다.

을 일으킬 수밖에 없는 것이다. 가치 언어의 유의미성이 형이상학이 아니라 생활 양식에 기초하여야 한다는 당위성이 여기에서도 보여진다고 할 것이다.

전통적 개념 체계하에서 한 사람이 여자로 태어나서 '여성적'이 아닐 수 없듯이 가부장적 체계에서 한 사람이 자녀를 낳고 나서 '가부장적 모성 양식'을 피할 수 없는 것이다. 여성을 향한 이러한 이해는 또 하나의 여성 본질주의, 즉 "어떤 사람이 여성이라면 그 사람은 여성에게 요구되는 필연적 성질이나 역할이 있다"라는 명제를 요구하는 것이다. 태어난 자녀들이나 사회가 '어머니'라는 이름하에서 그 여성의 모든 것을 요구하고 그 여성은 '어머니'라는 올무에 갇혀 그 요구를 피할 수 없도록 되어 있는 것이다. 이 구조를 조금 더 명료화할 수 있을 것이다.

'어머니'라는 단어는 무엇을 지칭하는가? 이 단어는 한 사람이 다른 유형의 사람이나 사람들에 대해 갖는 관계의 성질의 이름이다. 전자는 성숙한 여성이고 후자는 아기나 어린 사람의 유형의 개인들이다. 전자가 '어머니'라 불릴 때 그 관계의 이름은 후자의 유형의 사람들에 갖는 관계를 지칭하는 이름이다. 전자는 '딸', '연구원', '댄서', '사업가' 등의 다른 관계의 이름을 가질 수 있다. 그러므로 '어머니'라는 관계어 자체는 억압적이지 않지만, 이 단어를 전자에게 적용할 때 다른 관계 배제적으로 고유하게 적용하는 구조에서는 자동적으로 억압적이다. 다른 관계 배제적인 '어머니' 관계의 이름은 억압적인 모성 이데올로기를 나타내는 것이다. 다른 관계 배제적인 사회에서 여성들은 '모성적 삶' 자체가 싫은 것이고 이 싫음은 정당한 것이다. 이 싫음은 다른 관계 배제적 구조의 싫음이기 때문이다. 그 싫음은 '가부장적 본질주의적 모성 양식'의 싫음이다.

그러나 '어머니' 관계 이름은 다른 관계 성취적 구조에서 긍정적이고 적극적 생활 양식을 드러낸다고 생각한다.[21] 성기성물의 명제는 인간 사회의 어떤 계층보다도 어머니의 '인간적 모성 양식'[22]에서 현저하게 나타난다고 생각한다. 어머니의 이러한 삶의 양식은 사랑 · 배려 · 이데올로기 · 강요 · 고정 관념 등의 여러 가지로 그 동기적 차원에서 조명될 수 있을 것이다.[23] 여기에서 주목하고자 하는 것은 어머니의 생활 양식이 자율적이건 타율적이건 간에[24] 성기성물의 명제로 수행되는 가장 현저한 삶이라는 점이다. 이러한 모성 양식을 나타낼 수 있는 모성 역할론은 가능하다고 생각한다. "성기성물의 역사적 주체는 어머니이다"라는 가설은 지지할 만하다.

결론적으로, 언어 의미가 진리나 사실이 아니라 생활 양식으로 규정된다면 당위성의 가치 개념은 더욱 그러할 것이다. 성기성물의 당위 명제는 사실적으로 동치이면서 동시에 경쟁적인 명제들로부터 위협받을 수 있다. 그렇다면 모성 양식은 성기성물 명제에 차별적 의미를 부여하면서 당위성(ought)과 우선성(must)을 그 의미의 내용으로 구성한다. 약자 관점의 윤리 체계들은 개념적으로 양산할 수 있지만 현실적 우선성의 의미는 어떤 개념적 구조로도 부여

21 조형은 이 '어머니'는 이념적 어머니이지 개별자 어머니가 아니라는 관찰을 제시한다. 많은 여성들이 갖는 이 관계의 성질은 다른 많은 여성들에 의해 결핍될 수도 있고 많은 남성들이나 자연 대상들도 공유할 수 있기 때문이다. '어머니' 관계의 일반화는 여성과 여성주의를 구분하는 것과 같은 논리라는 점을 강조한다. '어머니' 관계는 실체적이기보다는 유형적으로 볼 수 있다는 해석론이라 생각한다. 출산을 여성의 '본성' 또는 '본질'이라고 할 때 남성들이 출산을 하지 않는다는 대비적 함축으로는 개연성이 있지만 사실적 표상은 아니다. 많은 여성들은 신체적 · 건강상 · 도덕적 · 환경적 이유로 출산을 하지 않기 때문이다. 본성이라고 하는 경우 이들은 여성이 아니라고 단정하여야 하는 본질주의적 언어 폭력이 발생한다. 그렇다면 '어머니' 관계는 실체적일 수 없다.

22 혹자는 성기성물이 모성의 생활 양식이 아니라 모성의 본성에서 나타난다는 본질주의적 주장을 할 수도 있다. 그러나 스턴(Judith Stern, Rutgers University)은 본질주의를 반박하는 실험을 보여주었다고 생각한다: 쥐의 모성은 출산 자체가 아니라 새끼와의 접촉을 통해서 구성된다는 것이다. 모성적 행태는 호르몬이 아니라 후천적 습득 결과인 것이다. 성영숙의 다음 보고는 흥미있다: 그의 애견이 너무 나이 들어 제왕절개로 새끼를 낳게 하였다 & 수술 후에 새끼를 어미에게 보여주었을 때 어미는 자신의 새끼를 알아보지 못하고 물어뜯으려고 하였다.

23 필자는 성기성물의 문장이 모성 생활 양식에서 의미화된다는 점을 주장하고 있지만, 러딕은 모성의 사유의 내용이 성기성물 같은 내용을 담고 있다고 쓰고 있다. Sara Ruddick, *Maternal Thinking: Toward a Politics of Peace*, 1995; 이혜정 옮김, 『모성적 사유』, 철학과현실사, 2002, 참조. 러딕은 길리간의 영향을 받아 모성적 사유를 모성적 이성으로 해석하여 남성적 이성에 대안적 이성을 제시한다고 믿는다. 또 하나의 본성 복원적 여성주의라 생각한다.

24 "한국전쟁 중 총살형 집행관들의 총구 앞에서 아기를 안고 보호하는 어머니들"(Pablo Picasso, 1881–1973, "Massacre in Korea 1951")은 어떤 사람에게는 억압적인 모성 이데올로기로, 다른 어떤 사람에게는 성기성물의 모성적 양식의 전범으로 달리 보일 수 있을 것이다.

할 수 없는 것으로 보인다.

적어도 한 가지 의문은 이것이다. 모성 이데올로기가 어머니를 억압한 것처럼 모성 역할론의 성기성물은 약자를 억압하는 또 하나의 이데올로기가 될 수 있지 않는가? 강자가 자기만 이룩하는 방식으로 살면서 약자에게는 성기성물의 명제 실천을 요구할 때 이것은 노예주가 노예에게 강요하는 노예 윤리와 무엇이 다를 것인가? 이 의문은 역사적으로 근거 없는 것이 아니다. 어떠한 도덕 명제도 강자들에 의해 오용·악용된 적이 많기 때문이다. 진실 말하기, 약속 지키기, 겸손하기 등의 도덕성이 그렇게 위선적으로 사용되었기 때문이다. 그러므로 성기성물의 오용 가능성은 성기성물에 독특한 성질은 아니다. 그리고 성기성물의 명제는 강자의 악용에 대해 침묵이 아니라 비판을 요구한다. 불의에 침묵하고서는 나를 이룰 수도 없고 만물을 이룰 수도 없기 때문이다. 성기성물의 명제는 노예 도덕에 맞추는 것이 아니라 노예 도덕에 맞서는 것이다.

제21장

성기성물의 실현 양식: 여성주의적 리더십

인간의 모든 행위는 가치 함축적이다. 그래서인지 사람의 어떤 행위도 가치의 지평으로부터 평가된다. 한편으로, "오래 사는 놈이 장땡이다" 또는 "목표가 수단을 정당화한다"라는 시각에서 이해하기도 하고, 다른 한편으로, "범아일여", "노블레스 오블리주"라는 관점에서 의미를 부여하기도 한다. 전자가 개인주의적, 자기 중심적, 결과 목표적이라면, 후자는 연대적, 공동체 구성적이라 할 만하다.

이 책은 성기성물 명제를 대안적 가치로 제안하고 있다. 그리고 그 의미 부여를 모성 양식에서 나타내 보이고 있다. 대안적 가치의 내용과 의미는 확보할 수 있지만 그 가치의 실현은 어떻게 가능할 것인가? 개인주의적 가치 설정으로 가치 실현이 가능할 것인가? 연대적 가치 제도화로 설득력을 가질 수 있을 것인가? 다원주의 시대의 이 인간론은 이 가치를 어떻게 강력한 실현 장치로 확보할 수 있을 것인가? 가치의 실현 양식이 제시되지 않은 가치론이나 인간론은 얼마나 설득력이 있을 것인가? 이 장은 대안적 가치의 실현 양식의 하나로서 여성주의적 리더십을 제안하고자 한다.

그러나 리더십이란 무엇인가? 리더십은 혹시 개인주의적으로 구현되어 온 것은 아닌가? 리더십이 공동체적으로 구조화될 수 있는 가능성이나 근거는 무엇인가? 이를 위한 정당화는 어떻게 얻어질 것인가? 이 글은 그 대답을 성기성물(成己成物: 나를 이루는 것과 만물을 이루는 것이 맞물려 있다)이라는 가치 명제 자체로부터 조명하고자 한다. 성기성물이라는 가치 언어의 의미는 군자가 아니라 모성 양식에서 얻어진다는 것을 이미 앞 장에서 논의하였다. 그렇다면 '여성 시대'라는 명제도 다른 것이 아니라 여성이 이러한 모성 양식을 구현하는 데 앞장서 있다는 논리로 정당화될 것이다. 성기성물은 예속 해방적 여성주의나 본성 복원적 여성주의의 지평을 넘어 생태적 인문주의로서의 여성주의의 내용으로 확장한다고 믿는다. 성기성물을 여성주의적 가치로 정립할 수 있다면 이 가치가 리더십에 어떤 함축을 갖는가를 관찰할 것이다.

(가) 리더십: 그 여성주의적 지평

(가1) 리더십은 반지성적 아닌가: '리더십'이라는 단어는 모든 사람에게 편한 것이 아니다. 이 단어가 사회 현상을 기술하고 설명하는 사회과학에 자연스러울 수 있지만, 현대 인간 존재의 범주로부터 더 자유로운 가능성을 꿈꾸는 인문학에는 껄끄럽다. '리더십'이 전제하는 지도자와 추종자의 이분법적 구도가 충분히 인문적이지 않은 것이다. 역사 발전의 인간 양식이 요구하는 "모든 사람은 수단이 아니라 목적 왕국의 성원"이라는 이념에 들어맞지 않기 때문일 것이다. 지성적이지 않은 것이다.[1] 이를 영자어 '리더'로 표현하여 '지도자'나 'Fuehrer' 같은 특정 언어권의 권위주의적 그림자를 피한다고 하여도 그 개념적 부담은 줄어들지 않는다.

리더십을 "비전, 인내, 고취의 능력"(Cynthia Trudell)[2]으로 규정하거나 "사

1 여기에서 '지성적'은 무엇을 지칭하는가? 다음을 잠정적으로 제안할 수 있을 것이다. '지성적'은 보다 넓은 인간 공동체가 합의하는 역사 발전의 방향의 관점으로부터 세계를 해석하고 평가하는 내용 또는 그 능력을 나타내고 그렇지 않은 것은 '반성적'이라 불린다. 또한 '지성주의적 지성'은 그 이원론적 구조 때문에 거부하지만 총체적 지성으로서의 '성기성물적 지성'은 옹호하고자 한다.

람들에 영향하여 조직이나 팀의 목적을 성취하도록 돕는 것" (김성국)[3]으로 이해할 때에도, 지도자와 추종자의 이분법은 그대로 유지된다고 생각한다. 리더십에 대한 여러 이론들도 여러 가지 상황들의 요소들의 강조점에 따라 달라지지만 이분법에 기초하는 점에서는 같다고 보인다.

그렇다면 리더십 개념 자체를 포기할 것인가? 리더십 개념이나 단어를 포기한다고 하여 현재 사회의 현상이나 구조가 달라질 것인가? 아니면 이 개념의 내용을 유지하면서 역사적 요구를 만족할 수 있는 방식은 없을까? 이 글에서는 후자의 길을 모색하고자 한다.

이분법에 기초한 '리더십'에 대한 전통적 이해는 모두 리더의 수월성(excellence)을 어떤 방식으로 전제하여 이것을 리더 선정에 있어서 기준으로 삼고 리더십 수행에 있어서 강조한다. 수월성은 분명히 혈통보다는 진일보한 기준이다. 그러나 전통적 수월성 기준은 혈통 기준이 부여했었던 방식으로 리더를 실체적으로 인격화하였다고 생각한다. 한 분야의 리더가 모든 분야의 리더로 제왕화(帝王化)되는 것이다. 혈통 기준의 시대를 대치하는 문맥에서 과도적 현상으로 볼 수 없는 것은 수월성 기준도 개념적 오류, 월권, 인권 침해 등의 잘못을 범하고 있기 때문이다. 수월성 개념은 '소수의 전체적 인격 실체성'에서 '모든 사람의 부분적 기능성'으로 전환될 수 있을 것이다. 이 전환은 리더십의 전체적 개념 구조를 유지하면서 역사적 요구를 만족할 수 있다고 생각한다. 인격 실체적 리더십은 오류 극복적인 '진정한 리더십'으로 대치되는 것이다.[4]

2 http://www.brunswick.com/whoweare/ctrudell.html

3 김성국, 「문제 해결 스타일 리더와 멤버간의 교환관계」, 『인사조직연구』, 한국인사조직학회, 8권 1호(2000년 2월), p. 105-63; "An Introduction to Leadership", Ewha Womans University, Lecture Notes, April 19, 2004.

4 리더십 개념이 전통적으로 함의하고 있는 부정적 요소에 대한 논의는 이상화, 「여성주의 관점에서 본 리더십과 권력」, 『여성적 가치와 여성 리더십』, 이화리더십개발원 개원 1주년 기념학술대회, 2004년 9월 17일 참조.

(가2) 리더십은 어떻게 지성주의를 극복할 것인가: 전통적 리더십은 성취 · 효율 · 수월성 등으로 이해된다. 이러한 규정 안에 남아 있는 동안 이것은 사회과학적 개념으로 간주될 것이다. 그러나 이 개념을 새로운 시대의 보편적 지평에로 발전시키기 위해 몇 가지 인문학적 반성을 필요로 한다고 생각한다.

그러나 성취 · 효율 · 수월성 등의 기준은 무엇을 위한 것인가? 이들은 현대사회에서 조직이나 팀을 위한 것이라고 한다. 그러나 전통적 리더십 개념에는 가치 독립적인 바로 이 지점에 문제가 있는 것이 아닐까? 이들이 본래도 그러했을까? 이들은 어떻게 정당화되는가? 이 물음을 조명하기 위해 그레고리 대제(Gregory the Great, 540~604)와 알 카폰(Alphonse Capone, 1899~1947)의 리더십을 비교할 수 있을 것이다. 둘 다 가치 독립적으로 말하여, 성취 · 효율 · 수월성의 조건을 만족한다고 생각한다. 소속해 있는 조직이나 팀의 목적을 위해 그러하다. 그러나 이야기를 여기에서 끝내는 것은 부당하다는 느낌이다. 왜 그러한가?

전통적 리더십은 모더니즘의 실재론을 전제할 때 정당화된다고 생각한다. 세계에 대한 유일하게 참인 기술의 체계가 있을 때 성취 · 효율 · 수월성은 모두 그러한 체계 안에서 실재론적 근거를 얻고 정당성의 지지를 확보하는 것이다. 그러한 실재론 안에선 가치를 독립적으로 언급할 필요가 없는 것이다. 따라서 모더니즘의 실재론이 퇴장하고 가치는 언급되지 않는 문맥에서 그레고리 대제와 알 카폰의 리더십은 구별되지 않는 것이다.

이러한 분석이 정당하다면 전통적 리더십은 모더니즘의 실재론에 기초한다고 믿는다. 그러나 모더니즘은 "세계에 대한 유일하게 참인 기술의 체계"를 과학적으로가 아니라 지성주의 또는 이성주의적으로 접근한다. 유일 체계론, 논리 중심주의, 연역적 방법론, 원자적 개인주의 등으로 특징지어지는 모더니즘은 "나를 아는 것과 만물을 아는 것은 맞물려 있다(知己知物)"로 요약되는 지성주의를 지성의 논리로 수용하였다. 리더십은 현대적 적실성을 확보하기 위해 지성주의에 기초한 모더니즘의 실재론을 수용하기 어렵다고 생각한다.

(가3) 리더십[5]의 개념적 정당화: 리더십 개념의 초견적 반지성성은 극복할 수 있지만 리더십 개념의 가치 독립성이나 그 지성주의적 가치는 수용할 수 없다고 생각한다. 그렇다면 리더십 개념은 어떤 대안적 가치를 찾아낼 수 있어야 한다. 이러한 가치의 모색은 "리더십은 어떻게 여성주의적일 수 있는가?"라는 물음의 형태로 이루어진다. 이 글은 그러한 대안적 가치를 성기성물의 명제에서 찾고, 이 명제가 모성적 생활 양식에서 실현되어 있다는 근거에서 '성기성물'의 가치 언어가 의미성을 확보하고, 여성주의는 이러한 대안적 가치의 인간론을 제시할 수 있어야 한다는 것을 논의하고자 한다. 그러나 먼저 리더십 개념을 지성주의적 지성이 아니라 성기성물적 지성의 문맥에서 그 정당화를 시도하고자 한다. 원자적 개인주의의 인간론이 아니라 성기성물적 연대적 인간론의 관점으로부터의 옹호이다.

첫째, 지성주의적 가치들은 인간 사회를 유지하는 데 있어서 개념적으로 안정적이지 않다. 자유를 취하건 평등을 선택하건 간에 정치나 사회는 그 약점을 제도적으로 보완하고자 할 것이다. 그러한 보완은 필요하고 그리고 지지되어야 한다. 그러나 그 보완은 임시적일 뿐 체계의 일관성과 투명성을 개념적으로 보장하지 못한다. 지성주의적 가치에 의한 리더십 개념이 성기성물적 인간 연대에 의한 대안적 리더십 개념으로 대치될 수 있는 근거이다.

두 가지 종류의 리더십은 두 가지 종류의 인문학을 대조하여 명료화될 수 있을 것이다. 지성주의적 인문학은 전통적으로 "고전 읽기에 의한 소극적 자유 경험"으로 특징지을 수 있을 것이다. 고전 읽기는 현재의 억압의 상황으로부터 자유의 가능성에 대한 구조의 이해로 안내한다. 이러한 의미에서 이를 '이해 인문학'이라 부를 수 있을 것이다. 그러나 성기성물적 인문학은 "문화 활동에서 사람다움의 표현을 통한 적극적 자유 경험"으로 제안될 수 있다. 그

5 '리더십' 또는 '리더'라는 단어는 친숙하지 않은 영자어이다. 그러나 더 나은 어휘가 제안될 때까지 소통의 편의를 위하여 이 영자어를 사용하기로 한다.

표현의 내용은 성기성물이라는 가치로써 구성되고 제약된다. 이 문맥에서의 리더십은 가치 독립적일 수 없다.

둘째, 현대 문화는 정보 · 복제 · 소비 등으로 특징지어지고 있고 이러한 경향은 더욱 강화될 것이다. 정보의 양과 투명성 앞에서 신비나 권위주의는 옷을 벗어야 한다. 복제의 정교성과 대량성 앞에서 문화나 계급의 상하 구분은 약화될 수밖에 없다. 이러한 경향은 대동 사회의 방향의 관점에서 긍정적으로 볼 수도 있다. 그러나 정보와 복제 기술이 수반하는 우려할 만한 사안들이 있다. 한편으로 문화의 획일성이고 다른 한편으로 안정성의 해체이다.

현대 문화의 문맥에서 와인버그(S. Weinberg)[6]의 소비와 환경에 대한 한 관찰도 주목할직하다: 공룡은 지구상에서 가장 강력한 종이었지만 갑자기 사라졌다. 이에 대한 한 가설은 공룡의 거대한 식욕이다. 공룡은 거대한 식욕 때문에 짧은 기간 안에 체구가 거대하게 되었지만 변하는 환경에 적응할 수 있는 능력의 대뇌는 대응적 기간 동안에 개발되지 못하였다. 이러한 불균형은 행성의 지구 폭발로 지구 기후에 갑작스런 변화가 생겼을 때 다른 동식물의 종들은 적응하였지만 공룡 종은 멸망하였다는 것이다. 현대 인간 사회의 거대한 소비욕은 짧은 기간 안에 거대한 소비 문화를 이루어내고 있지만 급격한 지구 인간 환경의 변화에 대처할 만한 지구촌의 대뇌적 능력은 대응하는 기간 안에 개발하지 못할 수 있다는 것이다.

현대 문화가 드리우는 그림자에 대해 지성주의적 가치로는 대처하기 어렵다고 생각한다. 개인주의적 지성의 해석으로는 문제 해소에 가기 어려울 것이다. 성기성물적 리더십이 요구된다. 인간 연대적 지성은 실천으로 연결될 수 있어야 한다. 안락의자의 이해 인문학의 지성은 실사구시(實事求是)의 리더십 지성으로 대체될 수 있어야 할 것이다.

6 http://www.ph.utexas.edu/~weintech/weinberg.html

(나) 성기성물: 총체적 가치

자유와 평등의 이분법적 가치들에 대한 대안적 길은 성기성물(成己成物: 나를 이룸과 만물을 이룸은 맞물려 있다)이라는 명제이다. 이 명제는 『중용』에서 핵심적으로 그리고 최초로 나타난다고 생각한다. 성기성물은 나의 성실을 다할〔至誠〕 때 나의 본성뿐 아니라 만물의 본성이 드러나〔盡性〕 천지인(天地人)이 이루어〔成〕지고 성인(聖人)의 경지에 이르게 된다는 명제이다. 그러나 한 가지 물음이 제기될 것이다: 『중용』은 지나간 노래가 아닌가? 이 물음은 근거 없는 것이 아니다. 그러나 이 고전은 성기성물의 개념으로써 새롭게 헤아릴 만한 의미가 있다고 생각한다. 그 의미를 간단히 모색하고자 한다.

(나1) **『중용』의 도**: 성기성물(成己成物)은 공자의 인(仁)을 구체화한 명제이다. 공자가 사람다움이라는 가치로서 인을 말하였을 때 그의 제자 증자는 이를 충서(忠恕)로 해석하여 내적 도덕 수양과 외적 인간 관계의 보편 질서를 추구하고, 다음과 같이 말하여 구체적 생명 공부에 정진하였다.

> 자신이 하지 못한 바를 힘써 행하며, 세월이 지나감을 애석히 여기는 마음으로써 학문에 임하고, 때에 이르러서는 실천으로써 표현하며, 어려운 일은 회피하지 않고, 오로지 의의 소재에 입각하여 따른다.[7]

맹자는 증자의 충서로부터 진심(盡心)을 도출한다. "자신의 본심을 다하는 자는 본성을 자각할 수 있고, 본성을 자각할 수 있으면 천도를 자각할 수 있다"고 한다. 맹자의 심은 확정적이 아니라 격물치지(格物致知)의 확장 속에서 작용하는 인식의 심이다. 맹자는 심성천의 삼자 관계를 구성하여 윤리적 지평

7 楊祖漢 지음, 황갑연 옮김, 『중용철학』, 서광사, 1999(1984), p. 57.

으로부터 지성적 전망을 할 수 있게 하였다고 보인다. 『중용』은 맹자의 진심을 진성(盡性)으로 확장한다. 진성이란 본인뿐 아니라 만물의 본성을 드러내어 완성하는 것이고 이것은 지성(至誠)을 통하여 이루어진다. 이것이 성기성물의 질서 방향이다.

그렇다면 성(性)과 성(誠)은 긴밀한 관계에 있다. 결론적으로, 성(性)은 자연의 운행을 통하여 자연의 문맥에서 나타내는 자연의 성질이고 성(誠)은 한결같은, 고집스런, 그러나 절대적이 아닌 자연의 운행 방식으로 이해하고자 한다. 성(性)은 한편으로 초월적인 천명의 실질 내용을 구성하지만 다른 한편으로 실천 과정에서 체험된 것이기 때문에 인식 대상이 아니라 실천 이성의 대상이다. 실천 과정을 통하여 접근하는 것이므로 문맥적이고 그 과정의 종점을 상정할 수 있다는 의미에서 초월적 천명 또는 천도로 말해질 수 있을 것이다. 그리고 성(誠)은 증자의 충(忠)이고 천도(天道)를 설명한다. "성자 자성야(誠者自成也)"를 주자가 "성은 사물이 스스로 이루어지는 원리이다"로 주석하였을 때 성(誠)은 인간을 포함한 모든 자연의 성질이라고 생각한다. 그렇다면 '성(誠)'을 '정성됨', '진실성(sincerity)' 단어로 번역하는 것은 오역이다.[8] 이러한 단어들은 인격적 행위자에게만 한정되는 행위나 행위 심리의 성질이어서 인간 이외의 존재들을 배제하기 때문이다. 성기성물(成己成物)은 지성(至誠)일 때 진성(盡性)으로 나타나는 과정이나 그 경험이다.

(나2) 이분법 극복의 논리: 자유나 평등의 가치가 수용하기 어려운 이분법적 가치인 까닭은 이들이 인간을 특정 부분으로 환원하고 있기 때문이다. 두 가치는 마치 사람이 현상적으로 팔 · 다리 · 몸통 · 머리들로 구성되어 있듯이 본질적으로는 정신과 육체로 구성되어 있는 것으로 상정하였다고 생각한다.

8 김학주 역저, 『대학 중용』, 명문당, 2000(1984), p. 300; James Legge, *The Doctrine of the Mean*, Chapter 25.

이 세계를 현상계로 간주하고 본질계로서의 이데아, 누메나 같은 피안의 세계를 상정하는 세계관에서는 자연스러운 관점이었을 것이다. 이들은 인간에게서 육체는 없어도 되는 부수적인 것이고 본질적으로는 생각하는 실체로 간주한 것이다. 데카르트와 로크는 생각하는 실체로서의 인간의 본질을 원자적 확실성에서 찾아 그 특징을 자유로 규정하고 헤겔과 마르크스는 사람들의 관계로서의 평등에서 찾고 있었다고 생각한다. 이들은 자유나 평등을 각기 기본가치로 선택하고 있었지만 본질주의적 환원론의 바탕에는 서양 전통의 지기지물(知己知物: 나를 아는 것과 만물을 아는 것이 맞물려 있다)라는 주지주의적 전통에 서 있다고 생각한다.[9]

그러나 그러한 이분법적 가치는 인간을 부분적으로 바라보는 왜곡적 시각을 강요하는 것이다. 응용 철학, 정치학이나 경영학 등에서는 이러한 왜곡을 시정하기 위하여 몸 · 물질 등을 도입하고 있다. 그러나 그러한 도입은 '사후적' 처방으로 남는다. 왜냐하면 그 가치들을 도입할 때의 논리 · 인간론 · 세계관을 '개념적으로 분리'하지 않고 '현실적으로 간과'하는 태도를 지니기 때문이다. 그러나 이러한 처방은 수용하기 어렵다.

그렇다면 대안적 가치로서의 성기성물은 어떻게 총체적인가? 성기성물이 총체적 가치라 할 수 있는 개념적 근거는 무엇인가? 이를 위해 세 가지 관찰을 하고자 한다.

첫째, 성(性)과 성(誠)의 문헌적 논변이다. 많은 학자들은 성(誠)을 인간의 인격적 성질(양조한 · 윤사순) 또는 실존적 범주(전목 · 박종홍)로 보고 성(性)

9 성기성물과 지기지물의 대조는 적극적 자유와 소극적 자유의 대조와 병행적일 수 있다고 생각한다. 자유주의의 간섭 배제의 소극적 자유가 지성주의적 전통하에 서 있다면 유학의 인간 공동체에 합일하여 자기를 이루는 적극적 자유는 수기주의적 전통을 따르는 것이다. 이승환, 『유가사상의 사회철학적 재조명』, 고려대학교 출판부, 1998, pp. 232-38.

10 윤사순(「공자의 중용사상」, 『공자사상의 발견』, 윤사순 외 지음, 민음사, 1992, pp. 129-36)은 성을 조화의 지혜로 보면서도 "인간의 심성의 자각에 기초한 윤리"로 파악한다; 박종홍(「실존주의와 현대철학의 과제」, 『박종홍전집』, 형설출판사, 1980, 제3권 pp. 424-31)은 중용의 성(誠)이 실존주의보다 철저하다고 생각한다;

을 인간의 고유한 본성(팽우란 · 실학)으로 보는 경향이 있다.[10] 이러한 인간 중심적 해석은 성(誠) 개념 능력을 인간 이외의 사물에 부여하기 어렵다는 판단에 근거한 것일까? 성(性)과 성(誠)에 대한 인간적 의미가 『중용』에서 물론 풍부하고 강조되어 있는 것은 사실이다. 진성(盡誠)이 진심(盡心)의 발전으로 해석되고 성(性)이 진성을 통해서 나타난다고 말하여지고 있기 때문이다.

그러나 『중용』은 성(性)과 성(誠)에 대한 그러한 인간 중심적 제한적 해석을 허용하지 않는다고 생각한다. 문헌은 이들이 그러한 인간적 문맥을 포함하지만 또한 범자연적 성질이나 사태를 나타내 보이고 있다고 생각한다. 『중용』의 첫째 문장인 "천명지위성(天命之謂性)"은 인간 한정적으로 이해하기보다는 만물 포용적으로 "천이 규정해 가는 것으로서의 성"을 해석할 수 있어야 한다. 또한 제25장에서 "성자물지종시, 부성무물(誠者物之終始, 不誠無物)"이라고 하고, "성자천도야(誠者天道也)"라고 말하는, 성(誠)의 보편적 천도로서의 위치는 명료하지 않을 수 없다.[11]

둘째, 성(性)과 성(誠)의 진화론적 논변이다. 이 논변은 문헌적 근거가 없는 것이 아니다. "만물은 중단 없는 지성(至誠)을 통하여 완성된다"라는 명제는 『중용』 제26장의 주제라고 생각한다. 이 주제는 성(性)과 성(誠)을 고정적 자연의 성질, 실체적 본질로 파악하는 동안 이해하기 어려울 것이다. 그러나 성(性)과 성(誠)을 진화론적으로 해석하였을 때 이 주제는 강력한 일관성으로 설득력을 가질 것이다. 성(誠)은 본질적 성질은 아니면서도 모든 자연의 꾸준하고 마땅한 흐름이고 그 결과로서 나타나는 것이 자연의 성(性)인 것이다. 그러한 자연을 그 자연 되도록 하는 것이다. 그러나 양자의 존재론적 위치 또는 양자의 관계는 본질주의적이 아니라 과정상에 나타나는 역동적 구조에서 파악될 수 있어야 한다고 믿는다.

11 이강수, 『중국 고대철학의 이해』, 지식산업사, 1999, p. 109: 성(誠) 없이는 아무것도 자연에서 이루어질 수 없다.

성(誠)을 통해 성(性)이 나타나는 진화론적 구조는 더 시사될 수 있을 것이다. 진화 과정의 초기 단계에서 오리 새끼들은 어떻게 각인(imprinting)을 갖게 되었을까? 오리 새끼들은 최초로 지각한 대상을 따르는 것이 먹이를 얻고, 보호를 받는 데 편한 것이고 그렇지 않은 경우 편하지 않다는 것을 경험하였을 것이다. 생존에 통(通)하는 길(道)을 습득하게 되고 애매모호한 단계에서도 이 길에 맞추〔中〕려는 노력을 하게 되는 것이다. 진화 과정에서의 통도중(通道中)의 문법은 자연 · 사회 · 개인의 단위에서도 나타난다고 믿는다. 자연의 경우 법칙에 이르고, 사회의 경우 도덕을 얻게 되고, 개인의 경우 규칙의 습관을 이룩한다. 동일한 진화론의 문법으로 자연과 인간의 성(誠)과 성(性)을 조명할 수 있는 것이다.

셋째, 성기성물이 통합적 가치일 수 있는 또 하나의 고려는 개과천선(改過遷善) 논변이다. 개과천선은 "잘못을 바꾸면 선 또는 진리가 나타난다"라는 본질주의적 진리론이 아니다. 이 명제에 대한 올바른 이해는 "잘못을 바꾸면 선 또는 진리에 가까워진다"라는 박진적(逼眞的) 진리론인 것이다. 최한기는 이러한 해석론에 의하여 "공맹의 말이라도 항상 새롭게 헤아려야 한다"라는 실학적 실사구시의 탐구 방법론을 제시할 수 있었던 것이다.

최한기의 개과천선론은 성(誠)과 성(性)의 진화론적 만물 현상에 대한 총체적 탐구 논리라고 생각한다. 자연과학의 탐구 방법론일 뿐만 아니라 사회공학의 절차의 논리일 수 있기 때문이다. 자연과학에서 모든 명제가 가설인 까닭은 어떤 진리도 지금 여기에서 주어지지 않고 언제나 미래의 비판에 열려 있어야 하는 구조를 갖기 때문이다. 또한 모든 사람이 행복할 수 있는 단일한 조건은 합의할 수 없지만 가장 큰 고통의 제거에는 사회 전체가 합의할 수 있는, '부정성 우선 제거'의 논리이기 때문이다.[12]

12 제20장의 (나3) 참조.

(나3) 성기성물의 논리: 성기성물(成己成物) 명제는 어떤 논리로 구성되어 있는가? 성기성물은 적어도 네 개의 명제를 함축한다고 생각한다. 첫째, 성기성물은 진성(盡誠)을 통한 만물의 성(性)의 본연적 구현에서 성취된다. 진성이란 무엇일까? 주자가 주석한 대로 진성은 중용으로 요약될 수 있을 것이다. 치우치지 않고 알맞은 것으로서의 중(中)과 변함없이 일정하고 바른 것으로서의 용(庸)이다. 중은 공시(共時)적인 것이고 용은 통시(通時)적인 것이라 생각한다. 중용은 산수적 중간이 아니라 시중(時中)인 것이다. 고로 진성은 정성되면 밝아지고, 밝으면 곧 정성되어지는 것으로 말해진다.

둘째, 성기성물은 자연의 중용에서 천지인 합일의 질서를 이룬다. 중용이 지나침이 없고, 미치지 못함이 없는 것이라면, 성기성물은 지성(至誠)으로 도달한 합내외지도야(合內外之道也)의 경지이다. 나를 이루는 내적 수기와 만물을 이루는 외적 완성이 합일하는 경지인 것이다. 셋째, 성기성물의 나는 관념화되지 않고 주체로 남는다. 『중용』이 말하는 '합내외지도야'의 '합일'은 관념론이 지향하는 합일이 아니라 천지인이 조화를 이루는 의미의 합일이다. 성기성물의 나는 사람에게서 멀리 있지 않는, 가까이로부터 시작하는 수신으로서의 나이다. 넷째, 성기성물은 "나의 이룸과 만물의 이룸은 맞물려 있다"는 명제로 이해된다. 자아는 타인과의 관계주의를 넘어 만물의 이룸을 아우르는 생태주의에로까지 나아간다.[13]

(다) 여성주의: 그 유형의 한 해석

성기성물이라는 이론적 당위성의 가치가 모성 생활 양식을 통해 유의미해진다면 이것은 어떤 의미에서 여성주의의 내용일 수 있는가? 이 물음의 대답

13 성기성물은 불교의 보살 정신, 기독교의 창조 완성과 상통하는 명제이다. 그러나 성기성물은 특정한 형이상학적 전제를 필요로 하지 않는, 내재적 접근에 의한 명제라는 점에서 보다 보편성을 유지한다.

은 여성주의를 그 대표적 유형의 한 해석으로부터 모색하고자 한다. 모든 유형을 고려하지 못하고 있는 것은 이 장의 한계이다.

(다1) 예속 해방적 여성주의: '여성주의'를 "고통받는 약자 관점으로부터의 체계적 세계 구성 행위"라 이해한다면, 이러한 여성주의는 월스톤크래프트(Mary Wollstonecraft, 1759-1797)[14]가 '시초'가 아닐까? 흥미 있는 것은 월스톤크래프트와 밀 & 테일러는 저서들의 이름에 'woman'을 포함하지만 책의 내용은 여성에 한정하지 않는다. 전자는 흔히 주제 대상을 'mankind'라 부르고 후자는 논의의 범위를 확장하여 인간론이라 부를 만하다. 여성주의를 '여성 억압'에 한정하는 경우와 대조될 만하다. 그리고 플라톤을 '시초'라고 하기 어려운 것은 그가 남녀평등을 언급하였지만 약자 관점으로부터의 체계적 세계 구성이라 하기에는 거리가 있기 때문이다.

월스톤크래프트는 루소의 성별화된 덕(gendered virtue)을 비판한다. 여성의 덕이 여성성(femininity), 자기 헌신(selflessness, subordination)으로 규정되는 동안 여성이 남성의 예속 존재로 구조화된다고 비판한다. 덕은 양성간에 동일하며 여성의 예속 해방을 주장한 것이다. 밀 & 테일러(1869)[15]는 그 영향을 받아 이 명제에 철학적 조명을 시도하였다. 밀은 권력의 여러 가지 유형을 분석하여, 권력을 탐내는 자는 자신에게 가장 가까운 사람에게 권력을 행사한다고 한다. 가부장제를 비판하여, 만일 자연이 여성 성취를 막는다면 왜 성취 시도를 제도로써 또 막아야 하는가라고 반문한다. 여성의 고용 배제는 가족에서의 예속을 만들어내고 가족은 국가처럼 궁극적 통치자를 필요로 하지만, 전제주의 학교로서의 가족은 자유의 학교가 되어야 하고 평등은 남성과 여성의 합리적 자유의 삶을 가능케 한다고 주장한다.

14 Mary Wollstonecraft, *Vindication of the Rights of Woman*, Norton, 1975
15 J. S. Mill & H. Taylor, *The Subjection of Women*, Hackett, 1988.

초기 여성주의의 주제는 여성 예속 해방이라고 할 수 있을 것이다. 18세기의 모든 여성들이 처해 있던 상황을 고려하면 이 주제는 불가피하였을 것이다. 여성의 출산과 몸은 당대의 경험에서 부정적으로 파악되었고 그 이해는 시대적 조건을 넘어서기 어려웠을 것이다. 이러한 전통은 20세기 중반에 이르기까지 여러 가지 다양한 모습으로 나타나지만 기본적인 주제는 예속 해방 또는 평등으로 요약된다고 보인다.

초기 여성주의는 인류 사회로 하여금 여성과 약자에 대해서 많은 변화를 가능케 하였다. 그 성공으로 초기 여성주의의 논리는 역설적으로 20세기 후반에서 유지되기 어렵게 되었다고 믿는다. 여성주의의 논리는 이제 남성과의 비교론적 상대주의적 인식론을 통하여 구성되었을 때 설득력을 얻지 못하는 것이다. 월스톤크래프트와 밀 & 테일러의 논리는 '충분히 당위적'이지만 '충분히 근본적'이지 못하다. 논리가 보편적이질 못하고 주변적으로 남기 때문이다. 20세기 후반의 여성주의는 보다 강력한 논리를 모색하게 된다.

(다2) 본성 복원적 여성주의: 20세기 후반의 여성주의는 여성의 인간 본성 회복에서 그 논리를 찾는다고 생각한다. 재거(Alison M. Jaggar)[16]는 여성주의의 여러 가지 변형들이 여성의 인간 본성을 어떻게 해석하는가에 따라 여성주의의 방향과 내용을 달리한다는 점을 잘 보이고 있다.[17]

예를 들면, 자유주의[18]는 공식적으로 남녀의 이성적 능력을 그 본성으로 요구하지만, 데카르트적 개인 원자론과 심신 이원론을 수용하는 과정에서 남성

16 Alison M, Jaggar, *Feminist Politics and Human Nature*, Rowman & Allanheld, 1983.

17 길리간(Carol Gilligan, *In a Different Voice*, Harvard University Press, 1982)은 여성 본성적 여성주의를 심리학에서 세우고 있다고 생각한다. 에릭슨과 콜버그가 인간 발달론을 남성 관점에서 제시한다는 관찰로부터 여성 관점으로부터의 이론을 구성할 수 있다는 것을 주장한다. 그러나 길리간은 다른 관점의 이야기로 끝나지 않고 그 관점을 예를 들면 '배려'라는 여성 본성에 기초짓고 있다.

18 Betty Friedan, *The Feminine Mystique*, Norton, 1974.

은 정신, 여성은 몸의 이분법으로 기우는 것으로 해석된다. 급진주의[19]는 남성과 여성은 생물학적 토대를 달리 가지고 있는 데서 성별 노동 분업, 공격성과 수동성, 가해자와 피해자의 이분법이 발생한다고 믿는다. 그러나 인류가 자연을 앞지를 수 있기 때문에 그러한 토대는 기술 발달에 의해 변혁되어야 한다고 믿는다. 마르크스주의는 여성 예속을 계급 사회의 결과로 보고, 인간 본성을 가정하는 소외 개념을 제시하고 생산 수단의 사회화에 의하여 노동 과정을 재조직하고 정신 노동과 육체 노동을 통합한다.

재거는 다른 여성주의를 인간 본성에 입각한 이론으로 간주하면서 자신의 사회주의는 실체성 이외의 용어로 규정되는 '인간 본성'에 기초지우고 있다. 재거는 사적 유물론의 역사적 진행 관점을 수용하여, 인간 본성, 인간 생물학은 역사적으로 구성되고, 성욕 · 출산 · 육아의 욕구도 사회적으로 결정된다고 믿는다. 재거는 공식적으로 인간 본성을 본질주의적으로 해석하는 것을 반대하고 사적 유물론의 방법론에 공감을 표시한다.

그러나 재거는 그가 구성하는 다른 여성주의의 본성론을 비판하면서 그 본성론의 함정에 빠진다고 생각한다. 재거의 말을 직접 들어 보자.

> 이제 우리는 인간 본성 일반론과 여성 본성 특수론에 대한 사회주의적 관점을 요약할 수 있을 것이다. 자유주의나 전통적 마르크스주의와는 달리, 사회주의적 여성주의는 인간을 '추상적 · 무성적' 개인으로 보지 않기 때문에 여성은 남성과 본질적으로 구별되지 않는다. 또한 여성을 남성과 환원 불가능적으로 다르다고 보지도 않고, 어제 오늘 영원히 동일하다고 해석하지도 않는다. 사회주의적 여성주의는 여성들을 여성들이 처하여 있는 사회적 관계에 의하여 본질적으로 구성된다고 간주한다. "사회의 사회적 관계는 여성이 주어진 순간에 개입하는 특정한 활동을 정의한다. 이 관계 밖에서 여성은

19 Schulamith Firestone, *The Dialectic of Sex*, Bantam, 1970.

추상일 뿐이다."[20]

재거는 자유주의의 이성/감성의 이분법에 의한 본성론, 급진주의의 생물학적 본질주의에 근거한 분리주의의 이분법, 마르크스주의의 실체론적 계급론의 본성론을 비판한다. 그리고 사회주의의 인간 본성은 실체론적 오류에 빠지지 않고 역사적 구성주의에 남아 있을 수 있다고 생각한다. 남성과 여성은 환원 불가능적으로 다른 것이 아니라고 한다. 그럼에도 불구하고 인용문의 마지막 세 문장은 무엇을 함축하는가? 여성과 남성은 이들이 갖는 사회적 관계를 본질적으로 달리 갖는다는 것을 함축하지 않는가? 구체적 문맥에서 그러하다는 것이고 구체적 문맥을 떠나면 추상이 된다고 하지 않는가? 그의 본질주의는 역사주의적이긴 하지만 현재의 역사적 상황이 그러한 차이를 지속적으로 유지해 간다는 것을 함축하지 않는가? 남성과 여성은 그들이 현재 달리 갖는 사회적 관계에 의하여 '본질적으로 구성(essentially constituted)' 된다는 것이 아닌가? 그렇다면 재거의 인간 본성론은 다음의 세 명제로 구성될 수 있을 것이다.

(J1) 현대 사회의 남성은 성질 m1, m2, ……, mi 중에서 m1을 본성으로, 여성은 성질 f1, f2, ……, fi 중에서 f1을 본성으로, 역사적 · 사회적으로 구성하여 가지고 있다(사적 유물론).

(J2) 역사적 상황이 달랐더라면 남성과 여성이 그 본성들을 바꾸어 가질 수도 있었을 것이다(환원 가능론).

(J3) 그러나 남성과 여성은 동일한 성질을 본성으로 공유할 수는 없다(성 특수적 본질주의).

20 Alison M, Jaggar, *Feminist Politics and Human Nature*, Rowman & Allanheld, 1983, p. 130.

재거의 인간 본성론을 위의 세 명제로 요약할 수 있다면, 재거의 본성론은 수용하기 어렵다. 그의 성 특수적 본질주의는 논의 없이 도입된 명제이다. 재거는 "남성과 여성이 역사적 조건을 인식하고 영향받고 반응하는 방식이 성 특수적으로 다르다"는 것을 상정하고 있는 것이다.[21] 재거의 이 상정은 어떤 함축을 갖는 것일까? 재거는 혹시 실체주의적 본질주의를 앞문에서 비판하면서 뒷문으로 역사 결정론적 본질주의를 도입하는 것이 아닐까? 재거는 표면적으로 사적 유물론과 환원 가능론을 공식적으로 주장하면서도 왜 또는 어떻게 심층적으로 혹은 개념적으로 비일관성의 위협에도 불구하고 성 특수적 본질주의를 수용하는 것일까?[22] 위의 세 명제를 일관되게 해석할 수 있는 방식은 여남 분리주의가 아닐까? 이것이 아니라면 세 명제의 함축은 무엇일까?

(다3) 생태적 인문주의로서의 여성주의: 본성 회복적 여성주의는 예속 해방적 여성주의가 마련하지 못한 여성주의의 논리를 전개하여 많은 기여를 하였다고 믿는다. 불가피한 억압, 불평등 토로적 여성주의가 차가운 지성적 여성주의로 고양된 것이다. 그러나 본성 회복적 여성주의는 남성과 여성의 차이를 '본성'이라는 단어 아래에서 인지 · 규정 · 해석하고 있다. '본성'이라는 단어는 잘못된 개념을 표현할 뿐 아니라 비실재적이고 비현실적이다. 또 하나 아

21 재거가 여성 철학(feminist philosophy)을 생각보다 좁게 규정하는 방식은 흥미롭다. "여성 철학은 철학 안에서 인지되는 남성 편견을 극복하는 노력으로 정의된다"(Alison M. Jaggar & Iris Marion Young, "Editors' Introduction", *A Companion to Feminist Philosophy*, Blackwell Publishers Inc., 1998, p. 1). 그의 본성 복원적 여성주의는 이러한 규정에서도 시사되고 있다고 보인다. 그러나 "여성 철학은 여성주의적 가치의 관점으로부터 세계를 개념적으로 해석하는 행위나 이와 관련된 실천"이라고 할 수 있지 않을까?

22 여성 본성, 인간 본성에 기초한 여성주의나 윤리학은 '내부로부터 외부로' 향한 것이기보다는 '외부로부터 내부에' 향한 이론이 아닐까? 허라금이 자연과학적 체계를 모델로 하는 근대 윤리학을 비판할 때 그 문제점은 윤리의 실체화라는 점에 동의한다(허라금, 『원칙의 윤리에서 여성주의 윤리로』, 철학과현실사, 2004, pp. 73-76). 그렇다면 '여성 본성'에 기초한 재거의 여성주의는 '여성 관점'에 기초한 여성주의와 구별될 수 있을 것이다. 남성은 전자를 공유할 수 없지만 후자는 공유할 수 있다. 전자는 결과적으로 여남 분리주의를 함축하지만 후자는 아니다.

쉬운 것은 그러한 과정에서 의도와는 달리 이 단어가 남녀 긴장을 유도하고 있다고 생각한다.

그렇다면 대안적 여성주의를 모색할 때가 되지 않았을까? 본성 회복적 여성주의가 인간 본성에 주목하여 이론을 구성한 것이라면 대안적 이론은 새로운 인간론을 구성하여 여성주의를 모색할 수 있을 것이다. 달리 말하여, 성기성물의 가치가 모성 생활 양식을 통하여 의미 있는 내용을 이룬다면 이것은 하나의 인간론 후보라고 생각한다. 성기성물은 나의 완성과 만물의 완성이 맞물려 있다는 명제를 나타내면서 인간만이 아니라 모든 자연을 포함하고 있다.

그렇다면 성기성물의 인문주의는 생태적 인문주의라고 해야 할 것이다. 이 인문주의는 개체의 생명은 원자적이 아니라 생명이 처해 있는 전체 환경에 그 최선의 최대화를 의존한다는 의미에서 '생태적'이다. 전통적 인문주의가 인간과 다른 존재, 예를 들어, 신이나 자연을 맞세운다는 의미에서 이분법적이다. 그러나 생태적 인문주의는 생태주의의 명제의 실현을 통해 모두가 적극적 자유의 최대적 표현을 얻는다는 믿음이다. 이러한 생태적 인문주의로서의 여성주의는 어떤 개연성을 가질 것인가?

첫째, 이 여성주의는 앞 시대의 여성주의처럼 고통받는 약자 관점으로부터 세계 구성을 한다. 그러나 왜 가치가 주류가 아니라 비주류의 약자 관점으로부터의 가치인가? 강자들이 왜 자신들의 강자 관점보다 약자 관점을 택하여야 하는가? 약자 관점의 보편성은 어디에 기초하는가?[23] 이것은 개과천선(改過遷善)의 명제가 과학 탐구의 논리를 나타내듯, 사회공학의 논리로도 채택되어야 한다는 당위성에서 설명된다. 한 사회의 행복의 조건은 합의할 수 없지만 사회가 극복해야 하는 불행의 조건은 합의할 수 있는 것과 같다.

둘째, 여성주의의 개념적 발전사를 예속 해방적 여성주의와 본성 회복적 여성주의로 요약하는 것이 정당하다면 여성주의의 발전의 다음 단계는 인간과

23 한인섭, 「왜 소수자 약자의 인권인가」, 『일상의 억압과 소수자의 인권』, 사람생각, 2000.

자연을 보다 넓게 포괄하고 현대 문화의 조건과 방향을 가늠하는 대안적 인간론의 모색일 수 있을 것이다. 그렇다면 생태적 인문주의로서의 여성주의는 하나의 후보가 될 수 있을 것이다.

셋째, 생태주의적 인문주의로서의 여성주의는, 예를 들어, 남녀간의 차이를 부인할 것인가? 출산 경험, 생리 현상 등의 성 특수적 경험을 부인하는 것인가? 만일 재거의 본성론이 남녀 차이를 그 수준에서만 허용하는 것이라면 재거의 본성 여성주의와 생태적 여성주의의 차이는 무엇인가? 이에 대한 반응은 본성 개념에 함축적으로 들어 있다. 재거는 본성 개념에 집착함으로써 남녀간의 차이를 그의 인간론이나 여성론의 출발점으로 선택하고 있다고 생각한다. 그러나 생태주의는 남녀간의 어떤 차이를 인정하면서도 이 차이를 인간론이나 여성론의 출발점도 아니고 근본적인 이슈도 아니라고 상정하는 것이다. 인간으로서의 지향, 인간을 에워싸고 있는 사회적 자연적 범주들, 소수자의 고통, 약자에 대한 억압이 보다 근본적인 것이다. 물론 여성주의의 발전사의 맥락에서 문제의 지평이 달라져 온 것은 사실이다. 그러나 지금 시점에서 여성주의는 보다 구체적이면서도 보다 일반적 설득력을 가진 인간론을 구성할 수 있어야 한다. 여성주의는 현대 문화를 향하여 대안적 지평을 열 수 있어야 하기 때문이다. 새 천년이 여성 시대인 것은 우연이 아니기 때문이다.[24]

24 조형 교수는 상생론(相生論)과 생태적 인문주의로서의 성기성물론을 비교할 수 있을 것으로 지적하였다. 상생론은 '승자가 살아남는다'라는 올림픽 가치 또는 자본주의 가치에 선명하게 대조되는 소중한 동양적 가치이다. '더불어 산다'는 가치는 개인주의에 보완적 가치이다. 그리고 이 가치는 좁은 의미와 넓은 의미로 해석될 수 있을 것이다. 서로 해치지 말고 같이 사는 것이거나 서로가 완성을 위해 협조하는 것일 수 있다. 후자의 경우 성기성물과 다를 것이 없다. 발생론적으로 성기성물론이 유학적이고 상생론은 불교적이지만 지향은 같은 방향이라고 생각한다. 개념적 초점을 인간과 자연의 어디에 두는가에 따라 차이를 읽어낼 수 있고 가치의 구성성에 대한 태도의 방식에 따라 선택될 수 있을 것이다.

(라) 여성주의적 가치의 리더십

자유와 평등은 전통적으로 이해하였을 때 지성주의적 인간론에 입각한 것으로 파악된다. 그러나 성기성물은 총체론적 인간론에 기초한, 모성 생활 양식에서 내용을 부여받은 여성주의적 가치이다. 이 글은 지성주의적 가치론과 총체론적 가치론의 대조를 선명하게 보이는 데 이르지 못하고 있다고 생각한다. 두 전통의 오랜 세월만큼 많은 연구와 성찰을 필요로 한다고 믿는다. 그러나 총체론적 인간론에 입각한 가치를 성기성물에서 취한다면 이것은 새롭게 지향하는 리더십의 조건을 제시할 수 있을 것이다.

(라1) 성기성물적 모성 양식의 구조: 모성 생활 양식은 성기성물의 가치를 어떻게 나타내 보이는가? 그것은 어머니의 이름과 자녀의 이름이 맞물려 있다는 방식으로 나타난다고 믿는다. 모성의 대 자녀 성기성물 명제 (M1)은 보다 구체화할 수 있을 것이다.

(M1) 어머니의 이름과 자녀의 이름이 맞물려 있다 ↔
(M2) 어머니는 인간과 문화에 대한 지식과 전망을 갖는다;
(M3) 어머니 자신의 개인적 공동체적 책무의 최선을 발전시킨다;
(M4) 자녀가 온전한 개인으로 성장하도록 한다;
(M5) 자녀의 다른 사람들과의 유대화를 돕는다; &
(M6) 자녀의 최선을 키우도록 돕는다.

(M1)은 (M2~6)의 5명제들을 개별〔選言〕적으로 필요로 하고 연합〔連言〕적으로 충분하다. 무엇을 뺄 수 있을 것인가? 무엇을 더할 수 있을 것인가? 잠정적으로는 5명제가 그러한 필요충분조건을 만족한다고 생각한다.

(M2)가 없이 좋은 어머니이기 어려울 것이다. 인간과 문화, 역사와 자연에

대한 지식과 전망이 없이 어떻게 천지인의 합일적 이룸이 이루어질 수 있을 것인가? 이것은 성기성물의 전제 조건이라는 의미에서 하나의 필요조건인 것이다. 월스톤크래프트 · 테일러 · 프리단 · 파이어스톤 · 재거 등이 육아 일기를 써야 했다면 다른 관점의 육아법이 제시될 수 있는 것처럼 어떤 어머니도 진공(眞空)에서 육아를 할 수 없는 것이다. 어머니는 자신의 관점으로부터 바라보는 세계에 대한 이해에 일치하는 어머니가 되는 것이다.

(M3)가 부정되고 (M4~6)만 요구되는 상황은 부정하여야 하는 소위 '모성 이데올리기'에 함몰되는 것이다. 이러한 함몰은 어머니 개인만으로가 아니라 사회 구조의 개선으로 극복되어야 한다. (M3)의 조명을 위해 신사임당의 경우에 주목할 수 있을 것이다. 신사임당은 예속 해방적 여성주의나 본성 복원적 여성주의 관점으로부터 부정적으로 평가되어 왔다. 생태 인문적 여성주의 관점으로부터도 다른 사람들, 다른 여성들의 삶의 조건에 주목하지 못하고 개선에 참여하지 않았다는 점에서 성기성물의 기준에 미치지 못한다. 이러한 의미에서 신사임당은 (M1)의 조건을 '제한적'으로 만족하고 있다고 생각한다.

(M4)는 어머니의 보살핌과 배려로 이루어진다. 무의미한 것처럼 보이는 반복, 자기 부정의 인내 등, 이들은 어머니의 존재를 무화시키는 것처럼 보인다. 크리스테바[25]가 지적한 것처럼, 이들은 표면적으로 어머니의 크로노스〔cursive〕 시간인 것처럼 보이지만 어머니와 자녀의 카이로스〔monumental〕의 시간인 것이다. (M5)는 어머니에 따라 무시되는 경향이 있다. 그러나 어떤 어머니도 자신의 자녀가 '왕따'당하는 것을 원하지 않을 것이다. 어머니의 선택에 따라 (M4)나 (M5)를 더 강조할 수 있을 것이다. 그 선택에 따라 자녀는 더 독립적이거나 더 사회적이 될 것이다. 자녀는 개인주의적 자기 성취의 길로 나갈 수도 있고 역사적 문맥에서의 자기 실현으로 나아갈 수도 있을 것이다. 그러나 모든 어머니는 지성주의의 일관성이 요구하는 일의적인 조건을 배

25 Julia Kristeva, "Women's Time", *Signs*, vol. 7, no. 1(Fall 1981), pp. 13–35,

타적으로 선택하지 않는다. 성기성물의 총체적 성격을 드러내는 것이다.

(M2~6)의 5 명제들은 자녀에 대한 어머니의 중용(中庸) · 지성(至誠)을 표현한다. 중용과 지성은 둘이 아니라 하나이다. 이 점은 지성이 중용 철학의 핵심이라는 점에서 확인된다. "과불급(過不及)이 없는 보살핌 속의 감천(感天)하는 헌신적 성실", 이것이 모성 양식이 표현하는 성기성물 가치의 표현 양식인 것이다.

(라2) 모성 양식 구조의 리더십 일반화: 성기성물적 모성 양식의 구조를 위에서와 같이 얻을 수 있다면 이를 근거로 모성 양식 구조의 리더십에 접근할 수 있을 것이다. 이러한 접근법에 대한 유예나 반대도 가능할 것이다. 목적, 지향, 평등주의적 서민성, 엘리트주의적 수월성, 가족 윤리의 당위성, 집단 가치의 업적주의 등을 열거하면서 모성 양식과 리더십 양식의 차이들이 지적될 것이다. 그러나 이들은 현재의 현상적 모습에 대한 사실적 기술일 뿐이다. 이 글이 목적하는 것은 리더십이 어떻게 여성주의적 가치에 근거할 수 있는가에 대한 조망이다.

이를 위해 성기성물의 명제가 모성적 양식에서 내용적 가치를 구성한다는 것을 보이고자 하였다. 이를 기초로 하여 리더십의 성기성물적 조건을 얻고자 하는 것이다. 그렇다면 일차적으로 리더십의 성기성물적 내용은 "리더의 이룸과 그가 속하여 있는 공동체의 성원들의 이룸은 맞물려 있다"는 것이다. 이를 다음과 같이 구체화할 수 있을 것이다.

(L1) 리더의 이룸과 그가 속한 공동체 성원들의 이룸이 맞물려 있다 ↔

(L2) 리더는 인간과 문화, 관련 주제에 대한 지식과 전망을 갖는다;

(L3) 리더 자신의 개인적 공동체적 책무의 최선을 발전시킨다;

(L4) 성원이 온전한 개인으로 성장하도록 한다;

(L5) 성원의 다른 사람들과의 유대화를 돕는다; &

(L6) 성원의 최선이 나타나도록 돕는다.

(L1)은 (L2~6)의 5 명제들을 선언(選言)적으로 필요로 하고 연언(連言)적으로 충분하다.

성기성물적 리더십은 표면적으로 집단보다는 개인에 초점을 두는 것으로 보인다. 집단의 결과적 지향은 성원들의 최선이 표현하는 방향이기 때문이다. 그러나 성기성물적 리더십은 심층적으로 집단의 목표에 향한다. 집단의 목표가 선재(先在)한다면 그 집단의 성원은 그 집단 목표와 성원들의 최선화의 관계에서 선발되어야 하기 때문이다. 그리고 리더의 수월성이란 그 개인의 특정 분야에서의 지식과 전망의 수월성도 중요하지만 그 보다는 그 개인이 앞서서 이룩한 리더로서의 수월성으로 이해하여야 한다고 생각한다. 성기성물 리더십은 군자불기(君子不器)의 명제가 보이는 대로 인간 경험의 특정 국면에 치우치지 않는 총체적 문맥에서 나타나야 하는 것이기 때문이다.

성기성물적 리더십 개념이 명제들 (L2~6)으로 표출되는 방식은 성기성물적 모성 양식이 명제들 (M2~6)으로 나타나는 것과 같다. 리더도 (L2~6) 중에서 어느 하나를 더 강조할 때[26] 특정 유형의 리더십이 발휘된다. 리더십 특성화를 위하여, (L2)를 선택하는 경우 지성적 · 비전적 리더일 것이고, (L3)는 엘리트적 리더를 만들 것이다. (L4)를 선택하는 경우 그 리더는 그가 직접적으로 속한 공동체에 충실한 것이고 (L5)를 선택하는 경우 그의 리더십은 사회적 역사적 함축을 가질 것이다. (L6)의 리더는, 모성 양식이 자녀들의 '최초의 사랑의 학교'를 구성하듯, 그의 성원들을 위한 '최고의 현장 학교'를 만들어 낼 것이다.

성기성물적 리더십은 남성이나 여성이나 성원들을 향하여 어머니처럼 생각

26 이러한 5명제의 선택에 따라 리더십의 유형이 달라지는 것은 자연스럽다. 다른 문맥이긴 하지만, 리더십 유형에 대한 연구로는 박통희 외 지음, 『편견의 문화와 여성 리더십』, 대영문화사, 2004; 한국여성개발원 편, 『여성과 리더십』, 1992 참조.

하고 행동하는 데서 나타난다. 현대 사회의 성공적 리더십이 부드러움 · 유연성 · 청취성 · 배려 등에 주목하는 감성적 리더십인 것은 성기성물적 리더십의 까닭이 이미 구체화되고 있기 때문이 아닐까?

감사의 말

제1부의 제2장 「이론적 다원주의, 담론적 다원주의」의 초고는 이화여자대학교 인문과학대학 인문학연구원 교수학술제에서 읽고 허라금 교수의 논평, 정재서(중문학) · 송기정(불문학) 교수의 도움, 김현자(국문학) · 양명수(신학) 교수 등 참여자의 토론이 있었다. 철학문화연구소의 철현포럼에서도 발표, 이한구 교수의 논평, 길희성 · 김광수 · 김영진 · 손봉호 · 엄정식 · 이강수 · 이광세 · 이명현 · 이삼열 · 이태수 교수와 이 주제에 대한 몇 차례 토론을 통해 도움을 받았다. 그리고 이 글은 한국행정학회 학술대회에서 「이론적 다원주의, 담론적 다원주의: 학문의 한국 담론화의 구조」(『한국행정학회 2005 추계학술대회 발표논문집1』, pp. 7-20)의 주제하에 읽고 김현구 · 안병영 · 이종범 교수의 도움, 김경동(사회학) · 김병국(정치학) · 김학수(신문방송학) · 한덕웅(심리학) · 박부권(교육학) 교수의 토론에 의한 심화가 있었다. 제4장 「체계의 선택과 실학적 방향」은 『철학연구』(철학연구회 편집, 제18집 1983, pp. 143-62)의 글을 정정한 것이다.

제2부의 제7장 「민중 개념의 실학적 분석」은 『한국문화와 기독교윤리』(현영학 외 편, 문학과지성사, 1986, pp. 386-405); 제8장 「성욕의 내용과 합리성」은 『한민족 철학자 대회보: 1991』(pp. 313-21)에 기초한 것이다. 제9장 「합리

성의 구조와 개방 사회의 논리」는 『한국문화연구원 논총』(이화여자대학교출판부, 1980, 36집, pp. 101-24)에 게재 전, 한국철학회 산하 한국분석철학회의 「분석철학과 사회철학」 세미나에서 읽었고 소흥렬 · 박동환 · 이한구 교수의 논평, 참석 회원들의 토론이 있었다.

제3부의 제10장 「사랑의 미신」은 『또 하나의 문화』, (1991, 7집, pp. 45-55); 제11장 「성문화의 오늘과 내일」은 『또 하나의 문화』(1988, 4집, pp. 56-65); 제12장 「성관계 개념의 여성 억압성」은 『철학과 현실』(김태길 편, 철학과현실사, 제1집 1988 봄, pp. 203-19); 제13장 「투사적 동일화와 가족 개념의 확장성」은 가족철학을 주제로 한 세미나에서 여러 학자들(강선미-니체, 탈구조주의; 이명선-아리스토텔레스, 존 스튜어트 밀; 김정희-기독교, 헤겔; 정영애-존 로크, 여성 해방론; 야마시타 영애-몽테스키외; 김정선-루소; 김경희 & 김정란-마르크스 엥겔스)과의 토론, 이재경(정의의 관점) · 허라금(플라톤) 교수의 지원으로 발전된 결과이고, 『가족 철학 : 남성 철학과 여성 경험의 만남』(이화여자대학교출판부, 1997, pp. 399-426)에 게재된 것이다. 제14장 「인문 정신으로서의 법」은 한국법철학회에서 읽고 이재승 교수의 논평, 박은정 · 장영민 교수의 도움, 회원들의 토론이 있었고, 『법철학연구』(제5권 제2호 2002.12: pp. 213-32)에 발표되었다. 제15장 「문화 방향의 시대 정신」은 『언어와 문화』(김여수 외 지음, 철학과현실사, 1998)에 게재된 것이다.

제4부의 제16장 「여성 문제의 성격과 여성학」의 초고는 한국여성학회에서 발표, 서지문 · 황필호 교수의 논평, 신옥희 · 윤후정 · 장상 · 장필화 · 정세화 · 조형 · 조혜정 · 주경란 교수의 토론이 있었고 『한국여성학』(창간호 1985, pp. 100-20)에 게재되었다. 제17장 「음양관계 개념의 유기적 분석」은 『철학적 분석』(한국분석철학회 제4호, 2001.3. pp. 1-22); 제18장 「성(誠)의 지향성: 이원적 지향성에서 음양적 지향성으로」는 『철학논집』(서강대학교 철학연구소 제9집, 2005, pp. 73-88)에 게재되기 전 동 연구소에서 읽고 김영건 박사의 논평, 정인재 · 정의채 · 엄정식 · 이승환 교수 등 참석자의 토론이 있었다. 제19

장 「성기성물의 개념 구조: 대안적 가치」는 2004학년도 이화여자대학교 교내 연구 과제 지원에 의한 연구로, 이강수 · 이광호 · 이종진(중문학) · 남경희 · 이규성 · 한자경 교수와 김애림 선생의 자문, 황금률에 대한 남경희 · 유석성(신학) 교수의 토론이 있었고, 『범한철학』(제36집 2005 봄, pp. 97-125)에 게재되었다. 제20장 「'성기성물'의 의미 부여: 모성 생활 양식」, 제21장 「성기성물의 실현 양식: 여성주의적 리더십」은 이대 리더십 개발원의 한 프로젝트로 연구 · 발표되었고 그 과정에서 조형 · 이상화 · 장필화 교수의 도움, 한인섭(법학) · 김세서리아 박사의 논평, 허라금 · 박경희(경영학) · 이영자(사회학) · 윤혜린 · 양민석(사회학) · 김영옥(문학) · 정지영(사학) 교수의 토론이 있었고 『여성주의 가치와 모성 리더십』(조형 엮음, 이화여자대학교출판부, 2005, pp.15-61)에 게재된 것을 확장한 것이다.

연구들은 토론을 많이 받을수록 '투명 논문'의 평안감이 있지만, 그렇지 못할수록 '밀실 논문'의 불안감이 있다. 위의 연구들에 대해 도움을 주신 여러분들과 게재지의 발행인과 편집인께 사의를 표한다.

|참|고|문|헌|

곽신환, 『주역의 이해』, 서광사, 1990.

길희성, 『보살예수 : 불교와 그리스도교의 창조적 만남』, 현암사, 2004.

______, 「종교다원주의: 역사적 배경, 이론, 실천」, 『다원주의, 축복인가 재앙인가』, 한국철학회 편.

김경재, 『이름 없는 하느님』, 도서출판 삼인, 2002.

김남두, 「소유권에 관한 철학적 성찰: 사유 재산권과 삶의 평등한 기회 – 로크를 중심으로」, 『철학연구』, 27권(1990), pp. 153-81.

김비환, 「현대자유주의의 스펙트럼과 한국 사회의 보수와 진보」, 『자유주의와 그 적들』, 철학연구회, 2005 춘계학술발표회록, pp. 31-57.

김성국, 「문제해결 스타일 리더와 멤버간의 교환관계」, 『인사조직연구』, 한국인사조직학회, 8권 1호(2000/2), pp. 105-63.

김시준, 『대학 중용』, 혜원출판사, 2003.

김여수, 「서양 문화종합의 미래」, 『문화에 대한 철학적 성찰과 전망』, 한국철학회, 1994.5.28, pp. 29-41.

김여수 · 손봉호 · 김문환 외, 『문화에 대한 철학적 성찰과 전망』, 한국철학회, 1994 봄.

김영정 편, *Women of Korea*, Ewha Womans University Press, 1977.

김예숙, 「K. R. Popper의 지식론에 관한 연구」, 이화여자대학교 석사학위논문, 1980.

김용복, 「민중의 사회 전기와 신학」, 한국신학연구소편, 『민중과 한국신학』, 한국신학연구소.

김우택, 「시장경제, 사유재산제도, 경쟁」, 『새길이야기』, 도서출판 새길, 17호(2005. 여름), pp. 130-38.

김은실, 『여성의 몸, 몸의 문화 정치학』, 또하나의문화, 2001.

김인회, 「민중과 사회교육」, 한국신학연구소 편(1984), 『한국민중론』, 한국신학연구소.

김종철, 「민중과 지식인」, 한국신학연구소 편(1984), 『한국민중론』, 한국신학연구소.
김주연, 「대중과 민중」, 유재천 편(1984), 『민중』, 문학과지성사.
김지하, 「생명의 담지자인 민중」, 한국신학연구소 편(1984), 『한국민중론』, 한국신학연구소.
김태길, 「한국가족의 과거와 현재 그리고 미래」, 『철학과 현실』, 제55권(2002 겨울), pp. 30-41.
______, 『韓國人의 價値觀 研究』, 문음사, 1982.
김학주, 『대학 중용』, 명문당, 1970.
김형철, 『한국 사회의 도덕개혁』, 철학과현실사, 1996.
김혜숙, 「아시아적 가치와 여성주의」, 『철학연구』, 제44권(1999).
______, 「음양적 사유와 인과적 사유」, 『철학적 분석』, 2000(창간호).
남경희, 『이성과 정치존재론』, 문학과지성사, 1997
노양진, 「다원성과 다원주의」, 『철학연구』, 대한철학회, 제89집(2004/2).
동양고전연구회 번역 주석 해설, 『논어』, 지식산업사, 2002.
러딕(Sara Ruddick), 이혜정 옮김, 『모성적 사유 *Maternal Thinking: Toward a Politics of Peace*, 1995』, 철학과현실사, 2002.
레이코프, G. & M, 존슨, 『몸의 철학: 신체화 된 마음의 서구 사상에 대한 도전』, 임지룡 외역, 바기정, 2002.
로제 카이와 지음, 이상률 옮김, 『놀이와 인간』, 문예출판사, 1994.
민찬홍, 「믿음 : 명제태도의 일반이론을 위한 연구」, 서울대학교 대학원, 1995.
______, 「지향성과 분석철학－해석론, 인과론, 자연화」, 『시대와 사상』, 한국철학사상연구회, pp. 33-62.
박노해, 「어머니」, 『노동의 새벽』, 느린 걸음, 2004.
박정근, 「아름다운 삶－개인의 완성에 대한 중국철학적 접근」, 『현대의 위기: 동양철학의 모색』, 중국철학회편, 예문서원, 1997, pp. 13-43.
박정순, 「마이클 왈쩌의 공동체주의」, 『철학과현실』, 1999 여름, pp. 175-98.
______, 「사회 계약론적 자유주의 윤리학과 합리적 선택 이론」, 『철학과현실』,
박종홍, 「실존주의와 현대철학의 과제」, 『박종홍전집』, 형설출판사, 1980,
______, 「중용의 사상」, 『철학논고』, 『박종홍 전집』, 형설출판사, 1980,
박통희 외 지음, 『편견의 문화와 여성 리더십』, 대영문화사, 2004.

박현채, 「민중과 역사」, 유재천 편(1984), 『민중』, 문학과지성사.
배국원, 『현대종교철학의 이해』, 도서출판 동연, 2000.
백낙청, 「민중은 누구인가」, 한국신학연구소 편(1984), 『한국민중론』, 한국신학연구소.
변선환 외, 『종교다원주의와 신학의 미래』, 종로서적, 1989.
비트겐슈타인 지음, 이영철 옮김, 『철학적 탐구』, 서광사, 1994.
서광선 편, 『恨의 이야기』, 보리, 1988.
서남동, 「한의 형상화와 그 신학적 성찰」, 한국신학연구소 편(1982), 『민중과 한국신학』, 한국신학연구소, 1982.
서동욱, 「다원주의와 존재론」, 『다원주의, 축복인가 재앙인가』, 한국철학회 편집, 철학과현실사, 2003.
서정주, 「비인 금가락지 구멍」, 『미당시전집 1』, 민음사, 1994.
소흥렬 외, 「철학하는 방법」, 이화여자대학교출판부, 1980.
손봉호, 「머리말」, 『다원주의, 축복인가 재앙인가』, 한국철학회 편.
______, 「종교적 다원주의와 상대주의」, 『철학과 현실』, Vol.13(1992), pp. 67-76.
송건호, 「민중의 개념과 그 실체-좌담」, 유재천 편(1984), 『민중』, 문학과지성사, 1984.
송상용, 「성장의 한계」, 『현대사회와 철학』, 김태길 외, 문학과지성사, 1981, pp. 292-303.
송상용 · 이정민 · 정대현, 「쿤의 패러다임론」, 『세계의 문학』, 1980 겨울.
신동엽, 「너에게」, 『신동엽전집』, 창작과비평사, 1976.
신옥희, 「한국문화의 현대적 변용과 여성의 윤리적 과제」, 『한국여성학』, 1997.
신인령, 『세계화와 여성 노동권』, 이화여자대학교출판부, 2002.
심재우, 「헌법과 저항권의 명시」, 『동아일보』, 1980.2.04.
심헌섭, 「황금률과 법」, 『법률연구』, 법문사, 제2권(1982), pp. 91-108.
안병영, 「역사의 주체로서의 민중」, 유재천 편(1984), 『민중』, 문학과지성사.
안병직, 「민중의 개념과 그 실체－좌담」, 유재천 편(1984), 『민중』, 문학과지성사.
양건, 「저항권이란 무엇인가」, 『주간조선』, 1980.2.10.
양계초, 「음양오행설의 역사」, 『음양오행설의 연구』, 양계초, 풍우란 외 지음, 김홍경 편역, 신지서원, 1993.
양조한 지음, 황갑연 옮김, 『중용철학』, 서광사, 1999.

에드가 모랭 & 안느 브리지트 케른 지음, 이재형 옮김, 『지구는 우리의 조국』, 문예출판사, 1993.
유재천, 「70년대의 민중에 대한 시각」, 유재천 편, 『민중』, 문학과지성사, 1984.
유재천 편, 『민중』, 문학과지성사, 1984.
윤사순, 「공자의 중용사상」, 『공자사상의 발견』, 윤사순 외 지음, 민음사, 1992, pp. 129-36.
윤성범, 『한국적 신학－誠의 해석학』, 선명문화사, 1972.
윤평중, 「급진자유주의의 정치철학」, 『자유주의와 그 적들－한국 자유주의 담론의 행방』, 철학연구회, 2005 춘계학술발표회록.
_____, 『담론이론의 사회철학』, 문예출판사, 1998.
윤후정, 『법여성학 : 평등권과 여성』, 제3개정판, 이화여자대학교출판부, 2001.
이강수, 「중용의 인간 철학」, 『중국 고대철학의 이해』, 지식산업사, 2003, pp. 105-11.
_____, 『중국 고대철학의 이해』, 지식산업사, 1999.
이규성, 『왕성산 생성의 철학』, 이화여자대학교출판부, 2001.
이만열, 「한국사에 있어서의 민중」, 유재천 편, 『민중』, 문학과지성사, 1984.
이명현, 『신문법서설: 다차원적 사고의 열린 세계를 향하여』, 철학과현실사, 1997.
이상하, 「다원주의에 대한 메타 철학적 방어」, 『다원주의, 축복인가 재앙인가』, 한국철학회 편.
_____, 「개념적 다원주의와 일상적 공감대에 바탕을 둔 기술적 형이상학」, 『철학연구』, 고려대학교 철학연구소 제24권 제1호(2001), pp. 89-116.
이상화, 「새천년: 여성적 가치의 시대 정신」, 『새천년의 한국 문화, 다른 것이 아름답다』, 이화여자대학교출판부, 1999.
_____, 「세계화와 다원주의」, 『다원주의, 축복인가 재앙인가』, 한국철학회 편.
_____, 「여성주의 관점에서 본 리더십과 권력」, 『여성적 가치와 여성리더십』, 이화리더십개발원 개원 1주년 기념학술대회, 2004년 9월 17일.
이승환, 『유가사상의 사회철학적 재조명』, 고려대학교 출판부, 1998.
이정우, 『담론의 공간』, 민음사, 1994.
이주향, 「비개성주의와 주체」, 『한국철학자대회보 1995』, 한국철학회 편.
이진우, 『도덕의 담론』, 문예출판사, 1997.
이초식, 「귀납의 부정론과 긍정론」, 『철학』, 제9집(1975), pp. 57~86.

이태수, 「표현, 이해 그리고 자유」, 『인문언어』, 제1권 제1호(2001년 4월), pp. 97-112, 국제언어인문학회, 도서출판 월인, 2001.4.31.

이한구, 「K. Popper의 역사주의 비판」, 『철학연구』, 제11집(1976), pp. 155~92.

이화여자대학교 한국여성연구소 편, 『女性學』, 이화여자대학교출판부, 1977.

이훈, 「언어와 노동」, 『철학논집』, 제1집, 1984, pp. 67-92; 제2집, 1985, pp. 1-20.

임홍빈, 『세계화의 철학적 담론』, 문예출판사, 2002.

장은주, 「문화다원주의와 보편주의」, 『다원주의, 축복인가 재앙인가』, 한국철학회 편집, 철학과현실사, 2003.

장필화, 「여성, 여성적, 여성주의적 리더십」, 『여성적 가치와 여성리더십』, 이화리더십개발원 개원 1주년 기념학술대회, 2004년 9월 17일.

______, 「여성주의 윤리학 - 보살핌의 윤리를 중심으로」, 『여성신학논집』, 1994.

______, 『여성 몸 성』, 또하나의 문화, 1999.

정대현, 『한국어와 철학적 분석』, 이화여자대학교출판부, 1985.

______, 『필연성의 문맥적 이해』, 이화여자대학교출판부, 1994.

______, 『맞음의 철학—진리와 의미를 위하여』, 철학과현실사, 1997.

______, 「성과 결혼」, 『가족학논집』, 한국가족학회, 창간호(1979), pp. 59-64.

______, 『심성 내용의 신체성』, 아카넷, 2001.

______, 「여성해방과 한국일상 언어」, 『현대사회와 철학』, 김태길 외, 문학과지성사, 1981, 211-231; 『한국어와 철학적 분석』, pp. 143-68.

______, 「사랑의 개념적 분석, 『학생생활연구』, 이화여대, 1981(17집); 『한국어와 철학적 분석』, pp. 111-42.

______, 「한의 개념적 구조」, 서광선 편, 『恨의 이야기』, 보리, 1988; 『한국어와 철학적 분석』, pp. 69-83.

______, 「자기기만: 물리적 비합리성은 가능한가」, 『현대사회와 윤리』, 김영철 외 편, 서광사, 1989, pp. 233-55.

______, 「성씨제도와 성적 소외」, 『우리는 생각한다』, 1990, 이화여자대학교 철학과.

______, 「남남북녀」, 『한국논단』, 제18권 제1호(1991년 2월호).

______, 「가족유사개념」, 『비트겐슈타인과 현대 분석철학의 전개』, 한국분석철학회 편, 철학과현실사, 1991.

______, 「시스틴 채플의 성고정 관념」, 『샘터』, 1992, pp. 92-93.

_____, 「감성의 이성화」, 『감성의 철학』, 정대현 외, 민음사, 1995, pp. 9-17.
_____, 「여성심리연구의 필요성」, 『한국여성심리학회지』, 1996년, 창간호, pp. 1-5.
_____, 「한국어 담론 철학의 두 유형」, 『한국철학자대회보 1999』,
_____, 「탁아소: 육아는 사회의 몫이다」, 『우리말, 글과 생각』, 이화여자대학교 교양국어 편찬위원회 엮음, 여화여자대학교출판부, 2000, pp. 307-8.
_____, 「실학적 방향: 한국철학 100년의 쟁점과 과제」, 『한국철학의 쟁점』, 한국철학회 편집, 철학과현실사, 2000, pp. 31-60.
_____, 「반말의 비인문성」, 『인문언어』, 제5집(2003), 국제언어인문학회, pp. 75-92.
_____, 「모호성과 맞음」, 『철학』, 한국철학회, 74(2003 봄), pp. 129-46.
_____, 「그런 사실은 없다: 사실문장의 의미규칙 규범성을 위한 모색」, 『철학적 분석』, 한국분석철학회, 제10호(2004 겨울), pp. 1-24.
정대현 · 박이문 · 유종호 · 김치수 · 김주연 · 정덕애 · 이규성 · 최성만, 『표현인문학』, 생각의 나무, 2000.
정세화, 『한국여성교육이념연구: 이기철학적 접근』, 성지출판사, 1994.
정의숙, 『여성에서 인간으로 그리고 전문인으로』, 이화여자대학교출판부, 1999.
정진홍, 「종교다원문화의 인식을 위한 이론적 가설」, 『종교다원주의와 종교윤리』, 서울대학교 종교문화연구소 편, 집문당, 1994.
정창렬, 「백성의식, 평민의식, 민중의식」, 한국신학연구소 편, 1984.
조광, 「정약용의 민권의식 연구」, 한국신학연구소 편, 『한국민중론』, 한국신학연구소, 1984.
조동일, 「민중의 민중의식, 민중예술」, 한국신학연구소 편, 『한국민중론』, 한국신학연구소, 1984.
조인래 편, 『쿤의 주제들: 비판과 대응』, 이화여자대학교출판부, 1997.
조형, 『양성 평등과 한국법체계』(편저), 이화여자대학교출판부, 1996.
조혜정, 『성찰적 근대성과 페미니즘 : 한국의 여성과 남성』, 또하나의문화, 1998.
주백곤 외 지음, 김학권 옮김, 『주역산책』, 예문서원, 1999.
주희 여조겸 편저, 이광호 역주, 『근사록집해』, 아카넷, 2004.
진록, 「다원화시대의 종교간의 화합」, 『다원주의, 축복인가 재앙인가』, 한국철학회 편.
최봉영, 『한국 사회의 차별과 억압: 존비어체계와 현식적 권위주의』, 지식산업사, 2005.

최영진,「유교, 하나와 여럿의 형이상학—종교다원주의의 성리학적 기초」,『다원주의, 축복인가 재앙인가』, 한국철학회 편.
최영진 · 이기동 지음, 변영우 그림,『주역』, 두산동아, 1994.
최원식,「세계체제의 바깥은 없다」『창작과비평』100, 1998.
최한기(崔漢綺),『기측체의(氣測體義)』I · II, 민족문화추진회, 1979.
콰인 지음, 허라금 옮김,『논리적 관점에서』, 서광사, 1993.
크립키 지음, 정대현 · 김영주 공역,『이름과 필연』, 서광사, 1986.
토마스 쿤 지음, 조형 옮김,『과학혁명의 구조』, 이화여자대학교출판부, 1980.
파레스 저, 홍숙기 역,『성격심리학』, 박영사, 1987.
포퍼 지음, 이한구 옮김,『추측과 논박』, 민음사, 2001.
풍우란,「유물론적 요소를 가진 음양오행가의 세계관」,『음양오행설의 연구』, 양계초 · 풍우란 외 지음, 김홍경 편역, 신지서원, 1993.
한국신학연구소편,『민중과 한국신학』, 한국신학연구소, 1982.
______,『한국민중론』, 한국신학연구소, 1984.
한국여성개발원 편,『여성과 리더십』, 1992.
한국철학회 편,『다원주의, 축복인가 재앙인가』, 철학과현실사, 2003.
한상진,「민중과 사회과학」, 유재천 편,『민중』, 문학과지성사, 1984.
한승완,「다원주의와 논의합리성의 보편주의」,『다원주의, 축복인가 재앙인가』, 한국철학회 편, 철학과현실사, 2003.
한완상,『민중사회학』, 종로서적, 1984.
한인섭,「왜 소수자, 약자의 인권인가」,『일상의 억압과 소수자의 인권』, 사람생각, 2000.
함재봉,『탈근대와 유교: 한국정치담론의 모색』, 나남, 1998.
허라금,「다원주의 윤리와 윤리다원주의의 경계에서」,『다원주의, 축복인가 재앙인가』, 한국철학회 편.
______,「변화하는 페미니즘」,『조선일보』, 2004년 10월 14일, A10.
______,『원칙의 윤리에서 여성주의 윤리로』, 철학과현실사, 2004, pp. 73-76.
현영학,「민중 속에 성육신해야」, 한국신학연구소 편, 1982.
홍윤기,「역사자산으로서 한국유교 재해석 잠재력」,『철학사상』, 서울대학교 철학사상연구소 편, 2001, pp. 3-34.

황경식, 「여가의 의미와 삶의 질」, 『한국 사회와 시민의식』, 김태길 외, 문음사.
_____, 『개방 사회의 사회윤리』, 철학과현실사, 1995.
_____,「자유주의는 진화하는가?」, 『자유주의와 그 적들-한국 자유주의 담론의 행방』, 철학연구회 2005 춘계학술발표회록, pp. 1-20.
황필호, 「無心과 祈禱: 종교언어의 이해를 위하여」, 『한민족철학자 대회보: 1995』, 제8집 2권, 1995.8. pp. 17-19.

Anderson, G. and Radnitzsky, G., eds., *Progress and Rationality in Science*, Dordrect, Holland: Reidel, 1978.
Beadau, H. A., "On Civil Disobedience", *Journal of Philosophy*, October 1961.
Bennett, J., *Rationality*, London, RKP, , 1964.
Boghossian, Paul A., "The Status of Content", *The Philosophical Review*, April 1990, pp. 157-91.
_____, "The Rule-Following Considerations", *Mind*, October 1989, pp. 507-49.
Brentano, Franz, *Psychologie vom empirischen Standpunkt*(1874).
Brody, B. A., ed., *Readings in the Philosophy of Science*, Englewood Cliffs: Prentice-Hall, 1970(1967).
Carnap, L., "Testability and Meaning", *Theories and Observation in Science*, ed., R.E. Grandy, Englewood Cliffs: Prentice-Hall, 1973(1936).
Chalmers, David J., *The Conscious Mind: In Search of a Fundamental Theory*, New York: Oxford University Press, 1996, pp. 293-96.
Chisholm, Roderick, "Intentionality", *The Encyclopedia of Philosophy*, Macmillan, 1966, Volume 4.
Davidson, D., "Actions, Reasons, and Causes", *Journal of Philosophy*, November 1963.
Davidson, Donald, "Intending", *Essays on Actions and Events*, Oxford: Clarendon Press, 2001.
Deleuze, Gilles and Felix Guattari, *A Thousand Plateaus: Capitalism and Schizophrenia*, Translated by Brian Massumi. University of Minnesota Press,

Minneapolis. 1987.

Elliot, T. S., *Notes Towards the Definition of Culture*, 1948.

Feyerabend, P., "In Defence of Aristotle: Comments onf the Notion of Content Increase", Anderson and Radnitzky, ed., *op. cit.*, 1978, pp. 143-80.

Firestone, Schulamith, *The Dialectic of Sex*, Bantam, 1970.

Frankena, William, "Value and Valuation", *Encyclopedia of Philosophy*, Macmillan, 1966, vol. 8.

Friedan, Betty, *The Feminine Mystique*, Norton, 1974.

Gilligan, Carol, *In a Different Voice*, Harvard University Press, 1982.

Goodman, N., *Fact, Fiction and Forecast*, New York: Bobbs-Merill, 1965.

Grandy, R. L., "Some Comments on Confirmation and Selective Confirmation", *Readings in the Philosophy of Science*, ed., B.A. Brody, Englewood Cliffs: Prentice-Hall, 1970(1967).

Hallett, G., *A Companion to Wittgenstein's Philosophical Investigations*, Ithaca: Cornell University Press, 1977.

Hart, H. L. A., *The Concept of Law*, London: Oxford U.P., 1961.

Hempel, C. G., "Studies in the Logic of Confirmation", Brody, *op. cit.*(1945).

______, *Philosophy of Natural Science*, Englewood Cliffs: Prentice-Hall, 1966.

Hick, John, *Philosophy of Religion*, Prentice-Hall, 1963~1990, 4th Edition.

Higgins, Kathleen, "Reading Zarathustra", *Reading Nietzsche*, eds., RC Solomon & KM Higgins, New York: Oxford University Press, 1988, pp. 132-51.

Jacques-Louis, David, *Lictors bearing the bodies of his sons to Brutus.*

Jaggar, Alison M., *Feminist Politics and Human Nature*, Rowman & Allanheld, 1983.

Jaggar, Alison M. & Iris Marion Young, "Editors' Introduction", *A Companion to Feminist Philosophy*, Blackwell Publishers Inc., 1998.

Kant, Immanuel, *Lectures on Ethics*, trans., Louis Infield, London: Methuen, 1930, pp. 162-71.

Kenny, Anthony, *Action, Emotion and Will*, London: Routledge, 1963, 1976.

Kim, J., "Causes and Events: Mackie on Causation", *Causation and Conditionals*, ed., E. Sosa, London: Oxford U.P., 1975(1971).

Kim, Yersu, "Philosophy, Universality, and Cultural Synthesis: How to Conceive Universality in Philosophy", Moscow: XIX World Congress of Philosophy, 1993.

______, "The Idea of Cultural Identity and Problems of Cultural Relativism", Washington, D.C.: The Wilson Center, Occasional Paper Number 36(1990).

Koertge, N., "Towards a New Theory of Scientrific Inquiry", Anderson and Radnitzky, op. cit., 1978.

Kripke, Saul, *Wittgenstein on Rules and Private Language*, Cambridge: Havard University Press, 1982.

Kristeva, Julia, "Women's Time", *Signs*, vol. 7, no. 1(Fall 1981), pp. 13-35.

Lakatos, I. and Musgrave, A.(1970)., ed., *Criticism and the Growth of Knowledge*, London: Cambridge U.P.

Legge, James, "The Doctrine of the Mean", 김학주 편, 『대학 중용』.

Lessnoff, M., *The Structure of Social Science: A Philosophical Introduction*, George Allen, 1974.

Lewis, D., "Causation" Sosa, op. cit.

Mabbott, J. D., *John Locke*, London: Macmillan, 1973.

Mackie, J. L., "Causes and Conditions", *Causation and Conditionals*, ed., Ernest Sosa, Oxford University Press, 1975(1965), pp. 15-38.

Magee, B., *Popper*, Glasgow: Collins, 1973.

Mill, J. S. & Taylor, H., *The Subjection of Women*, Hackett, 1988.

Monson, C. H., "Locke's Political Theory and its Interpreters", *Locke and Berkeley*, ed., C.B. Martin and D.M. Armstrong, Notre Dame: U. of Nortre Dame Press, 1968(1958).

Nagel, T., et al., "The Logic of Deviation", *Philosophy and Sex*, ed., R. Baker and F. Elliston, Buffalo: Prometheus Books, 1975.

Okin, Susan Moller, *Women in Western Political Thopught*, Princeton University Press, 1979.

Picasso, Pablo, "Massacre in Korea 1951."

Popper, K., *The Open Society and Its Enemies*, London: RKP, 1945.

______, *The Poverty of Historicism*, London: RKP, 1957.

______, *Conjectures and Refutations: The Growth of Scientific Knowledge*, London: RKP, 1963.

______, *Objective Knowledge, An Evolutionary Approach*, London: Oxford U.P., 1972.

Rawls, J., "The Justification of Civil Disobedience", *Laws and Philosophy: Readings in Legal Philosophy*, ed., E.A. Kent, Englewood Cliffs: Prentice-Hall, 1970(1966).

Rembrandt van Rijn, *The Angel Stopping Abraham from Sacrificing Isaac to God.* 1635. Oil on canvas. The Hermitage, St. Petersburg, Russia.

Roderick Chisholm, "Intentionality", *The Encyclopedia of Philosophy*, Macmillan, 1966, Volume 4.

Rudick, Sara, "Justice and the Family", *Proceedings and Addresses of the American Philosophical Association*, October 1992, Vol. 66, No. 2, pp. 79-80.

Schweitzer, Albert, *Philosophy of Civilization*, 1923.

Searle, John, *Speech Acts*, Cambridge University Press, 1969, pp. 33ff.

Shannon, C. E. "A Mathematical Theory of Communication", *Bell Systems Technical Journal*, 27(1948), pp. 379-423.

Smith, Wilfred Cantwell, *The Meaning and End of Religion*, Harper & Row, 1978.

______, *Towards a World Theology*, The Westminster Press, 1981.

Sosa, Ernest, ed., *Causation and Conditionals*, Oxford University Press, 1975(1965).

Stalnaker, R., "A Theory of Conditionals", Sosa, ed., op.cit., 1968.

Strauss, L., *Natural Right and History*, Chicago: U. of Chicago Press, 1935.

Thoreau, H. D., "Civil Disobedience", Discussed in "Thoreau, Henry David", by Michael Morgan, *The Encyclopedia of Philosophy*, New York: Macmillan.

Toulmin, S., "Reasons and Causes", *Explanation in the Behavioural Sciences*, ed., R. Borger and F. Cioffi, London: Cambridge U.P., 1970.

von Frisch, Karl, *The Dance Language and Orientation of Bees*, Harvard University Press, 1967.

Warner, Judith, *Perfect Madness: Motherhood in the Age of Anxiety*, Freedom House, 2005.

Webster's Third New International Dictionary.

Wittgenstein, Ludwig, *Philosophical Investigations*, New York: Macmillan, 1958.

Wollstonecraft, Mary, *Vindication of the Rights of Woman*, Norton, 1975

Wright, Crispin, "Wittgenstein's Rule-Following Considerations and the Central Project of Theoretical Linguistics", *Reflections on Chomsky*, ed., A. George, Oxford: Basil Blackwell, 1989.

〈http://news.independent.co.uk/world/science_technology/story.jsp?story=584397〉

〈http://www.fractalzone.be/questions.html#what〉

〈http://www.mainlesson.com/display.php?author=haaren&book=rome&story=junius&PHPSESSID=0e9ab419ecf70996fd47e32d414ac9e2〉

〈http://www.amazon.com/exec/obidos/tg/detail/-/1573223042/102-4618673-5416102?v=glance〉

〈http://www.brunswick.com/whoweare/ctrudell.html〉

〈http://www.buhungko.hs.kr:9090/webook/dic/dic01/dic1_1_1_1.html〉

〈http://www.ph.utexas.edu/~weintech/weinberg.html〉

〈http://sejong.kordi.re.kr/literature/polar_sense/21_larsen_retreat_webslaves/text.htm〉

| 찾 | 아 | 보 | 기 |